Hrsg. von Reinhard Habeck

Kreaturen der Nacht

Für unseren Freund,
kosmischen Spurensucher,
Geisterjäger und Mythenforscher

PETER KRASSA
(1938–2005)

in Gedenken

Hrsg. von Reinhard Habeck

Kreaturen der Nacht

Die Welt jenseits unserer Sinne

tosa

„Die ich rief, die Geister, werd' ich nun nicht los!"

Goethe (1749–1832)
„Zauberlehrling"

Umschlaggestaltung von kraxenberger konzept & design, München
Innenillustrationen vom Autor zur Verfügung gestellt

Printed in Austria

www.tosa-verlag.com

Inhaltsverzeichnis

1. Teil

Reinhard Habeck

Unheimliche Spukgestalten

2. Teil

Walter-Jörg Langbein

Zombies, Werwölfe und Vampire

3. Teil
Hartwig Hausdorf
Paranormale Erscheinungen

1. Teil

Reinhard Habeck

Unheimliche Spukgestalten

Vorwort
Glauben Sie an das Übersinnliche?

Wirken unheimliche Kräfte in alten Schlössern, Pfarrhäusern und Kirchen? Rätselhafte Erscheinungen, Spuk und Poltergeist, was soll man davon halten? Existieren Kanäle in andere Dimensionen? Gibt es Verbindungen mit dem Jenseits? Was macht die Seele nach dem Sterben? Wie endgültig ist der Tod?

Diese Themen sind so alt wie die Welt und noch lange nicht erschöpfend beantwortet. Erst in den letzten Jahren ist man dank exakter Forschung darauf gekommen, dass manches, ja vieles, was jahrtausendelang als „Aberglauben" galt, durchaus realistisch ist und wissenschaftlich nachgewiesen werden kann. Immer mehr Menschen beschäftigt auch die Frage, ob sie schon früher einmal auf der Welt gewesen sind. Sie nehmen oftmals an so genannten Rückführungen teil, um über ihr angebliches früheres Leben mehr zu erfahren. *Wie* und *wohin* reist man mit der Seele? Solche Reisen oder außerkörperliche Erfahrungen haben seit Jahrhunderten nicht nur Schamanen, Yogis und dafür empfängliche Menschen („Medien") gemacht, sondern sie sind in unserer Zeit auch der naturwissenschaftlichen Forschung zugänglich geworden. Zahlreiche Menschen berichteten, ihren Körper kurzfristig verlassen zu haben. Forscher in vielen Ländern haben deshalb solche Erfahrungsberichte gesammelt und kritisch ausgewertet.

Entspringen Nahtod-Erlebnisse, Hellsichtigkeit, „Gespräche" mit Toten, Voodoo-Kulte oder Spukerscheinungen nur unserem Unterbewussten, verdrängten Ängsten, Hoffnungen und Wünschen? Sind es Projektionen aus unserer Seele? Besitzt jeder Mensch einen 6. Sinn, ohne sich dessen bewusst zu sein? Genügt es, das Unerklärliche einfach als *Wunder* einzuordnen? Beruhen unbegreifliche Geschehnisse auf das Walten einer höheren Macht? Sind es überirdische Eingebung oder unbekannte Mysterien, die sich in unserer Welt offenbaren? Ist alles bloß „Zufall"? Werden Spukerscheinungen durch Menschen ausgelöst, die außergewöhnliche Fähigkeiten besitzen? Handelt es sich um echte Beweise für eine andere verborgene Wirklichkeit?

Solche und ähnlich provokante Fragen werden in diesem „Geisterbuch“ gestellt und durch Fallbeispiele belegt. Ungläubige Zeitgenossen verweisen auf die Schlagworte „Hirngespinste“, „Fantastereien“ und „Hokuspokus“. Eine Kritik, die nicht wirklich ins Schwarze trifft. Erstens, weil es sich nicht um plausible Gegenargumente handelt, und zweitens, weil allein die Vielzahl derartiger Berichte aus allen Herren Ländern doch Anlass genug für die Forschung war, den Spukphänomenen mit oft beträchtlichem technischem Aufwand auf den Leib zu rücken. Natürlich stellte sich dabei heraus, dass manche scheinbar „übersinnliche Manifestation“ durch Zauberkünstler oder Scharlatane verursacht wurden, die ihre Zuschauer missbrauchten. Faktum bleibt aber: Es existieren wirklich verborgene Energien, die an manchen Orten, wie den berühmten Spukhäusern, in Erscheinung treten können. Geisterjäger machen Jagd mit Infrarotkameras auf unerklärliche Lichterscheinungen, die manchmal Gestalt annehmen, und es gibt tatsächlich eine erhebliche Anzahl von Geisterfotos. Mit Geigerzählern, Tonbandgeräten und verschiedenen modernen Messinstrumenten wird versucht, Poltergeräuschen und PSI-Phänomenen auf die Spur zu kommen, welche die Bewohner solcher Häuser oft seit Generationen ängstigen, ohne dass eine vernünftige Erklärung gelingt. Parapsychologen sprechen hier von einem „ortsgebundenen Spuk“.

„Spuk“? Was versteht man eigentlich darunter? Vermutlich stammt der alte Begriff ursprünglich aus einer indogermanischen Wortwurzel, die mit *„leuchten“* übersetzt wird. Norddeutsche Geister- oder Gespensterseher wurden „Spökenkieker“ genannt. So kam das Wort „Spuk“ ins Hochdeutsche – als Ersatz für „Gespenstererscheinung“. Inzwischen hat man für Spuk einen wissenschaftlichen Begriff gefunden: *wiederkehrende spontane psychokinetische Erscheinung,* sogenannte RSPK-Phänomene (= „Recurrent Spontaneous Psychokinetics“). Wenn es dem Leser recht ist, bleibe ich dennoch lieber beim althergebrachten, weil leichter zu merkenden Begriff *Spuk.*

Der „Glauben an solche spinnerten Geschichten“, wie mir jemand spöttelnd und unter Kopfschütteln sagte, ist letztlich eine reine Frage von Erfahrungswerten. Man muss nicht gleich Augenzeuge einer unheimlichen Gespenstererscheinung gewesen sein. Jene unter uns, die etwa über das Talent des „Vorahnens" verfügen, sind über das Vorhandensein verborgener Kräfte wohl kaum erstaunt. Wem also dergleichen schon passiert ist, wer solche Eingebungen hatte, hegt keinen Zweifel und wundert sich mitunter über gar nichts mehr. Auch Prominente haben solche ungewöhnlichen Erlebnisse. In einem Kapitel kommen sie zu Wort und berichten aus eigenem Erleben. Keine Frage, es geschehen mitunter mehr Dinge zwischen Himmel und Erde, als sich unsere Schulweisheit träumen lässt. *Nichts davon* verstößt gegen die Gesetze der Natur, sondern steht lediglich im Gegensatz zu dem, was wir bisher von ihr *wissen*.

Dennoch fällt es Wissenschaftlern selbst heute im Zeitalter von Quantenphysik, Internet und moderner Hightech-Methoden nicht leicht, zu Fragen des Übersinnlichen Stellung zu nehmen. Besonders deutlich wird die Ratlosigkeit bei Erscheinungen, wo mehrere Beobachter dem unerklärlichen Zwischenfall beiwohnten und rätselhafte Begleitphänomene festgestellt werden konnten und das Phänomen als solches daher nicht wegdiskutiert werden kann. So wie etwa am Beispiel der immer wiederkehrenden Muttergottes-Visionen. Eine logische Erklärung für diese gespenstisch wirkenden Lichterscheinungen gibt es nicht und doch können sie Tag für Tag aufs Neue geschehen …

Besucher aus dem Schattenreich

„Besuche machen immer Freude:
Wenn nicht beim Kommen,
dann beim Gehen.“

Aus Portugal

Geheimnis um eine „lebende“ Totenmaske

Übersinnliche Phänomene sind vielfältig. Gespenster und Poltergeister nehmen dabei einen bevorzugten Platz ein. Ein echter Geist kann überall gesehen werden, auch am helllichten Tage und in der gewohnten alltäglichen Umgebung. Es muss kein verfallenes altes Schloss sein, wo sich Geister offenbar besonders heimisch fühlen. In vielen gewöhnlichen Häusern, von denen manche gar nicht sehr alt sind, wird von spukhaften Phänomenen ebenso berichtet. Aber was ist eine Spukerscheinung? Gibt es sie überhaupt? Den Spuk gibt es tatsächlich. Sicher hat fast jeder von uns schon Spukerlebnisse gehabt. Sehr oft kommt es vor, dass beim Tod eines Menschen Uhren stehen bleiben und nicht wieder in Gang zu setzen sind. Nach dem Begräbnis gehen sie dann von selbst weiter. Bilder fallen ohne ersichtlichen Grund von den Wänden und erst später stellt sich heraus, dass einem bekannten oder geliebten Menschen etwas zugestoßen ist. Solche Botschaften sind, sagen Experten, keineswegs selten. Nur, was dahinter steckt, darüber streiten sich die Gelehrten. Entsprechend vielfältig ist die Zahl der Wörter zur Umschreibung solcher ungewöhnlichen Vorgänge: Erscheinung, Gespenst, Spuk oder Spukgestalt, Poltergeist, Phantom, Wiedergänger, Trugbild, Halluzination und Ähnliches. Nicht selten fliegen Tassen und Teller durch die Luft, ertönen seltsame Geräusche, fallen Bilder von den Wänden, werden Schritte wahrgenommen oder fallen elektrische Geräte aus. In vielen Fällen hat sich der vermeintliche Spuk als Schabernack herausgestellt, was in unserer hochtechnisierten Welt übereilt zum Pauschalurteil führte: Geister gibt es nicht, existieren nur in der Fantasie und beruhen auf Aberglauben.

Anders bei vielen Naturvölkern, wo körperlose, unsichtbare Wesen zur Realität gehören. Mit Hilfe von Schamanen, die sich in Trance oder Ekstase versetzen, wird eine Verbindung mit dem Jenseits oder anderen seelischen Welten aufgenommen. Das Bemühen, solche Wesen aus einem unbekannten Jenseits in unsere Welt hereinzuholen, ist hierbei nichts Ungewöhnliches. Es ist vielmehr ein Teil ihrer erlebten Wirklichkeit. Die Vorstellung an das allgegenwärtige Wirken übernatürlicher Geister und Götter geht Hand in Hand mit dem Glauben an die Wirksamkeit magischer Kräfte. In der Sicht der Naturvölker ist die ganze Natur von geisterhaften Wesen belebt.

Der italienische Forscher *Ernesto Bozzano* veröffentlichte bereits vor vielen Jahren ein Buch mit dem Titel *„Übersinnliche Erscheinungen bei Naturvölkern"*, worin derartige Phänomene anschaulich dokumentiert sind. So berichtet Bozzano beispielsweise über das schamanistische Ritual des *„Shaking Tent"*, des bebenden Zeltes, das im Jahre 1939 bei kanadischen Waldlandindianern beobachtet wurde. Hierbei kam es zu einem Sichtbarwerden einer rätselhaften Lichtgestalt, dem zahlreiche Augenzeugen beiwohnten. Eingeleitet wurde das Ritual mit stundenlangen Trommelschlägen und Tänzen, bis sich ein nicht festgepflocktes Zelt zitternd vom Boden erhob, und „wo es gestanden hatte, war nun die materialisierte Gestalt eines kräftigen, weißgekleideten Indianers zu sehen. Als das Zelt so weit stieg, dass die Gestalt vollständig frei war, machte diese mit dem Kopf Zeichen des Grußes, worauf alle Indianer enthusiastisch Grüße ausriefen. Hierauf senkte sich das Zelt langsam wieder und bevor es den Boden berührte – das heißt, solange die mit weißen Mokassins verkleideten Beine des Gespenstes noch sichtbar waren –, sahen wir sie an Ort und Stelle verschwinden …".

Das Wirken magischer Kräfte aus dem Totenreich kann ebenso auf Gegenstände übertragen werden. Geheimnisvolle Stammesriten der Schamanen sollen im Stande sein, heilige Utensilien ihrer Ahnen wieder zum „Leben" zu erwecken. Die Geschichte der „Schwarzen Magie" und der Flüche ist uralt. Schon im alten Ägypten bekämpften die Hohe Priester ihre Feinde, indem sie diese verfluchten. Noch heute sind ähnliche Rituale des „Voodoo-Kults“ auf Haiti oder auf der Osterinsel zu beobachten. Doch auch in Europa wird immer wieder über Menschen berichtet, die auf geheimnisvolle Weise Opfer von Verwünschungen oder „magischen Praktiken“ geworden sind.

Unheimliche Erfahrung mit dem Eigenleben einer Totenmaske aus Afrika machte das Ehepaar *Kurt* und *Gabi Lehr* aus München. Die beiden unternahmen 1981 einen unvergesslichen Urlaub an die Elfenbeinküste. Mehr als einen Monat lang studierten sie dort Leben und Brauchtum der Eingeborenen. Sie schlossen dabei innige Freundschaft mit einem alten Mann, der ihnen seine Totenmaske schenkte. Der kulturhistorische Hintergrund: Jeder Eingeborene der Elfenbeinküste schnitzt sich zu Lebzeiten seine eigene Totenmaske. Diese wird im Sand vergraben und in der Sterbestunde dem Eigentümer auf das Gesicht gelegt. Als besondere Hochachtung vor seinem Besuch aus Deutschland überreichte der Mann dem Ehepaar zum Abschied seine eigene Totenmaske. Kurt und Gabi Lehr erlebten daraufhin Dinge, die sie sich bis heute nicht erklären können.

„Wir haben die prachtvolle Maske nach unserer Rückkehr aus dem Dschungel der Elfenbeinküste im Vorzimmer unserer Wohnung aufgehängt, erzählt Kurt Lehr. Doch die Totenmaske hing nur wenige Stunden an ihrem Platz. Lehr, der als Chefgrafiker bei einer großen deutschen Illustrierten mitarbeitet, bemerkte als er von der Arbeit in die Wohnung zurück kam, Ungewöhnliches: Die Maske lag auf dem Boden. „Ich habe den Haken überprüft, aber der war in Ordnung. Danach habe ich die Maske mit zwei Haken befestigt.“

Doch täglich passierte dasselbe. Lehr: „Ob mit zwei Haken oder drei befestigt, die Maske lag jeden Tag auf dem Boden.“ Schließlich gab er auf. „Meine Frau suchte einen anderen Platz dafür. Sie fand ihn in unserem Schlafzimmer, über der Tür.“ Monatelang hing die Totenmaske an diesem Platz, ohne dass sie einmal herabgefallen wäre. Aber: „Eines Nachts wurde ich während eines Gewitters wach und wollte die Fenster wegen des starken Sturmes schließen“, erzählt Gabi Lehr. Doch noch bevor sie ihr

Bett verlassen hatte, blieb sie wie erstarrt liegen: „Ich glaubte zu träumen, aber die Maske lebte. Sie hatte plötzlich das Antlitz des alten Mannes von der Elfenbeinküste angenommen."

Sie weckte ihren Mann, beide wagten sich nicht zu rühren. „Erst als es draußen hell wurde, war der Spuk vorbei", schildert Kurt Lehr und schüttelt den Kopf: „Ich hätte jeden ausgelacht, wenn er mir so etwas erzählt hätte." Um keinen Preis wollte Gabi Lehr die Maske noch im Schlafzimmer hängen haben. „Ich wollte sie dem alten Mann über Freunde, die dorthin auf Urlaub fuhren, zurückschicken." Doch die Freunde des deutschen Ehepaares standen vor verschlossenen Türen: Der alte Mann war tot. Er war in jener Nacht, als die Maske zu leben begann, gestorben.

Die Frage ist nun, ob solcherart Spukphänomene als Suggestion abgetan werden können oder einfach unsere Modelle von der Vorstellung der Wirklichkeit unzulänglich sind? Ist ein Wandel in unserem westlichen wissenschaftlichen Grundrahmen längst überfällig? Parapsychologen sind davon überzeugt, denn so unglaublich übersinnliche Mysterien und Spukerscheinungen auch klingen mögen, sie existieren zu Millionen in aller Welt.

Spuk – was hält die Wissenschaft davon?

Zahlreich sind Berichte über Spuk- und Gespenstererscheinungen. Nur selten aber werden Versuche einer Aufklärung mitgeliefert. Was sagt die Wissenschaft dazu?

Für Professor *Hans Holzer,* bekannter britischer Spezialist in Sachen Spukhäuser, stellt das Gespenst eine weiterlebende „emotionale Erinnerung" von Toten dar, die unter tragischen Umständen gestorben sind. So ungefähr, wie wenn das brutale Ende dieser Person die „Seele" verhindert hätte, sich vom Körper zu trennen und in das Universum der Geister einzutreten. Diese häufige Begleiterscheinung tragischer Tode bei Spuk ist statistisch bewiesen. Bei 374 vom renommierten Astronomen *Camille Flammarion* durchstudierten Fällen fand man 27-mal Gebeine im Gespensterhaus. In 51 Fällen handelte es sich um einen Tod durch Gewalt. In 26 Fällen starb der Hausbesitzer woanders, aber

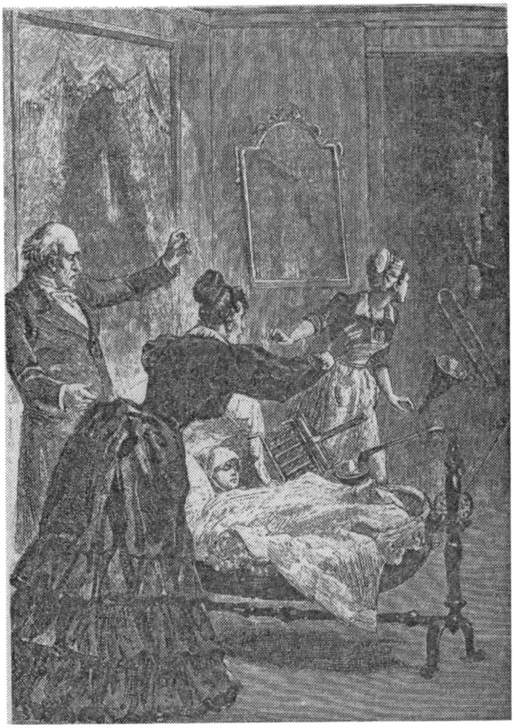

Alter Stich einer Spukszene: es klirrt, kracht und poltert.

immer auf eine tragische Art und Weise. In 180 anderen Beispielen handelte es sich um unglückliche Ereignisse, die sich in den Mauern des betreffenden Hauses abgespielt haben.

Vielleicht kann man es so erklären: Unter der Wirkung einer sehr starken Emotion bleibt eine gewisse Menge geistiger Energie an Orten und Gegenständen haften, wo eine tragische Szene stattfand. Der Geisterforscher *Roger de Lafforts* stellte diese Hypothese auf und folgerte: „Man könnte glauben, die Wände von Spukhäusern seien aus Schwamm, vollgesaugt, vollgestopft und durchtränkt von allen markanten Begebenheiten, deren stumme Zeugen sie sind."

Der amerikanische Historiker *Alan Landsburg*, Verfasser von vielen Werken über geheimnisvolle Phänomene, hat festgestellt, dass typische Merkmale, wie kalte Windstöße, Seufzer, Poltergeräusche und andere seltsame Begebenheiten, die oft Gespenstererscheinungen begleiten, eine Veränderung des elektromagnetischen Feldes erzeugen.

Wie es scheint, gibt es für Spukgeschichten verschiedenste Erklärungsmodelle. Einige Forscher bieten „Zeitverschiebungen" als Lösungsvorschlag an. Demnach sei eine gespenstisch wirkende Lichterscheinung und deren unerklärliche Begleitphänomene durch den jähen Durchbruch eines multidimensionalen Universums hervorgerufen, etwa bei einem Riss in unserem Raum-Zeit-Kontinuum.

Unbekannte Kräfte können aber ebenso von Menschen bewusst oder unbewusst hervorgerufen werden. Die beobachteten Erscheinungen und Bewegungen ähneln jedenfalls denjenigen, die den Spezialisten der *Psychokinese* (auch Telekinese genannt) bestens bekannt sind, nämlich die Verlagerung von Gegenständen an einen anderen Platz durch die bloße Kraft der Gedanken. Können dadurch auch Poltergeistphänomene ausgelöst werden? Experten der Parapsychologie sprechen in diesem Zusammenhang von „spontaner rückläufiger Psychokinese". Was dabei auffällt ist, dass solche Erscheinungen meist in Gegenwart von Kindern oder Jugendlichen auftreten. Ein Umstand, der manche Forscher stutzig gemacht hat. Da viele Poltergeistphänomene von Augenzeugen beschrieben werden, die sich zum Zeitpunkt der Erscheinung im Pubertätsalter befanden, glauben einige PSI-Forscher, dass dies etwas mit *Sexualität* zu tun haben könnte. Lässt sich daraus ableiten, dass derartige Anzeichen gar nichts mit dem Geist verstorbener Personen zu tun haben, sondern auf natürliche Art entstehen?

Geisterphänomene, schrieb der Ethnologe *Werner F. Bonin* in seinem *„Lexikon der Parapsychologie"*, werden akustisch, haptisch (durch den Tastsinn) und optisch wahrgenommen und seien entweder an bestimmte Personen (Jugendliche in der Pubertät oder Sterbende) oder an bestimmte Orte gebunden. „Der ortsgebundene Spuk ereignet sich, wie es scheint, ohne lebenden Agenten (= Auslöser), über lange Zeiten hinweg – Jahrzehnte, gar Jahrhunderte – mit unregelmäßigen Unterbrechungen, aber immer am gleichen Ort. Der Spiritismus vermutet beim lokalen Spuk verstorbene Agenten ... Manche Autoren vermuten eine ‚Imprägnierung' der betreffenden Lokalität, ‚reine' ASW-Hypothese (ASW bedeutet ‚außersinnliche Wahrnehmung') nimmt an, dass die Erinnerung an ein paranormales Erlebnis telepathisch weitergegeben wird oder das Ereignis rückschauend erfahrbar ist und bei entsprechend befähigten potentiellen Agenten zur jeweiligen neuen Auslösung des Spuks führt."

Das würde bedeuten, dass „seherisch" begabte Menschen im Stande wären, weit zurückliegende Ereignisse wahrzunehmen und auf ungeklärte Weise in die Gegenwart zu übertragen. Wie das in der Praxis funktionieren soll, ist allerdings selbst Profi-„Ghostbusters" schleierhaft. Denn selbst wenn der Spuk durch eine dafür empfindsame Person ausgelöst werden sollte, bleibt die Frage, *was* letztlich geistert und spukt, ungeklärt. Sind es auf die Erde zurückkehrende Geister von Toten? Beruhen die Erscheinungen auf hellseherische Kommunikation? Sind es Kontaktbemühungen aus einer anderen unsichtbaren Dimension? Handelt es sich um subjektive Erlebnisse oder objektive Wirklichkeit? Wir tappen noch immer im Dunkeln.

Doch offensichtlich hängt der Spuk tatsächlich immer mit Menschen zusammen, also dürfte er auch im Menschen seinen Ursprung haben. Wie bereits erwähnt, sprechen einige PSI-Spezialisten von *psychokinetischen Kräften*: Seelische Spannungen werden so stark, dass sie ein Energiefeld bilden und damit außerordentliche Phänomene auslösen. Andere wiederum vermuten eine Art Teilung der Seele: Bei Schizophrenen traten plötzlich Spukerscheinungen in der Umgebung auf. Damit könnte erklärt werden, dass sich der Spuk halb intelligent, halb sinnlos aufführt. Der Begriff „Teilseele" würde auch auf die Geistererscheinungen längst Verstorbener passen: Ein Stück Kraft ist zurückgeblieben und wird bei bestimmten Gelegenheiten oder zu gewissen Zeiten wieder aktiv. Sie kann auch durch Menschen oder einen Anstoß von außen mobilisiert werden. Auch Psychologen aus der Schule des Schweizers *Carl Gustav Jung* (1875–1961) haben sich wiederholt mit dem Spukphänomen ernsthaft auseinandergesetzt. Jung selbst war in dieser Hinsicht keineswegs skeptisch. Er glaubte fest an andere übersinnliche Phänomene und sprach vom „kollektivem Unbewussten", an dem wir alle teilhaben und in dem die Summe der „Erinnerungen" der gesamten menschlichen Existenz gespeichert ist. Jung: „Es kann geschehen", schrieb er freimütig, „dass auch bei völliger Unzurechnungsfähigkeit und bei gesunden Sinnen Dinge wahrgenommen werden, welche nicht existieren. Ich weiß keine Erklärung für solche Geschehen. Vielleicht kommt dies sogar weniger selten vor, als ich anzunehmen geneigt bin."

Von weiblichen Gespenstern umgeben

Sind die Geister mitten unter uns? Der Tiefenpsychologe Jung musste es wissen, schließlich hatte er selbst Phänomene aus dem Schattenreich hautnah miterlebt. Als er im Jahre 1920 mehrere Tage in einem englischen Landhaus verbrachte, erlebte er rätselhafte Klopfgeräusche, ein merkwürdiges Rauschen und üblen Geruch, ohne dessen Quelle zu finden. Mehr noch: Seine Bestürzung wuchs, als eines Nachts plötzlich ein kompakt wirkender halber Frauenkopf auf seinem Kopfkissen erschien und ihn mit dem einzigen sichtbaren Auge anblickte. Das Phantom, das Jung nicht als Traumgestalt, sondern völlig real erschien, verschwand erst wieder, als er eine Kerze anzündete. Verständlich, dass er es damals vorzog, die Nacht lieber im Lehnstuhl zu verbringen. Erst am nächsten Tag erfuhr Jung, dass er in einem der in England recht häufig verbreiteten Spukhäuser übernachtet hatte.

War es die Erscheinung einer längst verstorbenen Frau, die der berühmte Psychiater wahrgenommen hatte? Hat die Seele einer ehemaligen Hausherrin im Jenseits keine Ruhe gefunden? Weibliche Schlossgeister kehren gerne in ihre irdischen Gemächer zurück und treiben ihr Unwesen. Gerade in unseren Breiten erzählt man sich unzählige Gespenstergeschichten über das schöne Geschlecht. Zu den bekanntesten Spukladys gehört die „Weiße Dame" der *Hohenzollern,* die in einigen ehemaligen kö-

Häufigstes Erscheinungsbild bei Gespenstern: die „Weiße Frau".

niglichen Wohnsitzen Deutschlands für nächtliche Unruhe sorgt. Am häufigsten wird sie im *Schloss Neuhaus* in Berlin, Bechin und Tretzen wahrgenommen. Gruselgeschichten, die die Vermutung gestützt haben, dass es mehr als nur einen Geist gibt, der die vom Unglück verfolgte Hohenzollern-Familie heimsucht. Alle Berichte stimmen darin überein, dass die geisterhafte Edelfrau völlig weiß gekleidet ist und etwas auf ihrem Kopf trägt, das wie ein Trauerschleier aussieht. *George Doring* hat im Jahre 1819 einen umfassenden Bericht mit dem Titel „Iris" verfasst, der sich auf viele Augenzeugenaussagen stützt. Er teilt die gängige Theorie, dass es sich bei dem Gespenst um Prinzessin *Bertha* oder *Perchta von Rosenberg* handelt, die von ihrem Gemahl, *Baron Steyermark,* grausam behandelt wurde. Nach ihrem Tod im Jahre 1451 soll sie deshalb aus Rache zurückgekehrt sein und seitdem in Neuhaus spuken.

Österreichs zahlreiche Burgen und Schlösser scheinen für Gespensterfrauen ebenfalls eine besondere Anziehungskraft auszuüben. Noch heute geistert die mordlüsterne *Erzsébeth,* „Blutgräfin von *Lockenhaus*“, in der burgenländischen Templerburg. Sechshundertfünfzig junge Mädchen hat die dämonische Herrin auf grausamste Weise getötet. Zeugenaussagen und historische Prozessurkunden bestätigen das unheilvolle Treiben der Gräfin. Die Chroniken berichten, dass die geisteskranke Erzsébeth nach dem Tod ihres Gatten im Jahre 1604 nunmehr schrankenlos ihre wölfischen Triebe entfaltete. Mit Vorliebe ermordete sie ihre Dienerinnen, um sich in deren Blut zu baden.

Im *Schloss Frauheim* in Ragnitz bei St. Georgen in der Steiermark trifft man auf eine Geisterart, die am häufigsten in alten Häusern beheimatet ist: eine mysteriöse Lichtgestalt, die immer wieder beobachtet wird und als „Weiße Frau“ in ganz Europa bekannt ist. In der Bevölkerung von Ragnitz erzählt man sich: „Wenn die Weiße Frau schwarze Handschuhe trägt, kündigt das den Tod eines Angehörigen an, trägt sie weiße Handschuhe, bringt es Glück.“ Schloss Frauheim, wo oft Konzertabende in mittelalterlichem Ambiente stattfinden, ist seit 1685 im Besitz der Familie *Kellersperg*. Offenbar auch das von Generation zu Generation vererbte Gespenst. Die Legende weiß von einem ehemaligen Schlossherrn, der hier seine Tochter eingemauert hat, weil sie mit einem gewöhnlichen Bauern ein Verhältnis eingegangen war. Johannes Kellersperg, der das Schloss mit seiner Gattin Wilma und zwei Kindern bewohnt, erzählt: „Meine inzwischen verstorbene Tante, die Baronin, schilderte uns immer wieder ihre Begegnung mit der Weißen Frau. Sie erschien ihr in jenem Raum des Schlosses, von dessen Fenster aus man genau auf die Familiengruft sehen kann.“

Dem neuen Mieter und seiner Familie ist das Frauengespenst noch nicht über den Weg gelaufen, aber das kann sich in der heutigen Nacht bereits ändern.

So wie im Falle von Herrn *Franz Josef Hampapa,* der sich vor dreißig Jahren die *Ruine Grub* samt Burggeist gekauft hat. Der gelernte Kunsttischler schwärmte schon in seiner Jugend für Burgen und Schlösser. Sein größter Wunsch war immer, einmal sein eigener Burgherr zu sein. Gemeinsam mit seiner Frau, ebenfalls eine Burgfreundin, machte er diesen Traum wahr: „Wir kauften die Ruine Grub um einen geringen Betrag. Hätten wir das nicht gemacht, wäre sie gesprengt worden." Mühevoll und fast ohne finanzielle Unterstützung hat der Idealist aus einer verfallenen Ruine wieder eine Burg gemacht. Besonders stolz ist er auf die renovierte Kapelle, die Rauchküche und die Schmiede. Und natürlich auf seinen Hausgeist, die „Schöne Cordula". „Zweimal ist sie mir in früheren Jahren erschienen. Einmal huschte die ‚Schöne Cordula' über den Burgfried, als ich mich gerade im Garten aufhielt. Und das zweite Mal trat sie durch die zugesperrte Kellertür hindurch." Bei der „Schönen Cordula", das weiß man aus der Dorfchronik, handelt es sich um ein ehemaliges Burgfräulein, das auf dem Weg zur Burg Grub in einer Kutsche tödlich verunglückte. An der Stelle errichtete man zum Gedenken ein Marterl. Vor etlichen Jahren versetzte man dieses Marterl auf den Dorfplatz. Am nächsten Morgen war es verschwunden. Es stand, als ob es nie woanders gewesen wäre, wieder auf seinem alten Platz am Wegrand.

Herrn Hampapa ist der Geist dann nie mehr untergekommen. „Ich habe damals zwei Messen lesen lassen." Offenbar hat die Gute jetzt endlich Ruhe gefunden. „Trotzdem", versichert er, „vernehme ich nach wie vor oft undefinierbare Geräusche, vor allem nachts. Sind es Schleiereulen oder herunterfallende Steine? Ich kann es nicht sagen."

Ob natürliche Erklärungen oder die „Schöne Cordula", eines weiß Hampapa von seinen Gästen mit Sicherheit: „Wenn sie das erste Mal hier übernachten, machen sie kein Auge zu."

Spukgestalten, die nicht zu fassen sind

Wie wird man lästige Hausgeister wieder los? Ist Exorzismus ein geeignetes Mittel? Haben Parapsychologen bessere Rezepte? Was ist zu tun, wenn es plötzlich poltert, klirrt und klopft? Es sieht so aus, als würden sich Spukerscheinungen geradezu von Angst ernähren und daraus ihre Energie beziehen. Zeigt man jedoch keine Furcht, so gibt er früher oder später auf, man darf nur nicht nachlassen. Es kommt also darauf an, den anfänglichen

Schock möglichst schnell zu überwinden. Ängstlichen Naturen fällt das sicher nicht leicht. Unerschrockene Zeitgenossen bewiesen indes, dass man sich sehr wohl gegen ungebetene Gäste aus dem Schattenreich wehren kann. Eine Schweizerin berichtet von einem nächtlichen Erlebnis mit einem Poltergeist in ihrem Haus am Bodensee:

„Als gar nichts mehr half, entschloss ich mich zum äußersten Mittel, das sich von durchschlagendem Erfolg erwies. Ich ergriff Luisens Holzpantinen und schleuderte sie mit erheblichem Stimmaufwand die Treppe hinauf, über deren Stufe sich die bewussten Schritte wieder näherten und ich verlangte Ruhe, ausdrücklich, und dies ein für allemal. Der Geist mochte eingesehen haben, dass mit bloßem Erschrecken bei uns nichts auszurichten sei, und nahm ihm das Vergnügen an der Sache. Also blieb er fort."

Ähnliches schildert die chinesische Schriftstellerin *Maxine Ting Hong Kingston,* deren Mutter einmal eine Nacht in einem Spukzimmer verbrachte. Sie lehnte es ab, sich einschüchtern zu lassen. Als ein haariges Wesen sie in der Nacht aufs Bett presste, bedrohte und verspottete sie diesen Kobold, bis er schließlich verschwand.

Nicht immer sind Hausgeister so „vernünftig" wie in den beiden genannten Fällen. Besonders in Großbritannien genießen Spuk und Geisterscheinungen „Weltruf". Allen Bemühungen zum Trotz, lassen sich die flüchtigen Grenzgänger zwischen Stoff und Geist nicht vertreiben. Die Berichte über englische Schlossgeister sind Legion. Irgendwo taucht hier immer wieder eine Ahnfrau auf oder der Geist eines Mörders findet keine Ruhe und macht Lärm. Außerordentlich gerne in riesigen und oft düsteren Bauten, Trümmern und Klöstern sowie einsturzgefährdeten Schlössern. Nach einer kürzlich durchgeführten Umfrage glauben 44 Prozent der befragten Engländer an die Existenz von Geistern; jeder siebte ist sogar der Meinung, er habe schon einmal Spukerfahrung gehabt. Wen wundert es? Geistergeschichten haben auf den britischen Inseln Tradition. Die *Fortean Times* berichtet, dass der Preis eines englischen Hauses um 25 Prozent steigt, wenn es Geister heimsuchen. Eine zusätzliche Anregung, die begünstigt, dass es kaum eine Stadt, kaum ein Dorf gibt, das

Eines der frühesten gut belegten Poltergeistphänomene Englands ist der „Trommler von Tedworth" aus dem 17. Jahrhundert. Schon damals zerbrach man sich den Kopf darüber, wie man solche Hausgeister wieder loswird.

kein Spukhaus hat. Doch nicht alle Spukhäuser stützen sich auf Geschäftemacherei. Manche Geister spuken seit Jahrhunderten. Allein in *London* begegnet man dem Geisterbus von Kensington, dem gerupften Geisterhuhn, anhand dessen *Francis Bacon* seine Lebensmittelkonservierungs-Theorie beweisen wollte, und dem Grauen von Berkeley Square Nr. 50, heute Sitz des Antiquariats Maggs Bros. Ltd. Im 19. Jahrhundert kursierten hier Geschichten über ein „namenloses, schleimiges Etwas, zu schrecklich, um es beschreiben zu können", das die Treppen auf und ab gleitete, sowie über das „elektrische Grauen", das die Mauern des Hauses durchdringe. London ist ebenso die Heimstätte jeder Menge kopfloser Gespenster, die bis in die jüngste Zeit hinein immer wieder gesehen werden.

Im Jahre 1993 sorgte ein Zwischenfall für besonderes Aufsehen: Angestellte in London waren damals vom Schrecken gezeichnet. Sie schwören, dass sie vor der Bank und schließlich auch im Kassenraum eine dunkle Gestalt ohne Kopf gesehen haben. Das Gespenst soll von einem eiskalten Wind begleitet worden sein. Der Bankdirektor holte einen angesehenen britischen Geisterjäger. Er soll den Kopflosen zum Verschwinden überredet haben. Alte Chroniken lassen selbst Ungläubige erschaudern: Vor dem heutigen Bankgebäude wurde vor Jahrhunderten ein englischer Adeliger geköpft.

Die berühmtesten Spukorte in Großbritannien

Bekanntester Tummelplatz für Gespenster ist der Londoner *Tower,* der in der Geschichte sehr häufig gruselige Bühne blutiger Geschehnisse war. Das berühmte Gebäude soll durchdrungen sein vom Schmerz und Leid derjenigen, die in der nicht so guten alten Zeit Opfer des königlichen Missfallens wurden. Dem Londoner Tower werden gleich eine ganze Reihe verschiedenster Spukgeschichten zugeordnet, von denen allerdings nur wenige gut dokumentiert sind. Eine Erzählung betrifft die Kapelle von *St. Peter ad Vincula,* eine der beiden Kapellen innerhalb des Towers, in der die Frau Heinrichs VIII., *Anne Boleyn,* begraben sein soll. Wie ihre Nachfolgerin *Katherine Howard* wurde sie des Ehebruchs bezichtigt, der in diesem Falle als Hochverrat galt, und im Mai 1536 enthauptet. Zuvor war sie im Tower eingekerkert. Seit ihrem gewaltsamen Tode wurde der Geist von Anne Boleyn immer wieder von Besuchern gesehen. Schon bald nach ihrer Hinrichtung kam es zu ersten Spukphänomenen.

So soll eines Nachts ein Wachtposten, der ein Licht in der Kapelle entdeckt hatte, mit einem weiteren Soldaten hinaufgeklettert sein, um nachzuforschen. In der Kapelle sahen sie eine Prozession von Menschen in Tudortracht, die im Gang auf und ab wandelten und von einer Gestalt geführt wurden, die Anne Boleyn ähnelte. Kurz darauf verschwand das Licht und die Gestalten lösten sich in „Nichts“ auf.

Der Geist von Anne Boleyn soll im Londoner Tower immer noch für Gänsehaut sorgen.

Ein anderer Vorfall erzählt davon, dass Soldaten gesehen haben, wie eine Frau ohne Kopf an einem Kollegen vorbeiging und nicht auf seinen Zuruf reagierte. Als er sein Bajonett gegen die weiß gekleidete Frau richtete, flammte ein feuriger Blitz den Gewehrlauf entlang. Der Soldat fiel vor Schrecken in Ohnmacht. Später wurde er vor ein Militärgericht gestellt, weil man ihn auf der Wache schlafend vorfand. Nach den übereinstimmenden Zeugenaussagen seiner Kameraden wurde er jedoch freigesprochen. Neben Anne Boleyn sind es vor allem zwei Kinder, die, so behaupten es einige Augenzeugen, als Lichtgestalt durch den Tower gehen. Es sind, so wird erzählt, *Edward* und *Richard,* die beiden Thronprinzen, die ihr Onkel im Tower umbrachte, um als Richard III. König zu werden.

Man mag solcherart malerischen Geschichten von königlichen Geistern mit einem ungläubigen Lächeln lauschen, da sie durchaus Produkte des Wunschdenkens sein können. Und doch besitzen sie eine gewisse Logik: Wenn ein Spuk durch die Konzentration intensiver Gefühle auf eine bestimmte Stelle verursacht wird, wessen Erscheinen wäre dann denkbarer als das der Menschen, die in die grausamen Intrigen und Konflikte ihrer Zeit verwickelt waren? Wer an spukhafte Wesen glaubt, kann sich leicht vorstellen, dass sich der Geist der unglücklichen Anne Boleyn, die auf die Hinrichtung wegen eines Verbrechens wartete, das sie nach allgemeiner Auffassung gar nicht begangen hatte, und die indirekt für Folterung und Tod mehrerer ihrer Freunde verantwortlich war, die Atmosphäre des Towers eingeprägt haben könnte.

Als Ausflugsziele für erprobte und angehende Gespensterjäger nenne ich nachfolgend die berühmtesten britischen Stätten eines ortsgebundenen Spuks:

- Drei Geister, eine Adresse: *Fountains Abbey* in North Yorkshire. Sir Stephen Proctor wurde 1611 erschlagen, weil er so unbarmherzig Geld eintrieb. Seither spukt er. Proctors Tochter war Zeugin des Vorfalls. Folglich spukt sie auch. Es wurde aber auch ein Geist in der Holzvertäfelung gesehen, der mit keinem der beiden Genannten zu tun hat.
- *Eilean Donan Castle* im schottischen Hochland kennt man aus dem Kinofilm „Highlander“. In den Gemäuern spukt ein Spanier. Der Geist eines Söldners, der 1719, bei der Belagerung der Burg, starb.
- *Scotney Castle* in Kent gehörte im 18. Jahrhundert der Familie *Darrell.* Ein Darrell wurde beim Schmuggeln erwischt, tötete dabei seinen Ergreifer und warf ihn in den Burggraben. „Logische“ Folge: ein spukender Zöllner.
- Reges Geisteraufkommen herrscht in *Arundel Castle,* West Sussex: Durch den Park irrt ein vom Verlobten verlassenes Mädchen, das sich vom Turm stürzte, währenddessen im Schloss ein Küchengehilfe und ein Ritter einfach nicht zur Ruhe kommen.
- Auf *Schloss Warwick* in Warwickshire spukt der Geist von Sir *Fulke Greville,* einem elisabethinischen Kanzler, der von seinem Kameraden ermordet wurde. Seither jagt er Besuchern eisige Kälteschauer über den Rücken.
- *Burton Agnes Hall,* nicht weit von Bridlington in Yorkshire, wurde Ende des 16. Jahrhunderts von Sir Henry Griffith erbaut. *Anne Griffith,* seine jüngste Tochter, wurde von Dieben auf der Straße nach Harpham tödlich verletzt. Auf dem Totenbett bat sie, man möge ihren Kopf abtrennen und im Hause aufbewahren. Da man dieser Bitte nicht nachkam, wurde das Haus Opfer furchtbarsten Lärms. Erst seitdem der Schädel aus dem Grab entfernt und im Haus eingemauert wurde, soll Ruhe eingekehrt sein.

- *Holey Trinity Church*: Nahe dieser Kirche in York schwebt gelegentlich ein weibliches Gespenst über den Kirchhof. Angeblich eine Priorin, die ermordet wurde, weil sie gegen die religiösen Erlasse Heinrichs VIII. war.
- In ihrem früheren Anwesen *Raynham Hall* bei Fakenham spukte die „Braune Frau“. Ein Hausgast schoss einmal auf den Geist. Die Kugel flog durch die Lichterscheinung hindurch und steckt seitdem im Türrahmen.
- *Stirling Castle* liegt oberhalb des schottischen Flusses Forth: In dieser früheren Residenz von Maria Stuart spukt angeblich eine ehemalige Zofe der Königin. Immer wenn die Gespensterfrau auftaucht, naht Unheil.
- In den ausgebrannten Ruinen von *Wilton Castle* sind immer noch eine ganze Reihe von Geistern aktiv. Zum Beispiel wird der 1840 verstorbene Schlossherr Harry Alcock immer wieder gesichtet, angeblich erscheint er regelmäßig am 3. Dezember, seinem Todestag.
- Auch in *Windsor Castle,* der Sommerresidenz des britischen Königshauses, will man einige Geister angetroffen haben. Einige Augen- und Ohrenzeugen behaupten steif und fest, dass sich der Geist des im hohen Alter verstorbenen Heinrich VIII. durch ständiges Ächzen bemerkbar macht und so alle Anwesenden verschreckt.
- *Longleat* in Wiltshire war Sitz des Marquis von Barth. Es soll mindestens zwei Gespenster beherbergen. Das eine ist wohlwollend und zeigt sich in Gestalt eines Mannes im langen schwarzen Rock, das in der Roten Bibliothek herumspukt. Man vermutet in ihm Sir John Thynne, den 1580 verstorbenen Erbauer des Anwesens. Das andere Gespenst scheint im Obergeschoss des Gebäudes daheim zu sein und jammert vor sich hin. Es soll die Gestalt von Lady Louise Carteret sein, die 1736 starb. Es heißt, ihr Mann, Lord Weymouth, habe sie mit einem Geliebten überrascht. Er wurde vom Hausherrn ermordet und im Keller verscharrt.
- In *Berkeley Castle* in Gloucestershire soll sich noch heute der Geist von König Eduard II. bemerkbar machen. Anfang 1327 vom Parlament abgesetzt, wurde er in Kenilworth ge-

In Stirling Castle sorgt eine Gespensterfrau für Furcht und Schrecken.

fangen gehalten und im April nach Berkeley gebracht, wo er im September auf Betreiben seiner Frau Isabella von Frankreich und ihres Liebhabers, Roger Mortimer, bestialisch ermordet wurde.

- *Littledean Hall,* ebenfalls in Gloucestershire, soll das älteste, ununterbrochen bewohnt gewesene Haus Großbritanniens sein. Es beherbergt insgesamt nicht weniger als elf Gespenster, unter ihnen den Geist eines schwarzen Jungen, den einer in Gelb gekleideten Dame und den eines Mönchs in weißer Kutte. Hinzu kommt noch eine Phantomkutsche.

In Littledean Hall, dem ältesten, ununterbrochen bewohnt gewesenen Haus Großbritanniens, wurde in vorigen Jahrhunderten eine Phantomkutsche wahrgenommen. Sie galt als Todesomen.

- *Bettiscombe Manor* in Dorset ist eines der vielen englischen Häuser, das einen „schreienden Schädel“ beherbergt. Man sagt, dass jeden Menschen, der den Schädel aus dem Haus zu entfernen versucht, innerhalb eines Jahres der Tod ereilt. Der Legende zufolge soll es sich um den Schädel eines Sklaven handeln, doch wissenschaftliche Untersuchungen ergaben ein sehr viel höheres Alter.
  Die Spuren weisen auf eine prähistorische Begräbnisstätte hinter dem Anwesen. Ob abergläubisch oder nicht: Heute ist niemand bereit, den Schädel von seinem angestammten Platz zu entfernen.
- *Ballechin House,* Perthshire, Schottland: Sein Besitzer, der exzentrische Major Stewart, versprach, nach seinem Tod in Gestalt seines Lieblingshundes, eines schwarzen Spaniels, wiederzukehren. Kurz nach seinem Tod im Jahre 1876 hörte man merkwürdige Laute, die man mit Geräuschen eines Hundes verglich, der gegen eine Tür springt. Später behaupteten verschiedene Beobachter, einen schwarzen Hund gesehen zu haben. Ebenso wird Berichten zufolge eine „Graue Dame“, eine

Nonne, bei der es sich um die Schwester des Majors handeln soll, gelegentlich heute noch gesehen.

- Zu den meist umspukten Häusern Englands zählt die Pfarrei von *Borley* in der Grafschaft Essex, zumindest bis zum Jahre 1939. Damals wurde das Spukhaus ein Raub der Flammen. Einer Legende zufolge soll im 13. Jahrhundert eine Nonne bei lebendigem Leibe im Kloster eingemauert worden sein. Die Ruine ist noch immer ein Anziehungspunkt für Geisterjäger.

Helfer aus der jenseitigen Welt

Wenn von feenhaften Gegenden die Rede ist, dann kommt niemand an *Glastonbury* vorbei, einer der berühmtesten, ältesten und heiligsten Orte der britischen Insel. Er ist das Ziel tausender Hippies, Esoteriker und dubioser Okkultisten, die jedes Jahr durch Südengland, vorbei an Stonehenge und riesigen Kreidefiguren, zu der geheimnisvolle Stätte ziehen. Die magische Gegend wirft verschiedene Fragen auf: Liegt hier das Terrain des sagenhaften Avalon? Welches Geheimnis hütet der sich in die Landschaft erhebende pyramidenartige „Kelchhügel"? Existiert ein unterirdisches Labyrinth im Inneren des Hügels, das spiralenförmig zur Kuppe des Glastonbury-„Tors" emporführt? Majestätisch ragt dieser ungewöhnliche Turm auf dem 150 Meter hohen Hügel in den Himmel. Am Fuße des „Tors", etwas versteckt und nicht allzu weit entfernt von den Mauerresten der ehemaligen Abtei von Glastonbury, befindet sich ein alter Brunnen. „Blutquelle" wird der magische Ort genannt, dem wundersame Heilungen zugeschrieben werden. Auf dem Abteigelände wurden vor mehr als 90 Jahren beeindruckende Ruinen freigelegt. Ebenso hat man rätselhafte Skelette entdeckt, die die Frage aufwerfen, ob der legendäre König *Artus* nach seinem Tod hier beigesetzt worden war. Das Besondere bei all den Entdeckungen ist, dass sie durch „paranormale Archäologie" gemacht wurden.

Im Jahre 1190 hatten Mönche behauptet, die sterblichen Überreste des Herrschers sowie jene seiner Gemahlin *Ginevra* gefunden zu haben. Legenden scheinen derartige Annahmen zu bestätigen, dennoch verhielt man sich schon damals gegenüber solcher Aussagen skeptisch. In den Überlieferungen wird auch angegeben, Artus habe in Avalon den ihm treu ergebenen Sir *Bedivere* gebeten, dafür zu sorgen, dass sein Wunderschwert „Excalibur“ nicht in unrechte Hände gerate. Bedivere kam diesem Wunsch sofort nach und schleuderte die Waffe in den See. Ehe das Schwert in den Fluten versinken konnte, sei es plötzlich von einer aus dem Wasser auftauchenden Hand ergriffen und in die Tiefe gezogen worden. Beweise hierfür gibt es keine.

Sind aber nun im 12. Jahrhundert tatsächlich einige Mönche auf dem Abtcigelände fündig geworden? Beruhen solche Berichte auf einer wahren Begebenheit? Angeblich soll zunächst auf einer steinernen Grabplatte in zwei Meter Tiefe die Inschrift entdeckt worden sein: „hic iacet sepultus rex arturius in insula avalonia“ – was soviel heißt wie: „Hier liegt begraben der ruhmreiche König Artus (auch Arthur genannt) auf der Insel Avalon.“

Weitere drei Meter tiefer sollen dann die geistlichen Herren auf einen hohlen Baumstamm gestoßen sein, der zu einem Sarg gefertigt worden war. Darin lagen die Knochen eines männlichen Wesens, Reste eines Skeletts, das zu einem 2,40 Meter großen, demnach riesigen Menschen gehörte. Der Schädel des Toten soll schwere Verletzungen aufgewiesen haben. Der Leichnam König Artus’?

Neben dem männlichen Skelett wollen Mönche ebenso die Überreste eines Frauenkörpers sowie blondc Haare gefunden haben, was zu der Annahme verleitete, dabei müsste es sich um Artus’ verstorbene Gemahlin Ginevra gehandelt haben. Später, im Jahr 1278, sollen dann die Gebeine der beiden königlichen Toten vor dem Hochaltar der Klosterkirche in eine Marmorgruft gebettet worden sein. Das alles sind aber bloß unbeständige Gerüchte, die bislang keine Klärung fanden.

Sicher ist hingegen, dass die anglikanische Kirche Großbritanniens das verlassene Grundstück in Glastonbury, auf dem sich vordem die Abtei befunden hatte, 1907 in Besitz nahm. Das Gelände war in trauriger Verfassung, völlig verwahrlost, und von den Gebäuden, die seinerzeit von Macht und Reichtum der katholischen Abtei gekündet hatten, waren nur noch einige Ruinen erhalten geblieben.

Mit großer Freude und Genugtuung nahmen deshalb die anglikanischen Kirchenvertreter eine Anregung eines der führenden Archäologen ihres Landes zur Kenntnis, auf dem Terrain der alten Abtei Ausgrabungen vornehmen zu wollen. *Frederick Bligh Bond,* der Name jenes Experten, besaß damals einen untadeligen Ruf und galt als absolut seriöser Fachmann. Der Altertumsforscher widmete sich ganz besonders der gotischen Architektur und hatte sich auch mit der Restauration antiker Gotteshäuser einen Namen gemacht. Sein Vorschlag stieß beim Klerus sofort auf Zustimmung – die es wahrscheinlich nicht gegeben hätte, wäre den Kirchenherren Bonds heimliches Interessensgebiet von Beginn an bekannt gewesen. Bond beschäftigte sich nämlich in seiner Freizeit mit okkulten Dingen und veranstaltete heimlich sogar Séancen, um Verbindung mit der Geisterwelt aufzunehmen. Von ihm später gemachten Angaben zufolge soll es sich bei diesen unsichtbaren Wesenheiten um eine Gruppe verstorbener Mönche gehandelt haben, die sich selbst „Gesellschaft von Avalon“ nannte.

Seine okkulten Neigungen teilte Frederick Bligh Bond mit einem vertrauten Freund und Gesinnungsgenossen – *John Alleyne Bartlett.* Der Kontakt mit der Geisterwelt wurde mit Hilfe des automatischen Schreibens hergestellt. Bartlett diente dabei als ideales Medium. Bond behauptete später, auf diese Weise präzise Auskünfte erhalten zu haben, die ihn befähigten, Aufsehen erregende archäologische Grabungen auf dem Terrain der ehemaligen Abtei vorzunehmen und dabei auch fündig zu werden. Die ersten Erfolge wurden durch die Freilegung der Edgar-Kapelle erzielt. Die genaue Lage der Kapellenfundamente wurde von Geisterinformanten mitgeteilt, einer davon nannte sich „Mönch *Johannes Bryant*“. Von da an hielten Bond und Bartlett regelmäßig Sitzungen ab und die Mönche von Glastonbury überhäuften sie mit Details und verschiedenen Handschriften. Zu Bonds Verblüffung und Freude stellte sich bald heraus, die Angaben der Geistermönche stimmten präzise. So fand er durch jenseitige Aufforderung bei der Südwand des ehemaligen Kirchenschiffes

Geistermönche, wie hier zeitgenössisch dargestellt, sollen Frederick Bligh Bond aus dem Jenseits geholfen haben.

ein seltsames zwei Meter großes Skelett, das ohne Sarg bestattet worden war. Dafür lag zwischen seinen Beinen ein zweiter Schädel. Den Geistermönchen zufolge soll es sich hierbei um die Überreste des Grafen *Eawulf von Edgarley* handeln, der die Normannen angriff, um Vergeltung zu üben. Er soll im Kampf getötet und (ohne Sarg) außerhalb der Abteikirche begraben worden sein.

Die guten Ergebnisse ermunterten die anglikanische Kirchenobrigkeit, Frederick Bligh Bond finanziell unter die Arme zu greifen. Freilich ohne zu ahnen, dass der archäologische Spurensucher gespenstische Helfer hatte. Von 1908 an floss Geld in seine Forschungen, die den mit paranormalen Mitteln arbeitenden Archäologen zu besonderen Leistungen trieben. Höhepunkt seiner Tätigkeit war die Entdeckung des Grundrisses zweier Türme, die vormals zum Kirchenschiff des von Heinrich VIII.

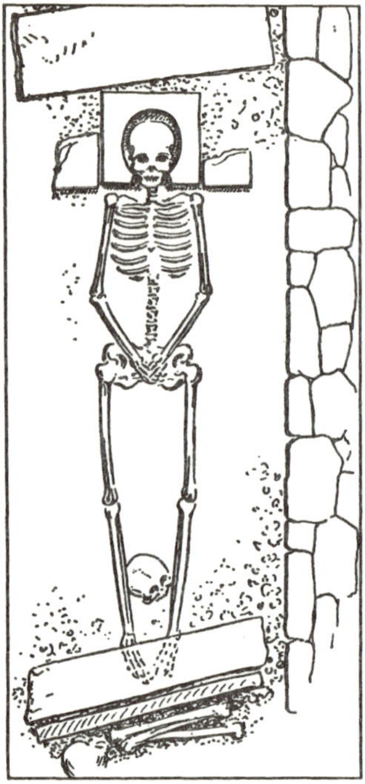

1908 stieß Bond bei Ausgrabungen auf dieses rätselhafte, über zwei Meter große Skelett, das ohne Sarg, dafür aber mit einem zweiten Schädel bestattet worden war.

zerstörten Klosters gehört hatten. Trotz skeptischer Einwände anderer Fachleute hatte Bond ausgerechnet an einer zuvor von niemandem beachteten Stelle der Kirchenruine graben lassen – und erzielte dabei ein sensationelles Resultat!

Die Verantwortlichen der anglikanischen Kirche waren über diesen Fund natürlich hoch erfreut, schrieben aber die unerwartete Entdeckung nicht Bonds Geschick, sondern glücklichen Umständen zu. Der Betreffende ärgerte sich darüber, wusste er doch, dass es die von ihm beschworenen Geistermönche gewesen waren, die ihn im Verlauf einer seiner Séancen aufgefordert hatten, an genau der betreffenden Stelle zu graben.

Durch anhaltende Erfolge möglicherweise übermütig geworden, entschloss sich Frederick Bligh Bond im Jahr 1918 spontan, sein okkultes Geheimnis zu lüften. In seinen Bekenntnissen, die er in Buchform veröffentlichte („The Gate of Remembrance“: Das Tor der Erinnerung), deckte er alle Karten auf und nannte den wahren Grund für seine erfolgreichen Ausgrabungen. Das war ein schwerer Fehler.

Kaum war sein „Geständnis“ in der Öffentlichkeit bekannt, fielen Bonds klerikale Brötchengeber über ihn her. Seine Séancen wurden als blasphemische Handlungen verurteilt und als

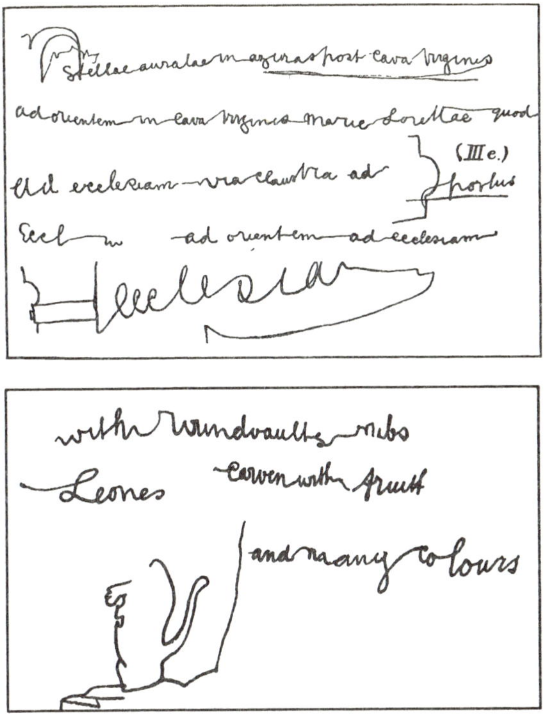

Schriftliche Informationen, die Bond bei Séancen von jenseitigen Mönchen erhalten haben will.

Verstoß gegen kirchliche Gebote bezeichnet. Sämtliche finanziellen Zuwendungen wurden sofort eingestellt und ein geschäftsführender Direktor berufen, der die alleinige Aufgabe hatte, Bond in seiner Tätigkeit zu kontrollieren. Dieser musste sich nunmehr darauf beschränken, frühere Funde zu katalogisieren und in Ordnung zu halten. Volle vier Jahre verwickelte man den so aktiv gewesenen Archäologen in einen nicht enden wollenden Papierkrieg, bis ihn 1922 ein Brief der Kirchenleitung vor vollendete Tatsachen stellte: „Der Rat dieser Gesellschaft setzt Sie davon ihn Kenntnis, dass Sie nicht mehr für die Ausgrabun-

Überreste der Abtei von Glastonbury.

gen in der Glastonbury-Abtei verantwortlich sind und daher das von Ihnen ernannte Ausgrabungskomitee aufgelöst wird." Damit war Frederick Bligh Bond endgültig in Ungnade gefallen.

Die letzten 23 Jahre waren trist. Die meiste Zeit verbrachte Bond in den Vereinigten Staaten, wohin er sich nach dem englischen Desaster zurückgezogen hatte. Dort widmete er sich auch weiterhin seinen Forschungen auf dem Gebiet der Parapsychologie. Sein Name geriet jedoch mehr und mehr in Vergessenheit. 1945 starb Frederick Bligh Bond in ärmlichen Verhältnissen.

Nur mehr der Deckel zum Brunnenschacht der „Blutquelle" erinnert heute noch an diesen Archäologen. Der Engländer hatte ihn selbst entworfen. Weitere Ausgrabungen hat es seither in Glastonbury nicht mehr gegeben. Sie seien derzeit „nicht zweckmäßig", wird diese Einschränkung lakonisch „begründet".

Aber wer weiß? Sollte sich nämlich der Verdacht des verstorbenen englischen Forschers *T. C. Lethbridge* bestätigen, wonach die so genannten Geister lediglich eine Art „emotionelle Bandaufzeichnung" seien, dann könnte dieser „Informationsspeicher" auf dem Kelchhügel noch einmal wertvolle Dienste tun. Vielleicht sogar zur Aufhellung eines Geheimnisses beitragen, das

Der Calice-Brunnen nahe der Ruinen von Glastonbury zu Füßen des „Kelchhügels". Der Deckel wurde von Frederick Bligh Bond entworfen und trägt das alte Symbol des Vesica piscis, der Quelle des Lebens. Der Brunnen wird mit der Artus-Legende in Zusammenhang gebracht.

im Berginneren seiner Aufklärung harrt: die Erforschung des in den Legenden behaupteten „Labyrinths der Tafelrunde“. Sollte es tatsächlich existieren, könnte auch die Frage beantwortet werden, ob sich womöglich auch der Heilige Gral, jener wertvolle Schatz am Hof des König Artus zu Camelot, noch im Inneren des Kelchhügels befindet.

Es wäre einen Versuch wert – allerdings: „Nichts steht der Verbreitung der Wahrheit mehr im Wege als die Hartnäckigkeit im Festhalten althergebrachter, durch die Zeit geheiligter Traditionen.“ (Leo Tolstoi, 1828–1910.)

Leider konnten gewisse Vorurteile noch immer nicht abgebaut werden. Dogmatischer Starrsinn beherrscht die Kirchenkanzeln ebenso wie die weltlichen Lehrstühle an den Universitäten. Haben wir in den vergangenen Jahrzehnten – so unmittelbar mit dem Eintritt ins dritte Jahrtausend – gar nichts dazugelernt? Freche Spukgestalten aus der Schattenwelt und andere übersinnliche Dinge, die es nicht geben dürfte, werden sich vielleicht ins Fäustchen lachen…

Phantomanhalter und Raum-Zeit-Fallen

„Die Zeit ist aus den Fugen."

William Shakespeare (1564–1616), Hamlet

Wovor sich Autofahrer fürchten

Gespenstergeschichten kennen wir seit dem Altertum. Beruhen sie auf unglaublichen, aber wahren Begebenheiten? Wir Menschen verlangen nun einmal für alles eine Erklärung und sind bestrebt, den Dingen auf den Grund zu gehen. Und wenn wir mit unserer Schulweisheit nicht weiterkommen, sind wir gereizt und beleidigt. Was bleibt sind Gerüchte, die nie ganz auszumerzen sind. Die meisten Menschen, die Derartiges vernehmen, verhalten sich erst einmal reserviert. Man ist bemüht, nur ja kein böses Wort über das Zugetragene an anderer Stelle zu verlieren. Dann aber steigt nicht selten die uns allen angeborene Neugier: Es gelüstet uns, mehr über die vertrackte Angelegenheit zu erfahren. Später vielleicht vertraut man das Gehörte einer nahestehenden Person an, einem Freund oder einer Freundin, einem eigenen Familienangehörigen. Auf diese Weise schlägt das Gerücht Wellen – es verbreitet sich zwangsläufig, weil oft genug unbeweisbar.

Ähnlich widersprüchlich verhält es sich mit der Legende um das Anhaltergespenst. In Amerika zählen die unheimlichen Begegnungen mit dem „Hitchhiker" (Anhalter) zu den häufigsten Geistergeschichten. Das Geschehen folgt immer dem gleichen Muster: Jemand ist mit dem Auto auf dem Highway unterwegs und nimmt einen Anhalter mit. Meist handelt es sich hierbei um eine junge Frau. Sie bittet darum mitgenommen und an einer bestimmten Adresse abgesetzt zu werden. Sie unterhalten sich angeregt, bis der Wagen am Ziel angelangt ist. Dort steigt der Fahrer aus und geht die Stufen zum Haus hinauf, um an der Tür zu klingeln. Wenn er sich umdreht oder zum Auto zurückkehrt, ist die Frau spurlos verschwunden. Der Autor *William Oliver Stevens* bemerkt dazu in seinem 1949 erschienenen Buch *„Unbidden Guests"*: „Es stellt sich heraus, dass sie kürzlich auf der Autobahn in der Nähe der Stelle, wo sie mitgenommen werden wollte, bei einem Autounfall getötet wurde. Wahrscheinlich hat fast jeder im Lande irgendwann einmal eine abgewandelte Form dieser Geschichte gehört."

Rückkehr aus dem Totenreich oder Sinnestäuschung? Auffallend ist, dass uralte Geschichten über Spukerscheinungen oftmals modern abgewandelt und neu erzählt bis in die Gegenwart in Erinnerung geblieben sind – oder sich Spukereignisse tatsächlich ortsgebunden wiederholen. Faktum ist aber ebenso, dass man das Phänomen der Anhaltergeister nicht nur aus dem „Land der unbegrenzten Möglichkeiten" kennt. Es scheint weltweit unabhängig voneinander aufzutreten.

Ein mysteriöser Zwischenfall, der sich im Frühjahr des Jahres 1978 zugetragen hat, stammt aus Südafrika. *Dawie van Jaarsveldt,* Korporal der südafrikanischen Armee, war mit seinem Motorrad auf der Bundesstraße zwischen *Barandas* und *Willowmore* unterwegs. Er wollte seine Freundin in Louterwater Farm besuchen und hörte über seinen Kopfhörer Radio, als plötzlich ein attraktives Mädchen am Straßenrand stand. Van Jaarsveldt hielt an, schaute sich vorsichtig um, nur um sicherzugehen, dass die junge Dame in dunkler Hose und blauem Top nicht als Lockvogel für einen geplanten Überfall diente. Die Situation blieb friedlich, also bot er ihr den Rücksitz seiner Maschine an sowie einen zusätzlichen Sturzhelm, den er immer dabei hatte. Außerdem bekam die fremde Schönheit einen Ohrenstöpsel verpasst, damit auch sie der Musik lauschen konnte.

Schon nach wenigen Kilometern merkte van Jaarsveldt, dass das Hinterrad ungewöhnlich hopste. Er sah sich um und erschrak: Die Beifahrerin war plötzlich verschwunden! Auf der Stelle kehrte er um, da er befürchtete, sie wäre heruntergefallen. Doch nirgendwo, weder auf der Straße noch im freien Feld, war eine Spur der unbekannten Frau zu sehen. Was dem Motorradfahrer ebenfalls unbegreiflich schien: der zweite Sturzhelm hing an seinem üblichen Platz. Der Zwischenfall sorgte für Schlagzeilen in den Medien und zwei örtliche Polizeibeamte, *Cynthia Hind* und *David Barritt,* begannen mit den Ermittlungen. Sie erfuhren, dass van Jaarsveldt kurz nach der merkwürdigen Begebenheit ein nahegelegenes Café in *Uniondale* betrat und dort, laut Auskunft der Besitzerin, sehr verwirrt gewirkt habe. Ein Eindruck, der auch von Bewohnern von Louterwater Farm bestätigt wurde, wonach der Korporal „durcheinander gewesen“ sei.

David Barritt zeigte van Jaarsveldt das Foto einer Frau. Er erkannte die gesuchte Anhalterin sofort wieder. Eigentlich ein Ding der Unmöglichkeit, denn bei der fotografierten Person handelte es sich um die 22jährige *Maria Roux,* die in den frühen Morgenstunden des 12. April 1968 bei einem Verkehrsunfall ums Leben kam. Der Wagen ihres Verlobten war damals von der Straße abgekommen, ganz in der Nähe des Zwischenfalls mit dem Motorrad. Damit an Seltsamem nicht genug: Es stellte sich nämlich heraus, dass zwei Jahre zuvor, im Frühjahr 1976, an der gleichen Stelle eine ähnlich skurrile Begebenheit stattgefunden hatte. Anton *Le Grange* hielt damals ebenfalls seinen Wagen an, um eine junge Frau mitzunehmen, die zu einer bestimmten Adresse wollte. Schließlich wurde immer deutlicher, dass diese nicht auffindbar war oder gar nicht existierte. Während der Fahrt war das Mädchen auf rätselhafte Weise verschwunden. Le Grange gab damals zu Protokoll, er habe vom Rücksitz einen Schrei vernommen. Als er sich umdrehte, erkannte er, wie sich die rechte hintere Wagentür öffnete. Der Verkehrspolizist *Potgeiter* fuhr gerade zufällig hinter Le Grange und bestätigte das plötzliche Öffnen der Tür, ohne dass ein Mensch daran beteiligt war.

Der britische Autor *Brain Innes* untersucht wohlwollend kritisch Geistererscheinungen in aller Welt. Sein Kommentar zum Spukgirl aus Uniondale: „Dieser ungewöhnliche Fall bietet eine glaubhafte Identifizierung der Erscheinung sowie eine Reihe unabhängiger Zeugen, denn einige andere Fahrer, die die Straße nach Uniondale benutzten, hatten fast identische Erlebnisse.“

Das ist eher die rühmliche Ausnahme. Meist liegen nur Beobachtungen und Aussagen von Einzelpersonen vor, die eine glaubhafte Überprüfung schwierig gestalten. Ein zweiter Fall, wo wiederum mehrere Augenzeugen die Begegnung mit dem

Unfassbaren bekräftigen können, soll sich am Abend des 20. Mai 1981 zugetragen haben. Ort des Geschehens: *Palavas-les-Flots,* nahe Montpellier in Frankreich. Zwei Frauen und zwei Männer waren mit ihrem zweitürigen Renault 5 unterwegs. Die Männer saßen vorne, die Frauen hinten. Als die beiden Paare zum Ortsausgang von Palavas-les-Flots kamen, fiel ihnen ein Mädchen in einem weißen Kleid auf. Obwohl ihr Wagen voll besetzt war, hielten sie an und boten der fremden Frau eine Mitfahrgelegenheit an, da es zu dieser späten Stunde allein nicht sicher sei. Der Fahrer gab bekannt, dass er nach Montpellier unterwegs sei und die Fremde nickte wortlos.

Der Beifahrer stieg aus, klappte den Sitz nach vor und das Mädchen stieg nach hinten zu den anderen Frauen. Als der Fahrer weiter Richtung Montpellier fuhr, schrie die Anhalterin plötzlich: „Achten Sie auf die gefährlichen Kurven! Sie riskieren den Tod!“ Noch während das Mädchen im weißen Kleid ihre Warnung rief, kreischten die beiden Frauen auf, denn die Anhalterin hatte sich wortwörtlich in Luft aufgelöst. Sie konnte unmöglich während der Fahrt normal ausgestiegen sein. Sie war einfach spurlos verschwunden. Das entnervte Vierergespann hielt an und suchte die ganze Umgebung nach der unbekannten Frau ab. Bestürzt und ratlos machten sie einem Inspektor Lopez von der Gendarmerie in Montpellier Meldung. Lopez berichtete später: „Ihre Panik war nicht vorgetäuscht, wir erkannten sehr bald, dass sie echt war und den Leuten tatsächlich etwas Gespenstisches widerfahren sein musste. Wir standen vor einem Rätsel.“

Der Schwarze Spuk

Das unerklärliche Phantom zeigt sich auch in unseren Breiten, vor allem im süddeutschen Raum, wo zahlreiche Autofahrer von ähnlichen Erlebnissen berichten. Mit einem kleinen Unterschied, der vielleicht manchen Gespensterjäger enttäuschen wird. Die unheimliche Anhalterin ist keine junge attraktive Dame, sondern ein altes Mütterchen – der sogenannte „Schwarze Spuk aus Bayern“. Seine Erscheinungsform nahm vor allem im Umfeld des

Die Schnellstraße WOS 1 zwischen Freyung und Waldkirchen in Bayern gilt als berüchtigter Erscheinungsort der „Schwarzen Frau". Trude Stemmer-Steinhäuser begegnete der Spukgestalt.

Bayerischen Waldes ihren Ausgang und kursiert dort bis zum heutigen Tag hartnäckig. Davon betroffen sind arglose Autofahrer, die dort angeblich unvermutet einem alten, verhutzelten Weiblein begegnen, das ihnen am Straßenrand zuwinkt und zu verstehen gibt, dass es in ihrem Wagen ein Stück Weges mitgenommen werden möchte. Die Greisin, so wird übereinstimmend behauptet, sei völlig schwarz gekleidet und ein ebensolches Kopftuch verhülle teilweise ihr Gesicht.

Wer danach dem Wunsch der Alten entspreche, werde, wird weiter berichtet, mit einem unheimlichen Geschehnis konfrontiert, das berufsmäßige Überlandfahrer nunmehr inständig hoffen lässt, von einem Erscheinen der rätselhaften „Schwarzen

Frau“ verschont zu bleiben. Es scheint sich tatsächlich um einen Spuk zu handeln – das glauben jedenfalls Bewohner jener Ortschaft, die nördlich von Passau, nahe der österreichisch-tschechischen Grenze, zu Hause sind.

Die dort kursierenden Horrorgeschichten gleichen einander aufs Haar und nehmen immer denselben Verlauf: Da winkt ein steinaltes Mütterchen auf der Schnellstraße WOS 1 zwischen den Ortschaften *Freyung* und *Waldkirchen* vorbeifahrenden Pkw-Besitzern. Fast immer sind die Betroffenen dabei allein unterwegs. Wird dieser Wunsch der Unbekannten entsprochen, wiederholt sich dann während der Fahrt eine gespenstisch anmutende Szene, ähnlich den Anhaltergeschichten aus Übersee und anderen Ländern: Die schwarzgekleidete Frau im Fond des Wagens murmelt zunächst dem Fahrer Unverständliches vor sich hin, bis er plötzlich deutlich die Worte vernimmt: „An guat'n Frihling kriag ma, an schneenan Summa, oba an bluatig'n Herbst.“

Wendet sich daraufhin der überraschte und irritierte Wagenlenker zu seinem Fahrgast um, erkennt er erschrocken, allein in seinem Fahrzeug zu sitzen. Die seltsame Alte ist spurlos verschwunden. Sie scheint sich buchstäblich in Luft aufgelöst zu haben. Da hilft es dem beunruhigten Autofahrer wenig, sein Fahrzeug anzuhalten, um nach der Fremden Ausschau zu halten. Der zunächst auftauchende Verdacht, die alte Frau könnte aus dem Wagen gefallen sein, wird schon dadurch entkräftet, dass die beiden Türen im Fond der Limousine fest verschlossen und gesichert sind. Verständlich, dass sich die von dem Vorfall betroffenen Personen keinen Reim darauf machen können, was da eigentlich geschehen ist. Später wird sich die Geschichte weiter verbreiten, wird die damit konfrontierte Mitwelt in Erstaunen versetzen – Konkretes hierzu kann jedoch, mangels entsprechender Zeugen, meist nicht beigetragen werden.

Einige wenige Glücksfälle ausgenommen. Vor etlichen Jahren waren im fraglichen Gebiet gleich vier Augenzeugen unterwegs, die dem nebulösen „Schwarzen Spuk“ begegneten. Die in Wien lebenden *Steinhäusers* verbringen nämlich regelmäßig ihren Sommerurlaub in der traditionsreichen Operettenstadt Ischl. Neben einem florierenden Kurbetrieb gibt es dort auch eine berühmte Konditorei – den „Zauner“. Bad Ischl ist zudem noch heute beliebter Treffpunkt der Hocharistokratie aus der ganzen Welt. Schon der selige Kaiser *Franz Joseph* hatte das Juwel im oberösterreichischen Salzkammergut seinerzeit zur Sommerresidenz erkoren und war dort Anfang des Jahrhunderts gerne auf die Jagd gegangen.

Auch die Steinhäusers sind anhängliche Menschen. Seit Jahren fahren sie im Juli und August in die Kur- und Operettenstadt, um von dort aus gelegentlich mit dem Auto einen „Abstecher“ nach Deutschland zu unternehmen, wo Verwandte in Karlsruhe besucht werden. Dabei widerfuhr ihnen, dem Elternpaar Gerd und Trude sowie den beiden Söhnen, Seltsames. Das Quartett befand sich gerade auf dem Rückweg nach Ischl; man näherte sich mit dem fahrbaren Untersatz der bayerisch-österreichischen Grenze – auf der ominösen Schnellstraße WOS 1 zwischen Freyung und Waldkirchen.

Die angeregte Plauderei im Wagen nahm ein abruptes Ende, als das Fahrzeug durch ein unvorhersehbares Bremsmanöver jäh zum Halten gebracht wurde. „Vor uns humpelte ein altes Weiblein über die Fahrbahn, ohne auf den Straßenverkehr zu achten“, erinnert sich einer der Söhne an die absurde Szene. Papa Gerd nickt zustimmend, meint dann: „Die gebückt gehende Frau fiel uns nicht so sehr wegen ihres verkehrswidrigen Verhaltens auf, sondern vor allem wegen ihrer ganz und gar unpassenden Kleidung, die in keiner Weise der trockenen und heißen Jahreszeit entsprach. Während uns nämlich der August-Schweiß von der Stirne lief und wir entsprechend luftig angezogen waren, trug die Alte ein sicher nicht sommerliches, pechschwarzes Gewand und ein ebensolches Kopftuch.“

Das Weiblein zeigte sich, ungeachtet des mit quietschenden Bremsen zum Stillstand gebrachten Autos, nicht im Geringsten irritiert und humpelte gemächlich über die Fahrbahn. „Nicht einmal den Kopf wendete sie uns zu“, wundert sich der Familienvater. Papa Gerd kennt die unheimlichen Geschichten rund um die rätselhafte „Schwarze Frau“. Er hat darüber manches gelesen, Antworten, was hinter deren Identität zu sehen sein könnte, kann er aber auch nicht geben. „Hätte die Alte damals versucht, uns aufzuhalten, um mitgenommen zu werden – ich glaube, wir hätten es wahrscheinlich riskiert – schon aus Neugier, um zu erfahren, was dann passiert wäre“, fügt unser Augenzeuge hinzu.

Viele Leute, kompetente und hierfür weniger prädestinierte, haben bereits versucht, das Geheimnis um den „Schwarzen Spuk“ zu entschleiern. Religiöse Spinner sehen in dieser Erscheinung untrügerische Anzeichen für einen Weltuntergang. Die „Schwarze Frau“ soll, so die Behauptung der Spintisierer, mit der heilig gesprochenen *Therese von Konnersreuth* identisch sein. Gleich einem Phantom scheint sich der „Schwarze Spuk“ jedwedem realen Zugriff zu entziehen. Logische Erklärungen stoßen ins Leere; der Bayerische Wald hütet sein Geheimnis hartnäckig und konsequent.

Ein Anhaltergespenst auf dem Prüfstand

Die Geschichte von Anhaltern, die auf unerklärliche Weise verschwinden, bevor sie ihren Zielort erreichen, ist überall in der Welt bekannt. Viele halten diese Erzählung nur für eine moderne Sage. Gibt es Untersuchungen, die zeigen, dass sich hinter dem Phänomen doch mehr verbirgt?

Im Fall des „Schwarzen Spuks“ aus Bayern und Österreich hatte sich ein 22jähriger Fotolaborant gemeldet, der behauptet hatte, einer seiner Freunde, ein Student, habe die Erscheinung aus dem Bayerischen Wald sogar *gefilmt*. Er sei dann von ihm mit der Ausarbeitung beauftragt worden. Zunächst habe er dem allein keine besondere Beachtung geschenkt, erst als auch an seinem Arbeitsplatz andere Laboranten über die dunkle Frauengestalt spekulierten, sei er darauf aufmerksam geworden. „Es war dieses ungewöhnliche Motiv in jener Dämmerstunde, das mich verlockte, einige Filmmeter zu drehen“, erzählte der Student. „Die Szene wirkte irgendwie gespenstisch: der blutrote Abendhimmel, die Silhouette eines in der Ferne sichtbaren Hügelkammes – und plötzlich die schwarze Gestalt einer gebeugt gehenden Frau.“ Eine Vergrößerung der Aufnahmen zeigt deutlich die vermummte Gestalt einer gebückt gehenden, offenbar alten Frau mit

Kopftuch. Der Filmstreifen ist authentisch, das hat eine fototechnische Untersuchung bestätigt.

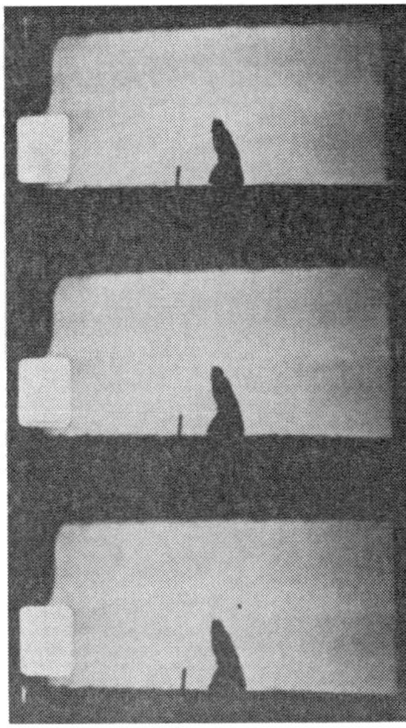

Bilder aus einem Amateurfilm, den ein Student in Bayern drehte. Verbirgt sich hinter der Silhouette die ominöse „Schwarze Frau"?

Ein österreichischer Journalist, *Paul Uccusic,* Verfasser mehrerer Bücher über parapsychologische Phänomene, beteiligte sich in diesem Zusammenhang an einer Untersuchung jener Vorfälle im bayerischen Raum, die von einer Gruppe in Wien tätiger Physiker, Psychologen und Parapsychologen vorgenommen worden war. „Die Echtheit jener Filmaufnahmen bedingt noch lange nicht den absoluten Beweis für die Existenz der ‚Schwarzen Frau'", mahnt Uccusic zur Vorsicht. „Die meisten der von uns Befragten, die angeblich die Spukgestalt selbst gesehen haben wollen, erweisen sich bei genauerem Verhör als nicht aussagesicher. Sie waren also letzten Endes keine brauchbaren Zeugen."

Die Forschergruppe hatte sich alle erdenkliche Mühe gegeben, zu einem befriedigenden Ergebnis zu gelangen. Viele Stunden Tonbandprotokolle sowie viele hundert Fotos waren das Ergebnis der wissenschaftlichen Kleinarbeit. Sogar Infrarotkameras kamen zum Einsatz – und zwar vorwiegend an jenen Stellen, wo behauptet wurde, einer Erscheinung der rätselhaften Phantomgestalt beigewohnt zu haben: an der bewussten Schnellstraße WOS1.

Dem Team glückte es schließlich, drei Personen zu eruieren, die anscheinend wirklich etwas gesehen hatten. Einer der Au-

Der Journalist Paul Uccusic folgte mit einem Team von Wissenschaftlern und Parapsychologen den Spuren des „Schwarzen Spuks".

genzeugen schwor Stein und Bein, dass die geheimnisvolle Frauengestalt ihn aufgehalten habe, in sein Auto gestiegen und daraus während der Fahrt spurlos verschwunden wäre. Genauere Nachforschungen in der Privatsphäre des Befragten erbrachten jedoch einige Unzukömmlichkeiten. Es stellte sich heraus, dass der Mann große Probleme an seinem Arbeitsplatz hatte und sein Zustand als äußerst labil angesehen werden musste. Die Aussage dieser Person erwies sich daher als zumindest problematisch.

Paul Uccusic, der die in diesem Gebiet kursierenden Legenden und damit in Verbindung zu bringende Aktivitäten studiert und analysiert hat, gibt zu bedenken: „Die Gegend um den Bayerischen Wald ist seit Jahrhunderten als Keimzelle okkulter Vorgänge verschrien. Immer schon machten dort schrullige Personen von sich reden. Man denke dabei an den heute bereits historischen ‚Mühl-Hiasl'. Auch dieser prophezeite zu seiner Zeit Mord und Totschlag, ohne aber hierfür mit präzisen Angaben aufzuwarten. Und was jenen Jungfilmer betrifft, welcher nun glaubt, die ‚Schwarze' Frau leibhaftig vor die Linse seiner Kamera bekommen zu haben, so gibt es auch hierzu ungeklärte Unstimmigkeiten!"

Uccusic bezieht sich auf die Aussage des Studenten, wonach während der Aufnahme die mysteriöse Frauengestalt auf der Anhöhe plötzlich verschwunden gewesen sei. „Daraus bereits schließen zu wollen, der Spuk habe sich eben einfach in nichts aufgelöst, erscheint mir zumindest vorschnell." In jener Gegend, so der Journalist, wo diese Aufnahmen entstanden, gibt es zahlreiche Hügel und Mulden. „Es wäre also durchaus denkbar, dass das plötzliche Verschwinden der dunklen Gestalt überhaupt nichts mit einer Spukerscheinung zu tun hatte. Vielleicht war unser Filmer bloß für ein paar Sekunden unaufmerksam oder durch irgendetwas abgelenkt – schon könnte die Unbekannte kurzfristig durch einen Hügel verdeckt worden oder in einer Mulde verschwunden gewesen sein, was zu der uns bekannten Fehlauffassung führte“, schwächt der Wiener PSI-Experte ab. Erkannte Paul Uccusic die wahre Ursache dieser seltsamen Beobachtung – oder bestehen tatsächlich irgendwelche okkulte Hintergründe?

Nicht nur auf bayerischem Terrain munkelt man gerne über die unheimliche „Schwarze Frau“. Die Aufregung über ihr angebliches Erscheinen hat längst auch auf österreichisches Gebiet übergegriffen. Oberösterreichische Arbeiter aus dem Wacker-Chemiebergwerk *Burghausen* im bayerischen Grenzgebiet sind fast täglich mit dem Bus zwischen Burghausen und ihren Heimatorten unterwegs. Einer der Buslenker sowie ein Fernfahrer behaupteten hartnäckig, dem „Schwarzen Spuk“ auf offener Straße begegnet zu ein. Einige Redakteure der „Rieder Volkszeitung“, einem dort erscheinenden Lokalblatt, schwärmten tagelang aus, um hierfür Zeugen aufzustöbern.

Nachforschungen, die mit Frustration begleitet waren: „Auf Umwegen hatten wir von einer Krankenschwester erfahren, die als Ordensfrau der ‚Armen Schulschwestern‘ in unserer Gegend tätig ist. Diese Nonne, hieß es, kenne einen neunzehnjährigen Burschen aus ihrem Verwandtenkreis, der ebenfalls eine Begegnung mit der ‚Schwarzen Frau‘ gehabt haben soll. Da es sinnlos gewesen wäre, hierfür die Gendarmerie zu bemühen – die sagt oder weiß einfach nichts –, sahen wir uns gezwungen, selbst eine Spur ausfindig zu machen. Mit einiger Mühe fanden wir schließlich den Wohnort des vermeintlichen Zeugen: er lebt in der Gemeinde Hochburg. Dort stellte sich aber heraus, dass nicht der Junge, sondern einer seiner Arbeitskollegen aus Pfaffstätt den Spuk gesehen haben will. Wir besuchten diesen Mann – wieder vergeblich. Von dem erfuhren wir nämlich, dass nicht er, sondern einer seiner Bekannten der gesuchte Augenzeuge gewesen war …“

Irgendwann verlief sich dann die Spur im Sand, was die enttäuschten Zeitungsreporter zu der Feststellung veranlasste: „Keiner glaubt die Geschichte von der „Schwarzen Frau“ so richtig, aber jeder spricht davon.“

Muss die Glaubwürdigkeit aller Augenzeugen angezweifelt werden? Wie soll man der Sache auf den Grund gehen? „Flüchtige Phänomene“, zu denen Spukerscheinungen genauso gehören wie UFO-Begegnungen oder außersinnliche Wahrnehmungen, haben die unangenehme Eigenschaft, dass sie nicht wirklich greifbar sind, sich nicht im wissenschaftlichen Laborversuch wiederholen lassen, also existieren sie nicht. Der amerikanische Volkskundler *J. H. Brunvand* neigt zu diesem Urteil und zieht die Geschichten über Anhaltergespenster in Frage. Er war bemüht die Urquellen jeweiliger Vorfälle aufzuspüren und stellte fest, dass es meist unmöglich war, diejenigen ausfindig zu machen, die das geschilderte paranormale Erlebnis tatsächlich hatten. Wie aber erklärt sich, dass es unzählige Spukerscheinungen von Anhaltern gibt, aus den verschiedensten Epochen und aus allen Weltgegenden? In vielen Fällen kennt man sehr wohl genaue Namen, Daten und Ort des Geschehens. Das Grundmuster für Spukgestalten, die arglose Menschen aufhalten, um irgendwo mitgenommen zu werden, ist aus allen Kulturen bekannt. Auf Hawaii beispielweise wird das Phänomen mit *Pele* in Zusammenhang gebracht. Die Verkörperung des Vulkangottes *Mauna Loa,* die auf der Straße mit einem Korb als alte Frau, analog zu den Vorgängen an der bayerisch-österreichischen Grenze, erscheint – und spurlos verschwindet. Ebenso kennt man in Malaysia den vampirähnlichen Geist *Langsuyar,* der auf einsamen Straßen in Gestalt eines hübschen Mädchens erscheint und auf Mitfahrgelegenheit wartet. Kaum eingestiegen, fliegt er mit Angst machendem Gegröle durch die Luft.

Handelt es sich jeweils um den Archetyp eines uralten Mythos? Sind es Besucher von „drüben“? „Wiedergänger“ aus dem Totenreich, die sich bemerkbar machen wollen oder müssen, weil sonst für sie eine wichtige Angelegenheit keine Erledigung findet? Weshalb ereignen sich Begegnungen mit Phantomanhaltern immer an bestimmten Orten? Sind es Erinnerungen an ein paranormales Erlebnis, das telepathisch weitergegeben wird und

Vergangenes sichtbar macht? Könnte es durch hellseherische Kräfte von dafür besonders empfindsamen „Augenzeugen“ zur jeweils neuen Auslösung von Spukgestalten kommen? Oder beruht das Wahrgenommene doch bloß auf Trugbilder und Halluzinationen? Darüber scheiden sich nach wie vor die Geister. Ein Hauch von Ungewissheit bleibt jedenfalls bestehen …

Spurlos verschwunden

Berichte über Begegnungen zwischen Menschen und der Welt der spirituellen Wesen, welche die materielle Hülle des Menschen abgelegt haben, sind weit verbreitet. Es sind die Geschichten über Geister, Gespenster, Kobolde, Poltergeister und wie sie alle – je nach ihrer Erscheinungsform – genannt werden. Doch es kann ebenso umgekehrt sein: Statt auftauchende Phantome verschwinden Menschen unserer Welt scheinbar spurlos im unsichtbaren „Nichts“. Tatsächlich dürfte unser sichtbares „Universum“, das bekanntlich aus Raum und Zeit besteht, gar nicht so „festgefügt“ sein, wie bisher angenommen. Selbst in wissenschaftlichen Fachkreisen wird zunehmend darüber diskutiert, dass es mitunter zu kleinen „Rissen“ kommen könnte – undichten Schnittstellen im Raum-Zeit-Gefüge, durch die vielleicht Menschen und Dinge dieser Welt in eine andere Realität oder in fremde Dimensionen „fallen“ könnten.

Aus jeder Großstadt verschwinden Jahr für Jahr hunderte, tausende von Menschen spurlos. Nach allen Erfahrungen kann man sagen, dass 98 bis 99 Prozent der so Verschollenen und Vermissten entweder verschwinden wollten – etwa jugendliche Ausreißer – oder sie verunglückten tödlich, ohne gefunden zu werden. Ebenso könnten sie verschleppt worden sein, vielen skrupellosen Menschenhändlern zum Opfer gefallen sein, oder noch tragischer – sie wurden ermordet. Die restlichen ein bis zwei Prozent dieser Fälle freilich widersprechen jedem logischen Erklärungsversuch.

Das gilt zum Beispiel für folgenden Fall, der kurz nach dem Zweiten Weltkrieg durch die Presse ging: In *Southampton* in England war ein junger Mann namens *James D. Winter* verschwunden. Gemeinsam mit einem befreundeten Journalisten hatte er eine Party verlassen und war vorausgegangen, um noch einen Bus zu erreichen. Er ging, etwa dreißig Meter vor dem späteren Zeugen, eine vier Meter hohe Mauer entlang, als er auf einmal nicht mehr da war. *Weg,* verschwunden. Er tauchte auch niemals mehr auf. Natürlich verdächtigte man den Freund, er hätte etwas damit zu tun gehabt, aber der blieb bei seiner Aussage: Sein Freund habe einige Schritte sozusagen „ins Leere" gemacht und dann sei er weggewesen. Über die vier Meter hohe Mauer hätte er aber weder springen noch sonst wohin abbiegen können.

Die Sache bleibt so mysteriös wie die Geschichte mit dem legendären *Rattenfänger von Hameln,* der mit hunderten von Kindern im Mittelalter spurlos in einem „Berg" verschwunden sein soll. Die Frage stellt sich neuerlich, ob nämlich andere Dimensionen derart in unser bekanntes Raum-Zeit-Gefüge eingreifen können, dass Menschen in unbekannte Sphären „hinübergesaugt" werden. Gibt es „Risse" oder „Löcher" im Dimensionsgefüge, durch die man aus unserer Welt in eine andere stürzen kann?

Noch unerklärlicher, mysteriöser – ja unheimlicher wird die Sache, wenn nicht einzelne Menschen, sondern große Dinge wie Flugzeuge oder Schiffe samt Besatzung sich scheinbar in nichts auflösen. Berühmt-berüchtigt für solche Vorkommnisse ist das „Dreieck des Todes" zwischen *Florida,* den *Bahama-Inseln* und den *Bermudas.*

In letzter Zeit ist es im Einflussgebiet des „Fensters zum Kosmos" scheinbar ruhiger geworden. Die Medien berichten kaum mehr über jene unheimlichen Vorgänge im *Bermudadreieck.* Doch der Schein trügt. Die Unglücksfälle sind vielleicht nicht mehr so spektakulär wie noch in den 1970er Jahren von Sensationsautor *Charles Berlitz* in den Bestsellern *„Das Bermuda-Dreieck"* und *„Spurlos"* beschrieben, dennoch, allen beschwichtigenden Dementis von offizieller Seite zum Trotz: Die Menschen verschwinden *weiterhin.* Ein Fall aus jüngerer Zeit: Der mysteriöse Fund der britischen Marine vor den Bermuda-Inseln im Norden der Todeszone. Im Sommer 1997 dümpelte die Yacht eines deutschen Ehepaares verlassen im Atlantik, ohne Se-

Das spurlose Verschwinden der Fliegerstaffel Avenger, Flug 19, gilt nach wie vor als ungelöst.

gel, die Vertäuung hing lose herum. In den Kojen seien Kleider, ein aufgeschlagenes Buch und volle Aschenbecher gelegen, so ein Marine-Kommandant. Das Paar wird seither vermisst.

Handelt es sich um ein Mysterium oder um ein noch ungeklärtes physikalisches Phänomen? Reißen *Gase* und *Schlammvulkane,* die die Oberfläche erreichen, Schiffe und Menschen in den Abgrund? Verschwinden Flugzeuge durch das Einwirken von *Ionenwolken* und *magnetischen* Strömungen? Muss ein noch unbekanntes *Naturphänomen* für die rätselhaften Geschehnisse verantwortlich gemacht werden?

Mit fünf Flugzeugen, die vor 52 Jahren spurlos verschwanden, begann die Legende vom Bermudadreieck. Am 5. Dezember 1945 startete gegen 14.10 Uhr die Fliegerstaffel *Avenger,* Einsatznummer *„Flug 19",* von *Fort Lauderdale* in Florida zu einem Trainingsflug. Um 15.25 Uhr fing der Flugkontrolleur in Florida einen dramatischen Funkspruch des Kommandanten *Charles Taylor* ein: „Hallo, Tower, dies ist ein Notruf. Wir scheinen vom Kurs abzukommen." Vom Kontrollturm wurde zurückgefunkt: „Drehen Sie nach Westen ab!" Wenig später war von den orientierungslos fliegenden Maschinen zu hören: „Wir wissen nicht, in welcher Richtung Westen ist. Alles ist falsch ... Seltsam ... Wir können keine Richtung feststellen – sogar das Meer sieht nicht so aus, wie es sollte ...“

Wenig später riss die Verbindung ab. Das Geschwader mit 14 Mann an Bord blieb für immer verschwunden. Eine 13-köpfige Besatzung auf der Suche nach Überlebenden von „Flug 19“ kehrte ebenfalls nie zurück, ohne einen einzigen SOS-Notruf. Eine groß angelegte Suchaktion mit 300 Flugzeugen und 21 Schiffen brachte keine Klärung.

Im Mai 1991 schien das Rätsel endlich gelöst zu sein: Das mit modernster Technik ausgerüstete Bergungsschiff *Deep Scan* suchte das sagenumwobene Seegebiet ab, eigentlich um Wracks gesunkener Galeonen und ihre möglichen Goldladungen zu orten. Statt dessen entdeckte man auf dem Meeresgrund in 230 Meter Tiefe die gut erhaltenen Überreste von fünf Flugzeugen. Die Presse-Agenturen verbreiteten kurz darauf die Erfolgsmeldung: *„Bermuda-Rätsel gelöst!“* Aber man freute sich zu früh. Denn nur einen Monat nach der übereilten Sensationsmeldung stellte sich heraus: Die georteten Flugzeugwracks haben mit der „verschollenen Staffel“ nichts zu tun. Der Irrtum wurde bei der genaueren Untersuchung anhand der Registriernummern eindeutig festgestellt.

Berichte über Fälle, wo Menschen scheinbar ins Nichts verschwanden, scheinen zunächst unglaublich. Doch die Vielzahl der Berichte spricht eher dafür, dass wir hier einem der großen Rätsel unserer Welt gegenüberstehen. Leben all die verschwundenen Menschen vielleicht noch – in einer anderen Welt?

Die Autoren *Louis Pauwels* und *Jacques Bergier* schreiben in ihrem Buch *„Aufbruch ins dritte Jahrtausend“*: „Kein Bild kann zu fantastisch sein, keine Hypothese zu ausgefallen: Sturmböcke, um die Mauern der Festung zu rammen. Es gibt fliegende Maschinen, Forscher im Weltraum. Und wenn sie im Vorüberkommen ein paar Lebewesen von hier unten packen und zu Untersuchungszwecken mitnehmen würden?“

Pauwels und Bergier lassen den Amerikaner *Charles H. Fort,* der aufgrund umfangreicher Fallstudien, mehr über kuriose Dinge zu wissen schien als andere, Folgendes sagen: „Ich glaube, man fischt uns. Vielleicht sind wir sehr geschätzte Leckerbissen für die Super-Feinschmecker höherer Sphären. Der Gedanke, dass ich immerhin noch zu etwas nütze sein könnte, entzückt mich. Ich glaube, dass eine Menge Schleppnetze durch unsere Atmosphäre gezogen worden sind, wir aber haben sie für Windhosen und Orkane gehalten. Ja, ich glaube, man fischt uns …"

War zeitlebens ein Liebhaber von unglaublichen Geschichten: Charles Fort (1674–1932)

Zwei Kinder einer fremden Welt

Kidnapper aus anderen Dimensionen? Risse im Zeitgefüge? Menschen, die sich in Luft auflösen und auf Nimmerwiedersehen verschwinden? Wie es „drüben" aussieht, wissen wir nicht. Aber es gibt eine Reihe historisch dokumentierter Vorfälle, wo sich offenbar fremde Geschöpfe in unsere Welt „verirrten" und von der unbekannten Anderswelt erzählen. Eine derartig ungewöhnliche Begebenheit ist aus der Ortschaft Woolpit überliefert. Dieser Marktflecken liegt fernab jeder Touristik bei Bury St. Edmunds im englischen Suffolk. Ein paar tausend Menschen leben dort, fast alle sind treue Diener der Krone. Über Woolpit wäre also nichts Wesentliches zu berichten – hätte sich hierorts vor mehr als achthundert Jahren nicht Ungewöhnliches ereignet und Aufnahme in die klösterlichen Chroniken gefunden. Dass dies überhaupt geschah, ist für sich allein schon bemerkenswert, weil damals religiöse Vorschriften den Alltag der Menschen beherrschten und alles, was sich nur entfernt außerhalb der Glaubenslehre zu bewegen schien, als Teufelswerk gebrandmarkt wurde.

Mittellose und Hungernde tröstete man von der Kirchenkanzel mit der Hoffnung, sie würden nach ihrem Tod für alles Unbill im Leben entschädigt werden und in die „ewige Seligkeit" eingehen. So betrachteten die Unglücklichen ihr irdisches Dasein als „Jammertal", das zu durchschreiten ihnen half, ihre Sünden abzubüßen.

Stephan, der letzte Normannenkönig, war 1154 in England an die Macht gekommen und, wie sich schon bald zeigte, ein schwacher und nicht sonderlich intelligenter Herrscher. Verschwenderisch verteilte er Titel, Ländereien und Hoheitsrechte an Günstlinge und weil überall im Land Armut und Unzufriedenheit regierten, kam es schließlich zu einem Bürgerkrieg. Er kam England teuer zu stehen. Der gesamte Verwaltungsapparat lag darnieder und die von Stephans korrupten Beamten geschröpften Bürger wollten bald nichts mehr mit der Krone und ihrem unfähigen Repräsentanten zu tun haben. Die Verantwortung der Klosterherren bezog sich auf alles, was das Begriffsvermögen der Leute vielfach überstieg. Dies betraf vor allem spirituelle Dinge.

Im Mittelalter stand man bestimmten paranormalen Geschehnissen verständnislos gegenüber, Betroffene wurden zwischen Furcht und Erfurcht hin- und hergerissen. Scheinbar Übernatürliches führte zur Leichtgläubigkeit. Dem aber versuchte nicht zuletzt die dominierende Kirche einen Riegel vorzuschieben. Auch die klösterlichen Chronisten waren sich dieses Umstandes bewusst. Entsprechend vorsichtig und zurückhaltend beginnt daher jener Bericht, den *William von Newburgh* um das Jahr 1200 verfasst hat und worin er von den seltsamen *grünen Kindern* erzählt, die sich 1154 erstmals im Ortsgebiet von Woolpit zeigten:

„Ich darf nun nicht unterlassen, von einem Wunder zu berichten, wie man es seit Beginn der Zeit noch nicht vernahm, welches unter König Stephan geschehen ist. Ich selbst habe lange gezögert, daran zu glauben, obwohl viel Volk großes Geschrei darum machte. Und ich hielt es für lächerlich, eine Sache hinzunehmen, für die doch kein Grund sprach, oder doch nur sehr dunkle Gründe. Bis ich vom Gewicht so vieler Zeugen überwältigt war, dass ich das wohl glauben und bewundern musste, was mein Verstand vergeblich zu begreifen oder zu erfassen trachtet."

Der offensichtlichen Wahrheit die Ehre zu geben, war aber letztlich auch für den Chronisten Bürgerpflicht. Lassen wir nachfolgend den Originaltext des William von Newburgh sprechen, weil er etwas von dem Stimmungsbild vermittelt, das damals bei den Augenzeugen des außergewöhnlichen Vorfalls vorgeherrscht haben dürfte:

„Es gibt in England ein Dorf, das etwa sieben oder acht Kilometer von dem ehrwürdigen Kloster des seligen Königs und Märtyrers Edmund entfernt liegt, wo man gewisse Gräben aus uralten Zeiten sehen kann, die in der englischen Sprache Wolfpittes heißen und der anliegenden Ortschaft ihren Namen gaben. Es geschah zur Zeit der Ernte, als die Erntearbeiter das Korn einsammelten, dass aus diesen beiden Gründen ein Mädchen und ein Junge hervorkrochen, die am ganzen Körper grün und in unbekannter Farbe und Stoffart gekleidet waren. Sie liefen verstört auf dem Feld herum, bis die Bauern sie mitnahmen und in das Dorf brachten, wo alles Volk zusammenlief, sich das Wunder anzusehen."

Im Gegensatz zu William von Newburgh zeigte sich ein anderer Klosterbruder weit weniger skeptisch über das Erscheinungsbild der beiden grünen Kinder. Abt *Ralph von Coggeshall,* der 50 Kilometer südlich von Woolpit ein Kloster leitete, beschrieb die Hautfarbe der seltsamen Ankömmlinge. Sie sei *„mit einem Grünstich versehen"* gewesen, lesen wir in seiner Niederschrift. Und weiter:

„Zunächst konnte niemand ihre Sprache verstehen. Als sie als Sehenswürdigkeiten zu dem Haus des Ritters *Sir Richard de Clane* in *Wikes* gebracht wurden, weinten sie bitterlich. Man setzte ihnen Brot und andere Nahrung vor, wovon sie aber nichts anrührten, obwohl der Hunger sie plagte, wie das Mädchen später zugab. Als aber frisch geschnittene Bohnen mit Stielen ins Haus gebracht wurden, machten sie eifrig Zeichen, dass man sie ihnen geben sollte. Sie öffneten die Stiele statt die Schoten. Als sie aber die Bohnen nicht fanden, weinten sie. Mitleidig öffneten die Anwesenden die Schoten und zeigten ihnen die Bohnen, die sie mit großer Freude aßen. Lange Zeit nahmen sie keine andere Nahrung zu sich. Der Junge war immer matt und niedergeschlagen und er starb nach kurzer Zeit. Das Mädchen erfreute sich stets guter Gesundheit und nachdem es sich an verschiedene Nahrung gewöhnt hatte, verlor sie die grüne Farbe. Später wurde sie durch das Wasser der heiligen Taufe erneuert und lebte viele Jahre in den Diensten des Ritters, wie ich von seiner Familie oft hörte. Sie soll ziemlich lose und schamlos in ihrem Benehmen gewesen sein."

Wie weit letztere Bemerkung tatsächlich zutreffend gewesen sein mag, bleibt dahingestellt. Die Moralbegriffe waren in jenen Zeiten dermaßen überzogen, dass bereits ein geringfügiges Abweichen von der Norm im Stande war, Empörung und Verachtung bei der streng religiösen Bevölkerung auszulösen. Sicher scheint, dass das grünhäutige Mädchen später geheiratet hat und sich mit einem Mann aus *King Lynn* vermählte. Sie soll den Angaben zufolge noch einige Jahre gelebt haben.

Natürlich fragten neugierige Leute die junge Frau immer wieder nach ihrer Herkunft und wie sie nach Woolpit gelangt sei. Die Aufzeichnungen der beiden Mönche stimmen in diesem Punkt nicht völlig überein, allerdings scheint mir die dabei aufgetretene Diskrepanz eher unwesentlich. Abt Ralph von Coggeshall lässt in seinen Erinnerungen beide Kinder erzählen, dass sie aus einem Land gekommen wären, das vollkommen grün gewesen sei und wo auch die Menschen, die darin wohnten, eine grüne Hautfarbe wie sie selbst gehabt hätten. Ihre Heimat sei *sonnenlos* gewesen und dort hätte stets *Zwielicht* geherrscht. Sie wären jeden Tag mit der Aufgabe betraut worden, die Herden zu hüten, berichteten die Kinder weiter. Einmal jedoch seien sie an eine ihnen unbekannte Höhle gelangt und neugierig hineingegangen. Kaum geschehen, wäre eine Glocke erklungen. Ihr Wohlklang verzauberte den Jungen und das Mädchen derart, dass sie die gesamte Höhle zu erforschen begannen. Es hätte eine geraume Zeit gedauert, erfuhr Abt Ralph, bis sie danach wieder den Höhlenausgang fanden und froh ins Freie strebten. Hier aber machte die grelle Sonne und die ungewohnte Temperatur beide Kinder besinnungslos.

„So lagen sie lange Zeit. Von dem Lärm derer erschreckt, die sich ihnen näherten, wollten sie flüchten, aber sie konnten den Eingang der Höhle nicht mehr finden und wurden gefangen."

Noch heute erinnert die Ortstafel von Woolpit in der englischen Grafschaft Suffolk an ein denkwürdiges Ereignis im 12. Jahrhundert.

Etwas anders erfahren wir es aus dem Bericht von William von Newburgh, wo die Kinder von den Bauern auf einem Kornfeld aufgestöbert worden sein sollen. Der Abt lässt das Mädchen die Geschichte in leicht veränderter Version erzählen:

„Wir kommen aus Martins-Land, das ist bei uns der größte Heilige ... Eines Tages hüteten wir die Herde unseres Vaters auf dem Feld, als wir einen großen Lärm hörten, so als ob hier alle Glocken in St. Edmunds gleichzeitig läuteten. Uns wurde dunkel vor Augen. Plötzlich fanden wir uns auf euren Kornfeldern wieder."

Laut den Aufzeichnungen soll das Mädchen hinzugefügt haben, dass sie aus einem christlichen Land mit Kirchen komme, welches vom „Land des Lichts" durch einen breiten Strom abgetrennt sei. Bei diesem Bericht drängt sich der leise Verdacht auf, dass Abt William hier ein wenig die Aussage der Erzählerin *manipuliert* haben könnte. Dass er bestrebt war, die Herkunft der beiden grünen Kinder zu schönen und mit christlichen Bestandteilen zu bereichern. Alles natürlich im löblichen Rahmen, wie die geringfügigen Abweichungen von der Niederschrift seines

Klosterbruders Ralph von Coggeshall vermuten lassen.

Dass sich der hier geschilderte Vorfall wirklich ereignet hat, erscheint durchaus glaubhaft. Merkwürdig daran bleibt jedoch die fremdartige Physiognomie der Kinder, die es unwahrscheinlich erscheinen lässt, das alles bloß auf den Aberglauben zurückzuführen.

Dennoch ist zu vermuten, dass die religiös geprägten, an das Übernatürliche glaubenden Bewohner von Woolpit und Umgebung die beiden grünhäutigen Findelkinder für etwas Besonderes hielten. In der Volksüberlieferung besaß (und besitzt) die Farbe Grün eine große metaphysische Bedeutung. Es ist die Farbe der Fruchtbarkeit und des Lebens. Sie wird aber ebenso mit magischen, den (damaligen) Leuten *unheimlichen* Kräften in Verbindung gebracht, so etwa mit jenen von Elfen und Kobolden. Berühmtestes Beispiel, wie bedeutsam die Farbe Grün im Mittelalter gewesen ist, geht aus einem anonymen Gedicht hervor. Es stammt aus dem 14. Jahrhundert und erzählt von *„Sir Gawine and the Green Knight"* (zu deutsch: „Sir Gawine und der grüne Ritter"). Diese Erscheinung, die früher ganz allgemein als ein Bote aus dem Elfenreich angesehen wurde, war in ihrem Charakter sehr doppeldeutig – weder gut noch böse. Als das berittene grüne Wesen zum ersten Mal auftaucht, wird es zum Mittelpunkt neugieriger und ratloser Betrachtung. *Brian Stone* verdanken wir die Beschreibung des grünen Ritters, er übersetzte das Gedicht aus dem Mittelenglischen. Darin heißt es u. a.: „... dass ein Ritter und ein Pferd eine solche Farbe haben können. Denn grün wie Gras zu wachsen und grüner noch schien es und bunter leuchtend als grüne Glasur auf Gold ..."

Die Naturkräfte verkörpert noch ein anderes übernatürliches Wesen aus Englands mythologischer Erinnerung. Es lebt bis zum heutigen Tag in englischen Volkstänzen und sogar in den Namen von Gaststätten weiter und wird auf ihren Schildern über den Eingängen bildlich und schriftlich dargestellt. Dieser „Grüne Mann" wird ebenfalls als höchst zwielichtige Gestalt angesehen. Sie tritt den Menschen manchmal wohlwollend, zuweilen aber auch bösartig entgegen – wie das im Wechselspiel der Naturgewalten fortwährend geschieht.

Was kann hinter den legendären Kindern einer offensichtlich fremden Welt wirklich vermutet werden? Historiker, die sich der Sache angenommen haben, halten es für am wahrscheinlichsten, dass es sich damals um zwei fremdländische Nomadenkinder gehandelt hat, die von ihren Eltern ausgesetzt und kurz vor dem Verhungern von Bewohnern aus Woolpit während eines Ernteeinsatzes aufgestöbert worden sind. Die grünliche Hautfarbe der Findlinge wird als mögliche Folge einer Gelbsucht angesehen bzw. einer sekundären Anämie zugeschrieben. Britischer Humor offenbart sich in der Annahme einiger dem Spaßhaften zugeneigten Altertumsforscher, die meinen, dass die grüne Hautfarbe der Kinder vielleicht von einer Übelkeit hergerührt haben könnte – durch den Genuss zu vieler grüner Bohnen (von dem die beiden klösterlichen Chronisten berichten).

Seit mehr als 800 Jahren erzählt man sich in England eigenartige Geschichten von zwei rätselhaften „grünen Kindern".

Seltsamerweise begegnen wir jener legendären Geschichte von den Kindern einer fremden Welt nicht nur im mythenreichen England. Eine geradezu spiegelgleiche Parallele hierzu ist uns auch aus spanischen Gefilden bekannt geworden. Dort sind es die *„grünen Kinder von Banjos"*, die aufhorchen lassen.

Banjos wird in der Erzählung als eine kleine Ortschaft in der Provinz *Katalonien* bezeichnet. Ereignet hat sich der unglaubliche Vorfall angeblich im Jahr 1887. Damals, im August, so ist überliefert, fanden einige Bauern zwei fremde, weinende Kinder

Führen verborgene Höhleneingänge in unbekannte Dimensionen? Haben sich die „grünen Kinder" durch ortsgebundene Magie in unsere Welt verirrt?

vor einem Höhleneingang. Niemand verstand, was die beiden sagten, denn sie – ein Junge und ein Mädchen – redeten in einer für die Dorfbewohner unverständlichen Sprache. Eilig aus Barcelona herbeigerufene Spezialisten waren außer Stande, die sonderbare Spracheigenheit der Findlinge zu identifizieren. Das galt ebenso für ihre aus unbekanntem Material gefertigte Kleidung sowie für die seltsame *hellgrüne* Hautfarbe.

Da die Kinder sehr erschrocken schienen, nahm sie der hilfsbereite Ortsvorsteher mit nach Hause. Er versuchte die „Grünlinge" zu trösten, bot ihnen heimische Kost an, aber sie verweigerten jede Nahrungsaufnahme und hungerten fünf Tage lang. Lediglich Quellwasser nahmen sie zu sich – bis sie am sechsten Tag zufällig einen Korb voll roher grüner Bohnen entdeckten. Heißhungrig verschlangen sie die Hülsenfrüchte und lebten von da an von diesem Gemüse und von Wasser. Der Junge war jedoch bereits so geschwächt, dass er innerhalb eines Monats starb. Nicht so seine Schwester: Sie blühte nach und nach förmlich auf und begann sogar die spanische Sprache zu erlernen. Bald war das Mädchen darin so gut bewandert, dass es in der Lage war, jenen

Ort zu beschreiben, von dem sie und ihr verstorbener Bruder gekommen waren.

Erstaunt erfuhren der Ortsvorsteher und die wichtigsten Persönlichkeiten in Banjos von einem Land des ewigen Zwielichts, wo die Sonne niemals schien und ein großer Fluss die natürliche Begrenzung bildete. Über das Gewässer hinweg war es für die Bewohner des düsteren Landes möglich, das Land auf der anderen Seite des Flusses zu sehen, welches im Sonnenschein lag. Ihr eigenes Gebiet sei ländlich gewesen und immer friedvoll, berichtete das Mädchen. Eines Tages jedoch hätten sie und ihr Bruder ein ohrenbetäubendes Geräusch vernommen – um sich im nächsten Augenblick im sonnendurchfluteten Banjos wiederzufinden.

Verständlich, dass viele Ortsbewohner, als sie von dem geheimnisvollen Land im Zwielicht vernahmen, bestrebt waren, den Eingang zu dieser fremdartigen Welt zu entdecken, was aber keinem gelang. Das Mädchen selbst gewöhnte sich sehr bald an sein neues Leben und seine Haut verlor allmählich die grüne Pigmentierung. Nach fünf Jahren Aufenthalt in Banjos soll der Findling friedlich gestorben sein. Das Geheimnis seiner Herkunft nahm das Mädchen mit ins Grab.

Vergleicht man die Erzählung mit jener, die uns aus Woolpit in England überliefert ist, dann erinnern uns daran einige doch recht merkwürdige Gleichklänge. Lediglich ein Detail scheint sich davon zu unterscheiden. Es besagt, dass die Augen der andersfarbigen Geschwister *mandelförmig-asiatisch* gewesen sein sollen. Verdächtig erscheinen in diesem Zusammenhang die Ähnlichkeiten der Namen. So wird jener des Ortsvorstehers von Banjos mit *Ricardo de Clano* angegeben. Jener ritterliche Sir hingegen, der in der Woolpit-Legende von bestimmender Bedeutung ist – in dessen Haus die beiden grünhäutigen Kinder gastliche Aufnahme fanden –, wird dort *Richard de Calne* genannt. Bloß Zufall? Wohl kaum. Historiker vermuten vielmehr, dass ein skrupelloser Autor jene Erzählung abgeschrieben haben dürfte – aus einem Buch des britischen Schriftstellers *Harald T. Wilkins*. Dieser veröffentlichte sein Werk *„Mysteries Solved and Unsolved"* („Gelöste und ungelöste Rätsel") im Jahr 1959. Zuvor war die Woolpit-Saga im europäischen Raum kaum bekannt gewesen. Um welchen Plagiator aus Spanien es sich dabei gehandelt haben könnte, dem es genügte (bis auf unwesentliche Veränderungen), die Story lediglich umzudatieren, um sie sodann in ein imaginäres Dorf nach Katalonien zu verlegen, ließ sich bislang nicht feststellen. Mit einiger Gewissheit hat jener Abschreibspezialist das Dorf „Banjos" erfunden, wobei es ihm natürlich nützlich war, dessen von ihm behauptete Abgeschiedenheit jedweder ernsthaften Überprüfung zu unterziehen.

Lediglich ein gewisser *John Macklin* meldete sich bisher zur Entlastung des unbekannten Autors zu Wort. Seine Nachforschungen hätten ergeben, so behauptet er, dass die betreffenden, die spanische Version von den „grünen Kindern" bestätigenden Dokumente wirklich existieren. Ein Beweis für die Richtigkeit von Macklins Angaben liegt allerdings bisher nicht vor. In jedem Fall hat durch diese offensichtlichen Widersprüche die ganze Geschichte um Woolpit und/oder Banjos erst recht einen höchst mysteriösen Hintergrund erhalten.

Prominente und ihre „übersinnlichen Erfahrungen“

„Die Welt ist voller ungelöster Rätsel, und einige davon sind noch fremdartiger, als man es sich vorstellen kann.“

Charles Fort (1874–1932)

So mancher von uns erinnert sich gewiss an Begebenheiten, die ihm *selbst* oder Bekannten zugestoßen sind und bei denen sich eine bestimmte Vorahnung als begründet erwiesen hat. Oder es wurden Beobachtungen gemacht, die der vertrauten Vorstellungswelt zu widersprechen scheinen. Telepathie, Gedankenübertragung, Träume, die wahr wurden, geisterhafte Erscheinungen, der Glaube, schon einmal gelebt zu haben – woher kommen diese Phänomene? Gibt es für solche übersinnlichen Fälle eine logische Erklärung? Dass wohl mehr dahinterstecken muss als bloße Tricks und Halluzinationen, belegte ein obskures Spionageprojekt des amerikanischen Nachrichtendienst DIA und des Geheimdienstes CIA. Hintergrund des Unternehmens *„Stargate“* war die Erprobung und Anwendung von *„Technical Remote Viewing“,* ein Terminus der Geheimdienste für *Telepathie* und *Telekinese.* Dass es tatsächlich funktionierte, bestätigte *Ray Hyman,* Experimental-Psychologe an der Universität Oregon. Er ist überzeugt davon, dass die PSI-Agenten des Pentagon keine Schwindler sind. Er erstellte im Auftrag des CIA eine Studie, wonach deren Erfolge bestätigt wurden. In Tests mussten sich „Seher“ auf Fotos konzentrieren, die im Nebenraum ausgestellt waren, und ein bestimmtes Bild erraten. Die Trefferquote war erstaunlich hoch.

Hellsichtigkeit und Gedankenübertragung werden gerne als unglaubliche „Zufälle“ abgetan. Manchmal aber können Zufälle nachdenklich stimmen. Das Übersinnliche ist um uns. Man muss kein Spinner sein, um an das Unerklärliche und Wundersame zu glauben. Viele Prominente, die über ihre ungewöhnlichen Erlebnisse berichten, sind durchaus logisch denkende Menschen, die nicht auf den erstbesten Schwindel hereinfallen. Und dennoch hat jeder von ihnen irgendwann Dinge erlebt, die sich rein verstandesmäßig nicht erklären lassen. In diesem Kapitel kommen sie zu Wort und berichten offen über ihre Begegnungen mit Gespenstern, Kontakten ins Jenseits, unheimlichen Erlebnissen und kuriosen Begebenheiten …

Peter Hofmann, Tenor und Rockmusiker:
Er sieht nicht aus wie einer, der an Gespenster glaubt. Und dennoch hat *Peter Hofmann,* strahlender Heldentenor, Edelrocker und ehemaliger Zehnkämpfer, mit Geistern schon Erfahrungen gesammelt. Mit einem Geist, welcher bisweilen in Hofmanns 500 Jahre altem *Schloss Schönreuth* sein Unwesen treibt. „Es ist eine weißhaarige Frau", sagt er, „ihr Haar ist zu einem Knoten gebunden. Sie erscheint ganz plötzlich, zeigt sich meistens nur von hinten und löst sich dann wieder in Luft auf. Aber in den Augenblicken ihres Erscheinens ist sie völlig real. Und ich bin nicht der einzige, der diese weißhaarige Frau gesehen hat. Meine Frau, mein Bruder – alle haben sie gesehen. Sie scheint zu schweben und niemals spricht sie auch nur ein Wort. Angst haben wir nicht vor ihr – im Gegenteil: Sie scheint sehr freundlich zu sein. Mein Bruder behauptet steif und fest, er habe oft im Schlaf plötzlich das Gefühl, gestreichelt zu werden. Und er ist hundertprozentig sicher, dass nur ein einziges Wesen dafür in Frage kommt: die weiße Frau.

Nichts an unserem Hausgeist ist Furcht erregend. Die Frau hat uns noch nie erschreckt. Einmal aber fühlte ich doch einen leichten Schauder. Eines Morgens wurde ich von einem sanften Kuss geweckt. Ich drehte mich zu meiner Frau *Deborah* um, aber sie schlief tief und fest. Und sie schwor später heilige Eide, dass sie sich keinen Scherz mit mir erlaubt habe. Wer also hat mich geküsst? Es muss die weißhaarige Frau gewesen sein.

Auch sonst passieren im Schloss bisweilen seltsame Dinge. Es war kurz vor einer Reise nach Moskau, als meine Frau und ich auf der Wand des Schlafzimmers einige rote Flecken entdeckten. Diese Flecken breiteten sich aus und bedeckten bald die ganze Wand. Unser erster Gedanke war: das ist Blut. Aber so sah die

Farbe eigentlich nicht aus – eher hell wie Mundwasser. Aber wir haben nichts Derartiges in unserem Haushalt.

Ich finde es schön, dass wir solche Signale aus einer anderen Sphäre empfangen können. Und ich glaube, dass in unserer Welt überhaupt mehr Platz für das Fantastische sein sollte."

Richard Chamberlain, Filmschauspieler:
Die ihn kennen, halten *Richard Chamberlain,* den attraktiven Film- und Fernsehstar, für einen Mann, der mit beiden Beinen im Leben steht. Und doch weiß auch er von einer unglaublichen Geschichte zu erzählen: „In der Wüste von Kalifornien lernte ich bei dem Guru Dr. *Brugh Joy* die Kunst des Meditierens. Eines Tages ging ich allein zu der Hütte, in der wir unsere Übungen machten. Mit einem Mal stand eine schemenhafte Gestalt vor mir. Dann erkannte ich meinen Besucher: es war ein ehemaliger Kriegskamerad, der im Koreakrieg gefallen war. Es war kein Traum. Ich war hellwach. Und ich hatte entsetzliche Angst. Aber er beruhigte mich und wir sprachen über vergangene Zeiten. Dann sagte er mir, dass er sehr glücklich sei und dass man vor dem Tod keine Angst zu haben brauche. Nach diesen Worten verschwand er und ich zitterte am ganzen Leib. Ich schwöre, genauso war es."

Joan Collins, Schauspielerin:
„Ich bin eine Realistin", sagt *Joan Collins,* bekannt aus der TV-Serie *Denver-Clan*. „An Vorahnungen oder Ähnliches habe ich nie geglaubt. Und ausgerechnet ich hatte eine Erscheinung. Ich stand im Wohnzimmer meiner Villa in Hollywood und blickte durch das Fenster hinaus auf den Swimming-Pool, der damals noch in Bau war. Ich wollte näher herangehen und machte auch schon den ersten Schritt in Richtung Terrassentür, da tauchte aus dem Nichts das Gesicht meines verstorbenen Mannes *Ron* vor mir auf. Er warnte mich: ‚Geh nicht nach draußen, es ist zu gefährlich.' – ‚Okay', antwortete ich, ‚wenn du willst, bleibe ich drinnen'. In diesem Moment stürzte eine tonnenschwere Betonplatte von einem Kran direkt auf die Terrasse. Wenn ich Rons Warnung nicht befolgt hätte, wäre ich mit Sicherheit tot gewesen. Er hat mir das Leben gerettet."

Prinz Charles, britischer Thronfolger:
Ausgerüstet mit Tonband und Infrarotkamera soll der vielleicht nicht ganz ausgelastete Thronfolger nachts in den düsteren Gängen von Schloss *Windsor* auf sein Hausgespenst lauern, das noch prominenter ist als der Geisterjäger selbst: *Heinrich VIII.* in Person.

Sie erinnern sich bestimmt: König Heinrich war jener blutrünstige Monarch, der vor allem durch seine unsauberen Ehegeschichten von sich reden machte. Sechsmal war er verheiratet, bei zwei Frauen nahm er den Spruch „bis der Tod euch scheidet" wörtlich und half nach. Ganz klar, dass so ein Blaubart im Tod keine Ruhe finden kann.

Wollte *Prinz Charles* nur seine Freunde auf den Arm nehmen, als er erzählte, er habe König Heinrich gesehen, wie dieser stöhnend, murmelnd und vor allem hinkend durch Schloss Windsor schlich? Die Londoner Zeitungen jedenfalls nahmen die Sache ernst. *Queen Elizabeths* Ältester ist bekannt wegen seiner Vorliebe für Übersinnliches. Er soll regelmäßig spiritistische Sitzungen besuchen und mehrmals versucht haben, über ein Medium mit seinem 1979 von der irischen Befreiungsarmee IRA ermordeten Onkel Lord *Mountbatten* Kontakt aufzunehmen. Bekannt ist jedenfalls, dass es für Prinz Charles ein Herzensanliegen darstellt, parapsychologische Phänomene wissenschaftlich zu ergründen.

Lotte Ingrisch, Medium und Schriftstellerin:
Ein Medium, das Prinz Charles hätte befragen können, ist die Wiener Schriftstellerin *Lotte Ingrisch*. Sie ist die Witwe des 1996 verstorbenen weltbekannten Komponisten *Gottfried von Einem* („Dantes Tod"). Sie schrieb selbst unzählige Theaterstücke, Prosa, Libretti und Romane. Die meiste Aufmerksamkeit erregte sie allerdings durch ihre Jenseitskontakte. Berühmt wurde ihr *„Donnerstagsbuch"* und der Fortsetzungsband *„Herr Jacopo reitet"*, worin sie ihren Jenseitsdialog mit dem verstorbenen Wiener Schriftsteller und Politiker Dr. *Jörg Mauthe* beschreibt. Als dieser schon sterbenskrank darniederlag, hatten beide vereinbart, an Donnerstagen die Plätze im Diesseits und Jenseits zu tauschen und miteinander Kontakt aufzunehmen.

„Ich habe mich ein Leben lang mit dem Tod befasst und weiß nun, dass es ihn gar nicht gibt“, betont die Jenseitsforscherin und ist sich gewiss: „Hinter dem Spiegel des Lebens beginnt keine andere Welt, sondern eine andere Wahrnehmung. Der Tod ist eine *andere* Wahrnehmung der Welt.“ Diese andere Wahrnehmung lehrt Lotte Ingrisch in Seminaren über das Sterben, den Tod und die jenseitigen Welten. Zu diesem Zweck gründete sie 1993 die *Schule der Unsterblichkeit.*

Die Schriftstellerin Lotte Ingrisch hat einen guten Draht ins Jenseits. In der Wiener Hofburg wurde sie Augenzeugin einer ungewöhnlichen Geistererscheinung.

1996 wäre Lotte Ingrisch beinahe einer Tücke zum Opfer gefallen. Wie schon zuvor an dem Altbürgermeister von Wien, Dr. *Helmut Zilk,* und anderen Österreichern stellte ihr ein Briefbomben-Attentäter nach. Nur die Oberflächlichkeit des psychopathischen „Bombenhirns“, der eine veraltete Anschrift wählte, bewahrte sie vor Schlimmerem: Der Brief kam zum fingierten Absender, einem astrologischen Verein, zurück, wo er unter den sachkundigen Händen der Exekutive detonierte.

Hatte Lotte Ingrisch damals Angst? „Nein, das hat mich nicht gekratzt. Erstens ist mir nichts geschehen. Zweitens habe ich noch am selben Abend ein ‚Gespräch‘ mit meinem verstorbenen Gottfried gehabt, der mir gesagt hat: ‚Auf die Idee, dass ich dich beschützt habe, kommst du nicht?‘ Ich sagte: ‚Nein, in der Rolle des Schutzengels habe ich dich nie gesehen.‘ Und er darauf: ‚Man ändert sich.‘“

Seit etlichen Jahren wohnt das Medium nun im Dienstbotentrakt der Wiener Hofburg. Neben ihren vielen Katzen scheinen sich auch andere Wesen aus anderen Welten im Wohnquartier der Ingrisch heimisch zu fühlen. Es geistert! Im Gespräch erinnert sich Lotte Ingrisch an ein seltsames Erlebnis:

„Schon in der ersten Nacht, die ich in der Hofburg schlief, gab es eine ungewöhnliche Erscheinung. Ich hörte eine Männerstimme, die Kriegsnachrichten verlas. Ich wachte auf und sah zu meinen Füßen einen sterbenden Soldaten in grauer Uniform. Er beteuerte immer wieder, er wäre unschuldig und hätte der Krankenschwester keine Gewalt angetan. Dies ereignete sich um halb fünf Uhr früh. Ich habe mir das Erlebnis sofort aufgeschrieben. Meine Nachforschungen am Vormittag ergaben, dass die Hofburg während beider Weltkriege auch als Lazarett benützt wurde. Also hat der Mann offenbar keine Ruhe gefunden. Ich habe ihm versichert, dass ich ihm glaube."

Woher kommen die Gespenster? Können sich Verstorbene in unserer Welt materialisieren? Sind es Eingriffe aus anderen Dimensionen? Dazu die Einschätzung des Wiener Mediums:

„Da es – falls Relativitätstheorie und Quantenphysik sich nicht irren – tatsächlich parallele Universen, also auch parallele Individuen zu geben scheint, haben wir viele gleichzeitige Biografien. Gleichzeitig, weil lineare Zeit, nach alter Mystik und neuer Physik, nur in unserem Bewusstsein und nirgendwo außerhalb von ihm existiert. Was den Tod betrifft, so halte ich ihn für eine andere Wahrnehmung der Wirklichkeit, einen anderen Grad unseres jeweiligen Bewusstseins. Da es Zeit an sich nicht gibt, sind wir gleichzeitig lebendig und tot."

Rainer Holbe, Fernseh- und Rundfunkmoderator, Schriftsteller:

Der beliebte Fernsehjournalist *Rainer Holbe* gilt als einer der Pioniere auf dem Gebiet des Paranormalen. Zu einem Zeitpunkt, als das Thema „Übersinnliches" allgemein noch verpönt war, versetzte er mit den Fernsehreihen *„Unglaubliche Geschichten"* und *„Phantastische Phänomene"* Zuschauer in Staunen. Nebenbei verbreitet er seit vielen Jahren in Radio RTL-Luxemburg allwöchentlich Neuigkeiten über Unerklärliches. Holbe wurde mehrfach für seine Arbeiten preisgekrönt und ist im grenzwissenschaftlichen Bereich Autor sowie Herausgeber vieler erfolgreicher Bücher, darunter *„Bilder aus dem Reich der Toten"* oder *„Phantastische Zukunft"*.

„Ich bin umgeben von einer Welt, für die ich keine Erklärung habe“, gestand mir der Moderator und resümiert: „Ich habe es mir abgewöhnt, den Advocatus Diaboli zu spielen, der nur immer nach rationellen Erklärungen strebt, der mit der Hybris des modernen Menschen zu zerstören sucht, was abseits unserer eingefahrenen Vorstellungen sich so mühsam aufbaut.“ Rainer Holbe ging in seinem Esoterikmagazin existenziellen Fragen nach, suchte Antworten auf Geheimnisse der Jenseitskontakte, Psychokinese oder Telepathie, und lud interessante Gäste ein, die vor laufender Kamera mit Experimenten verblüfften. Ein Tonbandstimmen-Phänomen ist ihm bis heute besonders in Erinnerung geblieben:

Der beliebte Fernsehjournalist war Augenzeuge vieler paranormaler Experimente. Das Phänomen der Tonbandstimmen verblüfft ihn besonders.

„Ich war dabei, als Menschen in einer Live-Sendung von einem früheren Leben berichteten und sie in allen Einzelheiten schilderten, wie sie damals zu Tode gekommen waren. Vor meinen Augen und Ohren fanden Experimente statt, in denen nachgewiesen werden sollte, dass es einen Kontakt mit Verstorbenen gibt. Ich war verblüfft, als ich mehrmals von einem von uns vorher versiegelten Tonband ein geheimnisvolles Flüstern hörte – so, als suche jemand mühsam ein Gespräch. Höhepunkt war zweifellos die akustische Wahrnehmung meines vor Jahren verstorbenen Vaters, dessen Art zu sprechen sich scheinbar nach seinem Tode erhalten hat. Meine damals neunjährige Tochter *Miriam* hat ihren Großvater erkannt und in diesem Moment wohl auch gespürt. Für sie war diese Begegnung weder traurig noch sensationell, sie war ganz einfach normal.

In klaren Nächten erleben wir die wunderbare Welt des Makrokosmos, sehen Planeten ihre Bahnen ziehen und von Ferne das Geflimmer der Milchstraße. Die Phänomene des Mikrokosmos aber, die sich in jedem Stecknadelkopf abspielen, sind unserer Beobachtung entzogen. Und trotzdem sind sie vorhanden."

Prof. Dr. Julius Hackethal, Arzt:
Dürfen Ärzte todkranken Menschen Sterbehilfe gewähren und sie von ihren furchtbaren Schmerzen erlösen? Der vor einigen Jahren verstorbene Professor *Julius Hackethal* leitete in Felden/Chiemgau eine Privatklinik und war auch auf dem Gebiet der Sterbehilfe tätig. Seitdem Hackethal aktiv tätig geworden war, sollte die Diskussion um dieses Thema nicht mehr verstummen. Es ist keine Frage, dass der Mediziner es ernst gemeint hatte und den Menschen unnötige Qualen ersparen wollte. Heute ist es manchmal Mode geworden, das Leben eines Patienten künstlich zu verlängern, um Erfahrungen zu sammeln, und nicht selten wird der Mensch dabei zum Versuchsobjekt. Das aber ist mit dem vielzitierten Eid des Hippokrates bestimmt nicht vereinbar. Dennoch bleiben Hackethals Ansichten über „humanes Sterben" weiterhin umstritten. Was geschieht mit Menschen, die für „klinisch tot" erklärt wurden? Macht sich der Astralkörper auf die Reise? Was passiert mit der Seele?

In dem Sachbuch *„Was bedeutet der Tod für Sie?"*, herausgegeben von *Hildegard Schäfer,* äußerte sich Julius Hackethal erstmals zum Thema Tod und Wiedergeburt: „Ich glaube, dass das Wichtigste von drei Dingen, die einen Menschen ausmachen, die *Seele* ist. Nach meiner Wunsch-Theorie: Diese bekommt man bei Geburt als Leihgabe. Man kann sie pflegen oder auch nicht. Mit dem körperlich-geistigen Tode jedenfalls fliegt sie als unsichtbarer Vogel davon zu einem anderen Lebewesen. Nicht zu irgendeinem, sondern zu einem Menschen gleicher Abstammung ... zum Beispiel vom Vater zum Sohn, vom Sohn zur Mutter, von der Schwester zum Bruder.

Nach meiner Möchtegern-Glaubenstheorie hängen die Seelen an unsichtbaren Fäden, die vielsterniger Urerbmasse entspringen – oder an Leitstrahlen, die sie dorthin zurückführen. Mit dem körperlich-geistigen Tode fliegt der Seelenvogel nicht wahllos zu irgendeinem der Großsippe, sondern zu einem bestimmten Menschen. Was wiederum Himmel oder Hölle bedeutet ... oder ein Zwischending.

Wovon der Seelenlandeplatz abhängt, wissen die Götter – hoffentlich auch von den Taten und Untaten des Entseelten. Die zusätzliche Beseelung merken weder Empfänger noch Spender. Zumindest ist die Seelenwanderung so wenig eindrucksvoll, dass sie nicht bewusst wird. Vielleicht liegt das aber auch daran, dass sich noch niemand auf diese Möglichkeit hin konzentriert hat.

Ich habe mich schon verschiedentlich dafür interessiert, ob ab dem Zeitpunkt des Todes eines Menschen eine Änderung im Verhalten eines Verwandten eingetreten ist. Eine Antwort auf meine Theorie konnte ich jedoch noch nicht finden. Eine Seelenwanderung von Mensch auf Tier oder Pflanze und umgekehrt halte ich nicht für wahrscheinlich. Besser müsste ich sagen: Das möchte ich nicht so gern glauben wie das andere.

Für den Fall, dass meine Glaubenstheorie Unsinn ist, wünsche ich mir, dass das Todsein ewiger Schlaf ist. Das hätte ich zwar nicht so gerne wie das, was ich lieber glaube; aber ein Grund zur Furcht vor dem Sterben wäre weder das eine noch das andere. Allerdings könnte es möglich ein, dass es doch einen Fürchtegrund gibt: Denen zu fehlen, für die man eigentlich (nur) lebt."

Peter Krassa, Journalist und Schriftsteller:
Wer kennt schon sein zukünftiges Schicksal? Wer weiß, was an Gutem oder Schlechtem in den kommenden Lebensjahren auf ihn zukommt? Haben Außerirdische in die Entwicklungsgeschichte der Menschheit eingegriffen? Gibt es Spuren ihrer Aktivitäten? Manipulieren dunkle Mächte, die „Männer in Schwarz" und „Phantome des Schreckens" aus anderen Dimensionen unsere Welt? Sind Zeitreisen nur Utopie?

Das sind nur einige Fragen, die von dem kürzliche verstorbenen Schriftsteller *Peter Krassa* seit vielen Jahren aufgegriffen wurden. Krassa veröffentlichte 25 Bücher, zuletzt „Men in Black". Einem der größten Geheimnisse versuchte er in *„Dein Schicksal ist vorherbestimmt"* auf die Spur zu kommen. Es geht dabei u. a. um eine Art *Zeitmaschine,* genannt „Chronovisor“, die in den 1970er Jahren von dem italienischen Pater *Ernetti* konstruiert und gebaut worden sein soll.

Peter Krassa war bemüht, die Recherchen zu seinen Büchern nach Möglichkeit an Ort und Stelle vorzunehmen. Er reiste daher rund um den Globus, von China bis Peru, von Ägypten bis Indien.

Für den Schriftsteller bestand nicht der geringste Zweifel an übersinnlichen Phänomenen, etwa zwischen zwei Menschen, die sich sozusagen „blind“ verstehen und irgendwelche telepathischen Kontakte empfinden. Intensive Gedankenströme, die den jeweiligen Partner fast automatisch die Überlegungen seines Gegenübers nicht „erraten“, sondern erfühlen lassen. Warum sollte eine Gedankenübertragung nicht auch zwischen Mensch und Tier möglich sein? Peter Krassa erzählte mir von einer merkwürdigen Erscheinung, die ihm selbst widerfahren war:

„Ich bin ein großer Katzenfreund, ja ich habe eine unzweifelhaft liebevolle Beziehung zu diesen anschmiegsamen und doch stets selbstbewussten Wesen. Und wohl jeder wird den Schmerz verstehen, den ich fühlte, als ich völlig unvorbereitet meinen vierbeinigen Kameraden verlor.

Am 27. Dezember 1974 war ich mit meinem schwarzfelligen Kater *‚Mephisto‘* eilig zum Tierarzt aufgebrochen. In der Meinung, mein kleiner Freund habe sich über die Weihnachtsfeiertage eine Magenverstimmung zugezogen. Als ich zwei Stunden später die Tierklinik verließ, stand ich unter Schock. Mephisto war tot. Der Tierarzt hatte ihn einschläfern müssen. Das Tier litt unter hochgradiger Leukämie. Ich war am Boden zerstört.

Fast vier Monate lagen seit dem tragischen Ende meines geliebten Mephisto hinter mir. Doch in einer Nacht des April 1975 ereignete sich etwas Ungewöhnliches. Ich habe das genaue Datum vergessen, aber ich weiß noch, als wäre es gestern gewesen, was damals geschah. Ich erwachte plötzlich aus meinem Schlummer – es mochte gegen vier Uhr morgens gewesen sein. Ich erwachte, weil mich eine Bewegung der Bettdecke am Fußende irritierte. Ich kannte diese Bewegung von früher. Mephisto hatte sie verursacht, wenn er, bevor er sich abends mit mir schlafen legte und auf meiner Bettdecke zusammenrollte, zunächst mit den Vorderpfoten eine entsprechende Liegestatt zu ‚treten' begann.

Jeder Katzenbesitzer kennt diese Eigenart unserer vierbeinigen Hausgenossen. Aber ich spürte nicht nur die sich bewegende Bettdecke zu meinen Füßen – ich hörte gleichzeitig das mir wohl vertraute, unverkennbare Miauen meines toten Freundes. Es klang irgendwie gedämpft, so als befände sich die Katze hinter einer Glaswand. Als ich aus meinem leichten Schlaf erwachte, lag ich seitwärts. Ich war vor Überraschung wie erstarrt und mein erster Gedanke war (ich habe ihn nie vergessen): ‚Das gibt es doch nicht!'

Langsam und vorsichtig legte ich mich auf den Rücken, dann begann ich meinen Freund zu rufen: ‚Mephisto, Mephisto'. Immer noch spürte ich das Ziehen an der Decke, fühlte die tretenden Pfoten meines Katers, hörte sein gedämpftes Miauen.

Ich vermag nicht zu sagen, wie lange dieses Phänomen andauerte – ich weiß nur eines: Ich habe damals nicht geträumt. Was mir widerfuhr, habe ich bewusst erlebt. Niemals zuvor, und auch niemals danach, ist mir Ähnliches passiert und ich bin mir heute völlig sicher, eine außersinnliche Wahrnehmung gehabt zu haben, ein ASW-Erlebnis, wie es die PSI-Forschung nennt.

Warum, so frage ich, sollte es Kontakte wie solche von Verstorbenen mit ihren lebenden Mitmenschen, mit denen sie stets in inniger Beziehung gestanden sind, nicht geben, und Ähnliches nicht auch im Verhältnis eines verstorbenen Tieres zum Menschen? Dort, wo die geistige Verbindung zwischen zwei- und vierbeinigen Partnern besonders intensiv gewesen war? So wie bei meinem Kater Mephisto und mir?"

Natürlich wusste Peter Krassa, dass er diese Vermutung, besser: Behauptung niemals beweisen kann. „Mir persönlich", gestand er ein, „genügt aber die Gewissheit, das hier Geschilderte tatsächlich empfunden und erlebt zu haben." Professor *Hans Driesch,* deutscher Philosoph und Biologe (1867–1941), der sich mit der seriösen Erforschung bestimmter parapsychologischer Phänomene beschäftigte, meinte einmal, eine außersinnliche Wahrnehmung (ASW) sei dann gegeben, wenn jene Person, die dieses Erlebnis hatte, in jenem Augenblick deutlich gefühlt habe, etwas ganz Besonderes zu erleben – etwa, das sich von sonstigen Träumen klar unterscheide. „Das Lebenszeichen eines Verstorbenen beispielsweise – wie das meiner toten Katze", fügte Peter Krassa hinzu. Vernahm er ihren Ruf aus dem Reich der Toten?

Shirley MacLaine, Filmstar und Esoterikexpertin:
Die Hollywood-Schauspielerin *Shirley MacLaine* ist eine Frau mit vielen Vorleben: Sie behauptet von sich, schon dreimal auf der Welt gewesen zu sein. In ihrem ersten Leben, daran erinnert sie sich wie an einen fernen, aber extrem realistischen Traum, war sie ein Mann, ein Lehrer auf der Insel *Atlantis*. Als das geheimnisvolle Reich unterging, beging sie Selbstmord. Das zweite Leben führte Shirley MacLaine nach *Indien,* das dritte nach *Südamerika*. Dort soll ihr ein außerirdisches Wesen begegnet sein, das ihr den Auftrag erteilte, die Lehre von der Wiedergeburt zu verbreiten.

Zunächst behielt die berühmte Schauspielerin diese Erinnerungen für sich, bis sie bei einem Empfang den indischen Staatschef *Nehru* traf. Eine Fliege setzte sich auf die Schulter der Schauspielerin. Sie klatschte das Tier tot. Daraufhin Nehru erbost: „Tun Sie das nie wieder! Sie wissen ja gar nicht, wer in solch einem Insekt wiedergeboren ist."

Glenn Ford, Hollywood-Schauspieler:
Glenn Ford, UFO-Sichter und Westernstar, erinnert sich gleich an fünf frühere Leben. *Walter-Jörg Langbein* nennt sie in seinem Buch *„Parapsychologische Phänomene"*: „Ford Nr. 1. lebte als Römer *Flavius* und wurde im dritten Jahrhundert den Löwen zum Fraß vorgeworfen. Ford Nr. 2 starb als 20-jähriger im Jahre 1666 in England als *Seemann* an der Todesseuche Pest. Ford Nr. 3 hieß *Jean-Jacques Launvaux* und diente Ludwig XIV. als Offizier. Bei einem Duell auf Leben und Tod, das er wegen seiner Liebe zu einer verheirateten Dame führte, wurde Jean-Jacques Launvaux vom Degen des Gegners über dem rechten Brustbein durchbohrt. Just an der Stelle hat der Schauspieler eine unerklärliche Narbe. Ford Nr. 4 war *Musiklehrer* und starb 1840 an

Schwindsucht. Ford Nr. 5 war *Cowboy* und wurde 1855 erschossen."

Waltraut Haas und Erwin Strahl, Schauspieler:
„An übersinnliche Empfindungen und Erscheinungen glaube ich durchaus", gestand mir die lebenslustige österreichische Schauspielerin *Waltraut Haas*. Sie spielte in über 75 Filmen und hat mit unzähligen Bühnenauftritten die Herzen des Publikums erobert. Unvergessen bleibt sie in der Rolle des „Mariandl", der berühmten „Rösslwirtin" in Willi Forsts Kinofilm *„Hofrat Geiger"*.

Woran knüpft Waltraut Haas ihren festen Glauben an das Metaphysische? „Weil ich es selbst erfahren habe", begründet sie und betont: „Besonders von dem Moment an, als ich ganz deutlich eine Berührung meiner verstorbenen Mutter verspürte, mit der mich ein ganz starkes Gefühl der Zusammengehörigkeit verband. Auch als ich bereits eine eigene Familie hatte, wohnte meine Mutter in unserem Haus. Berufsbedingte Trennungen von ihr fielen mir immer sehr schwer. Als Mama mit fast 90 Jahren starb und man sie aus dem Haus trug, öffnete ich das Fenster, um ihre Seele wegfliegen zu lassen. Am Abend saß ich dann allein in ih-

Das Künstlerehepaar Waltraut Haas und Erwin Strahl hat keine Berührungsängste mit dem Übersinnlichen. Nach einer außersinnlichen Wahrnehmung sind beide vom Gedanken der Wiedergeburt überzeugt.

rem Zimmer auf ihrem angestammten Platz, auf ihrem Sessel. Da spürte ich, wie eine Hand über meinen Kopf strich. Ich weiß, dass es der letzte Gruß meiner Mutter war. Vielleicht sollte es auch bedeuten: ‚Ich bin bei dir.'"

Dass es ein Leben nach dem Tod gibt, davon ist die „Mariandl"-Darstellerin überzeugt: „Ja, an Wiedergeburt glaube ich, weil erst dadurch der tiefere Sinn in diesem so unglaublichen Geschehen des Mikro- und Makrokosmos verständlich wird. Das Leben und sein ewiger Kreislauf vom Kommen und Gehen findet sich immer in der Natur."

Das hat auch ihr Mann, der bekannte Regisseur und Schauspieler *Erwin Strahl,* erkannt. Er fasst die Vorstellung vom möglichen Vor- und Nachleben ganz ähnlich auf: „Was die Wiedergeburtsidee anbelangt, so bin ich ein Anhänger von ihr. Hier trifft sich der Sinn des Lebens, des Reifens, der Perfektionierung eines Menschen, der in seinem Leben diesen wohl angestrebten Grad der Vollkommenheit gar nicht erreichen kann. Der Endprozess könnte über Jahrtausende angelegt sein, mit einbezogen eventuelle Rückschläge der menschlichen Seele in puncto Niveau während des Erdendaseins. Darüber hinaus existiert für mich ein höheres Wesen, keine Frage. Egal ob wir es Gott, Allmacht oder im Sinne der Freimaurer Baumeister aller Welten nennen wollen."

Ernst Meckelburg, Bewusstseinsforscher und Bestsellerautor:

Im Allgemeinen messen wir unseren Träumen wenig Bedeutung zu. Naturvölker wissen jedoch schon seit langem, dass Träume die Kanäle für *außersinnliche* Wahrnehmungen sein können. Zeigen sie uns Erinnerungen an frühere, vielleicht sogar zukünftige Leben? Existiert der Mensch *gleichzeitig* in verschiedenen Paralleluniversen? Kann es zu „Überschneidungen" von einem Leben ins andere kommen? Lassen sich Erscheinungen Dahingeschiedener, aber auch Lebender – sogenannter Doppelgänger – mit sporadisch auftretenden Kontakten zu anderen Seinsebenen erklären? Gibt es Möglichkeiten, von der Zukunft in die Vergangenheit zu reisen und umgekehrt?

Mit diesen außergewöhnlichen Fragen beschäftigt sich seit

vielen Jahren *Ernst Meckelburg,* ein hoch qualifizierter Techniker, PSI-Forscher und Verfasser vieler erfolgreicher Sachbücher wie *„Transwelt"*, *„PSI-Agenten"* oder *„Hyperwelt"*. Ernst Meckelburg gab mir ein persönliches Beispiel für eine ungewöhnliche Erfahrung: „Ich hatte eine Erinnerung an eine gewaltige Explosion, die die Stadt erschütterte und ein unbeschreibliches Chaos auslöste. Vernichtung in höherer Potenz – der *Overkill.* Und ich befand mich mitten in diesem Inferno, in dieser Gluthölle, umgeben von einem Flammenmeer, aus dem es kein Entrinnen gab. Weit und breit keinc Fluchtinsel. Weltuntergang. Ich habe ihn erlebt – so realistisch, wie man die ultimative Katastrophe eben nur *selbst* erleben kann. Mein erster Gedanke: Jetzt haben die (wer immer das auch sein mochte) es endlich fertig gebracht, die Erde mit allem, was auf ihr lebt, was je auf ihr geschaffen wurde, in die Luft zu jagen. Oder war es ein galaktischer Holocaust? Hatten Wahnsinnige durch unverantwortliches Experimentieren mit schwer zu beherrschenden Kräften eine Art Supernova ausgelöst? Ich dachte und empfand. Ergo lebte ich noch, obwohl die an mir hochzüngelnden Flammen meinen materiellen Körper schon längst verzehrt haben mussten. Offenbar hatte sich mein Bewusstsein – mein eigenes ‚Ich' – vom Körper gelöst und in eine höhere, unzerstörbare Existenzebene hinübergerettet. Ich war tot und lebte dennoch – ein ‚Untoter', eine Art feinstofflicher Zombie.

Plötzlich wurde mir bewusst: Dies alles war nur ein *Traum* – ein schrecklicher Traum, der einen das Grauen lehren konnte. Aber diese Explosion? Ich hatte sie so erschreckend realistisch, so niederschmetternd brutal empfunden, dass ich heute noch nicht begreife, wie man so etwas träumen kann. Hätte ich etwa in unsere eigene irdische Zukunft geschaut oder dies in einer anderen Realität, in einer Parallelwelt selbst *erlebt*? War dort tatsächlich eine Parallelausgabe der Erde oder gar des Universums mit einem Schlag vernichtet worden?

Ich hatte mir nach dem seltsamen Traum eine Notiz gemacht. Es war Donnerstag, der 10. September 1992, 4.30 Uhr früh. Eine halbe Stunde nach diesem aufregenden Traumerlebnis konnte ich wieder klare Gedanken fassen und das ‚Vorgefallene' protokollieren. Mein *körperliches* ‚Ich' in der Realität des Weltuntergangs gab es jetzt wohl nicht mehr. Doch mein *geistiges,* feinstoffliches Double – mein Bewusstsein – existierte immer noch. Die Superexplosion muss es in unsere vierdimensionale Welt zurückgeschleudert haben – zurück in die irdische Gegenwart, in meinen hier unversehrten, grobstofflichen Körper. Mein jüngstes Erlebnis könnte bedeutet, dass wir – wie viele Physiktheoretiker schon seit langem vermuten – in unendlich vielen parallelen Welten *gleichzeitig* existieren."

Christiane Rücker, Schauspielerin und Yoga-Künstlerin:
Parapsychologische Phänomene, Erscheinungen und Wunderheilungen sind für die aus Schlesien stammende Schauspielerin *Christiane Rücker* ein Bestandteil dieses Lebens und ebenso „reale" oder „praktische" Vorgänge unseres Daseins. Sie sucht heute einen Weg zur Erkenntnis, widmet sich der Yoga-Meditation, der *vedischen* Philosophie und engagiert sich in Indien für Bedürftige und Hilfsprogramme, wie dem *„Goldenen Lotus"*. „Übersinnliche Erfahrungen", so versicherte sie mir im Interview, „sind für mich im Übrigen keineswegs an Indien gebunden, wo sie jedoch zugegebenermaßen so alt und selbstverständlich sind wie die Menschheit selbst. Nur wir hier im technologisch hoch entwickelten Westen haben diese Dinge – vorläufig noch – aus den Augen verloren. Aber wirklich vergessen wurde dieses Wissen über solche Phänomene letztlich nie. Mein Indien-Kontakt hat mich allerdings gelehrt, alltäglich und unverkrampft mit ihnen umzugehen, ohne irgendwelche Sensationsgier. Und was persönliche Erfahrungen mit ungewöhnlichen Vorgängen anbelangt: Die gehören zu meinem täglichen Leben wie essen oder schlafen. Ich bin felsenfest davon überzeugt, dass wir alle den so genannten sechsten Sinn haben, nur mehr oder weniger verschüttet oder nicht beachtet."

Elmar Gunsch, Fernsehjournalist und Synchronsprecher:
Elmar Gunsch, der charmante TV-Plauderer und Quizmaster mit senorer Stimme, erinnert sich noch recht gut an seine Schulzeit und an die sonderbaren Dinge, die damals passierten. Er erzählt:

„Ich ging in Österreich aufs Gymnasium. In der sechsten oder siebten Klasse machte ich plötzlich eine merkwürdige Entdeckung. Immer wenn ich wenig gelernt hatte, um alle Fragen des Lehrers beantworten zu können, wurde ich nicht aufgerufen. Hatte ich aber nichts gelernt, so konnte ich sicher sein, dass mich der Lehrer an die Tafel holte. Ich kann mir das nur so erklären, dass der Lehrer intuitiv meine Nervosität spürte. Besonders sonderbar war ein anderer Vorfall. In der Freistunde vor einer Lateinarbeit büffelten wir mit dem Primus einen einzigen Absatz aus dem Kapitel *Römisches Erbe.* Zu mehr reichte die Zeit nicht. Und tatsächlich: Genau diesen Absatz gab uns der Lehrer zum Übersetzen. Ich habe nur eine Erklärung für diesen mehr als merkwürdigen ‚Zufall': Der Lehrer war ohne sein Wissen dem Willen von 27 Schülern ausgesetzt, die ihn gleichsam auf *telepathischem* Wege zwangen, den bewussten Absatz zu wählen."

Jenny Pippal, ehemalige ORF-Fernsehsprecherin:
Dass es manchmal scheinbar nicht mit rechten Dingen zugeht, davon weiß die sympathische Fernsehsprecherin und ORF-Lottofee *Jenny Pippal* zu berichten: „Ich habe eine Abneigung gegen *Spinnen.* Aber leider lieben mich diese Tierchen, denn sie scheinen mich zu verfolgen", meint die ORF-Fernsehsprecherin. „Und ich frage mich oft, welche mysteriösen Fäden werden hier gezogen: In dem seinerzeitigen *Österreich-Bild,* das ich moderierte, warf ich zufällig einen Blick auf den Boden: Eine Spinne! Ich zog die Beine an und versuchte mich nicht beirren zu lassen. Oder: Ich wollte eine Schreibmaschine in einem Raum benützen, in dem noch andere Maschinen stehen. Wer klettert über die Tastatur meiner Maschine – eine Spinne! Ich ging in ein Schuhgeschäft. Die Verkäuferin öffnet die erste Schachtel. Wer sitzt drinnen? Eine Spinne! Ich musste die Sendung eines Naturwissenschaftlers ankündigen. Das Thema: *‚Wie ich die Angst vor Spinnen überwinden kann.'* Dass dieses Programm gerade an dem Abend angesetzt war, als ich Dienst hatte – wieder ein *Zufall,* oder?"

Edith Rolles, ORF-TV-Kindertante und Journalistin:
Jenny Pippals Kollegin, die beliebte ORF-Kindertante *Edith Rolles,* will auch nicht an Zufälle glauben, als es um ihre Berufswahl ging: „Als junges Mädchen von 18 oder 19 Jahren suchte ich eine Wahrsagerin auf", erinnert sich die Kinderprogramm-Moderatorin. „Kaum hatte ich die Wohnung betreten, sagte sie wie aus der Pistole geschossen: ‚Sie werden Fernsehsprecherin.' Ich musste lachen, denn an das Fernsehen hatte ich zu diesem Zeitpunkt wirklich nicht im Geringsten gedacht." Edith wurde zwar nicht Sprecherin, aber immerhin landete sie auf dem Bildschirm bei „Ihren" Kindern. Es stellt sich nun die Frage, ob die Astrologin sie hinsichtlich ihrer Berufswahl beeinflusst hat. Wie auch immer – die Prophezeiung ging in Erfüllung.

Erich von Däniken, Bestsellerautor:
Ein Mann, der selbst ein Phänomen ist, heißt *Erich von Däniken.* Die „Astronautengötter" haben ihn berühmt gemacht und umgekehrt. Der Schweizer Bestsellerautor erzählte mir von mehreren rätselhaften Vorgängen. Besonders in Erinnerung geblieben ist ein Schlüsselerlebnis, das seiner Laufbahn als Schriftsteller vorausging: „Schon im Gymnasium begann ich an meiner eigenen Religion zu zweifeln und ich fragte mich, ob sich tatsächlich alles so zugetragen hatte, wie von der Kanzel herab gepredigt wurde. Ich erinnere mich sehr gut daran, dass mich eines Tages ein katholischer Priester auf die *Apokryphentexte,* die verborgenen Bücher der Bibel, aufmerksam machte. Ich sollte sie genauer lesen, wurde mir geraten. Ich wusste damals noch nicht, was das war, die Apokryphen. Ich ging in die Universitätsbibliothek, gleich gegenüber der Straße von unserem Gymnasium. Dort, und das ist das ungewöhnliche Erlebnis, sagte mir ein alter Bibliothekar, den ich kaum kannte, lesen Sie doch einmal das Buch *Henoch.* Jene Schriften also, in denen Henoch, einer der Patriarchen des Alten Testaments, seine Entführung in den Himmel erwähnt und sich viele schriftliche Hinweise auf Raumfahrtelemente wiederfinden. Ich frage mich heute noch, wie der alte Bücherwurm dazu kam, mich auf Henoch hinzuweisen. Das ist mir ein Rätsel geblieben. Und als ich schließlich das Buch Henoch las, da ist

mir wirklich ein Licht aufgegangen und mir wurde klar, dass das bisherige christliche Bibelbild vom allmächtigen und allwissenden Gott, so wie es die Lehrmeinung verlangt, nicht stimmen könne. Zweifellos, das war ein ungewöhnliches Schlüsselerlebnis, das meine weitere Laufbahn als Forschungsreisender begründete."

„Außerirdischer Traumtänzer" hebt ab: Der prominente Autor Erich von Däniken ist von der Macht positiver Gedanken überzeugt.

Kann man Träume oder Trancezustände bewusst steuern? Erich von Däniken jedenfalls weiß von einem höchst seltsamen Traumerlebnis: „Ich erinnere mich an einen besonders komischen Traum. Ich konnte in diesem Traum ganze Bücher lesen, ohne sie wirklich gelesen zu haben. Ich musste nur die Bücher an den Kopf halten und schon kannte ich den kompletten Inhalt. Man könnte nun sagen, okay, ein komischer Traum, aber lustigerweise wusste ich am nächsten Tag immer noch genau, worum es in diesen Büchern ging. Das war schon höchst erstaunlich."

In einer Extremsituation entwickeln Menschen manchmal ungeahnte Kräfte. Positive Energien können offenbar einen Heilungsprozess kranken Menschen beschleunigen! Sind Wunderheilungen möglich?

„Es gab noch andere Merkwürdigkeiten in meinem Leben", sagt Däniken, „aber ich weiß nicht, ob das wirklich mit übersinnlichen Phänomenen zu tun hat. Ich habe in meinem Leben immer wieder erleben dürfen, dass ich Menschen helfen konnte, sie sogar von Krankheiten zu heilen vermochte, etwa wenn es jemandem sehr schlecht ging. Es funktionierte aber nur dann, wenn ich den betreffenden Menschen gern habe, ich muss ihn mögen, ihn persönlich kennen. Bei meiner eigenen Tochter hat das geklappt, auch gelegentlich auf Reisen, wenn plötzlich irgendetwas schief lief. Beruflich würde ich aber nie zum Heilpraktiker werden, das würde ich nie tun, auch nie Fremden gegenüber. Das ist immer nur eine interne Geschichte zwischen mir und meinen Freunden."

Reinhold Messner, Extrembergsteiger und Schriftsteller:
Wunder zwischen Himmel und Erde erlebte der berühmte Südtiroler Bergsteiger *Reinhold Messner* wohl schon einige Male. Der UFO- und Yeti-Sichter verrät in seiner Biografie *„13 Spiegel meiner Seele"*, dass seine sportlichen Leistungen nicht immer auf seiner Technik des Kletterns beruhten. Manchmal spielten auch noch andere „höhere" Gewalten mit – wie vor einigen Jahren in der Nordwand der *Großen Fermeda*: „Wir waren zu viert geklettert und befanden uns knapp unter dem Gipfel. Eine senkrechte Rinne führte offensichtlich in leichtes Gelände. Und weil ich keinen Haken schlagen konnte und über einen letzten Felsbauch ohne Zwischensicherung nicht klettern wollte, verharrte ich mitten in der Seillänge zu lang an ein und derselben Stelle, bis mir die Kraft ausging. Ich wusste, der Standplatz darunter war nicht gut und mein Sturz hätte für alle ein hohes Risiko bedeutet. In dieser aussichtslosen und lebensbedrohlichen Situation wuchsen mir Kräfte, von denen ich vorher nichts geahnt hatte. Ich überwand die Stelle und wir erreichten wenig später den Gipfel. Beim Blick ins Tal wurde mir übel. Ich wandte mich vom Abgrund weg, als ob nichts geschehen wäre."

Eugen Stark, Theaterschauspieler:
Der Schauspieler *Eugen Stark,* der am Wiener *Theater an der Josefstadt* seine Publikumserfolge feiert, erzählt von einem Traum, der seine starke Verbundenheit mit seiner verstorbenen Mutter wiedergibt. „Ich stand in Wien am Graben. Da sah ich einen schwarzen Bentley, aus dem mein Freund stieg. ‚Ich habe jemand mitgebracht', sagte er. Es war meine Mutter, die mich stumm umarmte. Ich wachte mit Tränen in den Augen auf. Am gleichen Tag, nur zwei Wochen später, hatte ich am Stephansplatz zu tun. Neben mir parkte ein Auto, ein schwarzer Bentley. Am Steuer saß mein Freund. Ich wunderte mich, denn er fuhr sonst einen

weißen Citroën. Als ich ihn verdutzt ansah, erklärte er: ‚Ich habe mir einen Kindheitstraum erfüllt und mir diesen Bentley gekauft.' – ‚Wann war das?', fragte ich ihn. ‚Vor 14 Tagen', antwortete er.'"

Robert Wagner, Schauspieler:
Der Schauspieler *Robert Wagner,* bekannt aus der TV-Krimiserie *„Hart, aber herzlich",* verkaufte 1982 sein Haus in Beverly Hills. Der angebliche Grund: Weil er seine tote Frau, *Nathalie Wood,* die seinerzeit unter mysteriösen Umständen ums Leben kam, darin spuken sah. Auslöser für den Hausverkauf: Wagner schaute gerade auf das Ölgemälde, das Nathalie zeigt. – „Plötzlich formte sich in ihrem Auge eine Träne." Zuerst habe er nur an einen Lichteffekt geglaubt, dann aber wusste er: „Das Gemälde weinte."

Prof. Dietmar Grieser, Bestsellerautor:
Von Bildern, die angeblich mehr aussagen können als tausend Worte, erfährt man manch Wunderliches: Vor einigen Jahren stöberte die Familie *Taylor* in Sussex, England, beim Staubwischen einen ausfallenden „Beweis" für das Weiterleben nach dem Tode auf. *Jacqueline Taylor* stieß nämlich bei dieser Beschäftigung auf ein Ölgemälde, das sie vor Jahren in einem Regal abgestellt hatte. Ursprünglich ein Ölschinken der Landschaft um den dortigen „Swan Lake", fand sie das Bild nach all den Jahren auf seltsame Weise verändert: Im Himmel über dem See hatte sich ganz deutlich ein Gesicht abgebildet. Es war das Gesicht ihres vor 15 Jahren verstorbenen Onkels *Ernie Martineaux,* deutlich zu erkennen an einem blinden Auge, das er auch zu Lebzeiten hatte. Zwei Jahre vor seinem Tod hatte Jacqueline mit ihrem Onkel einen Pakt geschlossen, dass, wer immer von beiden als Erster sterben sollte, zurückkommen und auf irgendeine Weise ein Zeichen seines Weiterlebens geben würde. Kurz nach seinem Tod war mit dem Bild bereits eine erste Veränderung vorangegangen – im Hintergrund auf dem Himmel hatten sich vage die Umrisse eines Gesichts abgebildet. Da sie und ihre Mutter, Zaz Taylor, der das Bild gehört, dies damals für einen Defekt hielten, gaben sie das

Werk beiseite. Kürzlich nun stellten die Taylors diese merkwürdige Bereicherung des Ölgemäldes durch die unverwechselbaren Konturen Onkel Ernies fest. Aber nicht nur das, sondern daneben auch weitere mysteriöse Gesichter.

Von einer ähnlich merkwürdigen Geschichte weiß der Journalist und Erfolgsautor Professor *Dietmar Grieser* zu erzählen. Der gebürtige Hannoveraner lebt und schreibt seit 38 Jahren in seiner Wahlheimat Wien. Einen „literarischen Spurensucher" nennt ihn sein Verlag, dem er verlässlich immer wieder Bestseller liefert wie *„Schauplätze der Weltliteratur"*, *„Die kleinen Helden"* oder zuletzt *„Alle Wege führen nach Wien"*. Bei seiner weltweiten Spurensuche zu den Originalschauplätzen bedeutender literarischer Werke stieß Grieser immer wieder auf Überraschungen wie diese: In der Liechtensteinstraße im 9. Wiener Gemeindebezirk, im Sterbehaus des Dichters *Friedrich Hebbel* (1813–1863), wurden Spukphänomene von Hausbewohnern wahrgenommen. Angeblich soll sich Hebbels Astralleib mit Klopfgeräuschen und unbekannten Schritten bemerkbar gemacht haben.

Vielleicht haben Sie auch *Richard Bachs* Weltbestseller *„Die Möwe Jonathan"* in Ihrem Bücherschrank stehen. Aber wussten Sie, dass die Geschichte von der kleinen Möwe dem Amerikaner Bach von der Stimme eines *außerirdischen* Wesens eingeflüstert worden war – und zwar druckreif? Dietmar Grieser hat viele ungewöhnliche Begebenheiten aufgespürt und amüsant in seinen vielen Büchern beschrieben. Er selbst ist von merkwürdigen Geschehnissen nicht ganz verschont geblieben. Dietmar Grieser erinnert sich:

„Der vielleicht schwerste Verlust in meinem bisherigen Leben war und ist der Freitod meines Lieblingsbruders *Helmut*. Die Schocknachricht erreichte mich bei Antritt eines Mittelmeerurlaubs. Ich war gerade beim Einchecken in der Hotelhalle, als der Anruf eintraf, die Koffer waren noch nicht ausgepackt – seither sind mir Sommerferien an der See traumatisch verleidet.

Helmut war Landschaftsarchitekt in Leverkusen – ich reiste unverzüglich an den Unglücksort, nahm am Begräbnis teil, kümmerte mich vor allem um unsere völlig gebrochene Mutter und kehrte schließlich, auf jeden weiteren Urlaub verzichtend, an meinen Wohnort Wien zurück.

Es war einige Zeit danach, als es sich ergab, dass die von der Gegend um Mondsee wirkende Hinterglasmalerin *Helga Eiterer,* auf deren Werk ich bei einer Wiener Vernissage aufmerksam geworden war, leibhaftiges Interesse bekundete, mich zu porträtieren. Ich willigte ein, Helga Eiterer machte sich an die Arbeit, das fertige Bild ging in meinen Besitz über, und Besucher, die es seither bei mir im Vorzimmer hängen sehen und kritisch betrachten, bescheinigten ihm allesamt außergewöhnliche Treffsicherheit.

Umso schwerer fällt es mir, eine Erklärung für meine eigene Beziehung zu besagtem Kunstwerk zu finden. Es begann zunächst nur allmählich, wurde mit der Zeit stärker und stärker und heute gibt es für mich nicht mehr den geringsten Zweifel: Der mich da aus dem ebenholzschwarzen Bilderrahmen anblickt, bin nicht ich, sondern – mein verstorbener Bruder Helmut. Es sind *seine* Gesichtszüge: seine Verletzlichkeit, seine Rechtschaffenheit, sein Ernst. Ein Fall von *Transfiguration,* der umso rätselhafter ist, als mein Bruder und ich in unserer äußeren Erscheinung nur wenig Ähnlichkeit haben.

Und die Künstlerin, die das Bild gemalt hat? Ich schwöre hoch und heilig: Sie hat von meinem Bruder nicht die blasseste Ahnung, ist ihm niemals begegnet, hat nie auch nur das kleinste Foto von ihm in der Hand gehabt …“

Johannes Mario Simmel, Bestsellerautor:

Auch Bestsellerautor *Johannes Mario Simmel* hat Erfahrungen mit dem Unerklärlichen gemacht. Wie bei seinem Autorenkollegen Grieser, war es auch bei ihm ein trauriges Ereignis. „Wir hatten“, berichtet Simmel, „bei meinem Münchner Verlag einen hervorragenden Lektor, der ganz intensiv den Kontakt zu seinen Autoren pflegte, und zwar auf sehr originelle Art. Ich bekam jeden Samstag kleine, liebevoll ausgeführte Zeichnungen von ihm, die mir auch in schweren Stunden immer wieder Mut und Lust zum Weiterschreiben machten. Überflüssig zu sagen, dass wir alle *Fritz Bolle* in unsere Herzen geschlossen hatten.

Eines Samstags – ich hatte gerade wieder Bolles Zeichnungen

Der Bestsellerautor Johannes Mario Simmel hat traurige Bekanntschaft mit dem Unerklärlichen am eigenen Leib erfahren müssen.

aus dem Briefkasten geholt – wurde mir plötzlich unheimlich schlecht. Ich legte mich ins Bett, schlief ein und erwachte nachts um halb zwölf mit schlimmen Herzschmerzen.

Am nächsten Morgen rief ich meinen Arzt an, einen gemeinsamen Freund von Fritz und mir. Er sagte mit tränenerstickter Stimme: ‚Du weißt es also schon?' – ‚Ja', sagte ich, denn in diesem Augenblick wusste ich, dass Fritz Bolle gestorben war – um halb zwölf, zur selben Zeit also, als ich mit Herzschmerzen erwacht war. Der Arzt bestätigte es mir ..."

Gisela Uhlen, Künstlerin und Schauspielerin:
Eine ungewöhnliche Beobachtung, die sich im Nachhinein leider ebenfalls als traurige Begebenheit herausstellte, machte die Schauspielerin *Gisela Uhlen* – Mutter von Susanne und Barbara Uhlen. Das Vorkommnis wird in ihr in ihrem Memoirenbuch erwähnt und kann nicht nur als telepathische Vorahnung bezeichnet werden, wie es Johannes Mario Simmel widerfahren war. Bei Frau Uhlen war ein optischer Eindruck vorhanden, den sie bei hellwachem Zustand hatte.

Sie war während eines unruhigen Schlafes aus dem Bett gefallen und aufgewacht. Davon wurde auch ihr Gatte, der Regisseur *Hans Bertram,* wach. Gisela Uhlen stand am Fenster, blickte in den nächtlichen Garten hinab und sagte zu ihrem Mann, der eben zu protestieren begann, weil er so unsanft aus dem Schlaf gerissen worden war, ihr Vater sei eben dabei, das Haus zu betreten. Es kam aber niemand. Vielmehr erhielt das Paar einen Tag später ein Telegramm. Ihr Vater war in jener Nacht gestorben.

Göttliche Offenbarungen

„Gäbe es keinen Gott, so müsste man ihn erfinden."

Voltaire (1694–1778)

Wundersame Erscheinungen

„Wir leiden hier an keiner Halluzination", beharrte der Rathaussekretär des westfranzösischen Dörfchens *Delain* nahe der Grenze zur Schweiz. Zwei Dutzend Einheimische hatten geschworen, sie seien im Oktober 1998 Augenzeugen übersinnlicher Vorgänge in ihrer Kirche geworden: Eine Marienstatue habe – ohne äußeres Einwirken – erst ihren Kopf verloren und sei anschließend zu Boden gestürzt, eine Vase sei von alleine zerborsten, Kerzen seien gegen Kirchensäulen geprallt. Auch der Altar, 200 Kilo schwer, habe selbstständig Platz gewechselt. Zu den Poltergeistphänomenen sei es knapp vor einem Konzert von Philharmonikern gekommen. Danach hätte sich der Spuk wiederholt, zum Schluss sei auch die Sakristei verwüstet worden. Ältere Einwohner sahen darin eine „Strafe Gottes für die Entweihung der Kirche durch die Musiker". Der Ortspfarrer hielt sich bedeckt. Gendarmerie und Bischofsamt hatten eine Untersuchung eingeleitet – ohne Ergebnis. Erst aufmerksamen Augenzeugen gelang es, das „Gespenst" zu entlarven. Es war Bürgermeister *Thierry Marceaux,* der mit diesen missglückten Aktionen den Fremdenverkehr im 220-Seelen-Dorf ankurbeln wollte. Er setzte sogar Laserstrahlen ein, um der Kirchengemeinde das Fürchten zu lehren.

Das ist das Problem: Oft gelingt es nur mit mühevoller kriminalistischer Kleinarbeit oder durch einen glücklichen Zufall die bewusst „gefälschten" Phänomene von möglichen echten zu unterscheiden. In der christlich orientierten Welt ist die Bereitschaft zum Wunderglauben recht ausgeprägt. Im Dom von Turin wird das weltberühmte „Grabtuch Jesu" aufbewahrt. Bei einem Großbrand im April 1997 konnte das christliche Heiligtum vor den

Flammen nur knapp gerettet werden. „Die Reliquie ist unversehrt. Es ist ein Wunder“, dankte Kardinal *Giovanni Saldarini* Gott und dem mutigen Retter. Denn der Feuerwehrmann *Mario Trematore* war es gewesen, der die vierfache Schutzwand aus Panzerglas trotz hoher Flammen und herabstürzender Deckenteile durchbrochen hatte und das Tuch im letzten Augenblick in Sicherheit zu bringen vermochte. Über 100 Schläge mit einer Eisenstange waren nötig gewesen, ehe durch Trematore das Grabtuch geborgen werden konnte. „Gott hat mir die Kraft gegeben“, sagte der nach seinem Einsatz leicht verletzte glückliche Feuerwehrmann, den die wartende Menge mit Applaus überschüttete.

Weitere bedeutende Reliquien des Christentums: Das „Schweißtuch der heiligen Veronika“. Es befindet sich in der Peterskirche in Rom. Auch auf diesem Stoffteil soll sich der Legende nach das Antlitz Jesu Christi auf wundersame Weise verewigt haben. Im *Kölner Dom* werden in einem goldenen Schrein die Gebeine der „heiligen drei Könige“ verehrt, in der *Wiener Schatzkammer* ist die „Heilige Lanze“ zu sehen und im Münster von Aachen werden nicht nur ein „Kleid der heiligen Jungfrau Maria“, „das Enthauptungstuch des Täufers Johannes“, sondern als besondere Attraktion die „Windeln von Jesus“ aufbewahrt.

Menschen in aller Welt machen laufend die Erfahrung mit dem scheinbar Göttlichen und Übersinnlichen. Von Erscheinungen biblischer Heiliger, unheimlicher Geistwesen und schauerlichen Horrormonstern wird ebenso berichtet wie von der Macht der „inneren Stimme“, wunderbaren und bösen Vorahnungen sowie dem sogenannten „Zufall“. Über die Medien werden wir mit Berichten über Erscheinungen und unerklärlichen Vorkommnissen berieselt. Wir hören von himmlischen Botschaften, Prophetien, sehen via Bildschirm und Illustriertenfotos blutende Marienstatuen und Wunderheilungen. Muttergottesvisionen sind zum Gegenstand heftiger Diskussionen pro und kontra geworden. Marienorte auf der ganzen Welt erleben nach wie vor einen regen Zulauf an Pilgerscharen, Gläubigen und Kranken, die sich vom Erscheinen der Mutter Gottes Heilung erhoffen. Aber handelt es sich wirklich um die Offenbarung der Jungfrau Maria? Muttergottesvisionen haben vieles gemeinsam mit UFOs, PSI-

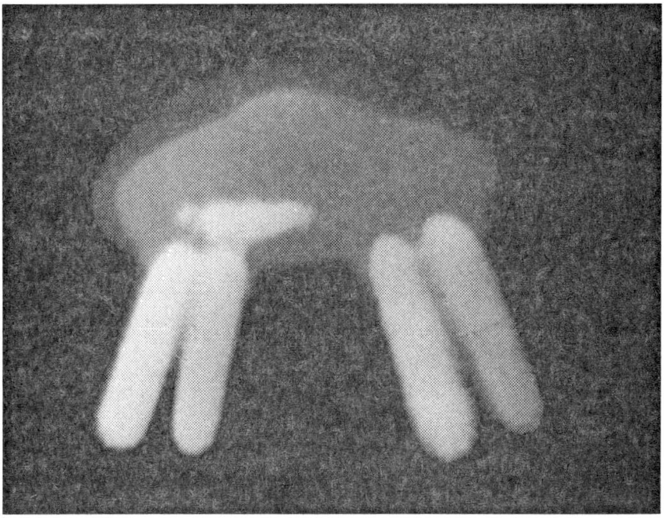

UFO-Schnappschuss über Albiosc 1974 in Frankreich. Viele Lichtphänomene unbekannter Flugobjekte erinnern an Geistererscheinungen und Muttergottesvisionen. Gibt es einen gemeinsamen Auslöser für diesen rätselhaften Spuk?

Phänomenen und Geistererscheinungen: Es treten merkwürdige Lichtphänomene auf, die von einer oder mehreren Personen gesehen werden. Es erscheinen Spukgestalten, Außerirdische, Engel oder eben Maria. Manchmal werden auch Botschaften übermittelt, aber die ganze Erscheinung verhält sich wie ein Traum: Sie verschwindet ebenso plötzlich, wie sie gekommen ist, und nicht alle, die anwesend sind, können sie sehen. Sind es Kontaktbemühungen aus einer anderen Dimension? Sind es Bilder aus dem Jenseits? Erscheinungen aus einer Parallelwelt? Ist es ein Fingerzeig einer überirdischen Macht? Oder doch bloß Einbildung? Sind es irgendwelche Projektionen aus unserem Unterbewusstsein?

Dazu der Wiener Univ.-Doz. Dr. *Herbert Hrachovec,* Hochschullehrer für Philosophie: „Wenn mir jemand sagt, er sei überzeugt davon, dass irgendwo ein UFO gelandet sei, würde ich nicht sagen, er leide an Halluzinationen, an Sinnestäuschung oder etwas Ähnlichem. Ich glaube auch nicht, dass Marienerscheinungen einfach als Sinnestäuschung zu erklären sind.“

Wenn es keine Sinnestäuschungen sind – was ist es aber dann? *Wie* und *warum* es zu diesen geisterhaften Lichterscheinungen kommt, ist Wissenschaftlern, aber auch Vertretern der Kirche nach wie vor ein Rätsel. Faktum ist, es gibt sie.

Heidnische Urmutter

Die berühmtesten Erscheinungen der Gottesmutter Maria ereigneten sich 1531 in *Guadelupe* (Mexiko), 1858 in *Lourdes* (Frankreich) sowie 1917 in *Fatima* (Portugal), der letzten vom Vatikan offiziell anerkannten Marienerscheinung. Doch das Phänomen hat sich seither weit mehr als *zweihundertmal* wiederholt. An den verschiedensten Orten der Welt. Und dabei sind das nur die *gemeldeten* Erscheinungen. Die Dunkelziffer liegt um ein Vielfaches höher. Wie bei anderen „flüchtigen Phänomenen“ wurden die meisten Geschehnisse niemals überregional bekannt oder dauerten nicht lange genug, um eine ordentliche Untersuchung zu ermöglichen.

Darüber hinaus verzichten viele Augen- und Ohrenzeugen aus Verlegenheit und Scheu auf eine Zur-Schau-Stellung ihrer Person. Vor allem die Angst, von der Umwelt nicht ernst genommen zu werden oder spöttischen Bemerkungen ausgesetzt zu sein, mag viele bestärken, ihr ungewöhnliches Erlebnis besser für sich zu behalten. Anderen wiederum fehlt die exakte Erinnerung an das Geschehen, das oft erst in einer Hypnosesitzung in seinen wahren Ausmaßen zum Vorschein kommt. Ein Kuriosum, das vor allem, wie viele gut dokumentierte Analysen und Untersuchungen zeigen, bei zahlreichen UFO-Begegnungen auftritt. Bei den Marienerscheinungen folgt das Phänomen meist immer dem gleichen Vorgang: Halbwüchsige oder naiv veranlagte, fromme Frauen und Männer – offenbar für mediale Offenbarungen besonders empfänglich – begegnen einer mysteriösen *Lichtgestalt*.

Von ihr empfangen sie in einer Art Symbolsprache Botschaften und Anweisungen. *Maria,* oder das, was für sie gehalten wird, „kündigt an, überreicht Gegenstände, übermittelt Visionen, versetzt anderswohin, teilt Geheimnisse mit, zeigt das Buch des Lebens, lässt die Sonne tanzen, steht auf einer Wolke, löst summende Geräusche aus" und Ähnliches mehr. Häufig ist das Diktat von „oben" mit dem direkten Auftrag verbunden, an der Stätte der Erscheinung ein Gotteshaus oder ein Heiligtum zu errichten.

Schon die erste historisch bekannte Marienerscheinung stützt sich auf einen solchen konkreten *Auftrag* von „oben". Am 20. Januar 41 nach Christus soll die Mutter des Erlösers in *Saragossa* in Spanien auf einer *Säule* stehend, so weiß es die Überlieferung, dem Apostel *Jakobus* erschienen sein. Der Mystikerin *Maria von Agreda* zufolge soll sie vom Auferstandenen selbst den Auftrag dazu erhalten haben: „Meine vielgeliebte Mutter", so heißt es in dem alten Text, „ich möchte, dass du zu Jakobus gehst. Sag ihm, er solle nach Jerusalem zurückkehren, doch erst, wenn er ein Heiligtum zu Ehren und unter dem Titel deines Namens zu bauen in Auftrag gegeben hat, ein Gotteshaus, in dem du angerufen und verehrt wirst."

Jakobus soll von Jaffa aus an das „äußere Ende der Welt" gefahren sein und vor allem in *Aragonien* das Evangelium gepredigt haben. Vor seiner Abreise habe ihm Maria versprochen, ihn zu besuchen, wo immer er sich gerade aufhalten werde. Sie soll ihm – wie berichtet – auf wundersame Weise auf einer Säule thronend erschienen sein und ihm aufgetragen haben, ein Gotteshaus errichten zu lassen, in dem diese Säule aufbewahrt werde. Tatsächlich führt die Tradition den Ursprung der Kathedrale von Saragossa auf die Kapelle *Maria del Oilar* (Maria von der Säule) zurück.

Doch der wahre Ursprung der Muttergottesvisionen ist vermutlich viel weiter in der Vergangenheit angesiedelt. Er ist vielleicht in einer *vorchristlichen* Religion, in den Verehrungen der *Muttergöttinnen,* zu suchen. Ob die altägyptische *Isis, Ischtar* aus Assyrien oder die Himmelsgöttin der Phönizier, *Astarte,* sie alle scheinen Vorläufer des Marienkultes zu sein.

Auch in den gallischen und germanischen Provinzen hat es diese Verehrungen gegeben. Verschiedene Orte, wo noch heute *Schwarze Madonnen* verehrt werden, *Chartres* und *Le Puy* zum

Beispiel, waren wichtige druidische Zentren. Wir wissen, dass die keltischen Stämme in der Vorzeit den Gott *Belen* anbeteten, dessen Gefährtin und Schwester die Schwarze Jungfrau *Belisama* war. Die Kultgemeinschaft besaß in Chartres angeblich einen heiligen Stein, der an jener Stelle platziert war, an der später die Schwarze Madonna entdeckt wurde. Manche Forscher sehen hier Verbindungen zur Legende vom Heiligen Gral, der als „Wunderschale", „Kelch Christi", „Stein der Weisen", „leuchtendes Juwel" oder als „brotspendender Gegenstand kosmischer Herkunft" verehrt worden war. Jedenfalls scheint damit plausibel, dass die in Chartres gefundene Madonna ursprünglich nicht die Jungfrau Maria, sondern Belisama verkörperte. Ähnlich könnte die in *Sion Vaudemont,* Lothringen, aufgefundene Schwarze Madonna die Himmelsgöttin *Rosemertha* verkörpert haben. Diese war die Gefährtin des germanischen Gottes *Wotan.*

Bemerkenswert erscheint mir, dass etliche katholische Kirchen offenbar ganz bewusst auf *heidnischen* Kultstätten oder Steinzeitaltären errichtet wurden. Ein Beleg aus jüngsten Tagen führt uns nach *Latsch* im Vinschgau. 1992 begannen dort die Renovierungsarbeiten der barocken Kirche „Unser Frau am Bichl". Bauarbeiter entdeckten unterhalb des Altars einen seltsamen weißen Stein, der mit allerlei geheimnisvollen Ritzungen versehen ist. Als sie diesen Marmorblock umdrehten und die dünne Mörtelschicht entfernten, legten sie prähistorische Waffen und Amulette frei. Handwerkzeuge, die verblüffend an jene erinnern, die man 1991 beim „Mann im Eis", den 5300 Jahre alten Gletschermann *Ötzi,* gefunden hatte. „Der Menhir von Latsch gehört zu einer Gruppe Steindenkmäler, wie sie im gesamten Alpenraum vorkommen", weiß der Chefarchäologe des Südtiroler Landesdenkmalamtes in Bozen, *Dr. Hans Nothdurfter,* und ergänzt: „Sie standen vermutlich in Gruppen an Kultplätzen, waren entweder heilige Steine oder Götterdenkmäler. Ihre religiöse Funktion gilt als sicher."

Die Frage bleibt: Weshalb wurden christliche Heiligtümer über älteren, urzeitlichen Kultplätzen errichtet? Der Verdacht liegt nahe, dass es auch dafür Anweisungen aus himmlischer Höhe gab. Aber weshalb der nachdrückliche Auftrag, Heiligtümer zu errichten? Und welche Bewandtnis hat es mit jenen, zum Teil noch unbekannten spezifischen Vibrationskräften, die Geobiologen und Wünschelrutengeher in Gotteshäusern, Kultplätzen und berühmten „Orten der Kraft“ registrieren? Sind es kosmoterrestrische Energien, Magnetfelder und Erdstrahlen aus dem Inneren des Globus? Oder stammen diese unbekannten Energien aus dem Weltraum? Haben sie eine künstliche Ursache?

Die feinstofflichen Kräfte finden sich vor allem an Kultplätzen in Ägypten, Indien, Frankreich, Südengland, Tibet und an Wallfahrtsorten, wie beispielsweise in dem Marien-Erscheinungsort *Medjugorje,* einem kleinen Dorf in der ehemaligen jugoslawischen Provinz Herzegowina.

Der Physiker *Burguslav Lipinski* aus Boston (USA) hat – mehr zufällig – ein erstaunliches Phänomen entdeckt, das zum Zeitpunkt der Erscheinung in der *Grobla*-Kapelle am 15. März 1985 aufgetreten ist. Eine Strahlung – ähnlich der natürlichen radioaktiven Strahlung – ist innerhalb einer halben Stunde von 15 mR/h (milli Rad pro Stunde) auf 100.000 mR/h angestiegen! Die betenden Wallfahrer in der Kapelle hätten unter normalen Umständen an der Strahlendosis zu Grunde gehen müssen. Aber nichts geschah!

Das fliegende Gotteshaus

Es ist schon ein kurioser Umstand, dass die heilige Jungfrau Maria, die Mutter Jesu, sogar als „Weltraumfahrerin“ flott unterwegs war. Pardon! Natürlich nicht sie selbst, aber immerhin ihr Gnadenbild war schon unterwegs zum Mond. Vor dem Apollo-9-Flug vom 3. bis zum 13. März 1969 erbat der amerikanische Astronaut *McDivitt* eine Medaille der Schwarzen Madonna von *Loreto*. Doch schon zuvor galt dort die Heilige als Schutzpatronin der Ballonfahrer, Piloten und Astronauten.

Die späte Anerkennung für die flugtechnische Leistung einer himmlischen Macht hat ihren Ausgangspunkt im 13. Jahrhundert. Einer unruhigen Epoche, besonders für die christlich orientierte Welt. Aus jener Zeit gibt es viele Legenden. Eine von ihnen bezieht sich direkt auf das unruhige Geschehen um die Kreuzzüge. Sie beruft sich jedoch nicht auf irdische, sondern allein auf *überirdische* himmlische Mächte. Diese sahen sich auf Grund der Kriegswirren veranlasst, eine ungewöhnliche Vorsichtsmaßnahme in die Wege zu leiten. Objekt ihres Eingriffs war das Wohnhaus Mariens in *Nazareth.* Am späten Abend des 10. Mai 1291, so heißt es in den Chroniken, sollen Engel das Gebäude hochgehoben und in rasantem Flug über *Zypern, Griechenland* und den *Balkan* nach Tersetto bei *Fiume* transportiert haben.

Dort, in jenem Fischerdorf in Kroatien, sei das Haus noch in derselben Nacht auf wundersame Weise und völlig unbeschädigt abgesetzt worden. Noch heute erinnert eine Kirche im Ortsteil Irsat von *Rijeka* (wie Fiume jetzt heißt) an diesen rekordverdächtigen Flug. Wenn man der Legende Glauben schenken will, dann soll es hierfür etliche Zeugen gegeben haben, die dieses „Wunder“ mit eigenen Augen wahrgenommen hatten. Es war eigentlich ein Wunder „auf Raten“, denn schon sieben Monate später erfolgte Teil *zwei* – ein abermaliger luftiger Umzug.

Aus nicht näher bekannten Gründen – die Legende schweigt sich jedenfalls darüber aus – erschienen die Himmelsboten abermals, hoben Mariens einstmalige Wohnstätte in die Lüfte und transportierten sie an einen neuen Ort. Quer über die Adria ging es diesmal nach *Recanati,* wo die Last von den Engeln im Garten der beiden Brüder *Antici* abgesetzt wurde. Wieder sollen zahlreiche Augenzeugen dem spektakulären Schauspiel beigewohnt haben.

Die überraschende Ankunft der heiligen Stätte zog schon bald Neugierige und Fromme an. Pilgerscharen ließen sich die Gelegenheit nicht entgehen, das wundersame Erscheinen des Marienhauses zum Gegenstand christlicher Andacht werden zu lassen. Andere Folgen hatte dieses Geschehen bei den Antici-Brüdern. Die gerieten, von blanker Raffgier geplagt, die die Aufteilung der Pilgerspenden bei ihnen ausgelöst hatte, in einen offenen Streit. Sie gönnten einander Geld und Reichtum nicht und das missfiel, weiß wiederum die Legende, den himmlischen Mächten sehr. Also erfolgte Teil *drei*: Ein nochmaliger Gebäudetransport stand ins Haus. Mariens Heim, aus rohem Stein gebaut, wurde hochgehoben und durch die Lüfte entführt. Diesmal flogen

Zeichnerische Darstellung des mysteriösen Marienwallfahrtsortes im italienischen Loreto. Das Werk „himmlischer" Mächte?

die Engel mit der Fracht einige Kilometer weit ins Landesinnere, wo sie das Haus auf der Anhöhe von *Loreto* absetzten. Dabei ist es geblieben, denn hier steht es noch heute.

Was ist hinter dieser Geschichte zu vermuten? Nur eine fantastische Legende? Eine fromme, aber erfundene Erzählung?

Oder ein wirkliches göttliches Wunder? Es fällt schwer, so etwas zu glauben. Dem Schöpfer des Universums wären doch gewiss andere Mittel zur Verfügung gestanden, um ein steinernes Gebäude, an dem ihm offenbar so viel lag, vor einer Zerstörung zu bewahren. Andererseits scheint aber zum fraglichen Zeitpunkt tatsächlich etwas vorgefallen zu sein, das sich nicht in den normalen Rahmen einordnen ließ. Was haben die weiteren Untersuchungen ergeben?

Im Fall Loreto sahen sich die zuständigen Autoritäten immerhin genötigt, diesem „unmöglichen" Ereignis mit naturwissenschaftlichen Mitteln zu begegnen. Was dabei herauskam, überrascht in mehrfacher Hinsicht:

Erstens zeigte es sich, dass sich vor dem 13. Jahrhundert keine Kirche an dem Platz des späteren Heiligtums befand.

Zweitens wies man nach, dass sich erst mit Beginn des 14. Jahrhunderts Pilger in Massen plötzlich nach Loreto begaben, was vermuten lässt, dass dies durch einen vorangegangenen Anlass ausgelöst wurde.

Drittens ist historisch belegt, dass das kleine steinerne Gebäude, der angebliche Wohnsitz Mariens, zu diesem Zeitpunkt bereits an jenem Platz, wo es sich nunmehr befindet, existierte.

Viertens stellte man fest, dass die Baumeister vor sechs Jahrhunderten besonderen Wert darauf legten, den an sich unscheinbaren und auch sonst architektonisch unattraktiven Steinbau unter allen Umständen zu erhalten.

Fünftens würde dies aber nur dann einen Sinn ergeben, wenn man dem Gebäude schon damals besondere Bedeutung beigemessen hat.

Sechstens ist die archäologische Erkenntnis bemerkenswert, wonach das Marienhaus in bautechnischer Hinsicht nicht in irgendeinem italienischen Stil, sondern eindeutig nach altem palästinensischen Muster errichtet wurde.

Siebtens aber war die Verblüffung der Fachleute perfekt, als Mineralproben der Geologen zu dem Ergebnis gelangten, dass Steine und Mörtel der Kultstätte nicht aus Italien stammten, sondern mit fast hundertprozentiger Sicherheit aus dem Heiligen Land – und zwar aus der Gegend von Nazareth – herbeigeschafft worden waren. Auf *welche* Weise und durch *wen,* diese zentralen Antworten sind uns die Experten bis heute allerdings schuldig geblieben. Was blieb ist eine ungewöhnliche Legende, die bei weiterem Studium immer wieder neue und unergründliche Rätsel aufgibt.

Der „Himmelvater" und das Rasenkreuz

Liegt der Verdacht so fern, dass auch in diesem Beispiel *überirdische* Mächte ihre Macht demonstrierten? Eine unbekannte Superintelligenz? Außerirdische? Parallelweltler? Oder Zeitreisende, die aus der Zukunft kommend in die irdischen Geschicke eingreifen? Über den wahren Ursprung des Marienspuks kann nur spekuliert werden. Dennoch verdichten sich die Anhaltspunkte dafür, dass sich hinter der immer wiederkehrenden Lichtgestalt eben nicht das leibhaftige Abbild der Madonna manifestiert, sondern eine andere geheimnisvolle Kraft sich dieser Erscheinungsform bedient. Hier fällt wiederum die Gemeinsamkeit zum UFO-Phänomen auf.

Am Beispiel im Fall *Eisenberg* wird deutlich, dass das Phänomen der Muttergottesvisionen auch als direkte Konfrontation mit einer Spezies aus anderen Dimensionen angesehen werden könnte. In der kleinen Ortschaft nahe *St. Martin* an der Raab im südlichsten Burgenland Österreichs, im Dreiländereck zu Slowenien und Ungarn, soll in den 1950er Jahren die Gottesmutter erschienen sein. Eine Begebenheit, die kaum über Österreichs Landesgrenze bekannt wurde. Als ich den Erscheinungsort vor einigen Jahren gemeinsam mit einem Astrophysiker, einem Historiker und zwei deutschen UFO-Experten aufsuchte, hatte ich Gelegenheit, mit der Seherin *Anne Marie Lex* zu sprechen. Was mir sofort angenehm auffiel: An meiner Gastgeberin ließ sich keinerlei religiös-fanatisches Sendungsbewusstsein feststellen. Sie machte vielmehr den Eindruck eines absolut normalen, sachlich orientierten Menschen, wirkte geistig rege, aufmerksam, besonnen und auch kritisch.

Ihre Begegnung mit der ungewöhnlichen Lichtgestalt ist bis

Eine leuchtende Kugel, in welcher sich eine unbekannte Lichtgestalt befand, sah am 8. September 1954 die damals sechsjährige Anne-Marie Lex im Garten des Elternhauses vom Himmel niedersinken.

zum heutigen Tag nicht ihrem Gedächtnis entschwunden. Sie erinnert sich noch genau genug, was damals geschah, um sich in diesem Zusammenhang sofort von jeglichem religiösen Humbug zu distanzieren, der später um die ganze Geschichte gemacht worden ist.

Es geschah am 8. September 1954. Maria Lex war nach eigenen Worten hinter das Haus gegangen. „Plötzlich aber", erzählte sie mir, „ist ein Wind aufgekommen, der immer heftiger wurde, wie ein starker Sturm.

Die Hühner im Hof waren ungewohnt aufgereiht, flatterten hin und her – und konnten sich plötzlich nicht mehr bewegen: Aufgereiht standen sie nun da und wirkten wie gelähmt. Zuerst dachte ich an einen über uns kreisenden Hühnergeier und blickte ängstlich nach oben. Aber da war kein Vogel, sondern etwas, das aussah wie eine *helle Kugel*. Ganz klein schien sie am Himmel zu schweben, aber bald wurde sie größer und größer, kam immer näher. Meine Angst wuchs. Ich versuchte davonzulaufen, doch es ging nicht. Ich war außer Stande, mich von meinem Platz zu bewegen, war plötzlich ebenso gelähmt wie die vor mir stocksteif dastehenden Hühner."

Die Kugel aus blendendem Licht sei inzwischen fast ganz heruntergekommen, erfuhr ich weiter. Sie sei dicht über ihr geschwebt und jetzt habe sie darin auch eine helle leuchtende Gestalt wahrgenommen: „Ganz schneeweiß ist sie gewesen, mit einem Rosenkranz und einem Kreuz. Ich war in dem Augenblick davon überzeugt, den *Himmelvater* über mir zu sehen." Nach einiger Zeit – Anne Marie vermag sich nicht mehr zu erinnern, wie lange das gedauert hatte – sei die weiße Gestalt ebenso verschwunden gewesen wie die Lichtkugel selbst. „Ich konnte mich plötzlich wieder bewegen und auch die Hühner rannten, aufgeregt gackernd, über den Hof."

Die damals Sechsjährige lief sofort ins Haus, wo sie ihrer Mutter in der Küche von dem unheimlichen Vorfall erzählte. „Die wollte mir zunächst nicht glauben und es dauerte eine geraume Zeit, bis ich sie von dem seltsamen Geschehnis überzeugt hatte", erinnerte sich Anne Marie. Erst später habe ihr die Mutter einzureden versucht, eine Erscheinung der heiligen Jungfrau

Maria gehabt zu haben. Sie selbst scheint diese Ansicht auch jetzt, nach so vielen Jahren, nicht unbedingt zu teilen.

Hier stellt sich neuerlich die Frage: Wer oder was war ihr damals wirklich begegnet? Ein Geist aus der Anderswelt? Oder war es eine „Begegnung der dritten Art“? Für manchen gläubigen Menschen mag diese Fragestellung vielleicht blasphemisch oder ketzerisch vorkommen. Es bleibt aber unbestreitbar, dass dieser geschilderte Vorfall in auffälliger Weise mit zahlreichen ähnlichen Vorkommnissen übereinstimmt, wo unbekannte Flugkörper niedergingen und darauf nicht vorbereitete Personen mit deren Insassen in Berührung kamen. Wir kennen solche Erfahrungen, wie sie von Anne Marie Lex glaubhaft beschrieben wurden, aus der modernen UFO-Forschung und ebenso aus „Engel- und Gottesbegegnungen“ biblischer Epochen.

Und noch etwas scheint von besonderer Wichtigkeit. Das Mädchen war außer Stande, eine *Zeitangabe* zu machen. Wie lange hatte die Begegnung mit dem „Himmelszeichen“ gedauert? Ein bestimmter Zeitabschnitt fehlt in der Erinnerung. Waren es bloß Sekunden, Minuten, solange die Erscheinung währte – oder dauerte es doch wesentlich länger? Was war mit ihr zwischenzeitlich geschehen? Hatte man mit dem Kind ähnlich experimentiert, wie das zahlreiche Menschen im Zusammenhang mit UFO-Entführungsfällen unabhängig voneinander und aus allen Teilen der Welt behaupten, an sich erlebt zu haben? Fragen, die sich vorderhand noch nicht beantworten lassen. Klarheit könnte vielleicht dann gewonnen werden, wenn die Augenzeugin Anne Marie Lex bereit wäre, sich einer kontrollierten Hypnose-Rückführung auszusetzen.

Rätselhaft bleibt auch das sogenannte „Rasenkreuz“. Seit 1956 ist es genau an der Stelle des Eisenberger Erscheinungsortes wie von Geisterhand geschaffen im Boden eingeprägt, praktisch über Nacht entstanden. Es blieb bis heute in seiner Struktur erhalten. Die *Hochschule für Bodenkultur* in *Wien* machte auf Veranlassung der Gendarmerie eine Bodenprobe und konnte durch Bodenprobenvergleiche innerhalb und außerhalb des Kreuzes sowie durch Analysen der Pflanzen im Kreuz und weitere Untersuchungen keinerlei Anzeichen dafür finden, dass der

Wie von Geisterhand geschaffen: Das seltsame „Rasenkreuz" von Eisenberg gibt seit 44 Jahren Rätsel auf.

Boden irgendwie manipuliert worden wäre. Bemühungen, das Rasenkreuz mit Hilfe von Unkrautvertilgungsmitteln „nachzumachen", scheiterten kläglich: Es gelang weder, die scharfen Linien zu „kopieren", noch den Welkprozess über längere Zeit hin zu erhalten. Ebenso führten Strahlenmessungen zu keinem plausiblen Ergebnis.

Sonnenwunder oder UFO?

Viele Marienerscheinungen der Neuzeit und damit verbundene unnatürlich anmutende Begleiteffekte vor und während der Darbietung zeigen Parallelen zu modernen UFO-Erlebnissen. Eine These über den Ursprung der Unbekannten Flugobjekte besagt, dass diese Himmelsphänomene nicht technischer Natur wären, sondern aus Gedankenkraft entstehen würden. Wir hätten es also mit Lichtphänomenen zu tun, vielleicht gesteuert durch eine höhere, unbekannte Intelligenz, die Geistwesen und merkwürdige Materialisationen erzeugen können, die der traditionellen Vorstellung von Gespenstererscheinungen nicht unähnlich sind. Können solche rätselhaften Lichtphänomene aus verborgenen Energien entstehen und gespeist werden?

Eine Frage, die sich speziell im Zusammenhang mit den so genannten *„Sonnenwundern"* stellt. Der Gleichklang zu UFO-Erscheinungen springt hier besonders ins Auge, wenn man an die Berichte aus dem berühmten portugiesischen Wallfahrtsort *Fatima* denkt. Über 70.000 Menschen haben dem himmlischen „Geisterspuk" als Augenzeugen beigewohnt. Die Madonna hatte sich zuvor erstmals am 13. März 1917 und dann jeweils am 13. eines jeden Folgemonats bis Oktober 1917 den drei Hirtenkindern *Lucia, Francisco* und *Jacinta* gezeigt. Besonders eindringlich am 13. September. Damals war den Sehern „ein Wunder" für den Folgemonat angekündigt worden. Nach Mariens Worten (von Lucia wiedergegeben), „damit alle glauben möchten". Die vermeintliche „Sonne" mit dem ungewöhnlichen Aussehen einer „flachen, polierten Scheibe" löste sich vom Firmament.

„Plötzlich begann die Sonne zu zittern und zu schwanken", erfährt man aus historischen Augenzeugenberichten. „Sie machte einige rasche Bewegungen und drehte sich schließlich mit ungeheurer Geschwindigkeit wie ein Feuerrad um sich selbst; dabei strahlte sie, wie ein gewaltiger Scheinwerfer, in allen Farben bald grüne, bald blaue, rote, violette oder sonstige riesige bunte Lichtbündel aus, die alles, Wolken, Bäume, Felder, die einzelnen Gesichter und die ganze ungeheure Menge in ein fantastisches Farbenspiel tauchten."

Das „tanzende Sonnenwunder" von Fatima. Künstlerisch wiedergegeben in einem Kirchenfenster. Was war die Ursache für diesen Himmelsspuk, der 1917 von 70.000 Menschen beobachtet werden konnte?

Das Phänomen der rotierenden „Sonne" wiederholte sich noch zweimal, wobei es zwischen den drei Darbietungen jeweils kurze Pausen gegeben hatte. Dann aber der eigentliche Höhepunkt des Schauspiels: „Inmitten dieses wilden Zaubers von Feuer und Farben löste sich die Sonne vom Firmament wie ein ungeheures Rad, das sich infolge überschneller Bewegung von der Achse losschraubt, und stürzte, im Zickzack hin und her fliegend, auf die erschreckte Menge." Danach kehrte die wundersame „Scheibe" wieder an ihren Ausgangspunkt zurück „und erstrahlte am Himmel in ihrem alten Glanz".

Freilich, die Amtskirche vertritt seither die Ansicht, in Fatima habe es sich damals um eine wahrhaft kuriose Demonstration der *Sonne* gehandelt. Ein *Wunder* eben. Und sie ist selbst dann noch bei ihrer merkwürdigen Auffassung geblieben, als sämtliche sich mit dieser seltsamen Erscheinung beschäftigenden Sternwarten weltweit bestätigten, dass es während des spektakulären Geschehens keinerlei Veränderung der Sonnenposition gegeben habe.

Was war nun *wirklich* geschehen? Ein über- oder gar *außerirdisches* Ereignis? Muss dahinter ein Fingerzeig aus dem Kosmos vermutet werden? Vieles deutet darauf hin und das „Sonnenwunder" über Fatima scheint das ebenso zu beweisen wie etliche andere Begegnungen mit der „Himmelskönigin".

Dient unser Sonnensystem, und im Besonderen der „blaue Planet" Erde, vielleicht schon seit Jahrtausenden einer hoch- bis höchstentwickelten galaktischen Rasse von All-Forschern gewissermaßen als „kosmisches Labor" für ihre weit fortgeschrittenen, uns heute noch völlig unbegreiflichen genetischen, psychischen und auch physischen Versuche?

Verschlussakte „Fatima" geöffnet?

Ahnt oder *kennt* man im Vatikan bereits die wahren Hintergründe der Marienerscheinungen? 1917 erhielten die Seherkinder direkte Information der Erscheinung. Diese Botschaften sollten genaue Vorhersagen der Zukunft enthalten. Die ersten beiden Mitteilungen wurden, wie aufgetragen, veröffentlicht. Im so genannten ersten Geheimnis, das bereits 1942 enthüllt wurde, hatten die Hirtenkinder eine Art Höllenvision erlebt; dabei wurde das Ende des Ersten und der Beginn des Zweiten Weltkrieges angekündigt. Beim zweiten Geheimnis handelt es sich um eine stark symbolisierte Darstellung vom Aufstieg und Fall der kommunistischen Sowjetunion. Die dritte Botschaft wurde hingegen bisher hartnäckig unter Verschluss gehalten. Obwohl von der Lichtgestalt ausdrücklich das Jahr 1960 als Schlüsseljahr für eine Bekanntgabe ihrer Botschaft genannt worden war, verweigerte der damalige Papst *Johannes XXIII.* der Gottesmutter die Gefolgschaft. Als der Heilige Vater die Prophezeiung in seinem Privatzimmer gelesen hatte, so wird erzählt, sei er nach Verlassen des Raumes kreidebleich und tief erschrocken gewesen. Er soll damals gesagt haben: „Wir können das Geheimnis nicht preisgeben. Es würde eine Panik auslösen." Seitdem kursieren die Gerüchte über Krieg und Weltuntergang. Die Augen- und Ohrenzeugin *Lucia Dos Santos* durfte über ihre Muttergottes-begegnung und zum Inhalt

Die drei „Seherkinder“ von Fatima, von links nach rechts: Jacinta Marto, Francisco Marto und Lucia dos Santos. Ihnen erschien eine „Lichtgestalt“ sechsmal in der Umgebung von Fatima, jeweils am dreizehnten eines Monats. War das Himmelsphänomen wirklich die leibhaftige „Heilige Jungfrau Maria“? Oder hat sich eine andere unbekannte Kraft nur dieser religiösen Erscheinungsform bedient?

der Botschaft nie öffentlich Stellung nehmen. Man hatte sie kurzerhand ins Schweigekloster in Fatima gebracht, wo die heute 93-jährige ihren Lebensabend verbringt. Die beiden anderen Kinder, ihre Schwester und ihr Cousin, starben bald nach den göttlichen Offenbarungen. Die genauen Umstände, die zum Tod der Kinder führten, konnten nie ganz aufgeklärt werden.

Und die geheimnisvolle Botschaft? Was hat die himmlische Mutter den Kindern mitgeteilt? Warum wurde sie 40 Jahre als *Verschlusssache* aus dem Verkehr gezogen? Trotz klaren Anweisungen der Gottesmutter blieben ihr alle Päpste den Gehorsam schuldig. War dieses beharrliche Schweigen womöglich nur eine Art Selbstschutz? Was wäre, wenn sich eines Tages tatsächlich herausstellen würde, dass in Fatima und anderswo *nicht* die Gottesmutter Maria erschienen ist, sondern sich eine unbekannte, fremde Intelligenz nur dieser Erscheinungsform bedient hatte? Mit Sicherheit würde diese an den Grundfesten der Kirche rütteln, würde ihre „Glaubenswahrheiten", dogmatisiert und vom Papsttum abgesegnet, ad absurdum führen. Die Abkehr der enttäuschten und zutiefst verunsicherten Gläubigen wäre gewiss. So mag es aus der Sicht der Kirche gute Gründe dafür gegeben haben, weshalb man sich in Schweigen hüllte – bis zum *26. Juni 2000.*

Nach mehr als 83 Jahren hatte Papst *Johannes Paul II.* und der Vatikan eines der letzten großen Mysterien der katholischen Kirche enthüllt. Doch wer glaubt, damit sind nun alle Zweifel und Gerüchte endgültig beseitigt worden, das große Geheimnis also endlich aufgeklärt, der irrt. Das bisher streng gehütete Dokument über die angebliche Madonnenbotschaft wirft nämlich jede Menge neue Fragen auf. Hier nun auszugsweise der kryptische Text im Wortlaut:

„... Nach den zwei Teilen, die ich schon dargestellt habe, haben wir links von Unserer Lieben Frau etwas oberhalb einen Engel gesehen, der ein Feuerschwert in der linken Hand hielt. Er sprühte Funken und Flammen gingen von ihm aus, als sollten sie die Welt anzünden. Die Flammen verlöschten, als sie mit dem Glanz in Berührung kamen, den Unsere Liebe Frau von ihrer rechten Hand auf ihn ausströmte: den Engel, der mit der rechten Hand auf die Erde zeigte und mit lauter Stimme rief: Buße, Buße,

Buße! Und wir sahen in einem ungeheuren Licht, das Gott ist: etwas, das aussieht wie Personen in einem Spiegel, wenn sie davor vorübergehen, einen in Weiß gekleideten Bischof, wir hatten die Ahnung, dass es der Heilige Vater war. Wir sahen verschiedene andere Bischöfe, Priester, Ordensmänner und Ordensfrauen einen steilen Berg hinaufsteigen, auf dessen Gipfel sich ein großes Kreuz befand aus rohen Stämmen wie aus Korkeiche mit Rinde. Bevor er dort ankam, ging der Heilige Vater durch eine große Stadt, die halb zerstört war und halb zitternd mit wankendem Schritt, von Schmerz und Sorge gedrückt, betete er für die Seelen der Leichen, denen er auf seinem Weg begegnete. Am Berg angekommen, kniete er zu Füßen des großen Kreuzes nieder. Da wurde er von einer Gruppe von Soldaten getötet, die mit Feuerwaffen und Pfeilen auf ihn schossen. Genauso starben nach und nach die Bischöfe, Priester, Ordensleute und verschiedene weltliche Personen, Männer und Frauen unterschiedlicher Klassen und Positionen. Unter den beiden Armen des Kreuzes waren zwei Engel, ein jeder hatte eine Gießkanne aus Kristall in der Hand. Darin sammelten sie das Blut der Märtyrer auf und tränkten damit die Seelen, die sich Gott näherten …"

Wie darf man die Textstellen deuten? Laut Kardinal *Joseph Ratzinger,* damals der oberste vatikanische Glaubenswächter, heute Papst Benedikt XVI., handelt es sich um Geschehnisse, die bereits der *Vergangenheit* angehören. Aber wer war dann der weiße Bischof, der „von einer Gruppe von Soldaten *getötet* wird, die mit Feuerwaffen und Pfeilen auf ihn schossen"? Papst Johannes Paul II. bezog die Passage auf sich und das Attentat am 13. Mai 1981 in Rom. Der Heilige Vater wurde damals von dem türkischen Rechtsextremisten *Ali Agca* lebensgefährlich verletzt.

Bleibt die Frage, warum die Kirche so lange gewartet hat, um das dritte Geheimnis von Fatima zu lüften und ob die jahrzehntelange Geheimhaltung, welche die Angst vor der Endzeit oder einem dritten Weltkrieg geschürt hat, gerechtfertigt war. Joseph Ratzinger alias Papst Benedikt XVI. meint ja: „Drei Päpste, die das Geheimnis gelesen haben, entschieden sich für dessen Geheimhaltung. Natürlich kann man über Vorsicht immer diskutieren. Doch im Nachhinein ist es wahr, dass die Kirche für die Ge-

Papst Johannes Paul II. ließ nach 83 Jahren „Das dritte Geheimnis von Fatima" lüften. Weshalb hat man sich so lange dafür Zeit gelassen? Schließlich hatte die Lichtgestalt das Jahr 1960 als Bekanntgabe ihrer Botschaft aufgetragen. Dennoch widersetzte man sich dieser göttlichen Anweisung. Warum?

heimhaltung ihren Preis hat zahlen müssen. Aber es hat sich gelohnt, zu warten. Die Gläubigen hätten die Prophezeiung zu einem anderen Zeitpunkt und unter anderen Umständen nicht verstanden."

Und heute? Ist für das Kirchenvolk nunmehr wirklich alles verständlich? Konnten sämtliche Ungereimtheiten beseitigt werden? Keineswegs. Das beginnt bereits mit der eigenwilligen Interpretation, dass Johannes Paul II. die Fatima-Offenbarung auf seine Person bezog. Welche plausible Begründung gibt es dafür? Die Texte geben darauf keinen Hinweis. Bekanntlich befand sich der Heilige Vater zum Zeitpunkt der Schüsse eines Einzeltäters in seinem Auto auf dem Petersplatz. Weder feuerte eine Gruppe von Soldaten noch starben andere Bischöfe, Priester und andere Kirchenvertreter. Weder ging er durch eine halb zerstörte Stadt noch lagen Leichen auf seinem Weg und er überlebte den Anschlag. Auch andere Päpste kämen als „Identifikationsfigur" der beschriebenen Vorgänge nicht in Frage. Den offensichtlichen Widerspruch lässt der amtierende Papst nicht gelten und beteuert mit wohlgesetzten Worthülsen: „In der Botschaft wird vom Kreuzweg eines Jahrhunderts gesprochen, in der die Figur des Papstes generell eine besondere Rolle spielt."

Doch wie sind dann die Ausführungen von Papst Johannes Paul II. zu verstehen, als er 1980 in Fulda wörtlich sagte: „Wegen des schwerwiegenden Inhalts zogen meine Vorgänger im Petrusamt eine diplomatische Fassung vor. Außerdem sollte es ja jedem Christen genügen, wenn er Folgendes weiß: Wenn zu lesen steht, dass Ozeane ganze Erdteile überschwemmen, dass Menschen von einer Minute zur anderen abberufen werden, und das zu Millionen, dann sollte man sich wirklich nicht nach einer Veröffentlichung dieses Geheimnisses sehnen... Betet, betet und fragt nicht weiter. Alles andere vertraut der Gottesmutter an."

Seltsam. Von überschwemmten Ozeanen und Millionen Toten kann man in der Veröffentlichung nichts lesen. Es ist auch schwer verständlich, was denn nun an der papsterbleichenden Botschaft so Furchterregendes enthalten sei, was man nicht schon in anderen apokalyptischen Visionen gelesen und gehört hat, egal, ob man den jeweiligen Prophezeiungen Glauben schenkt oder nicht. Sie wurden alle längst der Öffentlichkeit zugänglich gemacht. Darunter die Prophetien eines *Don Bosco* oder Papst *Pius X.*, die sich kaum von der aus Fatima unterscheiden. „Anscheinend wird das alte Verwirrspiel mit Gläubigen weitergespielt. Sie bekommen das zu hören, was sie erwarten, was sie hören wollen", verdächtigt der Germanist und Sachbuchautor *Peter Fiebag* und fragt freigeistig weiter: „Und wer sollte denn eigentlich, so Theologieprofessor Ratzinger, durch die Botschaft ‚die Führung zum Gebet als Weg zur Rettung der Seelen und im gleichen Sinn den Hinweis auf Buße und Bekehrung' sehen, wenn man sie gar nicht den Gläubigen bekannt macht?"

Fiebag bringt die Sache auf den Punkt: „Vielleicht deshalb, weil dies doch nicht die ganze Botschaft ist." In seinem Buch *„Zeichen am Himmel"* hat Peter Fiebag mit seinem Bruder Dr. *Johannes Fiebag* zahlreiche Punkte analysiert, die dafür sprechen, dass in Fatima kein religiöses Wunder geschehen ist, wie es die kirchliche Obrigkeit seit fast 90 Jahren Glauben machen will. Die Forscher wiesen in ihrer Arbeit nach, dass die beschriebenen Vorgänge während der Marienerscheinungen tatsächlich verblüffende Ähnlichkeiten mit alttestamentarischen Gotteserscheinungen wie auch mit modernen UFO-Sichtungen aufweisen. Nur zufällige Berührungspunkte? Oder können daraus Schlüsse auf einen gemeinsamen Urheber für das geheimnisvolle Phänomen gezogen werden? Wer oder was konnte sich dahinter verbergen? Das Autorenduo Fiebag bietet eine provokante Erklärung an. Ihrer Ansicht nach sei damals nicht Maria erschienen, sondern *Lichtprojektionen,* die durch eine Aktion einer überirdischen Intelligenz, vermutlich Außerirdische, gesteuert wurden. Peter Fiebag: „Somit würde sich das Rätsel in einem anderen ‚himmlischen Licht' darstellen. Denn was anderes bedeutet denn die Aussage des Seherkindes Lucia, ‚da sei ein ungeheures Licht gewesen und etwas, das aussieht wie Personen in einem Spiegel, wenn sie davor vorübergehen'. Für ein Hirtenkind des Jahres 1917, einer Zeit, in der es noch nicht einmal Fernseher gab, eine sehr passende Beschreibung."

Die Akte „Fatima" wird uns wohl noch weiter beschäftigen. Schließen können wir sie noch nicht, auch wenn die katholische Kirche dies nun hoffen mag. Noch etwas fällt in diesem Zusammenhang auf. Zwei Ereignisse, die mit der Bekanntgabe der angeblichen oder tatsächlichen Madonnenbotschaft im Juni 2000 zeitlich zusammenfielen. Ob es hier ebenso eine Verbindung gibt, bleibt vorerst dahingestellt.

Einige Tage vor der offiziellen Pressekonferenz zum dritten Geheimnis von Fatima in Rom wurde der Papstattentäter Ali Agca begnadigt (später wurde er wieder verhaftet und ist derzeit neuerlich ein freier Mann) und verließ am 13. Juni das Gefängnis. Bis dahin hatten sich die Behörden gegen eine Enthaftung

Sind die bisherigen Verlautbarungen über den Inhalt der Fatima-Botschaft wirklich vollständig wiedergegeben worden? Manche Forscher bezweifeln das und meinen, dass uns die „Akte Fatima“ auch weiterhin beschäftigen wird.

ausgesprochen, da der Anatolier kein Licht in die ungeklärten Hintergründe der Tat gebracht hat. Nach Bekanntgabe reagierte er erleichtert, den Worten nach, aber doch etwas wirr: „Jetzt weiß ich, dass ich unbewusstes Werkzeug eines geheimnisvollen Projekts gewesen bin. Jetzt weiß ich es mit Sicherheit."

Fast zeitgleich ging eine weitere sensationelle Meldung durch die Presse: Auf einem Astronomenkongress in der päpstlichen Hochschule Roms, der *Gregoriana,* wurde es der verblüfften Öffentlichkeit verkündet: Es gibt sie nach Ansicht des Vatikans wirklich – die fremden Intelligenzen im All. „Ja, Außerirdische existieren. Sie sind zwar so unerreichbar und unsichtbar wie die Engel, doch auch sie sind Brüder der Schöpfung", verkündete Pater *José Funes,* ein Astrophysiker aus Argentinien. Auf die Frage, ob und wie die Existenz Außerirdischer mit der Existenz Gottes auf einen Nenner gebracht werden könne, gab der Kirchenmann beim Vatikan-Kongress allerdings keine konkrete Antwort. Schließlich, so meinte Vatikan-Fachmann Funes, müsse man erst einmal Kontakt mit diesen Lebewesen aufnehmen. Und vielsagend fügte er dem noch an: „Und dann weitersehen…"

Hat der außerirdische Kontakt vielleicht schon längst stattgefunden?

Erstaunlich ist das Bekenntnis zu „außerirdischen Mitbrüdern" insofern, da ich noch vor wenigen Jahren vom erzbischöflichen Sekretär des damaligen österreichischen Kardinals Dr. *Franz König* Gegenteiliges zu lesen bekam. In einem Brief ließ mich der Kirchenvertreter im Auftrag des Kardinals wissen: „… dass die Kirche sich zum Thema Himmelsphänomene und Außerirdische nicht äußern wird, da sie in ihrem Glauben und in ihrer Sittenlehre davon in keiner Weise tangiert wird und derlei Spekulationen nicht ernst genommen werden können." So ziemlich alle Indizien im Zusammenhang mit Marienkulten widersprechen dieser Behauptung energisch.

„Es ist das Schicksal jeder Wahrheit, vor ihrer Anerkennung ein Gegenstand des Lächelns zu sein", pflegte der evangelische Theologe und Mediziner *Albert Schweizer* (1875–1965) in solchen Fällen zu sagen. Die jüngsten Ereignisse im Umfeld des Vatikans geben ihm Recht.

Kontakte nach „drüben“

„Der Geschmack des Todes ist auf meiner Zunge. Ich fühle etwas, das nicht von dieser Welt ist.“

Wolfgang Amadeus Mozart (1756–1791), letzte Worte

Spiritistische Dimensionen

Wie erkennt man eine Botschaft aus einer anderen Welt? Haben uns Geistwesen bereits Beweise ihrer Existenz hinterlassen? Können wir mit Toten in Kommunikation treten? Gibt es einen Zugang zu anderen Bewusstseinsstufen? Spiritisten sind fest davon überzeugt und verweisen auf Geisterstimmen, die mit Zuhilfenahme gewöhnlicher Tonbandgeräte aufgezeichnet wurden. Jeder von uns kann auf Stimmenfang gehen. Benötigt wird nur ein Kassettenrecorder mit leerem Tonband, das wie bei einer normalen Aufnahme bedient wird – nur hört der Experimentator nichts. Nach der Aufnahme mit einem Mikrofon oder anderen Techniken finden sich manchmal beim Abhören der Bänder Stimmen, die sich gewöhnlich von normalem menschlichem Sprechen unterscheiden. Seltsame Laute, bizarre Geräusche und fremde Musik, die angeblich durch paranormales Einwirken auf Band gespeichert wurden. Ebenso bekannt sind phantomhafte Abbilder fremder Gesichter und Gestalten, die auf Fotoaufnahmen, Filmen, Computer- oder Videoaufzeichnungen erschienen sind.

Seit Jahrhunderten waren es immer die so genannten „Medien“, sensitiv veranlagte Personen, welche als Mittler zwischen unserer und der anderen Dimension auftreten mussten. Offenbar aber war dies nur eine Frage der technischen Möglichkeiten. Medien wurden zwar nicht überflüssig, doch sie sind nicht mehr unbedingt nötig. Was früher das Tischerlrücken war, ist heute im Zeitalter der Elektronik das Tonband oder andere technische Hilfsmittel. Egal welche Methode angewandt wird, meist handelt es sich immer um den Versuch, ein Loch ins Jenseits zu boh-

Englands „Braune Lady von Raynham Hall" ist eines der wenigen Gespenster, die auf einer Kamera festgehalten wurden.

ren. Wenn wir geliebte Personen aus dem Totenreich schon nicht leibhaftig zurückholen können, dann mag es für viele Menschen tröstlich wirken, wenigsten mit ihnen in Verbindung zu treten.

Der amerikanische Elektrotechniker *Thomas Alva Edison* (1847–1931) glaubte in den Zwanzigerjahren, dass die Menschen nach dem Tod weiterleben und dass es möglich sein müsse, mit diesen Verstorbenen in Kontakt zu treten. Edison entwickelte deshalb eine Maschine, die „von Wesen in anderen Existenzsphären bedient werden" sollte: „Mein Ziel ist es, den Erforschern psychischer Phänomene ein Instrument zu schenken, das sie bei ihrer Arbeit ebenso unterstützt wie z. B. das Mikroskop die Medizin." Der Erfinder scheiterte damals, schließlich gelang es 1959 dem Schweden *Friedrich Jürgenson* mit einem Tonbandgerät die Stimmen von verstorbenen Freunden aufzunehmen und heute sind immer mehr Menschen in der ganzen Welt davon überzeugt, mit serienmäßig hergestellten Kassettenrecordern, Computern und Videokameras eine Verbindung mit dem Jenseits herstellen zu können. Das Erstaunliche ist, dass diese Stimmen Fragen beantworten und zuweilen den Experimentierenden mit seinen Namen anreden. Man kann zwar noch nicht wirklich beweisen, ob die Stimmen, Botschaften und Computerbilder von Verstorbenen geschickt werden oder ob andere noch unbekannte physikalische Einflüsse dafür verantwortlich zeichnen. Fest steht aber: Das Phänomen selbst ist *Realität* und es bewirkt bei den Diesseitigen nicht selten eine Gänsehaut.

Wissenschaft oder Schabernack? Diese Frage stellt sich auch der Innsbrucker Pfarrer Dr. Dr. *Andreas Resch*. Nach Priesterweihe, Theologie- und Psychologiestudium ernannte ihn die Päpstliche Lateran-Universität zu Rom zum Professor für klinische Psychologie und Grenzwissenschaften, kurz *Paranormologie* genannt. Der „Geister-Professor" gründete das Institut für Grenzgebiete, *Imago Mundi,* an der Universität Innsbruck, dessen Leiter er heute ist. Seine Erklärung zu den Stimmen aus dem Jenseits: „Tonbandstimmen sind ein unerklärliches Phänomen. Es werden Stimmen auf Tonträgern festgehalten, von denen man nicht weiß, woher sie kommen. Die Menschen, die sich damit beschäftigen, sind der Meinung, dass es Verstorbene sind, die sich melden. Weil die Stimmen den Anschein erwecken, dass es Antworten sind, die sich mit den gestellten Fragen decken. Ob die Stimmen wirklich aus dem Jenseits kommen, kann wissenschaftlich nicht bewiesen, aber auch nicht widerlegt werden. Das Problem ist offen. Es gibt auch Ansichten, wonach der Betreffende selbst der Produzent der Stimmen sein könnte. Durch Psychokinese. Dass er durch geistige Energie selbst der Beantworter ist. Aber auch dafür gibt es keine Beweise."

Ob aus dem Jenseits oder nicht, die Stimmen sind da. Vielleicht kann man das Phänomen auch als Kontaktbemühen mit einer uns verborgenen Dimension sehen, als Stimmen unbekannter Herkunft.

Anfang der Achtzigerjahre entwickelten der amerikanische Techniker *George W. Meek* und sein Team ein Gerät, das als „Gegensprechanlage" zwischen der irdischen und jenseitigen Welt dienen soll. „Wir können hier denken", bekam er als Antwort von „drüben". „Wir denken den Sinn und denken die Lippenbewegung. Das führt automatisch zur Sprache, unabhängig davon, ob bei uns oder bei euch."

„Zum ersten Mal in der Menschheitsgeschichte", freute sich Dr. Meek, „existiert der elektronische Beweis, dass Geist, Gedächtnis, Persönlichkeit und Seele den Tod des physischen Körpers überleben." Der Stimmenforscher freute sich zu früh. Die offizielle Wissenschaft wollte die Tests nicht einmal untersuchen. „Die Zeit ist noch nicht reif", tröstete eine Stimme unbekannter Herkunft. „Bald werden wir uns im Fernsehen zeigen."

Überzeugende Beweise für eine überirdische Verbindung zwischen Himmel und Erde lassen weiterhin auf sich warten. Finanzielle Mittel, die für eine umfassende wissenschaftliche Studie erforderlich wären, werden nicht bereitgestellt. Mit dem Okkulten hat die Wissenschaft offenbar immer noch Berührungsängste. Was bleibt sind vorwiegend privat unterstützte Experimente, die einer wissenschaftlichen Überprüfung leider oft nicht standhalten. Manchmal aber sorgen PSI-Phänomene auch bei der etablierten Wissenschaft für große Verblüffung. So auch im Fall des deutschen Geisterjägers *Klaus Schreiber.* Er hatte seine Videokamera an einen leeren Kanal im Fernseher angeschlossen und den Bildschirm gefilmt – danach zeigten sich auf den Bändern schemenhafte Gesichter. Porträts von Verstorbenen?

Ähnliche „Jenseits-Bilder" kennt man aus Hollywood. Der PSI-Forscher *Georg Biron* schildert einen Fall, der in Amerika für großes Aufsehen sorgte. Das Video des Spielfilms *„Drei Männer und ein Baby"* zeigt bei einer Szene mit Tom Selleck im Hintergrund einen unbeteiligten Zuschauer. Unscharf ist ein junger Mann zu sehen, der – so schwören es die Produzenten – bei den Dreharbeiten nicht dabei war. Der Phantomschauspieler konnte identifiziert und sogar seine Mutter ausgeforscht werden. Sie konnte glaubhaft bestätigen, dass ihr Sohn vor Jahren bei einem Unfall gestorben war. Parapsychologen sehen die Möglichkeit, dass sich der feinstoffliche Körper des jungen Mannes auf den Video-Bändern sichtbar materialisiert hat.

Unbegreifliche Phänomene, die man schon zuvor von Geisterfotos kannte. Neben zahlreichen vermeintlichen „Spukerscheinungen", die sich bei genauerer Analyse als Doppelbelichtung, Betrug oder Filmfehler herausgestellt hatten, tauchen aber tatsächlich immer wieder Phantombilder auf Fotos auf, für die eine rationale Erklärung bisher fehlt.

Beispielsweise machte ein Hobbyfotograf im Frühjahr 1996 eine gruselige Entdeckung: Als damals im südenglischen Wem das 90 Jahre alte Rathaus abbrannte, schoss *Tony O'Rahilly* ein Foto von dem in Flammen stehenden Gebäude. Als er den Film entwickelte, der Schock: Auf einem der Bilder ist mitten im Feuer ein blondes Mädchen mit langen Haaren und weißem Gewand zu sehen. O'Rahilly und andere Dorfbewohner, die entsetzt in die Flammen starrten, hatten keine Menschenseele dort gesehen. Parapsychologen nahmen sich des Phänomens an und fanden in der Stadtchronik einen interessanten Hinweis. Demnach soll im Jahre 1677 durch eine umfallende Kerze, verursacht durch das Mädchen *Jane Chum,* die ganze Gemeinde in Brand gesetzt worden sein. Alte Einwohner erzählen seit Jahren, dass im Rathaus ein Geist umgehen soll. Merkwürdig: Fotospezialisten konnten bei der Phantomaufnahme weder eine Manipulation noch einen Filmfehler feststellen. Ratlos sind auch die Brandexperten: Sie konnten keine Spuren für die Ursache des Feuers fin-

Das Rathaus von Wem brennt! Die Dorfbewohner starren entsetzt in die Flammen. Auf einem Foto erscheint später das Gesicht eines blonden Mädchens. Ist es der Geist von Jane Chum?

den. War das Mädchen in den Flammen das Gespenst von Jane Chum?

Handfeste Belege aus der feinstofflichen Welt sind naturgemäß rar. Angebliche Beweisstücke werden im Britischen Museum London sowie im Ashmolean-Museum of Arts and Archaeology in Oxford aufbewahrt. Die Vorgeschichte: Am 21. November 1581 hatte der walisische Mathematiker und Astrologe Dr. *John Dee* (1527–1608) – ein enger Vertrauter von Königin Elisabeth I. – ein fantastisches Erlebnis, das ihn trotz seiner Beschäftigung mit dem Okkulten und der hermetischen Tradition der Renaissance zutiefst bewegt haben muss. Während er sich in seinem Londoner Studienzimmer aufhielt, erschien an dem nach Westen gelegenen Fenster eine von blendendem Licht umflutete Gestalt, die sich ihm als *„Engel Uriel"* zu erkennen gab. Uriel überreichte Dee einen schwarzen „Kristall", ein visionäres Hilfsmittel, das ihm durch die Vermittlung von Wesen aus einer anderen „Sphäre" die Geheimnisse der Zukunft enthüllen sollte. Dee glaubte fest an die Realität dieser Engel und an die Möglichkeit,

Der Magier John Dee und sein Partner Edward Kelly bei einer Geisterbeschwörung auf dem Friedhof von Wootton-in-the-Dale im Jahre 1581.

durch kabbalistische Magie ihre Dienste in Anspruch nehmen zu können. „Schon am 2. Dezember des gleichen Jahres“, schreibt der Bewusstseinsforscher *Ernst Meckelburg* in seinem Buch *„Zeitschock“, „*will Dee mit diesem glasartigen polierten Stein – ein Obsidian – erstmals experimentell dabei festgestellt haben, dass die *Invokation,* das Anrufen (Herbeizitieren) von fremden Wesenheiten, ein hohes Maß an Konzentration erfordert. Sein Assistent *Edward Kelly* musste die visionär geführten Gespräche aufzeichnen, da Dee selbst sich an diese später nicht mehr erinnern konnte.“

Die Protokolle, abgefasst in einer kryptischen Eingeweihtensprache, sind erhalten geblieben. Ebenso der mysteriöse Kristallgegenstand. Was hat Dee mit dem ihm – von wem auch immer – überlassenen ominösen Obsidianstein tatsächlich wahrgenommen? Waren es wirklich „Engel“? Wesen aus anderen Seinsebenen? Oder lediglich übersteigerte Aktivitäten des eigenen Bewusstseins?

Zwischen Diesseits und Jenseits

„Das Überleben des Todes halte ich für wahrscheinlicher als das Gegenteil, es ist ja doch wissenschaftlich nicht beweisbar“, sagte einmal der deutsche Parapsychologe Dr. *Hans Bender,* der zu Lebzeiten von vielen seiner Anhänger als „PSI-Papst“ verehrt wurde. Am 7. Mai 1991 starb der ehemalige Psychologieprofessor 84-jährig in Freiburg. Hans Benders historisches Verdienst ist es, die Erforschung der Spukphänomene und anderer paranormaler Effekte aus dem Zwielicht der Seance-Räume in den Hörsaal der Universität geholt zu haben. Bis 1975 hatte er den einzigen Lehrstuhl Mitteleuropas für Parapsychologie inne. Bender beschäftigten auch die Fragen – *wohin* und *wie* reist man mit der Seele?

Mehr als 30 Jahre intensiver Forschung über außerkörperliche Erfahrungen, so genannte „Seelenreisen“, haben eine Fülle gut dokumentierter Berichte gebracht und zwar aus allen Teilen der Welt. Einige Merkmale sind:

Der berühmte Parapsychologe Prof. Dr. Hans Bender am Schreibtisch seines Arbeitszimmers im Institut, wohin er sich in den letzten Jahren seines Schaffens meist zurückgezogen hatte.

- Eine Patientin sieht, während sie auf dem Operationstisch liegt, bei einem lebensgefährlichen Eingriff, sich, den Ärzten und den Krankenschwestern von der Decke des Operationssaales aus zu.
- Ein Freiburger Medizinstudent sieht, wie er ins Wasser fällt und ertrinkt: Sein „Exkursionsleib" schwebt über der Wasseroberfläche, durch die er seinen absterbenden Körper im Wasser sieht (er wurde wiederbelebt).
- Ein New Yorker Arzt, auf Urlaub auf einem Mississippidampfer, sieht sich plötzlich in der Ordination eines befreundeten Arztes in New York. Dieser Fall ist besonders spektakulär, weil der Arzt die Anwesenheit seines Freundes bemerkt: „Zum Teufel, was machst denn du da?", entfährt es ihm.

Eine Bestätigung für das Vorhandensein des „feinstofflichen Doubles", der Seele, der außerkörperlichen Erfahrung? Bender:

„Was hinter diesen Erscheinungen steht, lasse ich offen. Aber langsam bin ich recht beeindruckt von dem Material.“ Was heißen will: Der Beweis, dass ein Teil unseres Selbst den Tod des Körpers überlebt, ist naturwissenschaftlich nicht zu führen, weil „ein Wissenschaftler vom Wunschdenken frei sein muss“. „Aber“, so Bender weiter, „die Hypothese hat viel für sich. Todesnäheerlebnisse sind einander auf der ganzen Welt ähnlich, an speziellen „Szenen“ kommen insbesondere vor:

- Der Tunnel, durch den der Sterbende sich gezogen sieht;
- das Licht-Erlebnis, das er (zumindest am Ende des Tunnels) hat;
- das panormatische Erlebnis: sein Leben läuft vor ihm in wenigen Sekunden wie ein Film ab;
- Begegnung mit bereits Verstorbenen; oft „holen“ Verwandte den Sterbenden ab;
- und schließlich das Schuld- und Versagenserlebnis: der Sterbende erlebt reuig eindrucksvolle Situationen, in denen er andere verletzt oder vernachlässigt und nur an sich gedacht hat.

Nahezu alle Erlebnisse sind angenehm, voll Licht und Wärme. Bender: „Umso mehr fällt bei dem amerikanischen Herzchirurgen *Rawlings,* der an die hundert Berichte von Sterbenden gesammelt hat, auf, dass etwa die Hälfte negativ sind: Visionen von glühenden Seen und Höllenqualen werden berichtet. Ich nehme an, dass solche Erscheinungen von Rawlings Bibelglauben beeinflusst sind.“

Oder davon, dass alle während einer Herzoperation gestorben sind?

Egal, nach dem Tod geht es weiter. Zu dieser Ansicht gelangten auch viele andere Forscher, darunter der amerikanische Psychiater Dr. *Raymond A. Moody.* Für seinen Bestseller *„Leben nach dem Tod“* sprach er mit 150 Menschen, die einmal im medizinischen Sinne gestorben waren und doch überlebt haben. Das Verblüffende: Unabhängig voneinander gleichen sich alle Erzählungen von Gestorbenen und dann Wiederbelebten. Es gibt Abweichungen, aber erstaunlich wenige – was der Autor auf die Gleichartigkeit der interviewten Personen zurückführt beziehungsweise auf deren kulturell-religiösen Hintergrund. Alle Interviewten sind Christen und demzufolge identifizieren viel das von ihnen erlebte „Licht“ und das Erkennen von „Geistwesen“ mit *Christus* und *Engeln*. Doch das Erscheinungsbild kennt man aus fast allen Religionen. Im Buddhismus wäre das Licht Buddha, in anderen Traditionen heißt es anders – aber immer handelt es sich um *dasselbe* Phänomen.

Für den Naturwissenschaftler Moody steht nach der Fülle gleichartiger Fallbeispiele fest, dass es nach dem physischen Tod weitergeht. Wie – darüber weiß er zu wenig.

Im *tibetanischen Totenbuch* steht es: Mehr oder weniger sind wir alle Produkte unseres Glaubens, unserer Erfahrungen und unseres diesseitigen Lebens. Daraus lässt sich folgern: Wir alle sollten den Tod und das Sterben als notwendig und nützlich akzeptieren und dieses Leben sei die Schule dafür. Das steht auch im tibetanischen Totenbuch, ohne dass es deshalb lebensfeindlich wäre. Als „lebensfeindlich“ im strengsten Sinne könnte dagegen die Tabuisierung des Todes gelten, wie sie in unserer technologischen Zivilisation Platz gegriffen hat.

Vielleicht ist das die Lehre, die wir aus den Erfahrungsberichten klinisch Toter, die ins irdische Leben zurückgeholt wurden, zu ziehen haben. Noch etwas gibt in diesem Zusammenhang zu denken: Viele Beispiele zeigen, dass intensive Bitten und Gebete von Angehörigen offensichtlich bewirkt haben, dass bereits auf dem Sterbebett Liegende wieder zurückgeholt wurden. Beweis für die Kraft des Gebets? Kann es sein, dass der *Glaube* an etwas und Spiritualität einen direkten Einfluss auf den Körper hat? Ist der Glaube ein Schutzschild für Körper und Seele? Es scheint so. Hinlänglich bekannt ist, dass bereits einfache Meditation bestimmte Formen bei stressbedingten Erkrankungen positiv beeinflussen kann. Herzschlag, Atem und Gehirnwellen verlangsamen sich, es werden weniger Stresshormone ausgeschüttet. „Ein Gebet hat biochemisch ähnliche Wirkung. Glaube ist ein wichtiges therapeutisches Instrument in der Medizin“, behauptet etwa *Herbert Benson,* Präsident des „Mind Body Institute“ an der Harvard Medical School in Boston.

Andererseits hat sich auch gezeigt, dass viele Menschen, die schon einmal „drüben“ waren, gar nicht zurückgeholt werden wollten. Soll heißen, auch der Wunsch zu sterben ist zu respektieren! Und noch etwas stimmt nachdenklich: Die Fallbeispiele von einigen Selbstmördern, die reanimiert wurden, ergaben, dass diese unglücklichen Menschen ausschließlich *negative* Erlebnisse hatten. Sie berichteten davon, dass in der jenseitigen Welt alles grau, kalt und einsam sei – analog zu ihrem Verhalten und Empfinden in „diesem" Leben. Ein Argument gegen den Freitod? Schlussfolgerung: Probleme muss man bewältigen und nicht ihnen ausweichen. So bekommt das Leben einen Sinn. Und, wie es scheint, der Tod auch …

Wenn der Astralleib auf Reisen geht

Die Trennung vom „feinstofflichen Körper" und dem irdischen zugeordneten Leib muss nicht immer mit dem Sterben zusammenhängen. Schamanen bedienen sich der Fähigkeit, mit dem Astralleib auf Bewusstseinreise zu gehen, um später mit neuen Erfahrungen in ihren Körper zurückzukehren. Über solche außersinnlichen Erlebnisse liegen Wissenschaftlern zahlreiche Berichte vor, nicht nur aus dem Kulturkreis der Naturreligionen. Auch in unserer westlich orientierten High-Tech-Gesellschaft kennen wir das Phänomen der *„Out-of-Body"-Erfahrungen,* abgekürzt OBE. Durch gezielte Konzentrationsübungen scheinen manche Menschen die Gabe zu haben, sich von ihrem physischen Körper kurzfristig zu trennen. Für Okkultisten sind solche Experimente keine Hexerei. Im Astralleib erkannten sie immer schon einen Bereich geheimnisvoller Energie und unterbewusster Kräfte. Auf diesen unsichtbaren und unantastbaren Teil des Menschen wirken Geistheiler ein, um aus seiner verborgenen Energie zu schöpfen.

Die überwiegende Zahl der außerkörperlichen Erlebnisse beginnt im Liegen. Es gibt aber einige Leute, die die unglaubliche Erfahrung gemacht haben, dass sie über sich schwebten, während ihr leiblicher Körper ungestört seiner Tätigkeit weiter nachging. Die Wissenschaftlerin *Dr. Celia Green,* Direktorin des „Physiopsychischen Instituts in Oxford", wertete Experimente und Wahrnehmungen von 400 Astralreisenden aus und berichtete darüber in ihrem Buch *„Erfahrungen außerhalb des Körpers"*. Dabei eröffneten sich der Seelenforscherin etliche Begebenheiten, die deutlich machen, dass sich beim Verlassen des Astralleibs auch das Bewusstsein vom Körper löst. Manchmal scheint dies „plötzlich" und unvorbereitet zu geschehen. Dazu einige Beispiele:

- Ein Priester erzählt: „Während ich bei der Abendmesse meine Predigt hielt, bemerkte ich plötzlich, wie ich mich von meinem Körper entfernte, im Westflügel der Kirche schwebte. Ich sah meinen Körper auf der Kanzel und hörte meine Stimme, die mit der Predigt fortfuhr, als sei nichts geschehen. Nach Auskunft eines Freundes war tatsächlich nichts Auffälliges bemerkt worden."
- Weniger erfolgreich war eine 35-jährige Frau, die ausgerechnet bei einer Fahrprüfung „Out of Body" ging: „Ich setzte mich, stellte den Motor an, schob den Gang rein und stellte mit Entsetzen fest, dass ich auf dem Dach des Autos saß. Ich konnte mich durch das Schiebefenster selber beobachten und war trotz fürchterlicher Anstrengungen nicht fähig, wieder an meinen Platz zu gelangen. Die Zeit über, fast 30 Minuten, musste ich miterleben, wie ich da unten einen Fehler nach dem anderen machte."
- Ein Schauspieler verließ seinen Körper mitten in einer Vorführung und kritisierte von hinten aus dem Publikum: „Ich hörte meine Stimme und dachte: Nicht schlecht, aber man könnte mehr aus diesem Song machen. Die Zwischentöne fehlen, nicht mitreißend genug."
- Eine junge Pianistin erlebte das Gegenteil: „Als mein physischer Körper am Klavier saß und spielte, saß ich mit meinem geistigen Ich auf dem Flügel und beobachtete mein Spiel. Dieses wurde zu einer Improvisation. So entspannt und leicht, so perfekt und wunderbar, wie ich es immer angestrebt, doch nie erreicht hatte. Alle Anweisungen strömten aus meinem geistigen Körper, in dem sich alles Bewusstsein befand, hin zum physischen." Das Erlebnis blieb einmalig. Aber es hat ihre Kunst beflügelt.

Zeitgenössischer Kupferstich einer Seelenreise. Der Astralgeist kehrt aus dem Reich des Todes zurück in den grobstofflichen Körper.

Für die Psychologin Celia Green sind solche Erlebnisse glaubhaft und eine Bestätigung dafür, dass Astralreisen stattfinden können. Sie zeigen auch Übereinstimmung mit anderen Untersuchungen, wo überwiegend das Gefühl der großen Freude und die Leichtigkeit beschrieben werden. Das Gefühl des Fliegen-Können, wohin man will. Ebenso wird von einer Verschärfung der Gedanken und Sinne gesprochen. Einige Personen hatten ein Blickfeld von 360 Grad. Andere wiederum erzählten von ihrer Furcht, nicht mehr in den eigenen Körper zurückzufinden. Einige Menschen, die sich den Astraltests unterzogen, hatten im Zustand der Astralreise das Empfinden, sie wären eine Art energiegeladene Lichtkugel.

Dr. Green fand heraus, dass zwischen 15 und 35 Jahren die außerkörperlichen Erlebnisse am häufigsten vorkommen, wobei Frauen davon öfters zu berichten wussten. 61 Prozent der Befragten hatten das Erlebnis nur einmal, 9 Prozent zweimal, doch über 20 Prozent sechs- und mehrmals. Von diesen konnten die meisten sich nach einigem Üben selbst aus ihrem Körper erheben, durch Meditation, Entspannung und Visualisierung des eigenen schwebenden Körpers.

89 Prozent der Befragten erlebten ihre Umwelt als völlig real. 81 Prozent haben sich selber gesehen, ihren zurückgelassenen Körper, und sich selbst mit ihrem gesamten Bewusstsein im Astralkörper empfunden. Allerdings bemerkten einige routinierte „Astralflieger“: „Als ich meinen Arm berühren wollte, war er wie Nebel.“ Andere erzählten, dass sie wie Gespenster durch Wände gehen, aber nur in den seltensten Fällen Gegenstände bewegen konnten: „Ich wollte den Lichtschalter anmachen, aber meine Hand glitt hindurch in die Wand.“ Gewöhnlich bemerkt die Umgebung den Besucher aus der Zwischenwelt nicht. Wenngleich die so Beehrten oft einen Hauch, eine zarte Berührung spürten. Ein Phänomen, das wiederum an viele Spukgeschichten erinnert.

Fantasie, Sinnenstäuschung oder Realität?

„Die Fachwelt diskutiert drei Erklärungen“, erläutert darauf angesprochen *Eberhard Bauer,* Diplompsychologe am „Institut für Grenzgebiete der Psychologie“ der Universität Freiburg.

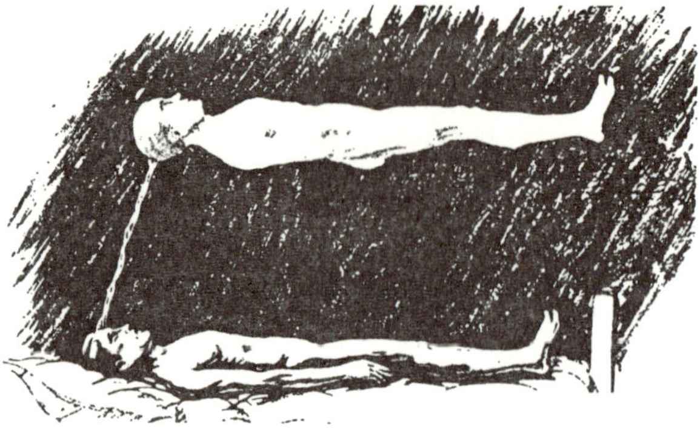

Am Anfang einer OBE-Erfahrung schwebt der Astralleib über dem Körper. Manche Betroffene erwähnen eine „Nabelschnur", die den Astralleib mit dem Körper verbindet. Sie ermöglicht die Rückkehr in den Normalzustand.

„Die erste geht vom Fantasievermögen aus. Das heißt, dass die Menschen, die so etwas erleben, sich alles nur einbilden oder in Wunschträumen herbeisehnen. Die zweite Erklärung geht von medizinischen Anlässen aus, wie Krankheitskrisen, Fieberwahn, Unfallschocks, Operationen, Sterbeerlebnissen. Der Körper schüttet dabei oft Hormone mit halluzinatorischer Wirkung aus, die so genannten Endorphine."

Die dritte Erklärung aber ist die interessanteste. Sie gesteht auch von wissenschaftlicher Seite die Möglichkeit „unerforschter Bereiche des Gehirns" als denkbaren Grund ein. Erfahrungen der menschlichen Psyche, über die man noch viel zuwenig weiß.

„Das alles müsste dringend an einer groß angelegten Studie erforscht werden", empfiehlt Bauer. „Aber uns fehlen die Mittel. Wir haben nicht einmal ein Team von fünf Leuten, das ein Jahr lang eine solche Studie erarbeiten könnte. Im Ausland ist man wesentlich weiter. Wir sind dabei, den Anschluss zu verlieren. Ausgerechnet bei uns, im Land der Denker und Dichter, stoßen diese hoch interessanten Grenzbereiche der Psychologie auf Ablehnung und Unverständnis. Doch nur wenn wir diesen Dingen wissenschaftlich nachgehen, können wir Aberglauben und Wahrheit voneinander trennen."

Wiedergeburt – wann?

Reinkarnation bedeutet Wiederverkörperung, *Wiedergeburt*. Gemeint ist damit, dass die Seele nach dem Tod des Körpers in einem neuen Körper wiedergeboren wird, also mehrere Erdenleben durchläuft – zu verschiedenen Zeiten, an verschiedenen Orten, wechselnd als Mann oder Frau.

Manchmal scheint sich unser Geist an frühere Leben zu erinnern. So auch im Fall der Lehrerin *Utarra Huddar*. Ärzte von *Nagpur* in Zentralindien stehen vor einem Rätsel. Alle sechs Wochen wird die Lehrerin von einem unbekannten Hautausschlag befallen, der nach vier Tagen wieder abklingt. Während dieser Zeit spricht Utarra einen Dialekt, der heute in Indien nicht mehr gesprochen wird, und berichtet von Ereignissen vor 150 Jahren.

Parapsychologen gingen diesem Phänomen nach und mussten nach Abschluss ihrer Erhebungen zugeben, dass alles, was Utarra in der Zeit des Befalls des Hautausschlages von sich gibt, stimmt. Dass es im 19. Jahrhundert in der Gegend von Saptagram eine Shandra gab, die mit 22 Jahren starb. Die Fachleute gelangten zu der Feststellung, dass Utarra Huddar vor 150 Jahren schon einmal lebte und sich heute, in ihrem zweiten Leben, während des Krankseins an ihre frühere Existenz auf rätselhafte Weise erinnert.

Einige Zeitgenossen wollen bereits viele Male wiedergeboren worden sein. Die Hausfrau *Jane Evans* aus England ist eine dieser Menschen, die von sich behauptet, bereits *sechsmal* gelebt zu haben. Ihr erstes Erdenleben, an das sie sich erinnert, liegt dabei schon 1700 Jahre zurück. Experten nahmen Mrs. Evans ins Gebet, Historiker und Archäologen, begreiflicherweise skeptisch, stellten ihr auch Fangfragen. Die Frau, die vor rund hundert Jahren, wie sie sagt, „zum letzten Mal gestorben ist", verblüffte alle: In Hypnose erinnert sie sich an Einzelheiten, die sie nach Meinung der Forscher normalerweise nie wissen könnte – selbst wenn sie ganze Berge von Fachliteratur durchstudiert hätte.

Jane Evans beschreibt Geschichtliches, „als wäre sie dabei gewesen". Sie war es ja auch, behauptet sie: Im dritten Jahrhundert nach Christus lebte sie als Gemahlin eines Römers in der heutigen englischen Grafschaft York; im 12. Jahrhundert werkte sie in Brüssel als Marktweib, drei Jahrhunderte später verschlug es sie als arabisches Dienstmädchen unter das Hauspersonal eines französischen Prinzen; wieder so an die 100 Jährchen später entsinnt sie sich eines Daseins als spanische Magd, im 18. Jahrhundert dann will sie Näherin am Hof der Königin *Anna Stuart* in London gewesen sein. In ihrem sechsten Leben trug sie das Ordenskleid einer amerikanischen Nonne – und wirkte und verschied als solche im Missionsdienst in Afrika.

Blühende Fantasie? Könnte man annehmen, aber an die 50 Fachleute haben an den Begebenheiten und Szenarien aus vergangenen Tagen, die sich die angeblich nicht sehr gebildete Hausfrau ins Gedächtnis zurückruft, keinerlei Fehler finden können. Mehr noch: Mrs. Evans beschrieb das Haus, in dem sie in römischen Zeiten gelebt zu haben behauptet, und gab auch an, wo ein Brunnen gestanden sei. Archäologen begannen daraufhin zu graben – und waren verblüfft: In etwa 15 Meter Tiefe fanden sie die Überreste eines alten Brunnens, genau an jener Stelle, wo er sich nach den Beschreibungen Frau Evans befinden sollte. Bis zu seiner Entdeckung hatte aber niemand sonst von seiner Existenz gewusst.

Haben wir also bereits öfter auf der Erde gelebt? Sind die Erinnerungen daran beweiskräftig? Lassen sich *Déjà-vu*-Erlebnisse (aus dem Französischen: schon gesehen) mit der Vorstellung an früheren Inkarnationen in Verbindung bringen? Die Empfindung, dass man schon einmal an einem bestimmten Ort gewesen ist, konnte von Neurologen noch nicht befriedigend erklärt werden.

Ein eifriger Verfechter des Reinkarnationsgedankens war der Dichterfürst *Johann Wolfgang von Goethe,* der von sich behauptete: „Ich bin gewiss, wie Sie mich hier sehen, schon tausendmal da gewesen und hoffe wohl noch tausendmal wiederzukommen!"

Der Wiedergeburtsgedanke ist vor allem bei Buddhisten traditionell verwurzelt. Im *Lamaismus,* einer Sonderform des Buddhismus mit tibetischer Ausprägung, ist diese Glaubensvorstellung besonders stark ausgeprägt. Stirbt ein hoher buddhistischer Priester, sucht man seine Inkarnation. Die geistigen Führer, die *Lama,* können sich nicht nur an ihre vergangenen Existenzen erinnern, sie wissen sogar, welche Formen sie im nächsten Leben annehmen werden. Lebewesen werden ihren Taten entsprechend immer wieder geboren: Als Tier oder Mensch, wobei die menschliche Wiedergeburt als beste gilt. Ziel ist das „Nirwana", das heißt, aus dem Kreislauf der Wiedergeburten auszusteigen. Manche außergewöhnlichen Menschen können bewusst reinkarnieren und tun es auch – um anderen zu helfen, dem „Nirwana" ebenfalls einen Schritt näher zu kommen. Einer von ihnen war der 1910 in Osttibet geborene *Dilgo Khyentse Ringpoche.* Schon im Kindesalter trat er ins Kloster ein und wurde dort als Inkarnation von *Jamyang Khyentse Wangpo* (1820–1892) anerkannt und inthronisiert. Nachdem während der Kulturrevolution auch sein Kloster von den Chinesen zerstört wurde, flüchtete er nach Nepal ins Exil. Der inzwischen verstorbene „Ringpoche" war Friedensstifter und Gelehrter. Der Dalai Lama sagte über ihn: „Er war einer meiner wichtigsten Lehrer." Auch Herrscher wussten seine Weisheit zu schätzen: Dilgo Khyentse Ringpoche war religiöser Ratgeber von Bhutan. Im September 1991 starb er.

Danach begab man sich auf die Suche nach dem „neuen Ringpoche". Und schließlich, am zehnten Tag des fünften Monats im Vogeljahr, am 30. Juni 1993, wurde – so der buddhistische Glaube – seine Inkarnation geboren. Bei der Entdeckung des jungen „Ringpoche" spielten Träume und der engste Vertraute des alten, verstorbenen „Ringpoche" eine große Rolle: Dieser Freund hatte mehrere Visionen, in deren Verlauf sich ihm nicht nur Tag und Ort, sondern auch die Eltern der Wiedergeburt offenbarten. Die zurückgekehrte „Ringpoche"-Inkarnation wurde tatsächlich gefunden. Es ist ein heute siebenjähriger Bub, der 1995 den Namen *Urgyen Tenzin Jigme Lhundrup* erhielt und im Dezember 1997 in Katmandu inthronisiert wurde.

Immer mehr Menschen fasziniert der Gedanke an frühere Erdenleben. Sie halten Rückschau mit der Reinkarnation. Erstaunlich viele prominente Zeitgenossen bekennen sich zum Glauben an die Wiedergeburt. Der Lyriker und Dichter *Hermann Hesse* (1877–1962) war überzeugt davon, dass alles Geschehene noch vorhanden sei. Raketenpionier *Wernher von Braun* (1912–1977) glaubte an eine geistige Existenz über den Tod hinaus.

„Ich habe schon einmal gelebt!“, erklärte die deutsche Filmschauspielerin und Malerin *Elke Sommer*. Die sympathische Künstlerin hat nicht nur ein UFO gesehen, sie behauptet auch von sich, Erinnerungen an ein früheres Dasein zu besitzen. Nach eigenen Aussagen will die Pastorentochter aus dem Fränkischen einst als mittelalterlicher *Tempelritter* schon einmal auf Erden gewesen sein.

Um Näheres über vergangene Leben zu erfahren, bedienen sich immer mehr Menschen der sogenannten *Rückführung*: Sie lassen sich mit Hilfe eines Psychologen oder Therapeuten im Hypnose- oder Entspannungszustand auf eine Seelenreise in die Vergangenheit schicken. Der englische Pop-Sänger *Elton John* beispielsweise hat bei der Therapeutin *Lee Everett* in einer Rückführung von seinen früheren Leben erfahren. Einmal sah er sich als wohlhabenden Komponisten im 18. Jahrhundert mit weißer Perücke und kostbaren Gewändern. „Ich sitze in einem großen Raum in einem wunderschönen Schloss und spiele Klavier. Um mich herum sind viele Menschen.“ Von einem anderen Leben weiß er außerdem Folgendes zu berichten: „Ich war Soldat im Ersten Weltkrieg, wurde verwundet und durfte nach Hause. Zwanzig Jahre später verunglückte ich jedoch als Busfahrer bei einem Verkehrsunfall.“

Dem Münchner Hypnosetherapeuten *Thorwald Dethlefson* kommen solche Schilderungen durchaus glaubwürdig vor. Er hat bei Hunderten Versuchspersonen Ähnliches erfahren. Offenbar ist das Unterbewusstsein im Stande, in allen Einzelheiten Szenen aus einer fernen Vergangenheit aufzuspeichern, die durch Hypnose abgerufen werden können. Liest man das Protokoll einer Rückführung in ein früheres Leben, so erkennt man die Dramatik einer solchen Sitzung. Der ganze Körper ist in Erregung, der Patient schreit, stöhnt. Dann wieder klingt er gepresst und verzweifelt. Die Stimmen ändern sich, helle werden zu dunklen, klare zu undeutlichen. Menschen, die nie Latein gelernt haben, sprechen in dieser Sprache, Patienten, die nie Kenntnisse über griechische Mythologie gehabt haben, erklären sie in allen Einzelheiten. Die

Versuchspersonen erzählen historische Details mit erstaunlicher Exaktheit.

Der berühmte Tiefseeforscher Prof. Dr. *Hans Hass* ist überzeugt davon, dass übersinnliche Verbindungen auch zwischen *Menschen, Tieren* und *Pflanzen* möglich sein können.

Garsten bei Steyr in Oberösterreich scheint ein tierischer und übersinnlicher Ort zu sein. *Sabine Dell'mour* lebt und arbeitet dort seit vielen Jahren als Ausbildnerin für Pferd und Reiter. Sie hat eine neue Therapie entwickelt und erprobt, bei der Pferde eingesetzt werden. Es hat sich nämlich gezeigt, dass die rhythmischen Bewegungen auf die Wirbelsäule des Menschen übertragen und Rückenschmerzen beseitigt werden können. Bei Sabine Dell'mour werden Patienten mit Bandscheibenleiden regelmäßig auf stolze Araberpferde gesetzt und herumgeführt. Nach etwa zehn Behandlungsstunden zeigt sich in fast allen Fällen eine deutliche Besserung. Dass dies alles möglich wurde und aus einer ursprünglich turbulenten und unsicheren Zeit ihres Lebens schließlich eine harmonische Umsetzung im therapeutischen Reiten zu Stande kam, sei, so meint Sabine, auf das Einwirken des fuchsfarbenen Araberhengstes *Lamigo* zurückzuführen. Schon beim Kauf des Pferdes hatte die Reitlehrerin das starke Empfinden, nicht sie würde jenes Fohlen erwerben, sondern umgekehrt – Lamigo hätte seine neue Besitzerin sozusagen „ausgesucht". Und tatsächlich: Mit Lamigo kam der Neuanfang. 18 Monate später, Dell'mours Reiterdomizil hatte sich inzwischen überraschend schnell etabliert, erleidete Lamigo einen Beckenbruch und musste von seinen Qualen erlöst werden. „Lamigo könnte vielleicht ein indischer Schutzgott gewesen sein, der in Tiergestalt wiedergeboren wurde und manche Menschen in schwierigen Zeiten begleitet, solange sie der Hilfe bedürfen, und den Menschen wieder verlassen, wenn sie nicht mehr gebraucht werden", erklärte mir die attraktive Therapeutin und ergänzte: „Ich hatte weder vor noch nach ihm ein so eigenartiges Pferd."

Bewiesen oder nicht: Die Vorstellung von der Wiedergeburt, von einem Leben vor und nach dem Leben, beschäftigt uns alle. Schließlich möchten wir gerne wissen, ob mit dem Tod alles vorbei ist. Doch scheint es nicht viel wahrscheinlicher, dass nach un-

Der Lichttunnel ins himmlische Paradies, wie es sich der niederländische Maler Hieronymus Bosch (1450–1516) vorstellte. Das Gemälde zeigt eine bemerkenswerte Übereinstimmung mit den Visionen, die Menschen nach einer Nahtod-Erfahrung beschrieben haben.

serem Ableben etwas völlig Neues beginnt? Alle, die schon einmal die Grenze vom Leben zum Tod überschreiten mussten, klinisch tote Koma-Patienten, haben es gesehen und nach ihrer „Rückkehr" davon berichtet – ein *hell strahlendes Licht* von unglaublicher Anziehungskraft hätten sie wahrgenommen.

Es gibt kaum etwas auf dieser Welt, über das wir so wenig wissen wie über den Tod und das Danach. Genau genommen wissen wir nur, dass mit dem Sterben das Dasein beendet wird, das bisherige Leben zumindest in seiner gegenständlichen, sinnlich fassbaren Gestalt. Alles, was darüber hinausgeht, ist eine Frage der Überzeugung, die sich auf Kultur- und Glaubenstradition oder Erfahrung mit Sterbenden berufen kann. Dennoch zeigen die vielen Vorfälle aus einer anderen Welt, die Konfrontation mit rätselhaften Erscheinungen und mysteriösen Erlebnissen, dass unsere Vorstellungen von der Wirklichkeit unvollkommen sind. Wir erahnen nur einen Zipfel vom Schleier des Geheimnisses um die menschliche Seele. Ein Tor ins Unheimliche tut sich auf. Früh genug, irgendwann und irgendwo, dann wenn unsere Zeit gekommen ist, werden wir vielleicht wissen, was wirklich dahintersteckt. Das endlose Nichts? Oder die ewige Glückseligkeit – das immerwährende Leben? Verlassen sollten wir uns nicht darauf, mehrmals ins irdische Leben zurückkehren zu können oder womöglich später als Gespenst herumzuspuken. Wir sollten vielmehr den Augenblick, das Jetzt und Hier bewusst gestalten und erleben lernen. Das irdische Dasein ist ein Geschenk und eine Chance, nützen wir sie und machen wir etwas Gutes daraus. Ein Gedanke, den mein vorausgegangener Freund, der bekannte Naturwissenschaftler und Experte für rätselhafte Phänomene, Dr. *Johannes Fiebag,* berührend und sehr treffend in einem Gedicht verarbeitet hat:

Wolken

Wolken ziehen schwerelos
Durch der Lüfte Räume,
treiben übers Land dahin,
wie verlor'ne Träume.

Kurz bemessen ist ihr Weg,
in des Himmels Weiten.
Und so schnell verweht der Wind
All die Herrlichkeiten.

Ach, des Lebens Zeiten auch,
seht nur, wie sie eilen!
Stunden, Tage, Jahre fliehn,
ohne zu verweilen.

Und die Zeit, die uns noch bleibt,
wer will sie erahnen?
Morgen schon kann sein zu End'
All das eitle Planen.

Darum nutz die Stunden noch,
die Dir sind gegeben,
dass die Liebe Dir erhellt
Deinen Weg durchs Leben.

Dr. Johannes Fiebag (1956–1999)

2. Teil

Walter-Jörg Langbein

Zombies, Werwölfe und Vampire

Vorwort
Auf der Suche nach Zombies, Werwölfen und Vampiren

Das Geheimnis der ägyptischen Monstersärge

Die Sonne steht hoch am Himmel, brennt gnadenlos auf eine der interessantesten archäologischen Stätten der Erde herab. Fast blendend hell wirken die Steine der gewaltigen Pyramide. Nicht

Die Pyramide von Sakkara – Wächter eines großen Geheimnisses

vom letzten erhaltenen Weltwunder der Cheops-Pyramide ist hier die Rede, sondern von Sakkara. Erst 1990 entdeckten hier französische Forscher die Pyramide von Pepi (2289–2255 v. Chr.) und Teti (2323–2291 v. Chr.). Vermutlich verbirgt der Wüstensand noch so manche Sensation. Was wohl noch gefunden werden mag? Prof. Hans Schindler-Bellamy, Archäologe aus Wien: „Unter dem Plateau von Sakkara gibt es noch mehrere unterirdische Labyrinthe von vermutlich gewaltigen Ausmaßen!"

Der Verfasser war vor Ort. Obwohl ein wehrhafter Wärter zunächst den Zutritt untersagte, öffnete dann ein dickes Bakschisch eine rostige eiserne Türe, die erbärmlich nach einem Tropfen Öl zu schreien schien. Modriger Gestank wirkte alles andere als einladend. Der Kegel meiner Taschenlampe tastet sich durch die Dunkelheit. Langsam stellen sich die Augen um. Hoch über mir wölben sich gewaltige Steinquader zu einer massiven Decke. Sie mag zehn Meter hoch sein. Vier Meter misst der Raum in der Breite. Und die Länge? 300 Meter schreite ich ab.

Links und rechts reiht sich Nische an Nische. In jeder steht ein monströser kastenartiger Sarg. Der Verfasser hat ein willkürlich gewähltes Exemplar vermessen. Länge: 3,85 Meter, Breite: 2,25 Meter, Höhe: 2,50 Meter. Dicke der steinernen Sarkophagwand: 43 Zentimeter.

Passend ist der gewaltige steinerne Deckel: er ist 62 Zentimeter dick. Vorsichtigen Schätzungen von Archäologen zufolge wiegt so ein Sarg mit Deckel 100 Tonnen! Jeder der Kolosse ist aus härtestem Assuan-Granit gefertigt worden. 1000 Kilometer weit hat man diese Riesen herbeigeschafft. Warum? Zu welchem Zweck?

Es gibt eine offizielle Antwort. Demnach wurden in den gewaltigen Särgen heilige Stiere bestattet. Davon muss es einst Hunderte gegeben haben. Bis heute wurden freilich in keinem einzigen die sterblichen Überreste eines Stiers gefunden. Auch der französische Archäologe Auguste Mariette suchte vergeblich nach Spuren der mysteriösen Tiere. 1851 öffnete er eine Reihe von Riesensärgen in der Unterwelt von Sakkara, die eindeutig noch nicht wieder geöffnet worden waren. Die noch „jungfräulichen Särge" enthielten einen unappetitlichen teerartigen

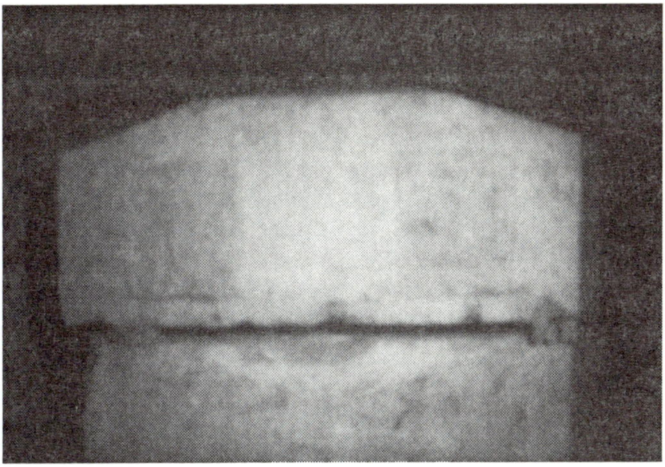

Wer fand in solchen Riesensärgen seine letzte Ruhe?

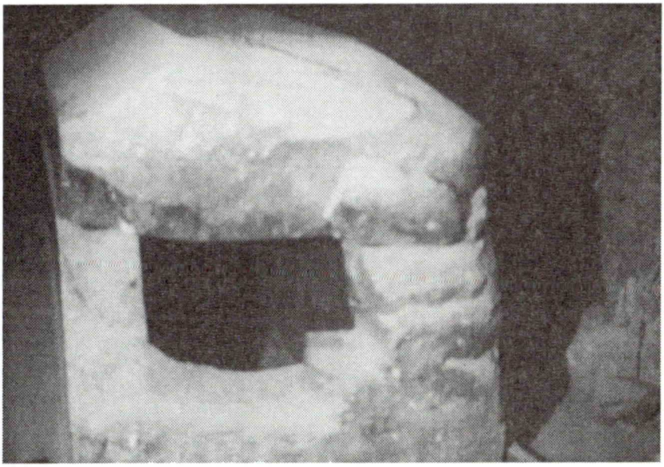

Wer in solchen „Tresoren für Tote" beigesetzt wurde, sollte nie mehr auferstehen!

Brei, in den mit Ausdauer zerstoßene Knochensplitter gemengt waren. Warum ist das geschehen? Wenn wir über die Glaubenswelt Altägyptens nachdenken, mag sich eine mögliche Antwort finden!

Bekanntlich glaubten die Ägypter an ein Leben nach dem Tode. Damit ein Lebewesen – und das galt für Tier wie Mensch – dereinst einmal wieder leben konnte, musste sein Körper in bestmöglichem Zustand erhalten bleiben. Deshalb perfektionierte man in Ägypten die Kunst des Mumifizierens. Mit gewaltigem Aufwand wollte man sicherstellen, dass die Pharaonen nach dem Tode weiterleben konnten. Die Monstersärge von Sakkara muten paradox an. Warum zerstückelte man Tiere oder Menschen, um ihre sterblichen Überreste mit Teerbrei vermengt beizusetzen? Warum packte man das Ganze in einen tresorartigen Sarg, aus dem ein Entkommen unmöglich war?

Die Angst vor wiederkehrenden Toten

Die Antwort kann nur lauten: Was in den Monstersärgen bestattet wurde, das sollte eben auf gar keinen Fall wiedergeboren werden! Was bei den Pharaonen erwünscht war, das wollte man hier auf alle Fälle verhindern. Man muss sehr große Angst vor der Wiederkehr der in tonnenschwere Särge eingesperrten zerstückelten Leichen gehabt haben. Wie mögen diese Lebewesen ausgesehen haben? Die Särge tragen keinerlei Inschrift, die darüber Aufschluss geben könnte. Uns liegt aber ein Bericht des Historikers Eusebius (etwa 265–339 n. Chr.) vor, der schaudernd berichtet:

„Menschen mit Schenkeln von Ziegen und Hörnern am Kopfe, noch andere, pferdefüßige, und andere von Pferdegestalt an der Hinterseite und Menschengestalt an der Vorderseite. Erzeugt hätten die Götter auch Stiere, menschenköpfige, und Hunde, vierleibige, deren Schweife nach Art der Fischschwänze rückseits an den Hinterteilen hervorliefen, auch Pferde mit Hundeköpfen … sowie andere Ungeheuer, pferdeköpfige und menschenleibige und nach Art der Fische beschwänzte, dazu weiter auch allerlei drachenförmige Unwesen und Fische und Reptilien und Schlangen und eine Menge von Wunderwesen, mannigfaltig gearteten und untereinander verschieden geformten."

Wurden vor Jahrtausenden in den unterirdischen Grüften von Sakkara mythologische Kreaturen beigesetzt? Hat man ihre Körper zerfetzt und mit Teer vermengt in tonnenschwere Särge gesperrt, um ihre Rückkehr ins Reich der Lebenden zu verhindern? Angesichts solcher Überlegungen mag man als vermeintlich aufgeklärter Europäer lächeln. Dabei wird aber übersehen, dass gerade wir Europäer eine uralte Tradition haben: wiederkehrende Tote gehören zum Volksglauben unserer Vorfahren.

Das vorliegende Buch bietet eine sorgsam erstellte Sammlung an Informationen über Zombies, Werwölfe und Vampire. Fakten werden geordnet. Fragen werden aufgeworfen. Theorien werden aufgestellt. Antworten werden angeboten, aber nicht aufgezwungen. Eine blutige Spur weist hinaus in die Weiten des Weltalls. Eine andere in die Gene des Menschen.

Das vorliegende Buch lädt zu einer Reise durch Raum und Zeit ein. Sind Sie, liebe Leserinnen und Leser, mit von der Partie? Durchstreifen wir gemeinsam ferne Länder und Zeiten! Wir werden Zombies, Werwölfen und Vampiren begegnen. Wir werden auf die Kreaturen der Nacht im fernen Südamerika ebenso wie in der paradiesischen Südsee treffen. Ihre Spuren werden uns nach Indien und nach Costa Rica führen. Besonders intensive Kontakte werden wir aber im deutschsprachigen Europa knüpfen. Die Kreaturen der Nacht sind uns vielleicht näher, als uns lieb ist. Wer weiß: Vielleicht sind einige von uns Wiedergänger, ohne es auch nur zu ahnen? Sind vielleicht einige von uns selbst Wiedergänger?

Machen wir uns auf den Weg. Wenn uns scheinbar oder wirklich Merkwürdiges entgegentritt, können wir uns an folgende Worte von Rainer Maria Rilke erinnern: „Das ist im Grunde der einzige Mut, den man von uns verlangt: mutig zu sein zu dem Seltsamsten, Wunderlichsten und Unaufklärbarsten, das uns begegnen kann. Dass die Menschen in diesem Sinne feige waren, hat dem Leben unendlichen Schaden angetan – die Erlebnisse, die man ‚Erscheinungen' nennt, die ganze so genannte ‚Geisterwelt', der Tod, all diese uns so anverwandten Dinge, sind durch die tägliche Abwehr so sehr aus dem Leben hinausgedrängt worden, dass die Sinne, mit denen wir sie fassen könnten, verkümmert sind. Von Gott gar nicht zu reden."

Machen wir uns also mutig auf den Weg – in die Welt der Zombies, Werwölfe und Vampire.

Zombies – Monster oder nur arme Teufel?

Die Angst der Grabräuber vor den Zombies

Die pralle Scheibe des mitternächtlichen Vollmonds steht tief über der gespenstischen Wüstenlandschaft Chiles. Der gelblichweiße Staub macht das Gehen schwer. Immer wieder stolpere ich über scharfkantige Felsbrocken … irgendwo im Niemandsland zwischen Iquique und Patillos. Die Strahlenfinger unserer Taschenlampen tasten sich durch die Dunkelheit. Pedro, der Anführer, bleibt plötzlich unvermutet stehen. In Spanisch raunt er seinen vier Gehilfen Befehle zu. Wortlos fangen sie an zu arbeiten. Die Routine ist ihnen anzumerken. Stählerne Pickel fressen sich durch im Laufe von Jahrtausenden von der gnadenlosen Sonne zu einem zementharten Panzer verbackenen Wüstenboden. Ruhig greifen die Männer zu Schaufeln. So bedächtig sie arbeiten, so schnell kommen sie voran.

Ich setze mich ein wenig abseits des Geschehens auf einen größeren Felsbrocken. Langsam fange ich an zu frieren. Und ich muss zugeben: Angst habe ich auch. Gesetzt den Fall, die Herren Grabräuber würden mir mit einem ihrer Werkzeuge den Schädel einschlagen, meinen Leichnam irgendwo verscharren? Wer weiß, ob man meine Gebeine je finden würde? Pedro gesellt sich zu mir. In erstaunlich gutem Deutsch erzählt er mir, dass er als Hausdiener bei einer reichen Familie in Santiago arbeitet. „Bei den Herrschaften habe ich die Sprache der Germans erlernt!" Er setzt sich neben mich, bietet mir einen Schluck Pisco aus einem metallenen Flachmann an. Das hochprozentige Getränk wärmt und vertreibt die Angst.

Etwa gegen zwei Uhr morgens macht sich Aufregung bei den Grabräubern bemerkbar. Nervös, mit fahrigen Händen, zündet sich Pedro eine Zigarette an. „Hörst du, wie ganz anders der Schlag der Pickel jetzt klingt? Sie werden gleich auf einen Hohlraum stoßen!" Tatsächlich bricht nach einigen Minuten verhaltener Jubel aus. Pedro und ich nähern uns dem Loch. Wie tief mag es sein? Zwei Meter? Oder sind es drei? Pedro klettert an einer

Strickleiter in das schmale Loch. Eine Taschenlampe leuchtet auf. Das Szenario ist mehr als gespenstisch. Pedro lädt mich ein, ihm zu folgen. Wenige Augenblicke später beuge ich mich über eine Mumie. Das Gesicht des Toten erinnert an einen Horrorfilm unserer Tage. Es ist hinter einer schwarzen Maske verborgen. Der Mund ist zu einem Schmerzensschrei geöffnet. „Damit die Seele wieder in ihre alte Behausung zurückkehren kann!", erklärt mir Pedro. Er deutet auf die lederartigen Hände des Leichnams. Sie sind abgeschnitten, dann mit einfachen Schnüren wieder an den Armstümpfen befestigt worden. Pedro zieht erstaunlich gut erhaltenen Stoff zur Seite. Der Leib des Toten wirkt unnatürlich. Pedro erklärt: „Es gab einen einheitlichen Bestattungsritus. Bevor die Toten der Erde übergeben wurden, verfuhr man mit ihnen nach genau vorgeschriebenen Zeremonien! Man hat dem Toten das Gehirn entfernt und stattdessen ein Gemisch aus Asche und Stroh eingefüllt. Sämtliche Innereien wurden dem Leib entnommen und durch einen Brei aus Gras, Asche und Fischleim ersetzt. Manchmal mengte man auch Tierblut bei!" Ich steige wieder aus dem Loch.

Pedro und seine Gehilfen sind mehr als zufrieden. Der Tote war mit mehreren kunstvoll gestalteten Tongefäßen bestattet worden. Besonders angetan sind die Männer von einigen kleinen Tonfiguren. „Das sind die Diener, die dem Verstorbenen im Jenseits zur Hand gehen sollen!" Sorgsam werden die archäologischen Kostbarkeiten in Säcken verstaut. Kein Wissenschaftler wird sie je zu sehen bekommen. Sie werden in privaten Sammlungen reicher Nordamerikaner verschwinden. „Dieser Fund bringt jedem von uns mehr Dollars ein, als wir in einem ganzen Monat mit anderer Arbeit verdienen können! Und die Gringos wollen nun einmal archäologische Schätze besitzen! Wenn wir sie nicht beliefern, dann tun es andere!"

Bevor das so schnell ausgehobene Loch wieder zugeschüttet wird, steigt Pedro noch ein letztes Mal die Strickleiter hinab – bewaffnet mit einem Beil. Was hat er vor? Ein Krachen und Splittern ist zu vernehmen. Pedro später, auf dem Rückweg: „Wir berauben die Toten! Wir ziehen uns ihren Zorn zu! Wir fürchten ihre Rache!" Geht denn Gefahr von totem Gebein aus? Pedro bleibt stehen. „Es ist zu befürchten, dass der Geist eines Toten in seinen Körper zurückkehrt. Als Zombie kann er dann in die Welt der Lebenden zurückkehren und sich an Menschen rächen, die ihn bestohlen haben!“ Ich will wissen, ob Pedro jetzt Angst hat. „Nein!“, antwortet er. „Dieser Tote wird nicht mehr aus seinem Grab herauskriechen! Ich habe ihm die Beinknochen zerschlagen. Und das Rückgrat!“

Stunden später stehe ich unter der heißen Dusche meines Hotelzimmers. Ich denke über die Angst der Grabräuber vor der Rache der beraubten Toten nach. Über ihre panische Angst vor auf Rache sinnenden Zombies. Und noch nach Tagen meine ich den unangenehmen Geruch der Mumie in der Nase zu haben. Von albtraumartigen Träumen, in denen Zombies eine nicht unerhebliche Rolle spielen, will ich lieber schweigen!

Zombies in Peru

Der Glaube an aus dem Reich der Toten zurückkehrende Zombies war einst in Südamerika weit verbreitet. Der österreichische Gelehrte Hans Schindler: „Mit der Christianisierung wurden Zombieüberlieferungen weitestgehend verdrängt und durch die neue Glaubenslehre ersetzt. Im Christentum ist kein Platz für solche Kreaturen der Nacht! Offiziell kennt keiner mehr die Furcht einflößenden Überlieferungen.“ Im Volksglauben haben sie sich freilich bis in unsere Tage erhalten. Nicht nur unter Grabräubern. Auch unter Grabwächtern. Nicht nur in Chile, sondern auch in Peru!

Seit Erich von Dänikens Weltbestseller „Erinnerungen an die Zukunft“ ist die riesige Ebene von Nasca zu einer Touristenattraktion geworden. Unzählige Menschen strömen in das winzige Wüstendorf. Mit Begeisterung fliegen sie über eines der Weltwunder, die unsere Erde zu bieten hat. Nur aus der Vogelperspektive sind gewaltige Scharrzeichnungen auszumachen: solche von Tieren unvorstellbaren Ausmaßes. Selbst aus Weltraumstationen machten Astronauten die imposanten Bahnen aus, die im Nichts beginnen und sich kilometerweit erstrecken, schnurgerade durch

Ein „Bewohner" des „Cementario von Chauchilla".

Wandeln Skelette wie dieses zu mitternächtlicher Stunde als Zombies umher?

die Wüste laufen und ebenso abrupt enden, wie sie begonnen haben. Wer schon einmal das Geheimnis von Nasca vom Flugzeug aus studiert hat, der kommt nicht umhin zuzugeben, dass Däniken mit seiner Hypothese Recht haben könnte. Vielleicht sollten Linien und Tierbilder tatsächlich die fliegenden Götter der Vorzeit zur Rückkehr zur Erde bewegen.

Nur wenige Kilometer von Nasca entfernt soll es Zombies gegeben haben. Wer das Vertrauen alteingesessener Menschen gewinnt, so schwer das auch ist, dem erzählen sie hinter vorgehaltener Hand Geschichten über den „Ort des Schreckens". Heute sind es nur noch sehr wenige Wissende, die die alten Überlieferungen kennen. Morgen oder übermorgen werden sie in Vergessenheit geraten sein. Dabei ist der unheimliche Friedhof einfach zu finden. Man fährt von Nasca auf der Panamericana nach Lima. Vier Kilometer nach Nasca geht ein Weg ab. Nach knapp 15 Kilometern erreicht man den „Cementario von Chauchilla“. Einst wurden hier auf einigen Quadratkilometern Tausende, vielleicht Zehntausende begraben. Wer waren die Toten? Mit Sicherheit vermag dies heute kaum jemand mehr zu sagen. Einig sind sich die Archäologen freilich in der Datierung. Die Toten wurden vor „mehreren Jahrtausenden“, lange vor der Inka-Zeit, bestattet.

Der „Ort des Schreckens“ – ein gruseliger Friedhof aus der Vorinka-Zeit.

Auch hier waren und sind Grabräuber seit vielen Jahrzehnten aktiv. Hunderte Ruhestätten wurden entdeckt, mit pietätloser Gewalt geöffnet und geplündert. Pietätlos ging man mit den Gebeinen um. Man warf sie zum Teil aus den Gräbern, ließ sie einfach liegen. Wer heute über den staubigen Friedhof geht, stellt schaudernd fest, dass überall Knochen und Knochensplitter herumliegen ... von Men-

Die Toten von Chauchilla – ihre bleichen Schädel scheinen zu lachen!

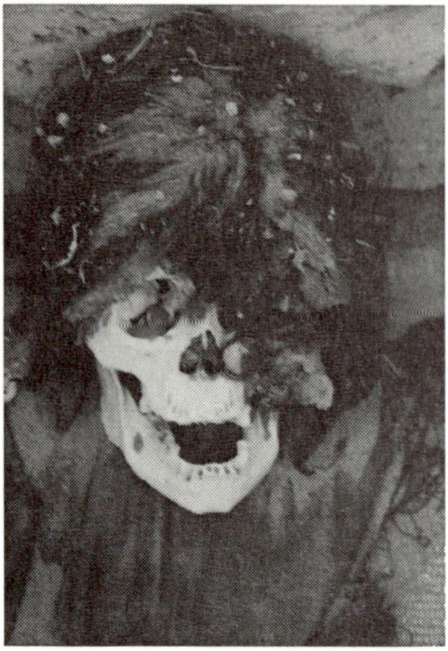

Detailaufnahme!

schen, die hier einmal lange vor der Zeit der Inka zur letzten Ruhe gebettet worden waren. Immer noch werden Gräber entdeckt, die den schatzsuchenden Plünderern entgangen waren. Einige davon hat man geöffnet und nicht wieder zugeschüttet. In hockender Stellung kauern die Toten darin. Ihre Leiber – wohl nur noch Skelette – sind in einfache Gewänder gehüllt. Manche sehen wie gefesselt aus. Ihre Totenschädel liegen, manchmal seltsam schief, auf den Schultern. Am besten sind die Haare erhalten.

Hans Schindler zum Verfasser: „Früher wurde der Friedhof von Chauchilla bewacht, weil sich die Menschen vor Zombies fürchteten. Sie nahmen an, dass die Toten in die Welt der Lebenden zurückkehren, als lebende Leichen nur von Rachegefühlen beseelt! Sie suchten angeblich jene auf, die sie für ihren Tod verantwortlich machten. Oder die Nachkommen ihrer Mörder. Oder solche Menschen, die ihre Ruhe gestört hatten." Jahrelang erforschte der Gelehrte archäologische Stätten in Südamerika. So gewann er das Vertrauen auch von Menschen, die sonst niemandem ihr Wissen über die Kreaturen der Nacht anvertrauten. Sie erzählen ängstlich um sich blickend leise flüsternd über Zombies. Besonders häufig sollen diese Furcht einflößenden Geschöpfe beim Friedhof des Schreckens aufgetreten sein. Noch 1992 wurden dem Verfasser Storys bestätigt, die als Vorlagen für einen Horrorfilm geeignet wären ...

Im September des Jahres 1913 waren wiederholt einige Jugendliche nachts auf den Cementario geschlichen, um Gräber zu öffnen und zu plündern. Sie hofften weniger auf Keramiken als auf Gold. Mehrfach hatten sie vergeblich nach wertvollem Schmuck gesucht, als eine gespenstische Erscheinung die jungen Männer so sehr in Angst und Schrecken versetzte, dass sie sich bis ans Ende ihrer Tage nie mehr auch nur in die Nähe des antiken Friedhofs wagten. Sie waren überzeugt, von Zombies vertrieben worden zu sein. Die Toten seien in die Welt der Lebenden zurückgekehrt, um die Menschen daran zu hindern, weiterhin die uralten Grabstätten zu schänden.

Die drei jungen Burschen hatten begonnen, ein Loch auszuheben. Sie hatten eine Stelle ausgewählt, in deren Nähe sie schon mehrere Gräber entdeckt hatten. Bislang hatten sie allerdings die erhofften Schätze nicht gefunden, nur gut erhaltene Skelette in morsches Leinen gehüllt und einige Keramiken. Ihr Loch war schon mehr als mannstief, da vernahmen sie ein undefinierbares Geräusch. Sofort hörten die jungen Männer auf zu graben. Als sie aus dem Loch lugten, machten sie in einiger Entfernung so etwas wie ein Licht aus. War man ihnen auf die Schliche gekommen? Das Licht, zunächst mehrere hundert Meter entfernt, kam immer näher. Die Gestalt war in einen langen Umhang gehüllt und trug eine flackernde Laterne. Als sich der Wind drehte, meinten die Grabräuber den Geruch von Moder wahrzunehmen und das Klappern von Knochen zu hören. Schließlich schien das Wesen sie entdeckt zu haben und kam auf ihre Grube zu. Es ächzte und stöhnte dabei.

Vor Angst wie gelähmt beteten die drei Burschen um himmlischen Beistand. Die Kreatur blieb stehen. Im Mondlicht war nun zu erkennen, dass sie nicht das Gesicht eines lebenden Menschen hatte … sondern die grinsende Fratze eines Totenschädels. Langsam hob der Zombie einen Arm und deutete mit seiner Knochenhand in Richtung der zitternden Schatzsucher. Der Zombie – und nichts anderes konnte das Wesen nach Ansicht der Männer in der Grube sein – drehte sich um und gab einen heulenden Laut von sich. Da erhoben sich in einiger Entfernung zwei, drei ähnliche Gestalten und wankten zielstrebig in Richtung der Grabräuber. Hatte ihr letztes Stündlein geschlagen? Die Gestalten näherten sich ihnen. Waren sie den Zombies hilflos ausgeliefert? Konnten sie mit ihren einfachen Werkzeugen die Kreaturen der Nacht abwehren? Plötzlich wich die von Angst verursachte Starre von ihnen. Sie sahen nur eine Chance: Flucht vor den Unheimlichen. In Rekordgeschwindigkeit verließen die jungen Männer das Erdloch und rannten so schnell wie noch nie im Leben davon. Ihre Werkzeuge ließen sie zurück.

Einer von ihnen drehte sich in sicherer Entfernung noch einmal um. Vier Zombies starrten in das Loch, das die Burschen ausgehoben hatten. Hinter ihnen stand der Vollmond tief am Himmel ... hinter den unheimlichen Wesen. Für Sekunden meinte der entsetzte junge Mann erkennen zu können, dass es lebende Leichen waren, wandelnde Skelette, an deren Knochen Reste von mumifiziertem Fleisch hingen.

Der kompetente Hans Schindler zum Verfasser: „Für viele Menschen aus Chauchilla waren die jugendlichen Grabräuber von Zombies vertrieben. Als moderner Wissenschaftler darf ich an eine solche Erklärung nicht glauben. Gibt es eine bessere, eine natürliche?“ Tatsächlich liegt eine realistischere Lösung auf der Hand. Der Friedhof von Chauchilla wird schon seit Jahrzehnten von professionellen Grabräubern heimgesucht, die mit den Archäologen eine Art Wettkampf austragen. Waren die Zombies nichts anderes als Grabräuber, die sich unliebsame Konkurrenz vom Leibe halten wollten?

Ein Zombie in der Südsee?

Seit mehr als zwanzig Jahren bereist der Verfasser die Welt – stets auf der Suche nach archäologischen Rätseln, stets für neue Bücher recherchierend. Zu den mysteriösesten Orten unseres Globus zählt ohne Zweifel Ponape, Mikronesien. Auf rund 100 künstlich geschaffenen Inseln wurden hier vor Ewigkeiten unvorstellbare Bauten geschaffen. Selbst nüchterne Wissenschaftler sprechen von einem „achten Weltwunder“. Aus tonnenschweren Basaltsäulen errichteten unbekannte Architekten riesige Komplexe, deren Sinn sich uns entzieht. Welche Werkzeuge wurden benützt?

Metall stand den Steinmetzen angeblich nicht zur Verfügung. Wie wurden die kolossalen Steinsäulen vom „Steinbruch" zig Kilometer weit transportiert? Fragen über Fragen, auf die es bis heute keine eindeutigen Antworten gibt.

Hinter dieser Mauer soll noch heute ein Zombie hausen.

Auf einer der künstlichen Inseln, Temwen genannt, wurde vor mehr als 500 Jahren König Iso Kalakal bestattet. 1907 störte – und das ist historische Tatsache – Regierungsrat Victor Berg seine Totenruhe bei ar-

Monumentale Steinmauern hüten ein gespenstisches Geheimnis der Südsee.

chäologischen Ausgrabungen. Oder sollte man besser sagen: bei der Schatzsuche? Wie auch immer: Kurz darauf starb er aus „ungeklärten Gründen". Seither spukt es angeblich in den Ruinen. Kein Eingeborener wagt es heute, zu Beginn des dritten Jahrtausends nach Christus, sie nachts zu betreten! Aber auch heute noch wird gemunkelt, der einst mächtige Mann geistere nach wie vor als Zombie durch das uralte Gemäuer.

Hanne Günzel*, 29, hatte vor Ort ein wahrhaft gespenstisches Erlebnis. Auch sie ist felsenfest davon überzeugt, einem Wesen aus dem Jenseits begegnet zu sein. Einem Zombie? Sie war beim Schnorcheln vor der Insel Ponape. Doch statt schöner Erinnerungen an die faszinierende Unterwasserwelt ist ihr ein Albtraum geblieben – von einer wahren Begebenheit. Begegnete ihr ein Zombie?

Hanne in ihrem Brief an den Verfasser: „Von der kleinen Hauptstadt Kolonia fuhr ich mit einem gemieteten Motorboot zu den künstlichen Inseln mit ihren riesigen Steinbauten. Ich machte es an einem kleinen Eiland fest und schnorchelte im flachen, warmen Wasser. Herrliche buntglänzende Fische schienen zum Greifen nahe. Plötzlich kam ich über eine tiefere Stelle. Weit unten meinte ich steinerne Särge erkennen zu können! Panik befiel mich! Plötzlich war mir eiskalt. Ich schwamm hastig an die kleine Insel. Über eine steinerne Treppe stieg ich empor. Ich ging auf einem Weg durch zwei gewaltige Mauern. Vor einem wuchtigen, gedrungenen Bau setzte ich mich auf einen Stein. Plötzlich spürte ich extreme Angst. Etwas kam von hinten auf mich zu, begleitet von eisigem Wind – und das bei 30 Grad im Schatten! Eine eiskalte Knochenhand legte sich auf meine nackte Schulter. Es stank ganz widerlich nach Verwesung! Mir blieb fast das Herz stehen! Panisch vor Angst floh ich ins Boot. Der Motor sprang sofort an. Nichts wie weg! Ich spinne nicht: Ich habe einen echten Spuk erlebt … in der Südsee!"

Was für einen Spuk? Hanne: „Zurück in der Heimat habe ich eingehend wissenschaftliche Literatur über mein mysteriöses Erlebnis auf der Südseeinsel studiert. Meiner Meinung nach war es der tote König, der mich so in Angst und Schrecken versetzt hat – ein Zombie!"

Durch dieses riesige Steintor soll der Zombie gegangen sein.

Zombies – Pendler zwischen den Welten

Wer die Welt bereist und die rätselhaftesten Stätten unseres Globus besucht und unvoreingenommen den Erzählungen der Menschen lauscht, der erfährt immer wieder Merkwürdiges. Wer in wissenschaftlichen Spezialbibliotheken stöbert, findet es bestätigt: Weltweit ist das Phänomen der Zombies bekannt: Verstorbene kehren aus der Welt des Jenseits in die des Diesseits zurück. Der Tod wird nicht als endgültiges Aus angesehen, sondern als eine Schwelle, die in beiden Richtungen überschritten werden kann. Wer freilich annimmt, dass ein solcher Glaube nur bei fremden, exotischen Völkern (die wir voreilig abwertend als „primitiv" bezeichnen) existiert, der irrt. Bei meinen Recherchen zu meinem Buch „Das große Buch der Esoterik" stieß ich wieder auf eine alte volkstümliche Legende, die ich schon als Kind in meinem oberfränkischen Geburtsort gehört hatte. Darin wird die Möglichkeit erörtert, die Grenze zwischen Leben und Tod zu überwinden – in beide Richtungen. Nichts anderes tun bekanntlich die Zombies!

In seinen stets gut besuchten Vorträgen rezitiert der Heimatdichter Andreas Motschmann, Staffelstein, auch besagte Sage. Nicht nur die Mythen der Vorzeit haben es verdient als Erbgut der Menschheit erhalten zu werden, auch die häufig nur mündlich überlieferten Sagen der eigenen Heimat dürfen nicht sterben. Ich darf aus der von Elisabeth und Konrad Radunz herausgegebenen Sammlung „Sagen und Legenden des Lichtenfelser Landes" (Meister-Druck, Lichtenfels 1996) zitieren:

„Vor langer Zeit wohnte eine fleißige Magd mit ihrem Söhnchen bei einem Bauern in Wallersberg, dem Ort über der Weihersmühle. Es war gerade Sommer und die Ernte sollte eingebracht werden. Der Bauer, die Bäuerin, der Knecht und auch die Magd schickten sich an einem heißen Augusttag an, mit ihren Sensen und Sicheln aufs Feld zu gehen, um das Getreide zu schneiden. Um den Weg abzukürzen, wählten sie einen schmalen Feldrain, der zwischen zwei Getreidefeldern lag. Der Bauer und der Knecht schritten schnell voran, während die Bäuerin und die Magd, der ihr fünfjähriges Knäblein gefolgt war, zwischen den hohen Getreidehalmen langsam vorankamen."

Vergeblich forderte ihn die Mutter zur Eile auf. Der Bub blieb immer wieder stehen und pflückte Blumen. Er fiel immer weiter zurück – und war plötzlich verschwunden, wie vom Erdboden verschluckt. Verzweifelt wurde er gesucht, doch vergeblich. „Jahre gingen ins Land. Im Dorf hat man oft von dem verschwundenen Knaben gesprochen. Nach genau zehn Jahren aber, als die Magd denselben Feldrain entlangging wie damals, als sie das Kind verloren, trat ihr an der Stelle, an der die meisten Kornblumen wuchsen, ein Jüngling entgegen. Es war ihr verschollener Bub. Auf die Frage der erschrocken und doch überglücklichen Mutter, wie das alles zugegangen sei, erzählte ihr der Junge von seinem seltsamen Erlebnis." Das Kind hatte zehn Jahre im Jenseits verbracht, das nach der alten fränkischen Überlieferung räumlich sehr nah gewesen sein muss. Der Jüngling erzählte: „Als ich mit meinem Kornblumenstrauß zu dir laufen wollte, stand ich plötzlich vor einem großen Felsentor. Unter diesem war ein Mann, der mir freundlich zunickte. Ich sollte es gut bei ihm haben, ich sollte weder Hunger noch Durst leiden, sollte alle Tage sechs Kreuzer bekommen und alle Jahre ein paar Schuhe. Nur eines musste ich ihm versprechen, dass ich das Felsentor öffnen sollte, sobald von der Kirche ein Leichenzug zum Friedhof geläutet wurde. Auch durfte ich mit den Vorbeigehenden nicht reden noch ihnen nachsehen, wohin sie gingen."

Der Knabe willigte ein und übernahm die ihm zugeteilte Aufgabe. Bald wird deutlich, dass es sich bei dem steinernen Tor von Wallersberg um den Eingang ins Jenseits handelte. Lassen wir den Erzähler wieder zu Wort kommen: „So bin ich geblieben und es ging mir gut. Da sind viele Bekannte von Wallersberg und Amstein an mir vorübergegangen. Zuletzt gar der Herr Pfarrer. Da wollte ich doch schauen, wohin er gehen wollte, und ich schaute ihm nach. Da sah ich eine große Stube, in der saßen alle die Bekannten, die ihm vorausgegangen waren und viele Leute, die ich nicht kannte."

Damit hatte der Knabe dem Verbot zuwider gehandelt und gesehen, wohin die Toten gingen. Er durfte nicht länger bleiben und musste durch das Tor in die Welt der Lebenden zurückkehren. Dazu der grenzwissenschaftliche Bestsellerautor Jacques Bergier zum Verfasser: „Seit Jahrtausenden fürchtet sich der Mensch vor dem Tod. Wir kennen schon aus der griechischen Antike Sagen wie die von Orpheus, der in die Unterwelt vordrang, um seine verstorbene Geliebte Eurydike zurück in die Welt der Lebenden zu holen. Ein lebender Mensch dringt in das Reich der Toten ein. Das Gegenstück dazu sind dann ohne Zweifel Albträume von den Zombies! Sie handeln von monströsen Kreaturen der Nacht, die aus der Welt der Finsternis in die des Lichts eindringen! Jetzt sind es die Toten, die die Lebenden besuchen."

Zombies in Deutschland

An vielen der mysteriösesten Orte der Welt – von der Osterinsel bis zu den südindischen Tempeln – verfallen unzählige Denkmäler der Vergangenheit. Es zerbröckeln aber nicht nur antike Statuen. Auch das seit vielen Generationen überlieferte mündliche Erbe der Vergangenheit droht mit den letzten Wissenden auszusterben. In Ländern der dritten Welt lässt sich das noch am leichtesten „erklären". Wo den Menschen das Allernötigste zum Überleben fehlt, wo Millionen in Elend leiden, da ist das Interesse an Archäologie und Mythologie denkbar klein. Aber auch in unseren Gefilden wird die mündliche Tradition sträflich vernachlässigt. Aber auch heute noch gibt es hauptsächlich, ja fast ausschließlich auf dem Land immer noch Wissende, die uralte Überlieferungen kennen – noch. Es ist höchste Zeit, dass vor Ort Menschen wie Elisabeth und Konrad Radunz oder der Heimatdichter Andreas Motschmann die mündlichen Überlieferungen der Heimat schriftlich festhalten. Es müsste viel mehr Bücher wie „Sagen und Legenden des Lichtenfelser Landes" geben.

Richard Kühnau weist in seinem dreibändigen Werk „Schlesische Sagen" (Leipzig 1910–1913) darauf hin, dass nach uralter Überlieferung die Kreaturen der Nacht die Menschen bestrafen, die ihre Totenruhe stören. Zombies, die in der deutschsprachigen Tradition Wiedergänger genannt werden, erscheinen aber nicht nur jenen, die sich etwa abends neugierig auf den Friedhof wagen, von Plünderern ganz zu schweigen. Auch wer die lieben Toten nicht gebührend ehrt, der muss nach alter Überzeugung mit unheimlichen Besuchern rechnen. Besonders gefährdet sind, so Kühnau, Witwen. Besonders rachsüchtig sind, Will-Erich Peuckert betont diesen Sachverhalt in seinem Buch „Schlesische Sagen" (Jena 1924), vernachlässigte Tote. Sie erscheinen ihren Witwen, um sie nachhaltig an ihre Pflichten den Verstorbenen gegenüber zu erinnern.

Ehrenvolle Bestattungen wurden auch deshalb schon vorgenommen, weil man den Toten keinen Grund geben wollte, sich gekränkt zu fühlen. Man nahm nämlich an, dass beleidigte Tote ihren Groll ob einer unangemessenen Beisetzung an den verantwortlichen Lebenden auslassen würden. An alle Eventualitäten wurde gedacht: Wie sollte man zum Beispiel Ertrunkene besänftigen, deren tote Körper nicht auffindbar waren? Da ihre physische Hülle nicht greifbar war, wurden Scheinbeerdigungen zelebriert. In der Hoffnung, dass so die schon durch den gewaltsamen Tod gepeinigten Jenseitigen besänftigt werden könnten. Andererseits gab es aber auch über Jahrhunderte hinweg den Brauch, Tote im

Nachhinein für ein vermeintlich unfrommes oder gegen biblisches Gebot verstoßendes Leben zu bestrafen, indem man ihnen eine christliche Beerdigung verweigerte. Man nahm dabei in Kauf, dass sie als gefährliche Wiedergänger umgingen und den Lebenden zu schaden versuchten. Franz Kondziella berichtet ausführlich über dieses lang und weit verbreitete Brauchtum in seinem wissenschaftlichen Werk „Volkstümliche Sitten und Bräuche im mittelhochdeutschen Volksepos“ (Breslau 1912).

Zombies erscheinen nach alten deutschen Überlieferungen aber nicht nur, weil sie von Eindringlingen aufgeschreckt wurden. Die Wiederkehr in die Welt der Lebenden wird auch als Strafe für die Toten angesehen. Der wissenschaftliche Nachweis für diese uralte Überzeugung gelang Anton Pfalz 1914. In seinem Standardwerk „Marchfeld“ (Wien 1914) führt er aus, dass es nach ländlicher Tradition so etwas wie ein Lebensbuch gibt. Darin ist festgelegt, wie das Leben eines Menschen eigentlich zu verlaufen hat. Dem Menschen bleibt zunächst trotzdem der freie Wille. Er kann vom Lebensplan abweichen, durch eigene Schuld früher sterben als vorgesehen. Dann muss er nach seinem Tod als Kreatur der Nacht zwischen Abend und Morgen so lange wieder in der Welt der Nach-Lebenden erscheinen, bis er die im Lebensplan vorgesehenen Lebensjahre abgeleistet hat. Betroffen sind übrigens auch solche Tote, die durch Fremdverschulden – etwa Mord – früher ins Jenseits abgetreten sind. Die Wiedergänger versuchen dann auch in das Leben der Irdischen einzugreifen. Das kann zu bösen wie zu guten Taten führen. Von manchen Wiedergängern geht höchste Gefahr aus. Sie versuchen Menschen, die ihnen im irdischen Leben wichtig waren, ins Jenseits zu holen.

Nachzehrer

Solche gefährlichen Besucher aus dem Jenseits werden als Nachzehrer bezeichnet. Die Herkunft dieses Ausdrucks ist nicht eindeutig geklärt, kann aber auf das Wort „nachziehen“ zurückgeführt werden: „Der Tote zieht einen Lebenden nach sich ins Grab.“ Nach alten Überlieferungen gewinnen Nachzehrer als

Tote über die Lebenden Macht, indem sie eine ganz besondere Form von Magie einsetzen. Dazu benützen sie Gaben, die man ihnen mit in die letzte Ruhestätte gelegt hat, die einem Lebenden gehören, etwa Kissen oder Tücher. Wenn dem Toten gar Kleidungsstücke angelegt wurden, die aus dem Besitz eines Lebenden stammen, dann kann der Tote dadurch Gewalt über den Lebenden gewinnen, ihn durch Magie auch aus der Distanz töten. Nach einer vermutlich schon Jahrtausende alten Vorstellung gelangt der Tote so auch auf weite Entfernung in unmittelbaren Kontakt mit einem Lebenden. Decken oder Kleidungsstücken wohnt so etwas wie die Lebenskraft des Besitzers inne. Indem der Tote eben diese Kraft manipuliert, sie an sich zieht, saugt er aus der Entfernung dem Lebenden genau diese Kraft aus dem Leib. Diese Form des Zaubers ist typisch für Voodoo-Magie.

Nach der Lehre der Voodoo-Priester gibt es eine direkte Verbindung zwischen beispielsweise einem Lebenden, einem Kleidungsstück aus dem Besitz dieses Lebenden und dem Magier. Indem er das Kleidungsstück für seine Praktiken benützt, indem er stellvertretend dem Stoff Schaden zufügt, schwächt oder verletzt, ja tötet er den Besitzer. Nach einer ursprünglich weit verbreiteten Vorstellung kaut der Tote an einem Kleidungsstück oder einer Decke, entzieht ihr so die Lebenskraft, die ihr noch anhaftete. In entsprechendem Maße siecht dann der lebende Besitzer dahin. Man ging nämlich davon aus, dass eine unsichtbare Verbindung zwischen Mensch und persönlichem Besitz besteht. Nach dieser Vorstellung geht der Begriff Nachzehrer auf verzehren zurück. Indem der Tote beispielsweise an einem Stück Stoff saugt, entzieht er auf Distanz dem Besitzer die Lebenskraft. Er siecht dahin, stirbt und folgt seinem toten Mörder ins Grab.

So fremdartig uns heute solche Vorstellungen vorkommen, sie waren vor wenigen Generationen in Deutschland (wie auch in Österreich und der Schweiz) weit verbreitet. Sie bestimmten in starkem Maße die feierliche Ausrichtung von christlichen Bestattungen. Unzählige ganz konkrete Regeln wurden eingehalten, die heute weitestgehend in Vergessenheit geraten sind. Jacob Grimm hielt viele von ihnen in seinem dreibändigen Werk „Deutsche Mythologie“ (Berlin 1875–1878) fest. Willibald von Schulenburg konzentrierte sich bei seinen sorgsamen Recherchen auf den Spreewald, beschrieb ausführlich das Brauchtum im Zusammenhang mit der Totenpflege. Die in jener Region damals noch lebenden Sitten wurden besonders in abgelegenen Regionen des deutschsprachigen Raums in gleicher oder mehr oder minder abgewandelter Form bis weit in das 20. Jahrhundert hinein ausgeübt. Auch heute noch ist Schulenburgs Werk „Wendische Volkssagen und Gebräuche aus dem Spreewald" (Leipzig 1880) lesenswert.

- Die Totenpflege wurde nicht professionellen Bestattern überantwortet. Zuständig waren – nach genau ausformulierten Vorschriften – Verwandte und Nachbarn. Sie achteten darauf, mit größtmöglichem Respekt mit dem Toten umzugehen, um sich nicht seinen Zorn zuzuziehen. So sollte verhindert werden, dass er als Wiedergänger Rache nahm.
- Großen Wert wurde auf Totenschmuck gelegt, bestehend aus üppigen Blumensträußen, speziellen Bändern, Schleifen und Zierdecken. Nichts davon durfte zu nahe an den Mund des Verstorbenen geraten. Die Angst, er könne als Nachzehrer Angehörige aus dem Grab heraus töten, war groß und weit verbreitet im deutschsprachigen Raum.
- Gelegentlich legte man dem Verstorbenen eine Münze oder einen Stein in den Mund. Daran sollte er sich, so er sich zum Nachzehrer entwickeln würde, sprichwörtlich die Zähne ausbeißen.
- Vom Priester geweihte Grabbeigaben wie ein Kreuz als Holunderholz, Rosenkranz, Heiligenbilder, Gebetbuch, Bibel, aufgeschlagenes Gesangbuch dienten ursprünglich als Abwehr der Lebenden gegen den Toten. Sie sollten ihn daran hindern, als Zombie wiederzukehren und den Menschen Schaden zuzufügen.
- Grundsätzlich konnte jeder Mensch nach seinem Tode zum Wiedergänger und Nachzehrer werden. Als besonders gefährdet galten jene Menschen, die schon mit Zähnen geboren worden waren. In solchen Fällen wurden besondere Vorkehrungen getroffen. Sie wurden mit dem Gesicht nach unten begraben.

- Nach der Bestattung wurde auf eventuell aus dem Grab kommende Geräusche geachtet. Falls ein Schmatzen zu vernehmen war, wurde im Beisein des Priesters der Tote wieder ausgegraben. Man schlug den Toten die Köpfe ab oder pfählte sie. W. J. A. von Tettau und J. D. H. Tempe vermelden solche und ähnliche erschreckende Praktiken in „Die Volkssagen Ostpreußens, Litthauens und Westpreußens“ (Berlin 1837).

Noch mehr Zombies in Deutschland

Andere sind hilfreich und umsorgen als Tote so gut sie das können die Menschen, die sie noch immer lieben.

In Ländern der Dritten Welt gelten solche Überzeugungen, die im christlichen Europa heute als Aberglaube abgetan werden, nach wie vor als relevant. Das hat bedeutsame Konsequenzen. Wo Begegnungen mit Kreaturen der Nacht zumindest für möglich gehalten werden, dort nimmt noch mancher Zeitgenosse rätselhafte Begebenheiten wahr. Wer sein Gehirn sozusagen vorprogrammiert mit „Solchen Humbug gibt es nicht!“, der registriert so manches nicht, was um ihn herum geschieht. So schränkt der moderne Mensch seine Wahrnehmungen ein. Was keineswegs heißt, dass nicht auch heute unheimliche Begegnungen mit Kreaturen der Nacht stattfinden! Solche Kontakte gibt es immer noch, sie werden aber im Gegensatz zu früher meist verschwiegen. Wer möchte sich schon gern lächerlich machen, wer möchte schon als „nicht ganz richtig im Kopf“ gelten, weil er Erlebnisse hatte, die es nach landläufiger Meinung nicht geben dürfte.

Ein konkretes Beispiel aus dem Deutschland unserer Tage sei angeführt: Nach einem anstrengenden Tag im Büro wollte Irmgard Sauter*, 26, noch einen Spaziergang unternehmen. Die Detmolderin fuhr auf einer Nebenstrecke in den Wald und marschierte los.

„Gegen 20 Uhr ging ich los. Es war ein kühler Abend, die saubere Luft tat mir gut. Meine Kopfschmerzen waren bald wie weggeblasen. Um 21 Uhr machte ich mich auf den Rückweg – und fand mein Auto nicht mehr. Ich hatte mich verlaufen. Es wurde bald stockdunkel und ich bekam es mit der Angst zu tun. Bald hetzte ich ziellos umher. Immer wieder meinte ich, nun ganz in der Nähe des Autos zu sein. Immer wieder zeigte es sich, dass ich mich geirrt hatte. Ich rief um Hilfe, aber niemand hörte mich."

„Ich stand vor dem Hermanns-Denkmal!"

In der Dunkelheit kam Irmgard vom Weg ab. Äste peitschten ihr ins Gesicht. Sie stolperte, stürzte, kam wieder auf die Füße und hastete weiter. „Der Vollmond stand hoch am Himmel. Gespenstische Schattenspiele entstanden. Plötzlich hörte ich Stimmen. Ich lief so schnell ich konnte in die Richtung, aus der sie zu kommen schienen. Dabei rief ich laut um Hilfe. Niemand antwortete mir. Aber die Stimmen waren deutlich zu vernehmen. Plötzlich sah ich auch ein Licht. Hatte ich ein Haus entdeckt? Vielleicht einen Aussiedlerhof? Dann erschrak ich wie noch nie zuvor in meinem Leben! Ich hatte panische Angst, wollte fliehen. Ich war aber wie gelähmt! Ich sah wenige Meter von mir entfernt so etwas wie Nebel. Eine Gestalt wankte blutverschmiert heraus. Es war ein Mann, aber kein Mensch aus Fleisch und Blut. Er war wie durchsichtig. Die Bäume, an denen er vorbeistolperte, konnte ich durch seinen Körper hindurch sehen. Dem Mann hingen die Kleider in Fetzen am Körper. Auf dem Kopf trug er so etwas wie einen Helm. Im Rennen riss er sich einen Schutzpanzer von der Brust. Er wurde immer langsamer, stolperte, fiel zu Boden. Aus dem Nebel tauchten drei weitere

Männer auf, schreiend und johlend. Sie trugen wilde Bärte. Ihre massigen Leiber steckten in Fellen. Sie stürzten sich auf den liegenden Mann. Zwei stachen mit Dolchen auf ihn ein, der Dritte schlug mit einer Keule auf seinen Kopf. Dann löste sich das Szenario in Nichts auf. Ich war wieder allein im Wald. Ich konnte mich wieder bewegen und rannte, rannte so schnell ich konnte. Wie lange? Ich weiß es nicht. Irgendwann war ich nicht mehr im Wald. Ich stand vor dem Hermanns-Denkmal. Schlagartig wurde mir klar, was ich erlebt hatte! Ich hatte Gespenster ... einen Spuk gesehen: die Ermordung eines römischen Legionärs durch Germanen! 9 n. Chr. war in der Schlacht vom Teutoburger Wald der Feldherr Varus von den Germanen besiegt worden. Je mehr ich über mein Erlebnis nachdenke: Eine andere Erklärung finde ich nicht!" Irmgard wusste wieder, wo sie war. Um drei Uhr morgens konnte sie wieder in ihr Auto einsteigen und nach Hause fahren.

Irmgard hat keinen Zweifel an der Realität ihres Erlebnisses. Für uns aufgeklärte Menschen zu Beginn des dritten Jahrtausends passt es nicht in die Realität. Vor weniger als hundert Jahren hingegen wäre ihr Bericht nicht als Unsinn abgetan worden. Man hätte ihn als Bestätigung altehrwürdigen Volksglaubens angesehen. Nach diesem kehrten Verstorbene in die Welt der Lebenden zurück, um dort „Tätigkeiten auszuüben, denen sie zu Lebzeiten oblagen". Franz Schönwerth listet in seinem Werk „Aus der Oberpfalz – Sitten und Sagen" (Augsburg, vermutlich Ende des 18. Jahrhunderts erschienen) entsprechende Beispiele auf. Priester kehren so als Geister an ihren früheren Wirkungsort zurück und lesen die Messe. Solche gespenstischen Zeremonien sind aus ganz Deutschland, aber auch Frankreich (besonders: Bretagne), Irland, Italien, Ungarn, Polen und Russland bekannt.

Zombies sind uns zu Beginn des dritten Jahrtausends vorwiegend aus Horrorfilmen ausschließlich als widerliche Kreaturen der Nacht bekannt. In der alten deutschen Überlieferung ist das Bild vom Wesen, das aus dem Totenreich in unsere Welt zurückkehrt, nicht so einseitig. Nicht wenige Wiedergänger sind Mitleid erregende Gestalten. Die weißen Frauen gehören zu ihnen, die seit Jahrhunderten in zahllosen Burgen, Schlössern und Ruinen beobachtet werden. Auch heute noch sind es Wiedergänger, die nicht erschrecken, sondern helfen. Auch dies soll durch ein Beispiel aus unseren Tagen belegt werden:

Zusammen mit einigen Arbeitskolleginnen wollte Elfi Freund*, 33, eine ausgiebige Wandertour durch die Fränkische Schweiz machen. Die geschiedene Bambergerin hatte aber Bedenken. Würde sie konditionsmäßig mit den anderen mithalten können? „Ich beschloss zu trainieren, unternahm jeden Abend stramme Märsche. Dann kam meine ‚Generalprobe'. Mit einem guten Kompass ausgestattet wollte ich nur auf Feld- und Waldwegen so schnell wie möglich 35 Kilometer zurücklegen."

Noch heute bekommt es Elfi mit der Angst zu tun, wenn sie an jenen kalten Märztag zurückdenkt. „Immer tiefer kam ich in die Einöde. Schon stundenlang hatte ich kein Haus mehr gesehen. Ich merkte, dass ich meine Kräfte überschätzt hatte, war schon sehr geschwächt. Ich musste mich ausruhen. Plötzlich sah ich auf einer Anhöhe so etwas wie eine Hütte. Ich nahm meine ganze Kraft zusammen, hielt auf den Unterschlupf zu. Der Pfad, auf dem ich ging, führte daran vorbei. Also schlug ich mich querfeldein ... Auf einem glitschigen Stein rutschte ich aus und stürzte. Der Schmerz war entsetzlich. Halb ohnmächtig blieb ich liegen. Ich bekam es mit der Angst zu tun, nahm alle Kräfte zusammen und kroch auf die Hütte zu. Endlich erreichte ich sie."

Elfi kauerte sich in eine Ecke des zugigen Verschlags. Ihr Arm war gebrochen, schmerzte höllisch. Fast genauso weh tat ihr linker Fuß. Er war angebrochen. „Ich war ein jämmerliches Häufchen Elend, fühlte nur noch Schmerz, hatte mich wohl schon aufgegeben! Immer wieder dämmerte ich ein. Plötzlich rüttelte mich jemand an der Schulter. Es war ein junges Mädchen, vielleicht zehn, zwölf Jahre alt. ‚Hier können Sie nicht bleiben! Sie erfrieren sonst!' Energisch zog sie mich auf die Füße. Der Schmerz war entsetzlich. Ich stützte mich auf sie, humpelte los. Nach qualvollen Minuten, die mir wie eine Ewigkeit vorkamen, erreichten wir ein einsam gelegenes Haus. Ich war überglücklich. Doch wo war das Mädchen? Verschwunden! Ich klopfte an die Tür. Eine einfach gekleidete Frau öffnete mir. Sie führte mich ins Haus, stützte mich dabei. Entkräftet sank ich auf einem Sofa nieder. Während die Frau nach einem Krankenwagen telefonierte, entdeckte ich das Foto eines Mädchens an der Wand. Es zeigte eindeutig meine kleine Retterin! ‚Ihre Tochter?', fragte ich. ‚Ja!', antwortete die Frau traurig. Das ist meine Maria! Sie starb vor einem Jahr an Krebs!"

Wenig später kam der Krankenwagen. Elfi: „Ich bin davon überzeugt: ein Engel hat mich gerettet! Ich wäre sonst in der einsamen Hütte erfroren!"

Man mag intellektuell solche Berichte über Zombies oder Wiedergänger als dummen Aberglauben abtun. Elfi Freund kann das nicht. „Hätte ich die Erscheinung als unmögliche Halluzination abgetan, hätte ich auf das Kind nicht reagiert. Ich wäre liegen geblieben – und erfroren. Ich bin aber lieber abergläubisch und lebendig als modern im Intellekt und tot!"

Jahrhunderte lang galten Wiedergänger in Europa nicht als Ausgeburten der Fantasie, sondern als selbstverständlicher Teil der Wirklichkeit. Diese Vorstellungen sind stark christlich geprägt. Demnach muss der sündige Verstorbene zunächst, bevor er in das eigentliche Jenseits eingehen darf, im Fegefeuer büßen. Der frühere Volksmund bezeichnete sie als arme Seelen, die sich gelegentlich Menschen im Diesseits zeigten. Warum? Vielleicht sollte dies die Lebenden zu einem besseren Lebenswandel veranlassen, der ihnen dann die Qualen des Fegefeuers ersparen würde.

Noch bis ins vergangene Jahrhundert hinein bestimmten in abgelegenen Gebieten Deutschlands Ängste vor der Rückkehr von Wiedergängern bis ins Kleinste geplante Beerdigungsrituale. So fuhr der Leichenwagen mit dem Verstorbenen nicht direkt vom Wohnhaus zum Friedhof. Es wurden vielmehr „verwirrende" Umwege eingelegt, die den Toten in die Irre führen sollten. Wenn dann die Trauergemeinde vom Friedhof nach Hause ging, bemühte man sich um möglichst schnelles Gehen. Grund: Der Tote sollte nicht folgen können.

Uralte, vermutlich weit in vorchristliche Zeiten zurückreichende Vorstellungen lebten bis ins vergangene Jahrhundert weiter. So galt es als ideal, wenn es zwischen dem Friedhof und den Wohnstätten der Lebenden ein fließendes Gewässer gab. Heutigen Zeitgenossen erscheint das unbegreiflich. Unsere Vorfahren aber wussten: wiederkehrende Zombies können „lebendes Wasser“ nicht überschreiten. Ein Bach galt als optimaler Schutz vor den heimkehrenden Toten, die sich auch im Jenseits mit der Welt der Lebenden verbunden fühlten.

Derlei Brauchtum gehörte vor wenigen Generationen in Deutschland noch zum Alltagsleben. (Eine ausführliche Beschreibung findet sich in Paul Satoris dreibändigem Werk „Sitte und Brauch“, Leipzig 1910–1914.)

In diesem Zusammenhang muss eine Frage gestellt werden: Ist unser heutiger Umgang mit unseren Sterbenden und Toten besser, menschlicher als der unserer Großväter und Urgroßväter? Gewiss, wir sind stolz darauf, so manchen „Aberglauben“ abgelegt zu haben. Doch mehr noch als sich unsere Vorväter vor den Toten fürchteten ... haben wir Angst vor den Sterbenden. Wir verbannen sie aus unseren Häusern und schieben sie in anonyme Krankenhäuser und Pflegeheime ab.

Wiedergänger einst und heute

Wiedergänger gehörten einst zum Alltagsleben. Berichte über ihr Auftauchen wurden keineswegs als ungewöhnlich oder gar sensationell empfunden. So vermerken die Chroniken von Lähn, dass der dortige Schlossherr im Jahre 1632 verstarb. Nach Richard Kühnaus Werk „Schlesische Sagen“ (Band I, Leipzig 1910) kehrte der Adelige nach seinem Tode als Kreatur der Nacht immer wieder zu den Lebenden zurück. Häufig wurde er des Nachts beobachtet, wie er hoch zu Ross vom Schlossberg aus der im Dunkel liegenden Stadt zustrebte.

Aus heutiger Sicht mögen Ansichten wie die folgende kurios, ja unglaubwürdig klingen. Demnach wurden in vergangenen Zeiten in ganz Deutschland seltsam-unheimliche Kutschen gesichtet, in denen keine Reisenden im herkömmlichen Sinn transportiert wurden, sondern lebende Tote, also Wiedergänger oder Zombies. Liest man in Theodor Bindewalds „Oberhessischem Sagenbuch“ (Frankfurt am Main 1873) oder Hedwig Correvons „Gespenstergeschichten aus Bern“ (Bern 1919) nach, so drängt sich der Eindruck auf, dass die Untoten besonders gern zu mitternächtlicher Stunde in pechschwarzen Gefährten unterwegs waren und die Welt der Lebenden, die sie so schmerzlich vermissten, als lebende Tote besuchten. Häufig wurde ein Furcht einflößender Fuhrmann mit breitkrempigem Hut und schwarzem Habitus gesehen. Benutzt wurden auch von Ochsen gezogene Wagen, die von der Welt der Toten in die Welt der Lebenden zurückkehrten, indem sie Teiche oder Seen als Übergänge wahrnahmen.

Noch 1919 soll im Weserbergland so ein Fuhrwerk gesichtet worden sein. Adelgunde Feldner* erinnerte sich an ein unheimliches Erlebnis, das sie dem Verfasser kurz vor ihrem Tode als hochbetagte Frau beschrieb: „Es war eine sternklare, sehr kalte Nacht, als ich gegen 23 Uhr vom Nachbardorf losmarschierte. Ich wählte die Abkürzung durch den Wald, benutzte den alten Postweg, auf dem in früheren Zeiten so mancher Reisende von räuberischen Banden ausgeplündert, ja ermordet wurde. Gegen halb zwölf Uhr hörte ich zunächst unverständliche Rufe, dann Pferdegetrappel. In rasender Fahrt kam ein einfaches Fuhrwerk den Berg herauf, direkt auf mich zu. Auf dem Wagen hockte eine schwarz gekleidete Gestalt, die jämmerliche Laute von sich gab. Im Mondschein sah ich, dass auf ihren dürren Schultern, zum Teil von einer schwarzen Kapuze verdeckt, ein Totenschädel saß. Ich sprang in meiner Not vom schmalen Weg, stürzte, fiel hin. Das Gefährt brauste an mir vorbei. Der Kutscher, ein schwarz gekleideter Riese, gönnte mir keinen Blick. Sein Passagier grinste mich aus zahnlosem Totenkopfmund an. Mir war, als würden die beiden schwarzen Pferde mit ihren Hufen den Boden nicht berühren. Und doch hörte ich so etwas wie lautes Hufgetrappel.“

In panischer Angst wie gelähmt blieb Adelgunde Feldner noch lange auf dem Waldboden liegen. Irgendwann rappelte sie sich auf und ging, immer noch in panischer Angst, nach Hause. Dabei hatte sie stets einen geradezu Ekel erregenden Gestank von verwesendem Fleisch in der Nase. Jahrzehntelang verschwieg Frau Feldner ihr unheimliches Erlebnis. „In jenen Jahren hat man noch offener über solche Erlebnisse erzählt als heute. Trotzdem befürchtete ich, die Leute würden sagen, ich sei nicht ganz richtig im Kopf, wenn ich über die gespenstische Begegnung im Wald gesprochen hätte. Für mich gab es aber keinen Zweifel! Damals war ein Wesen aus dem Totenreich unterwegs!"

Kutschen haben heute als Transportmittel längst ausgedient. Berichte über reisende Tote hingegen gibt es auch in unseren Tagen noch. Besonders häufig im englischsprachigen Raum treten sie auf: unheimliche Wesen, die per Anhalter fahren. Wie das folgende Erlebnis beweist, sind die Kreaturen der Nacht auch heute noch unterwegs.

Bernhard Treulein*, 32, ist ein erfolgreicher Finanzberater. In seiner knapp bemessenen Freizeit taucht er leidenschaftlich gern. Seinen letzten Urlaub verbrachte er am mexikanischen Golfo de California.

Unweit von Santa Rosalia erlebt er Gespenstisches. „Von meinem gemieteten Ferienapartment aus fuhr ich mit einem Leihwagen an die Küste. Ich suchte mir immer neue Strände zum Tauchen. Am zweiten oder dritten Tag fiel mir eine altmodisch gekleidete ältliche Anhalterin am Straßenrand auf. Sie machte einen traurigen, verhärmten Eindruck. Sie tat mir Leid und ich hielt an, obwohl ich sonst keine Anhalter mitnehme. Sie stieg wortlos ein. Am Strand gab sie mir zu verstehen, dass sie aussteigen wolle. Ich hielt an. Sie kletterte aus dem Wagen. Zurück blieb ein seltsam muffiger Geruch nach Verbranntem."

Im Verlauf seines vierzehntägigen Urlaubs nahm Bernhard die seltsame Anhalterin vier oder fünf Mal mit. „Auf meine Fragen antwortete sie nie. Sie wollte immer an der gleichen Stelle aussteigen. Dann strebte sie auf eine alte Hütte zu und verschwand hinter einer knarrenden Holztür. Am Tag vor meiner Abreise fragte ich die Vermieterin meines Apartments nach der baufälligen Hütte. Sie erschrak sichtlich, bekreuzigte sich und erzählte mir eine traurige Geschichte." Die Geschichte der Vermieterin geht Bernhard nicht mehr aus dem Sinn: „Vor 20 Jahren gab es am Strand ein stolzes Anwesen. Der greise Besitzer starb. Seine Witwe, die alte Josefa, lebte allein im großen Haus. Ihr Neffe bedrängte sie, Haus und Grundstück zu verkaufen, in ein Altenheim zu ziehen. Josefa weigerte sich. ‚Lebend bekommt mich hier keiner raus', schrie sie immer. Der Neffe strebte ein Entmündigungsverfahren an, wollte die alte Frau zwangsweise in ein Heim einweisen lassen. Dazu kam es nicht! Denn Josefa zündete das große Wohnhaus an. Es brannte vollkommen ab. Stehen blieb nur ein alter Schuppen. Josefa kam in den Flammen ums Leben. Ob sie Selbstmord beging oder ob es ein Unfall war … wer will das sagen …"

Bernhard in seinem Brief an den Verfasser: „Die Vermieterin holte einen zerknitterten Zeitungsausschnitt. Da war ein Bild von der armen Josefa zu sehen, die im Feuer starb. Mit Grausen erkannte ich: die Tote war jene unheimliche Frau, die ich mehrfach als Anhalterin mitgenommen hatte!"

Bill Ellis, amerikanischer Erforscher unheimlicher Phänomene: „Es gibt eine ganze Reihe von gut belegten Fällen, in denen offensichtlich Autofahrer Geister als Anhalter mitgenommen haben! 1994 häuften sich solche Vorkommnisse in Pennsylvania!" Und wie der Verfasser aus zahlreichen Zuschriften von Leserinnen und Lesern weiß, werden ähnliche Beobachtungen auch in Deutschland gemacht. Wo einst lebende Tote in Kutschen unterwegs waren, da werden Kreaturen der Nacht von ahnungslosen Autofahrern als Anhalter mitgenommen. Es sieht ganz so aus, als ob Wiedergänger wie vor Jahrhunderten unterwegs sind. Sie haben sich nur auf die modernen Zeiten und ihre modernen Verkehrsmittel umgestellt.

Tiere als Wiedergänger

Menschen, die sterben und als Zombies zu den Lebenden zurückkehren, werden wohl bei allen Völkern häufig beschrieben. Relativ selten sind Hinweise auf Tiere, die nach ihrem physischen Tod noch einmal als körperliche Wesen zu ihren Lieben zurückkehren. Gemeint ist damit, um Missverständnissen vorzubeugen, kein trauerndes Träumen, sondern reales Erleben. Wieder kann der Verfasser aus seinem umfangreichen Archiv schöpfen und einen interessanten Fall aus unserer modernen Zeit vorstellen.

Im Jahr 1994 starb Werner Peschners* treuer Hund Tobby bei einem Verkehrsunfall. Als unlängst Werners Ehefrau Margot einem Krebsleiden erlag, besuchte ihn der Geist Tobbys aus dem Jenseits. Daran kann es für den trauernden Witwer keinen Zweifel geben! Werner schreibt aus Österreich an den Verfasser: „Tobby war ein ganz verschmuster Kerl. Er hat uns immer gezeigt, wie dankbar er war, weil wir ihn aus dem Tierheim geholt hatten! Für uns war der kleine Kerl wie ein Kind. Leider waren uns in unserer glücklichen Ehe keine Kinder beschert. So schenkten wir unsere Liebe dem Tobby!"

Geradezu abgöttisch hing Tobby an „Frauchen" Margot. Spielsachen, die sie dem aufgeweckten Vierbeiner schenkte, verteidigte er vehement als seinen unantastbaren Besitz. Niemand durfte diesen seinen kostbaren Schätzen zu nahe kommen.

Werner Peschner weiter: „Ich hatte für Tobby in die Tür zum Garten eine Klappe eingebaut. So konnte er kommen und gehen, wann er wollte. Er spielte ja so gern im Garten. Stundenlang saß er vor Mäuselöchern, erwischte aber nie eines der Tierchen. Immer wenn Tobby aus dem Garten zurück ins Haus ging, überprüfte er erst, ob seine Spielsachen auch noch alle da waren. Erst dann fraß er etwas. Als er bei einem Autounfall verunglückte, brachten wir es nicht übers Herz, sein Körbchen und die Spielsachen zu entfernen. Auch die Klappe ließen wir in der Tür."

Dann starb Margot. Werner verfiel in tiefe Depressionen. Manchmal trank er auch zu viel. In der Nacht von Margots Geburtstag hatte er ein rätselhaftes Erlebnis, das ihm seinen Lebensmut wiedergab. „Ich lag gegen Mitternacht – völlig nüchtern – wach in meinem Bett. Traurig erinnerte ich mich an glücklichere Zeiten. Plötzlich glaubte ich meinen Ohren nicht trauen zu können. Die Klappe in der Tür zum Garten war zu vernehmen, ganz so, als ob Tobby ins Haus zurückgekehrt wäre. Sollte ein anderes Tier diesen Eingang gewählt haben? Das war bisher noch nie geschehen! Ich spitzte die Ohren. Und tatsächlich: die Stufen der Treppe knarrten. Es hörte sich genau so an, als ob Tobby heimgekehrt sei. Das war doch unmöglich! Tobby war doch tot! Die Geräusche aber waren identisch mit jenen, die er so oft hervorgerufen hatte! Mehrfach am Tag waren sie zu hören gewesen, nämlich immer wenn unser geliebter Vierbeiner wie ein wilder Blitz die Stufen heraufsauste. Diese Geräusche waren ganz typisch für Tobby. Dann war es kurz still. Ich wagte es nicht, mich zu bewegen. Tobbys Spielzeuge quiekten: sein Plastikentchen und der Ball! Es war wie früher, wie immer, wenn Tobby die Sachen ins Maul nahm. Dann knarrte die Tür zum Schlafzimmer. So, als ob Tobby sie spielerisch aufschob. Ich blieb regungslos liegen. Kurz darauf hörte ich wieder das vertraue, typische Geräusch auf der Treppe, von oben nach unten. Dann schepperte es, die Hundeklappe zum Garten wurde betätigt."

Irgendwann machte Werner das Licht an. Am Fußende des Bettes lag Tobbys Spielzeugente, die er von Frauchen geschenkt bekommen hatte. Werner: „Für mich gibt es keinen Zweifel: der Geist meines toten Hundes hat mich aus dem Jenseits besucht. Er hat mir sein Spielzeug ins Schlafzimmer gebracht. Warum? Um mir zu beweisen, dass es ein Leben nach dem Tode gibt!"

Werner ist von der Realität seines Erlebnisses überzeugt. „Was ich erlebt habe, das habe ich real erlebt und nicht geträumt!" Man mag die Ratio bemühen und „logisch" argumentierend das vermeintliche Erlebnis zerreden. Wem ist damit gedient? Der so oft pathetisch angerufenen Wahrheit? Werner Peschner jedenfalls ist jetzt felsenfest davon überzeugt, dass seine Frau in einer anderen Welt weiterlebt. „Dieses Wissen tröstet! Ich weiß jetzt, dass auch für mich das Leben weitergehen muss! Es wird auch wieder schöne Tage geben! Warum sonst hätte mich Tobby zum Spielen aufgefordert?" Wer will ihm diesen Trost nehmen?

Zombies – eine wissenschaftliche Erklärung?

Seit der Mensch denken kann, grübelt er wahrscheinlich über die Frage nach, wie es nach dem Ende des physischen Lebens weitergeht. Entstand aus der Angst vor dem Nichts nach dem Ableben die Hoffnung auf ein Weiterleben? Wurde aus der Hoffnung glaubende Gewissheit? Fanden die Menschen in allen Zeitepochen und Kulturen unterschiedliche Vorstellungen von einem Danach, weil ihnen das Leben sonst unerträglich wurde? Ersannen sie so die Religionen mit ihren Gedankengebäuden vom himmlischen Paradies und der Hölle als Gegenstück oder vom ewigen Kreislauf der Wiedergeburt? Im wissenschaftlichen Sinne werden sich diese Fragen wohl nie definitiv beantworten lassen.

Wurde aus der Hoffnung auf ein Leben nach dem Tode auch Furcht? Wenn es gutes Leben danach gibt, muss es dann nicht auch böse Weiterlebende nach dem Tode geben – die Kreaturen der Nacht? Auch die Frage, ob es Zombies gibt, wird schwer überprüfbar sein. Die Tatsache, dass man den weit verbreiteten Glauben an diese Kreaturen psychologisch erklären kann, beweist nichts. Keineswegs widerlegt wird, dass es in der Realität doch wirklich Zombies (oder unter welch sonstigen Namen diese Geschöpfe bezeichnet werden) gibt.

Wissenschaftler jedenfalls beanspruchen für sich eine Entdeckung von geradezu fundamentaler Bedeutung. Sie behaupten den Ursprung des Zombiewesens entdeckt und eine natürliche Erklärung für das gespenstische Phänomen gefunden zu haben. Ist ihnen das tatsächlich gelungen? Zweifel sind, wie sich noch zeigen wird, berechtigt.

Die Zombies von Haiti

Es geschah im Frühjahr 1918 auf Haiti. Günstige Wetterbedingungen hatten für eine hervorragende Zuckerrohrernte gesorgt. Sie war so gut, dass die Fabrikbesitzer fürchten mussten, ihre Arbeiter auf den Feldern würden es nicht schaffen, die gesamte Ernte einzubringen. So wurden Prämien ausgesetzt, die die Arbeiter zu Rekordleistungen anspornen sollten. Zusätzliche Arbeitskräfte wurden angeheuert. Trotzdem gab es immer noch ein Zuviel an Arbeit für zu wenige Kräfte. Da tauchte plötzlich Ti-Joseph du Colombier auf und stellte ein kleines Heer von Arbeitern zur Verfügung. Die in zerlumpte Kleidung gehüllten Männer arbeiteten bis zur Erschöpfung auf den Feldern. Ti-Joseph du Colombier ernährte sie mehr schlecht als recht und kassierte ihren gesamten Lohn ein.

Mit brutaler Gewalt knüppelte er auf seine Leute ein, so sie seiner Ansicht nach zu wenig Leistung brachten oder gar einmal eine Pause einlegten. Die schmerzhaften Hiebe ließen die Männer geduldig über sich ergehen, zeigten dabei so gut wie keine Reaktion.

Heutige Zombie-Forscher sind davon überzeugt: Ti-Joseph du Colombier ließ keine „normalen Arbeiter" für sich schuften, sondern Zombies: lebende Leichen. Daran lässt auch der ausführliche Bericht von W. B. Seabrock („L'lle magique", Paris 1932) keinen Zweifel. Wie Marionetten funktionierten die Männer, die eher willenlose Sklaven als Arbeiter waren. Wie Roboter schufteten sie, starrten aus toten Augen vor sich hin und reagierten nicht, wenn sie angesprochen wurden. Obwohl sie von Ti-Joseph du Colombier fern von den nächsten menschlichen Behausungen wie Tiere gehalten wurden, erfuhren immer mehr Bewohner von Croix-du-Bouquet von der Existenz dieser Kreaturen. Immer wieder erschienen Neugierige aus der Stadt, um sich die Untoten anzusehen. Denn Untote müssen es gewesen sein! Das stellte sich Ostern 1918 heraus. Da kam es zu einem Eklat.

Nach W. B. Seabrock kam es an diesem hohen christlichen Feiertag zu einer unheimlichen Begegnung zwischen den Zombies und einem Großteil der Bevölkerung von Croix-du-Bouquet. Voller Grausen erkannten die Lebenden in den Arbeitern Verwandte ... allesamt Menschen, die vor Monaten gestorben und beerdigt worden waren. Einige dachten zunächst voller Begeisterung an die Auferstehung der Toten. War der Tag des Jüngsten Gerichts angebrochen? Doch bald kamen die Menschen zur einhelligen Überzeugung, dass ihre Väter, Mütter, Brüder, Schwestern, Söhne und Töchter zwar gestorben und beerdigt, dann aber wieder ausgegraben und mittels Magie zu lebenden Leichen gemacht worden waren. „Diese Wesen mit starrem, leerem und erloschenem Blick waren keine lebenden Männer und Frauen, sondern arme Zombies, die Ti-Joseph du Colombier und seine Frau aus ihren Gräbern geholt hatten, damit sie für sie arbeiteten".

Den Berichten zufolge gelang es, den über den Zombies liegenden Zauber aufzuheben. Sie erkannten, dass sie wandelnde

Leichname waren, und schleppten sich zurück zum Friedhof. Angeblich erkannte jeder seine Grabstätte, aus der er geraubt worden war, bevor man ihn zum Zombie machte. Unmenschliche Klagelaute ausstoßend brachen die wandelnden Leichen auf ihren Gräbern zusammen. Liegend sollen einige von ihnen versucht haben, sich mit bloßen knochigen Fingern zurück in ihre Ruhestätten zu scharren. Ihre Körper wurden nun ein zweites Mal in allen Ehren bestattet. Ti-Joseph du Colombier, der Urheber des unsäglichen Unglücks, wurde ermordet. Mehrere Männer enthaupteten ihn mit ihren Macheten. Was aus seiner Frau wurde, das ist den vorliegenden Berichten nicht zu entnehmen.

So weit die Geschichte von den Zombies von Croix-du-Bouquet. Sie hat das Zeug zu einem Horrorfilm, der von sich behaupten darf, auf historischen Tatsachen zu beruhen. Ob dem wirklich so ist? Diese Frage wird sich nicht klären lassen. Keinen Zweifel kann es aber an der Tatsache geben, dass das Phänomen der in die Welt der Lebenden zurückkehrenden Untoten wissenschaftlich nachweisbar ist.

Die Rückkehr der lebenden Leichen

Im Jahr 1962 starb Narcisse Clairvius. Einige nahe Verwandte hatten ihn in das Albert-Schweitzer-Krankenhaus von Haiti eingeliefert, voller Hoffnung auf die bewunderte Ärzteschaft. Doch die Götter in Weiß konnten nicht helfen. Narcisse Clairvius erlag einem Herzschlag. Der Mann aus dem Dorf L'Eslère war offensichtlich tot. Daran konnte es für die Ärzte keinen Zweifel geben. Er atmete nicht mehr. Sein Herz schlug nicht mehr. Es gab keinen messbaren Blutdruck mehr. Die Pupillen waren starr. Es gab keinen Zweifel. Narcisse Clairvius war eindeutig tot. Die Leichenstarre machte sich schon bemerkbar. Traurig nahmen die Verwandten den Toten mit nach Hause. Auf dem kleinen Friedhof von L'Eslère wurde er nach einer einfachen Feier beigesetzt. Die Hinterbliebenen trauerten.

Achtzehn Jahre später erlebte die Schwester von Narcisse Clairvius Angelina den Schock ihres Lebens. Als sie auf dem ärmlichen Markt von L'Eslère Gemüse verkaufen wollte, lief ihr eine in zerfetzte Lumpen gehüllte Gestalt über den Weg. Der Mann mit eisgrauem Haar wirkte wie ein Schlafwandler. Sein Blick war starr. Seine Bewegungen wirkten seltsam unkontrolliert. Entsetzt wichen die Menschen zurück, ließen das seltsame Wesen passieren. „Ob es ein Zombie ist?", fragten nicht wenige Marktbesucher bang und bekreuzigten sich entsetzt. „Das ist eindeutig ein Zombie!", kommentierten andere. „Daran gibt es keinen Zweifel!"

Der Mann, der so viele Menschen in Angst und Schrecken versetzte, war ganz eindeutig jener Narcisse Clairvius, der nach sorgsamer ärztlicher Untersuchung achtzehn Jahre zuvor für tot erklärt und amtlich auf dem öffentlichen Friedhof bestattet worden war. Narcisse Clairvius aber lebte eindeutig – wieder, meinten alteingesessene Haitianer. „Voodoo-Priester haben den Toten in einen Zombie verwandelt und aus dem Totenreich in die Welt der Lebenden zurückkommen lassen!" Warum sollten sie das getan haben? Um ihre Macht über Leben und Tod zu demonstrieren.

Prof. Dr. Lamarque Douyon hörte von dem bestens dokumentierten Fall von Zombietum und beschloss, genau zu recherchieren. Der Chef des Psychiatrischen Krankenhauses in Port-au-Prince: „Der Fall ist keine Fiktion. Narcisse Clairvius wurde für tot erklärt und beerdigt. Achtzehn Jahre später tauchte er als Zombie wieder in der Welt der Lebenden auf."

Gab es eine rationale Erklärung, bei der Zauberei keine Rolle spielte? Prof. Dr. Douyon hatte schon mehrere vermeintliche Zombie-Fälle untersucht und klären können. Da hatten Menschen an Epilepsie gelitten und waren fälschlicherweise für tot gehalten worden. Andere „Zombies" waren alkohol- oder geisteskrank. Es hatte auch Fälle von Scheintod gegeben. Im Fall von Narcisse Clairvius war alles anders.

Clairvius stand einem geschäftlichen Vorhaben seiner Brüder im Weg. Die wollten nämlich den ererbten elterlichen Grundbesitz verkaufen, Narcisse tat alles, damit es dazu nicht kam. Im passenden Moment „starb" der „Störenfried" und wurde, kaum dass der Totenschein ausgestellt war, auch schon beerdigt. Lag ein Verbrechen vor? Prof. Dr. Douyons detektivische

Kleinstarbeit brachte ihn auf die Spur der Täter. Die Brüder hatten Voodoo-Zauberer damit beauftragt, ihren eigenen Bruder Clairvius verschwinden zu lassen. Sterben sollte er nicht. Vor einem Mord schreckten sie zurück. Die Voodoo-Priester schlugen einen Mittelweg vor. Sie würden das Opfer in einen Zombie verwandeln.

Für diesen speziellen Zweck stand den Voodoo-Priestern ein besonderes Gift zur Verfügung, das bei Einnahme zu einem todesähnlichen Koma führt. Die theoretische Wahrheit in Erfahrung bringen, das war eine Sache. Konkret an eine Probe des nur Eingeweihten zugänglichen Stoffes zu kommen, war weit schwieriger. Trotzdem gelang dies dem Wissenschaftler. Zusammen mit dem Botaniker Dr. Edmond Wade Davis von der renommierten Harvard-Universität entdeckte er Erstaunliches: das Geheimnis der Voodoo-Magier von Haiti, das Gift, mit dem sie Zombies machten.

Eine Analyse des Gifts ergab, dass es neben mehreren pflanzlichen Bestandteilen Extrakte aus einer großen Kröte und von einem Kugelfisch enthält. Beigemengt wurde auch pulverisierter verkohlter menschlicher Knochen, der freilich aus Sicht des Arzneimittelchemikers keinerlei Anteil an der Wirkung des Giftgemischs haben kann. Von zentraler Bedeutung: die Kröte. Nach Dr. Davis stellt sie eine lebende chemische Fabrik dar. Ihr Körper enthält Halluzinogene, Betäubungsmittel und Stoffe, die Herz und Nervensystem lähmen. Der Kugelfisch seinerseits steuert ebenfalls natürliche Nervengifte bei.

Japanische Spezialköche wissen: ein naher Verwandter des von den Voodoo-Magiern benützten Kugelfisches ist der Fugu. Jener Teil des Tieres, der das tödliche Gift enthält, muss vor der Zubereitung herausgenommen werden. In japanischen Lokalen, die die zweifelhafte „Spezialität“ reichen, muss stets ein entsprechend eingewiesener Arzt zur Verfügung stehen, der im Falle einer auftretenden Vergiftung sofort helfend einschreiten kann. Und trotzdem, so DIE WELT (17. 10. 1983), „kommt es immer wieder zu Todesfällen in Fugu-Restaurants“. Die dabei auftretenden Erscheinungen ähneln in verblüffender Weise jenen, die bei Voodoo-Opfern beobachtet werden. DIE WELT in ihrem Bericht

„Zwei Wissenschaftler auf den Spuren der Zombies": „Die Atmung wird immer flacher, bis sie praktisch nicht mehr wahrnehmbar ist, die Augen werden glasig, eine der Leichenstarre ähnliche Lähmung tritt ein."

War damit das Geheimnis der Voodoo-Priester von Haiti gelöst? Davon zeigten sich die Wissenschaftler Davis und Douyon überzeugt. Tatsächlich waren sie eines Gifts habhaft geworden, das auf Haiti den Voodoo-Priestern bekannt ist. Verabreicht man es einem Menschen, so tritt so etwas wie Scheintod ein. Er kann beerdigt und wieder ausgegraben werden. So weit, so gut. Denkbar wäre also, dass es sich bei den vermeintlichen Rückkehrern aus dem Totenreich keineswegs um durch Magie zum Leben wiedererweckte Leichen handelt. Es könnte sich vielmehr um Menschen handeln, die mit einem Spezialgift in einen Zustand des Scheintods versetzt und dann wieder aufgeweckt wurden.

Ein zentrales Problem freilich konnte nicht gelöst werden. Mit dem Giftgemisch wird ein Scheintod herbeigeführt. Wie die Wiederbelebung erfolgen soll, bleibt aber nach wie vor rätselhaft. Angeblich soll ein anderer Pflanzenextrakt auch diese Wirkung erreichen. Angeblich besteht er aus einer Mischung aus süßen Kartoffeln und der Datura-Frucht, die halluzinogene Substanzen enthält und auf Haiti „Zombie-Gurke" genannt wird. Der Dauerkonsum dieses Mittels soll dazu führen, dass der Mensch seine Umwelt im Zustand der Trance kaum wahrnimmt. Es könnte sehr wohl sein, dass vermeintliche Zombies, die als unansprechbar und roboterhaft beschrieben werden, unter dem Einfluss dieses Giftgemischs standen.

Es ergibt sich aber ein Problem: Wem besagte Giftmischung verabreicht wird, der wird unheimlich müde und träge. Schon die leiseste Anstrengung würde dann zur Qual. So einleuchtend die „Giftmischer-Erklärung" auch anmuten mag, sie kann das Geheimnis der Zombies nicht lösen. Denn Ti-Joseph du Colombier ließ 1918 unzählige Zombies Sklavenarbeit leisten. Sie schufteten, leisteten schier Übermenschliches. Und: sie wurden von Verwandten erkannt – als Verstorbene, die beerdigt worden waren. Mag sein, dass ein Spezialgift sie hätte in den Zustand des Scheintodes fallen lassen können. Mag weiter sein, dass sie auch für einige Stunden, ja vielleicht Tage in Gräbern hätten überleben können. Doch die Wiederbelebung ist ein nach wie vor ungelöstes Problem.

Spekulieren wir weiter: Vielleicht gab und gibt es auf Haiti tatsächlich Voodoo-Magier, die Menschen scheintot werden lassen können, so dass sie einige Zeit in Gräbern überleben. Vielleicht sind diese Spezialisten auch dazu in der Lage, ihre Opfer wieder zu reanimieren. Damit wäre ein spezielles Phänomen von Haiti geklärt – nicht aber das weltweit auftretende Rätsel der Zombies.

Was also sind Zombies? Fantasiegestalten oder reale Kreaturen der Nacht? Sind es böse Monster oder nur arme Teufel? Sind es Marionetten böser Voodoo-Magier?

1992 verbrachte der Verfasser eine Woche auf der Osterinsel. Dabei ergab sich die Gelegenheit zur Kontaktaufnahme mit einem Voodoo-Mann. Ich durfte sogar an einem mysteriösen Ritual teilnehmen. Einen Tag dauerte es. Sieben Personen agierten von Sonnenaufgang bis Sonnenuntergang: vier Chilenen, zwei Perua-

Das Zentrum des „Tempels" ... Utensilien für einen Voodoo-Zauber.

Die magische Voodoo-Kugel des Houngan-Man.

ner und ein Brasilianer. Der Voodoo-Zeremonienmeister nannte sich Houngan-Man.

Am frühen Morgen musste alles schnell gehen. Wolken ballten sich zusammen, Regen prasselte. Wir suchten einen Regenbogen. Und dort, wo er die Erde berührt zu haben schien, wurde dann das Ritual zelebriert. Doch zunächst mussten wir ein „Mäuerchen", etwa fünfzehn Zentimeter hoch, zwei mal zwei Meter im Quadrat, errichten. Das brachte uns blutige Hände ein. Das Zentrum dieses „Tempels" legte der Priester mit Pappe aus. Darauf zeichnete er ein kleines Quadrat aus weißlichen Steinen. Von dessen Zentrum führten vier Linien, ebenfalls aus „Steinchen" gezeichnet, nach außen. Und im Zentrum wiederum lag ein schwarzer, eiförmiger Stein, vermutlich aus Vulkangestein.

Vom Kassettenrecorder erklangen Elvis-Songs. Dazu wurden lärmende Trommeln geschlagen – vier Stunden lang. „Jetzt sind die Erdgeister angereist!", wurde mir zugeraunt. Der Houngan-Man bekreuzigte sich, warf kalkähnliche Steinchen in alle vier Himmelsrichtungen, drehte sich im Kreis. Laut rief er „Linsahmawu, Vuvulivhawe". Eine Litanei folgte. Dann wurde die Erde gesegnet. Dann: drei Stunden monotoner Gesang. Der Houngan-Man entzündete vier Kerzen. Eine Stunde verharrten wir in Schweigen. Plötzlich setzte Regen ein, verlöschte die Kerzen … Es kam mir vor, als wirkten die Wetterelemente an der schier nicht enden wollenden Zeremonie mit.

Dann erklang wieder Musik, vier Stunden Elvis, vier Stunden Trommeln. Dann: Schweigen. Der Houngan-Man schrie wieder unverständliche Worte. Er baute das Mäuerchen ab, warf die Steine in rascher Folge ins nahe Meer.

Einige der Geheimnisse wurden mir enthüllt: Eine Flasche Whisky wurde ins Meer gegossen. Eine Stange Zigaretten flog ebenfalls ins Meer – Gaben für die Götter. Im Zentrum des „steinernen Mäuerchens“ wurde Tabak verbrannt: Opfer für die Götter. Das Trommeln wie die Elvis-Musik sollte die Grenze zwischen Diesseits und Jenseits aufreißen, damit vier Geistwesen herbeieilen konnten. Vier Stunden benötigten sie für den Weg … wurde mir gesagt. Und nach dem Ritual dienten Musik und Trommeln wieder magischen Zwecken: Jetzt sollte die aufgerissene Grenze zwischen Diesseits und Jenseits wieder geschlossen werden.

Einen ganzen Tag dauerte das seltsame Ritual auf der Osterinsel, vom Morgengrauen bis zum Abend. Houngan-Man: „Ich erbte ein nicht unerhebliches Vermögen, ließ mich auf Haiti zum Voodoo-Priester ausbilden und erfülle nun schon seit Jahren den letzten Willen meines Vaters.“ Der hatte, davon war er überzeugt, mit „bösen Geschäften“ in Brasilien viel Unheil angerichtet. Sein Sohn, darum bat er, möge durch Voodoo-Zauber sein Unrecht so weit wie möglich ungeschehen machen. Das tue er nun – in aller Welt, immer möglichst an heiligen Stätten wie auf der Osterinsel.

Fotografieren durfte ich nicht. Der Voodoo-Mann fertigte mit meinem Apparat einige Aufnahmen vom Zentrum des „Tempels“ an … von dem „Ei“, von den „kalkähnlichen“ Steinchen.

Bevor wir uns verabschiedeten, fragte ich ihn nach den Zombies von Haiti. „Stecken die Voodoo-Priester dahinter?“ Mein Gesprächspartner wurde sehr ernst. „Es gibt weiße und schwarze Magie. Ehrbare Voodoo-Priester tun nichts Böses. Sie helfen den

Menschen. Sie setzen sich nicht über Leben und Tod hinweg. Manche Voodoo-Zauberer aber überschreiten Grenzen, die kein Mensch auch nur antasten dürfte. Sie kennen das Geheimnis der Zombies." Worin besteht es? Eisiges Schweigen war die Antwort.

Werwölfe und die Macht der Magier

Der Begriff Werwolf entstand vor Jahrhunderten. „Wer“ ist Althochdeutsch und bedeutet „Mensch“. Bei Werwölfen handelt es sich demnach um Wesen, die zur Hälfte Mensch und zur Hälfte Wolf sind. Als Lykanthropen werden Menschen bezeichnet, denen die Fähigkeit nachgesagt wird, sich in reißende Wölfe zu verwandeln. Nimmt man die Spur dieser Kreaturen der Nacht auf, so stößt man bei gründlicher Suche auf Gerichtsakten von Prozessen, in denen gegen solch wandelbare Menschen verhandelt wurde.

Werwölfe vor Gericht

Anno 1598 erregte in ganz Frankreich ein blutiges Verbrechen Aufsehen. In einem abgelegenen Waldstreifen war die auf grauenvollste Weise zugerichtete Leiche eines jungen Mannes gefunden worden. Mehrere Männer fanden den nackten Leichnam. Die Bluttat musste eben erst geschehen sein. Tatsächlich sahen die Zeugen, wie ein Wolf vom Ort des Grauens floh. Sie nahmen die Verfolgung auf. Deutlich waren im weichen Boden die Tatzenabdrücke eines Wolfs zu sehen. Plötzlich wurden sie größer und verwandelten sich in die beschuhten Spuren eines Menschen.

Sie stammten von Jacques Roulet, einem Landstreicher. Entsetzt stellten die Männer fest, dass die zerlumpte Kleidung des Mannes blutverschmiert war. Blut und Fleischreste klebten auch zwischen seinen krallenartigen Fingern. Blut lief ihm aus dem Mund. Im August 1598 wurde Roulet in Angers vor Gericht gestellt. Intensiv befragten Richter und Ankläger den Geständigen. Der Prozess musste unter strikten Sicherheitsvorkehrungen stattfinden. Es war nämlich zu befürchten, dass die empörte Bevölkerung das Gerichtsgebäude stürmen und den Angeklagten lynchen würde.

Die Prozessakten lassen auf einen fairen Verlauf der Verhandlung schließen. Im Gegensatz zu unzähligen Werwolfprozessen wurde auf den Einsatz von Folter verzichtet. Jacques Roulet wurde besonnen befragt, seine Antworten wurden zu Protokoll genommen. Da lesen wir …

Roulet: Ich war ein Wolf.

Richter: Wurden Ihre Hände und Füße zu Pranken?

Roulet: Ja.

Richter: Verwandelte sich Ihr Gesicht in das eines Wolfes?

Roulet: Ich weiß nicht, wie ich ausgesehen habe, ich erinnere mich nur, meine Zähne benutzt zu haben.

Nach eingehender Beratung wurde der Angeklagte schuldig gesprochen. Doch während bei unzähligen anderen Werwolfprozessen die Angeklagten zum Tode verurteilt und hingerichtet wurden, fiel das Urteil in Angers erstaunlich milde aus: zwei Jahre „Irrenhaus".

Mit dem Leben davon kam auch Jean Grenier. Er starb 1610 friedlich in einem Kloster, in das er auf richterliche Anordnung hin eingewiesen worden war. Er hatte im Südwesten Frankreichs in der Gegend von Bordeaux ein wahres Blutbad angerichtet. Seinem Geständnis zufolge ermordete er über fünfzig Kinder.

Meistens spürte er abends eine seltsame innere Unruhe, die ihn überkam. Dann habe er stets gewusst, dass seine Umwandlung in einen Werwolf bevorstand. Dann lag er hungrig und vor Aufregung zitternd im Gebüsch verborgen, um nach Opfern Ausschau zu halten. Ein sehr beliebter Platz zum Jagen auf Menschenkinder war ein Badesee. Dort stürzte sich Grenier auf zwei Mädchen, die arglos nackt badeten. Das eine Mädchen konnte entkommen, das andere tötete er, stillte an seinem Leib „den Hunger des Werwolfs".

In einem ersten Prozess wurde der Massenmörder zum Tode verurteilt. Sein Fall wurde wegen des enormen Aufsehens, das er erregte, nochmals verhandelt. Vor dem höchsten Gericht in Bordeaux kamen neue Einzelheiten ans Tageslicht. Mehrere Zeugen sagten aus, sie hätten eindeutig gesehen, wie von Grenier gestandene Morde von Werwölfen begangen worden waren. Experten wurden hinzugezogen, die aussagten, der Angeklagte leide unter Lykanthropie. Daraufhin wurde ein neues, mildes Urteil gesprochen. Die Todesstrafe wurde aufgehoben, Grenier in ein Kloster eingewiesen. Dort sollte er vor allem religiös unterwiesen werden, was die Klosterbrüder mit Eifer taten. Sie stellten aber enttäuscht fest, dass ihr Schützling mit nur bescheidensten Geistesgaben gesegnet war und einfachste Sachverhalte nicht verstand. Bis zu seinem Tode beharrte er darauf, ein Werwolf zu sein. Immer wieder bat er flehentlich darum, man möge ihm doch die Gesellschaft von Wölfen erlauben.

Gelegentlich erzählte er von seinem früheren Leben, als er sich noch in einen Werwolf zu verwandeln pflegte. Einige Klosterbrüder zeigten wissenschaftliches Interesse an dem Fall. Sie versuchten herauszufinden, wie es einem Menschen möglich sein könne, sich körperlich und psychisch in einen Werwolf zu verwandeln. Es dauerte lange, bis der stumpfsinnig wirkende Grenier die Fragen verstand. Er gab an: „Ich zog mich immer nackt aus und rieb mich mit der Werwolf-Salbe ein!" Werwolf-Salbe wurde bei Prozessen gegen Menschen, denen man Lykanthropie vorwarf, häufig erwähnt. So behauptete Ende des 16. Jahrhunderts „die Werwolffamilie von St. Claude", dass nur mit besagter Salbe der Umwandlungsprozess vom Menschen in einen Wolf erfolgen könne. Bevor die der Familie Gandillon vorgeworfenen grausigen Untaten vornehmlich an Kindern gerichtlich untersucht werden konnten, lynchte die empörte Volksmenge mehrere der angeblichen Werwölfe. Einige Familienmitglieder überlebten die Selbstjustiz der empörten „guten Bürger". Sie wurden vom Gericht zum Tode verurteilt und auf dem Scheiterhaufen verbrannt.

Mit dem Todesurteil endete auch der Prozess gegen den Kölner Peter Stump im Jahre 1589. Ihm wurden grausige Verbrechen vorgeworfen, die er alle in Gestalt eines Werwolfs begangen haben sollte. Er gestand die Untaten – nachdem man ihn ausgiebig der Folter unterzogen hatte. Peter Stump sagte aus: „Mit Hilfe eines magischen Zaubergürtels konnte ich mich in einen gefräßigen und starken Wolf verwandeln. Meine Augen waren groß und glühten in der Dunkelheit der Nacht wie Kohlen. Mein Maul war riesig, darin saßen scharfe, schiefe Zähne. Meine Pfoten waren mächtig und mit messerscharfen Krallen versehen. Mit ihnen zerfetzte ich meine Opfer. War einmal ein Mensch in meiner Gewalt, dann gab es für ihn kein Entrinnen mehr! Ich tötete ihn mit der

Leben und Sterben des Werwolfs Peter Stump
in einer zeitgenössischen Darstellung.
Links: Der Werwolf reißt ein Opfer.
Rechts: Jagd auf den Werwolf.

übermenschlichen Kraft des Werwolfs. Ich labte mich an seinem Fleisch und an seinem Blut!“

Man mag die unzähligen Zeugenaussagen von Menschen, die hoch und heilig versicherten, bösartige Werwölfe gesehen zu haben, als Massenhysterie abtun. Man mag jene Menschen, die beschworen, sie hätten gesehen, wie sich Menschen in Werwölfe verwandelten, Lügner nennen und arme Verrückte. Eines aber beweisen die meisten Prozesse gegen Werwölfe: dass vielen „normalen Menschen“ eben die Grausamkeit innewohnt, die den Werwölfen nachgesagt wird. Das beispielsweise an dem Werwolf Peter Stump vollzogene Urteil kann nur als bestialisch bezeichnet werden. So wurde der Delinquent auf ein Wagenrad gebunden. Mit glühenden Zangen riss man ihm an zehn verschiedenen Stellen Fleisch von den Knochen. Dann zerschlug man ihm Arme und Beine mit einer hölzernen Axt. Schließlich wurde der Gepeinigte geköpft und auf dem Scheiterhaufen verbrannt.

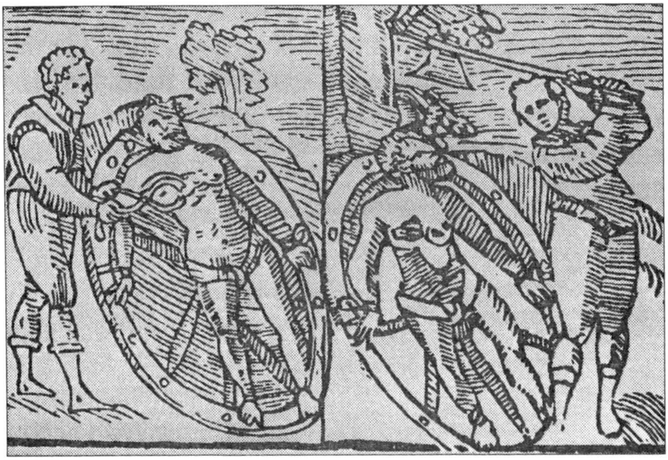

Werwolf Peter Stump wird gefoltert.
Links: Fleisch wird ihm aus dem Leib gerissen.
Rechts: Der Henkersknecht zerschlägt dem Werwolf Arme und Beine.

Die Hinrichtung des Werwolfs.
Links: Peter Stump wird enthauptet und ...
Rechts: ... verbrannt.

Waffen gegen Werwölfe

Werwölfe zählten neben den unter verschiedenen Namen bekannten Zombies („Nachzehrer“, „Wiedergänger“) zu den am meisten gefürchteten Kreaturen der Nacht im späten Mittelalter und in der beginnenden Neuzeit. So beschreibt Anton Pfalz der Ältere („Bauernlehr' und Bauernweis' – Volkstümliche Redensarten und Wörter, Bräuche und Meinungen, Sitten und Sagen“, Wien 1914), dass zu Beginn des 18. Jahrhunderts in Greifswald und Umgebung Werwölfe als fürchterliche Wirklichkeit angesehen wurden. Zeitweise wagte sich nächtens kaum jemand auf die Straße – aus Angst davor, einer der durch Stadt und Land ziehenden Bestien zum Opfer zu fallen.

So groß die Angst auch war, so vage waren oft die Vorstellungen vom Werwolf. In Frankreich waren viele Menschen des 16. und auch noch des 17. Jahrhunderts davon überzeugt, dass spezielle Salben oder Zaubergürtel unabdingbare Voraussetzungen für die Verwandlung vom Menschen zum Werwolf waren. In Deutschland scheint der Glaube an diese Kreaturen der Nacht weit weniger verbreitet gewesen zu sein. In Deutschland wurden häufig Hexen und Werwölfe gleichgesetzt. Kuriose Theorien kursierten. So berichtet Richard Kühnau („Breslauer Sagen“, Breslau 1926), dass in Friesland Brot gegen Werwölfe eingesetzt wurde. Wer zu nächtlicher Stunde unterwegs sein musste, bewaffnete sich. Nicht etwa mit silbernen Kugeln oder Kreuzen, wie das entsprechende Horrorfilme suggerieren. Man steckte sich vielmehr Brotkügelchen ein. Angeblich würde sich ein noch so furchteinflößender Werwolf wieder in einen Menschen zurückverwandeln, so man ihn mit Brotkügelchen bewarf.

Wie diese dem Brot zugetraute magische Wirkung zu erklären ist, lässt sich nicht mehr mit Sicherheit rekonstruieren. Keinen Zweifel kann es daran geben, dass dem Brot schon in vorchristlichen Zeiten eine Zauberwirkung nachgesagt wurde. Im Christentum wurde später der Brotlaib mit dem Körper Jesu gleichgesetzt. Es sei an die biblischen Abendmahlsworte erinnert. Bei allen vier Evangelisten setzte Jesus – beim Abendmahl – das Brot mit seinem Leib gleich. So heißt es beispielsweise bei Markus (Kapitel

14, Vers 22): „Und als sie aßen, nahm Jesus das Brot, dankte und brach's und gab's ihnen und sprach: ‚Nehmet, das ist mein Leib.'" Vermutlich wurde also Brot als Gegenzauber angesehen. Von einer Brotkugel getroffen sinkt nach alter Überzeugung der Werwolf zu Boden und nimmt dabei seine frühere menschliche Gestalt an.

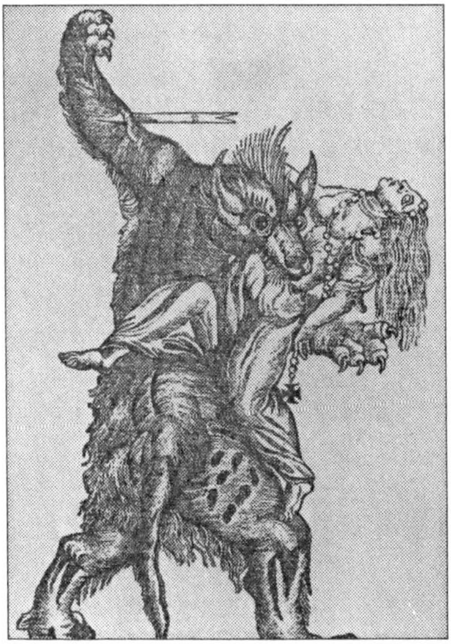

Ein Werwolf schlägt zu! Vermutlich neuzeitliche Darstellung.

Eine fast ähnliche magische Kraft wurde Eisen nachgesagt. Ein spitzer metallener Gegenstand, unter der Türschwelle eines Hauses verborgen, galt als sicherer Schutz vor Hexen. Keine Hexe, so glaubte man, kann dann die Tür durchschreiten. Herkömmliche Waffen galten im Einsatz gegen Werwölfe als höchst wirkungsvoll. Nach einem in ganz Europa verbreiteten Glauben genügt es, eine Hexe oder einen Werwolf zu verletzen. Das hat zur Folge, dass eine Rückverwandlung in die eigentliche Gestalt erfolgt. Adolf Wuttke weist auf diesen Sachverhalt in seinem dreibändigen Werk „Der deutsche Volksglaube der Gegenwart" (Berlin 1900) hin.

Der Werwolf – nur ein Symbol?

Mythenforscher Jacques Bergier beschäftigte sich intensiv mit dem Werwolfglauben. In einem Interview mit dem Verfasser äußerte er sich auch über die Möglichkeit, Werwölfe wirklich wirkungsvoll zu bekämpfen. Bergier: „Man muss sie mit einem scharfen metallenen Gegenstand, zum Beispiel mit einem Messer, verletzen. Es kommt nach dieser jahrhundertealten Überzeugung nicht auf die Schwere der Verwundung an. Fließt auch nur ein Tropfen Blut, verwandelt sich die Bestie Werwolf in den Menschen zurück, der sie einst war." Dieses Detail kann man vielleicht symbolisch werten. Bergier: „Der Mensch entwickelt sich immer weiter. Er wird immer rücksichtsloser und stärker – zum Werwolf. Gleichzeitig aber bleibt er verletzlich. Der Werwolf als Symbol erinnert den Menschen daran, dass er immer ein verletzbarer Mensch bleibt."

Louis Teufelsburg lehnt solche Gedanken ab. Er geht davon aus, dass es tatsächlich echte Lykanthropie gibt. Seiner Ansicht nach waren und sind Menschen dazu in der Lage, sich wirklich in einen Werwolf zu verwandeln. Zum gleichen Schluss kam auch der englische Forscher und Fachautor Dr. Walter Raymond Drake. Nach Ansicht des Briten haben Magier uralter esoterischer Schulen tatsächlich die unheimliche Fähigkeit erlangt, vom Menschen zur physischen Bestie zu werden.

Jacques Bergier wollte nicht ausschließen, dass es echte Werwölfe gegeben haben mag. Die Figur des Werwolfs aber sei im Kern als Symbol zu verstehen und das in mehrfacher Weise. „So steht der Werwolf auch für die animalische, die tierische Komponente im Menschen. Der seine Triebe auslebende Mensch wird zum Tier. Wird er verletzt, besinnt er sich wieder seiner Menschlichkeit. Er verwandelt sich zum Menschen zurück."

Für diese symbolhafte Interpretation kann folgende Werwolfgeschichte als Beleg herangezogen werden. Sie kursiert in Frankreich. Obwohl sie einerseits einige präzise Details nennt, bleibt sie doch andererseits märchenhaft anonym. Wie im Märchen ist nicht von konkreten historisch nachweisbaren Personen die Rede, sondern von anonymen Menschen, deren Position in der Gesellschaft genannt wird: Jagdaufseher und Edelmann. Es wird zwar ein geografisches Szenario geboten, Hinweise auf konkrete Jahreszahlen fehlen aber. Genauso unbestimmt heißt es ja im Märchen: Es war einmal.

Erzählt wurde die folgende Werwolfgeschichte dem Verfasser von Jacques Bergier: „In der märchenhaft schönen Region der

Auvergene lebte bei Riom ein Edelmann. Der Adelige war sehr in Sorge, da ein Wolf die Gegend unsicher machte. Die Bestie wütete unter den Schafen. Sie wurde auch für den Tod mehrerer Menschen verantwortlich gemacht, deren verstümmelte Leichen gefunden worden waren. Den Körpern waren schlimmste Verletzungen zugefügt worden. Der Adelige befahl daher aus Sorge um Tier und Mensch seinem Jagdaufseher, den Wolf aufzuspüren und zu erlegen.

Der Befehl wurde umgehend ausgeführt. Schon nach einigen Stunden konnte der erfahrene Jäger unweit eines verstümmelten Leichnams die Spur des Wolfs aufnehmen. Sie führte immer tiefer in den Wald. Auch als sie in dichtem Gestrüpp verschwand, gab der beharrliche Weidmann nicht auf. Zu später Stunde kam es zur Konfrontation zwischen Mensch und Bestie. Bei dem Untier handelte es sich freilich nicht um einen auf vier Pfoten laufenden Wolf, sondern um eine riesige Kreatur der Nacht, die auf zwei Beinen ging. Unerschrocken stellte sich der Jagdaufseher dem Kampf. Der Werwolf knurrte in Furcht erregender Weise. Schließlich attackierte er seinen Verfolger und sprang ihn an. Es gelang dem Mann, die Furie zu Boden zu ringen. Rasch zückte er sein Messer und führte einen wuchtigen Schlag aus. Der Werwolf warf sich zur Seite, wich so gut es ging aus. So verfehlte der Hieb sein Ziel. Allerdings wurde dem Wesen der Nacht eine Tatze abgetrennt. Noch einmal bäumte es sich auf, warf den Jäger ab und floh grauenhafte Schreie von sich gebend. Es entkam.

Der Jäger nahm die abgeschlagene Tatze an sich, legte sie in einen Sack. Sofort eilte er zum Edelmann, um ihm zu berichten. Als er als Beweis für seine gespenstische Geschichte die Pfote des Werwolfs zeigen wollte, hatte sie sich verwandelt: in die Hand eines Menschen. Sie war so zart, dass sie wohl einer Frau gehören musste. Dafür sprach auch der kostbare Ring an einem der Finger. An diesem Ring erkannten Jäger und Edelmann mit Entsetzen, dass die Hand der jungen Gattin des Edelmanns gehören musste. Rasch suchten die beiden Männer das Gemach der Dame auf. Sie wurde gerade von Ärzten behandelt: wegen eines ‚Unfalls'. Dabei war ihr die linke Hand abgetrennt worden. Die adelige Dame war überführt. Sie hatte sich immer wieder in einen Werwolf verwandelt und Tier und Mensch gerissen und von ihrem Fleisch gefressen. Sie gestand ihr Werwolftum und wurde auf dem Scheiterhaufen verbrannt."

Kann man diese Geschichte im Sinne von Jacques Bergier symbolisch sehen? Steht der weibliche Werwolf für das Animalische im Menschen? Steht die adelige Frau, die zur Bestie wird, für die unbändige weibliche Kraft?

Wenn der Werwolf auch als Symbol verstanden werden kann, heißt das, dass es ihn als mordende Kreatur der Nacht gar nicht gegeben hat? Dieser Schluss ist nicht zwingend. Man bedenke: Im ausgehenden Mittelalter und in der Neuzeit loderten in ganz Europa die Scheiterhaufen. Bis zu neun Millionen Frauen sollen nach schlimmsten Folterungen verbrannt worden sein. Unterschwellige Angst vor dem Weiblichen mag ein Motiv für diesen unsäglichen Massenmord gewesen sein. Nun könnte man die Hexe als Symbol für das geheime Wissen der Frau bezeichnen. Man könnte die Verfolgung der Hexen als Geschlechterkampf sehen: das Patriarchat gegen das Matriarchat, die Männerherrschaft gegen die der Frau. Doch ungeachtet einer solchen symbolhaften Deutung starben Millionen von Frauen einen sehr realen Tod. Auch wenn der Werwolf als Symbol gesehen werden kann, heißt das keineswegs, dass es ihn nicht doch wirklich gegeben hat.

Wirkliche Magie?

Der britische Bestsellerautor Dr. Walter Raymond Drake, der sich intensiv auch mit magischen Bräuchen von Naturvölkern beschäftigte, suchte eine Erklärung für die Lykanthropie. Seiner Ansicht nach muss ein Wissen angewandt werden, das Uneingeweihten als Magie erscheinen muss. Gibt es entsprechende Hinweise? Der deutsche Werwolf Peter Stump gab an, für seine Transformation (Umwandlung) in eine reißende Bestie einen magischen Gürtel verwendet zu haben.

Gürtel galten vor Jahrhunderten – das „Handbuch des Deutschen Aberglaubens" weist ausführlich darauf hin (Band III, Berlin 1930) – als „Sinnbild der Kraft". Gürtel wurden bei berühmten Kämpfern des Mittelalters als Versinnbildlichung ihrer Stärke angesehen. Diese Überzeugung lässt sich sogar in den ältesten Sagen nachweisen. So verdoppelte sich Thors besondere Kraft, sobald er seinen magischen Gürtel anlegte. Ja selbst Zwerge, ob ihrer Kleinwüchsigkeit nicht gerade mit übermäßigen Körperkräften ausgestattet, wurden durch Zaubergürtel zu wahren Kraftprotzen. August Lutjens („Der Zwerg in der deutschen Heldendichtung des Mittelalters", Breslau 1911) erwähnt einen besonderen Kraftgürtel. Selbst schwächste Kobolde erlangten damit die Stärke von zwanzig ausgewachsenen Männern.

Nochmals das „Handbuch des Deutschen Aberglaubens": „Das Umgürten stärkt aber nicht allein die Kraft, sondern verwandelt auch, wie der Werwolfgürtel zum Werwolf macht." Die Umwandlung erfolgte, sobald der Gürtel umgelegt war. Manche legten sich das Zaubermittel angeblich willentlich und bewusst um, weil sie sich in ein kraftstrotzendes Tier-Mensch-Monstrum umwandeln wollten. Der Verwandlungsprozess erfolgte aber nach einer Vielzahl von sehr alten Überlieferungen auch dann, wenn besagter Gürtel gefunden und unwissentlich umgelegt wird. Dann wird der Träger zur rasenden Wolf-Mensch-Bestie und von einer unsichtbaren Kraft zum blutigen Morden getrieben. Hat sich die Magie erst einmal bewährt, dann scheint der Werwolf-Mensch wie ein Süchtiger immer wieder zum Zauber zu greifen. Das zumindest behaupten gut überlieferte deutsche Sagen (Friedrich Ranke: „Die deutschen Volkssagen", München 1910). Die Zauberkraft steckt also im Gürtel.

Diesem kurios anmutenden Aspekt ging Ende des 19. Jahrhunderts der Forscher Carl Meyer nach. In seinem Werk „Altgermanische Religionsgeschichte" (Leipzig 1910) beschreibt er ausführlich Zaubergürtel als Träger von magischer Kraft, die bei Bedarf so wie elektrischer Strom aus einer Batterie bezogen werden kann. Götter wie Zwerge sollen von dieser Möglichkeit der Kraftspeicherung Gebrauch gemacht haben. Beispielsweise sollen die altgermanischen Asen-Götter gürtelförmige Magie-Kraft-Speicher umgeschnallt haben, wenn es galt, besonders wichtige Kämpfe auszufechten.

Sollte es tatsächlich einen wirksamen Zauber geben, der Menschen in Werwölfe verwandelt? Davon ist Dr. Walter Raymond Drake überzeugt. Er geht von einem Übertragungszauber aus. Die Kraft des Wolfs steckt im Gürtel und wird vom Menschen, der die spezielle Magie betreibt oder nutzt, übernommen. Ist es magische Kraft, die den Menschen zum Werwolf werden lässt?

Im Januar 1945 standen in Fort-Rosset, damalige Elfenbeinküste, Mitglieder der Edzo-Zauberer vor Gericht. Man warf ihnen einen Mord vor. Die Angeklagten schwiegen lange, äußerten sich dann sehr zögerlich und auch dann noch nur spärlich über ihre Geheimnisse. Demnach haben sie eine ganz besondere Form der Magie betrieben, die in verblüffender Weise an den Werwolf-Zauber erinnert. Begangen habe den Mord einer ihrer höchsten Magier. Mit Magie habe der sich in ein Krokodil verwandelt. Statt eines magischen Gürtels – wie bei den Werwölfen – sei eine Krokodilfigur benützt worden. Im Laufe von Jahrhunderten seien immer wieder blutige Mordtaten begangen worden. Babys wurden entführt und rituell geopfert. Dabei sei negativste schwarzmagische Energie frei geworden. Die wiederum sei in der Krokodilstatuette gespeichert worden. Die so angesammelte Kraft sei es, die den Magier dazu in die Lage versetzt, sich in ein Krokodil zu verwandeln. Verbrecherische Untaten, die er dann verübt, laden wiederum die magische Krokodilfigur auf.

Werwölfe und Wissenschaft

Dem Verfasser wie gewiss auch den Leserinnen und Lesern erscheinen solche Vorstellungen als fremdartig. Sie lassen Gefühle der Abscheu aufkommen. „Mit so etwas möchte ich nichts zu tun haben!“, denkt man unwillkürlich. Es mag beruhigen, derlei Vorstellungen als unsinnigen Humbug abzutun. Damit ist aber noch nicht der Beweis dafür erbracht, dass es die beschriebene Form von magischer Umwandlung vom Menschen zum Tier nicht gibt. Doch zu dieser Ansicht neigen wir: Weil wir uns etwas nicht vorstellen können, glauben wir nicht an die Existenz des Unvorstellbaren.

Was uns als vollkommen exotische Vorstellung befremdet, damit beschäftigten sich vor Jahrhunderten auch europäische Denker wie der Gelehrte Agrippa von Nettesheim (1486–1535). Eine der Grundthesen des frühen Wissenschaftlers lautete: „Die den Dingen innewohnende Kraft kann aus ihnen gezogen und auf andere Dinge übertragen werden." Dr. Drake bejaht dies und ergänzt: „Nicht nur Dinge haben nach magischem Verständnis Kraft, die ihnen innewohnt. Auch Handlungen erzeugen Kraft, die ihrerseits in Dingen gespeichert werden kann. Negative Taten wie Mord erzeugen negative Kraft, die von Lykanthropie-Magiern zum Abspeichern in Fetische benützt wird. Die wiederum werden eingesetzt, wenn sich ein Kundiger mit der Absicht, Verbrechen auszuüben, in ein Tier wie ein Krokodil, einen Panter oder einen Löwen verwandeln will."

Paracelsus (1493–1541), eigentlich Theophrastus Bombastus von Hohenheim, war als Arzt und Naturheilkundler Wissenschaftler auch nach heutigem Verständnis. Gleichzeitig war er aber auch Esoteriker und betrieb intensiv Alchimie. Alchimie ist in den Augen vieler Zeitgenossen Humbug. Wer sich indes intensiver mit der Materie beschäftigt, erkennt: Alchimie ist eine frühe Form der Wissenschaft der Chemie. Paracelsus, der als Arzt sensationelle Erfolge vorweisen konnte, beschäftigte sich auch mit dem Phänomen des Werwolfs. Er kam zur Erkenntnis, dass es tatsächlich diese Kreaturen der Nacht gibt, dass es sich um Menschen handelt, die sich tatsächlich körperlich verwandeln. Paracelsus ging davon aus, dass manche Menschen sowohl ihren Willen als auch ihre Vorstellungskraft so extrem konzentrieren können, dass dadurch die alltägliche Wirklichkeit ganz nach Belieben verändert werden kann.

Für den heutigen modernen, sich als wissenschaftlich aufgeklärt empfindenden Menschen ist Magie ein Synonym für Schwindel. Magische Beeinflussung der Naturgesetze passt nicht in unser Weltbild. Können wir aber vollkommen sicher sein, dass unsere Weltsicht ausreicht, um die Wirklichkeit in ihrer Gesamtheit zu erfassen? Für Paracelsus gab es eine geistige Substanz, die keine Materie war. Trotzdem hielt er sie in keiner Weise für unwirklicher als jeden sicht- und spürbaren Stoff, der aus Materie besteht. Materie war in seinem Weltbild nur ein Teil alles Seins. Das gesamte Universum war in seiner Unendlichkeit von einer unsichtbaren, spirituellen Substanz erfüllt.

Dieser für uns vielleicht schwer oder gar nicht vorstellbare Gedanke galt jahrtausendelang bei den wissenden Eingeweihten als unbezweifelbare Realität. Demnach gibt es – vereinfacht ausgedrückt – nichts, was für sich allein existiert. Alles und jedes ist miteinander verbunden. Das lag nach den altjüdischen Anhängern der Kabbala daran, dass sich alles aus dem Geist Gottes heraus entwickelt hat und dieser Hauch in allem ist. Materie und Geistwelt sind miteinander verknüpft. Deshalb kann in diesem Weltbild der Veränderer des Geistes die Materie verändern. Dann ist es auch möglich, durch Konzentration der menschlichen Geisteskräfte jeden Gedanken so zu verstärken, dass er in der Welt der Atome Wirklichkeit wird.

Magie ist in diesem Weltbild konzentrierte geistige Kraft, die alles zu tun vermag. Sie kann Albträume wie die von Menschen, die sich in Werwölfe verwandeln, zu Wirklichkeit aus Fleisch und Blut werden lassen. Ist das unvorstellbar? Welchen Maßstab legen wir an, um zu erkennen, ob etwas real sein kann oder nicht?

John Michell und Robert J. M. Rickard äußern sich in ihrem Buch „Die Welt steckt voller Wunder – Unglaublich, und doch unbestreitbar" (Düsseldorf und Wien 1979) zu dieser Frage:

„Werwölfe sind Menschen, die sich in Wölfe verwandeln und dann wieder zu Menschen werden. Wir sind keine Ärzte, aber wir halten so etwas für physiologisch unmöglich. Wären wir jedoch Anwälte, bliebe uns wegen der Vielzahl von Präzedenzfällen, in denen solche Wesen angeklagt, verurteilt und hingerichtet worden sind, nichts anderes übrig, als an Werwölfe zu glauben. Die belastenden Aussagen gegen Menschen, die beschuldigt wurden, sich in reißende Tiere zu verwandeln und in dieser Gestalt Verbrechen zu begehen, stammen oft von übereinstimmend aussagenden Zeugen, die aus persönlicher Erfahrung der festen Überzeugung waren, der Angeklagte sei im Stande, diese Tiergestalt anzunehmen. Einerseits sind Werwölfe unmöglich; andererseits treten sie tatsächlich auf. Hier haben wir es mit einem Phänomen zu tun, das mit keinem rationalen Erklärungssystem vereinbar ist."

Wirklich nicht? Oder legen wir nur den falschen Maßstab an? Versuchen wir das Gewicht eines Berges mit dem Thermometer zu ermitteln? Bedenken wir: Was als wissenschaftlich akzeptabel gilt, das ist reine Definitionssache. Nach Meinung des Verfassers ist es anmaßend, ein uraltes Verständnis von Wirklichkeit wie das des Paracelsus abzulehnen, nur weil darin auch Werwölfe Platz haben! Vielleicht ist es gerade deshalb das bessere!

Der Mensch wird tagtäglich mit einer Flut von Eindrücken förmlich bombardiert. Er sieht, riecht, fühlt, schmeckt und hört. Er nimmt seine Umwelt als eine Fülle von Einzelheiten wahr. Der Mensch registriert, was um ihn herum geschieht. Wie reagiert er darauf? Der Gleichgültige nimmt zur Kenntnis. Der Neugierige fragt: Warum sind die Dinge so wie sie sind? Der Wissenschaftler versucht nicht nur Sachverhalte zu erklären. Sein Bemühen besteht darin, in den Gegebenheiten Gesetzmäßigkeiten zu erkennen. Darin besteht ja gerade der Nutzen der Wissenschaft: als allgemein gültig erkannte Naturgesetze erlauben es, sozusagen in die Zukunft zu blicken. Sie versetzt uns dazu in die Lage, zumindest mit großer Wahrscheinlichkeit vorhersagen zu können, welche Reaktion beispielsweise auf eine Aktion erfolgt.

Eine der Kernaufgaben von Wissenschaft ist es also, möglichst weitgehend gültige Gesetze zu formulieren. Weil Wissenschaft aber von Menschen betrieben wird, menschelt es auch in den hehren Hallen der Erkenntnissuche. So ist es eine geradezu nahe liegende Schwäche der Wissenschaft, bei der Suche nach allgemein gültigen Naturgesetzen unliebsame Fakten, die sich mit eben diesen Gesetzen nicht erklären lassen, geflissentlich zu übersehen. Dieser Sachverhalt ist in der Welt der Wissenschaft durchaus bekannt.

Professor Dr. Peter Schattschneider, Universität Wien, bringt ihn auf den Punkt: „Ich habe in meinem Fach die Erfahrung gemacht, dass nur wenige Kollegen angesichts von Unverstandenem sagen: ‚Das ist fantastisch. Dieser Sache müssen wir nachgehen!' In aller Regel wird das Unverstandene bagatellisiert, in notorischen Fällen sogar geleugnet."

Bedauernd stellt der Gelehrte weiter fest: „Zugleich aber bedarf die Naturwissenschaft ständig des Unverstandenen gleichsam als Antrieb: Wäre alles erklärt, hätte sie ausgedient." Er fordert: „Was wir brauchen, ist eine Darlegung unverstandener Fakten ohne Verdrängungspolitik und ohne Lobhudelei des Mysteriums."

Charles Hoy Fort (1874–1932) arbeitete diesem Trend massiv entgegen. Er studierte jahrzehntelang Berichte aus aller Welt über Phänomene, die es eigentlich gar nicht geben dürfte. Er war verärgert darüber, dass seiner Ansicht nach Wissenschaftler weltweit die Realität nicht in ihrer Gesamtheit beschreiben. Er warf ihnen vor, nur solche „Tatsachen" zu akzeptieren, die mit ihren Theorien vereinbar sind. Fakten, die sie nicht erklären können, fristen bei ihnen ein trauriges Dasein als „Verdammte". Aber just jener verdrängten, vergessenen Fakten nahm sich Fort in seinem Werk an. Jahrzehntelang wurde das bemerkenswerte umfangreiche Werk Forts dem deutschsprachigen Publikum vorenthalten. Seit wenigen Jahren liegen Forts Bücher endlich auch in deutscher Übersetzung vor: „The Book of the Damned" (1919) erschien 1995 als „Das Buch der Verdammten" (Frankfurt). 1996 folgte die Übersetzung von „New Lands" (1923): „Neuland" (Frankfurt). „Lo!" (1931) erschien als „Da!" (Frankfurt 1997), gefolgt von „Wild Talents" (1932) unter dem Titel „Wilde Talente" (Frankfurt 1998).

Mit ans Besessene grenzender Akribie nimmt sich Fort in seinem Werk jener Gegebenheiten und Fakten an, die seiner Ansicht nach von der klassischen Wissenschaft „verdammt" werden, weil sie nicht in das Korsett theoretischer Gesetzmäßigkeiten passen. Fort nimmt sich in seinem erfrischend unsortierten Werk auch der Werwölfe an. Der Verfasser ist versucht zu sagen: wie man nicht anders erwarten konnte. Und Fort weist darauf hin, dass der Werwolf keineswegs ein einsamer Einzelgänger ist. Er hat eine beachtliche Verwandtschaft.

Werwölfe und ihre „Verwandtschaft"

Jonathan Downes und Richard Freeman leiten in Exeter ein Zentrum, das sich ausgiebig mit mysteriösen Tierwesen auseinandersetzt, die es nach Ansicht der schulmäßig betriebenen Zoologie nicht geben dürfte. Die Herausgeber der Zeitschrift „Animals and Men" („Tiere und Menschen") konstatieren über Werwölfe („Shug Monkeys and Werwolves" in „Fortean Studies", Band V, herausgegeben von Steven Moore, London 1998): „Der Werwolf ist einer der großen globalen Archetypen. Die Idee der Verwandlung vom Menschen in eine tierische Bestie ist ein weltweites Phänomen. Werwölfe sind dabei nicht allein. Wo auch immer große und potenziell gefährliche Tiere vorkommen, da gibt es auch Verwandlungsgeschichten. In den Tropen gibt es Werkrokodile, Wertiger, Werleoparden und Werschlangen. In gemäßigteren Zonen gibt es Werbären, Wereber, Werpandas, ja sogar Krankheiten verbreitende Werratten."

Charles Hoy Fort stieß bei seiner Suche nach verdrängten Fakten im „Cornhill Magazine" (Ausgabe Oktober 1918) auf einen mehr als mysteriösen Fall. Da berichtete Captain Shott über ein Erlebnis im Norden Nigerias. Dort war ein Eingeborenendorf von wilden Bestien, vermutlich tobenden Hyänen, überfallen worden. Die Einheimischen waren entsetzt. Sie wagten nichts gegen die Bestien zu unternehmen, munkelten von böser Magie. Shott gab nichts auf derlei „Aberglauben" und ging planmäßig gegen die räuberischen Tiere vor. Mit mehreren guten Jägern ging er weiträumig um die dörfliche Siedlung herum, um nach brauchbaren Spuren zu suchen. Bald wurde er selbst fündig. Im weichen Boden waren eindeutig typische Hyänenspuren zu erkennen. Captain Shott und seine Männer machten sich sofort an die Verfolgung.

Nach einer Weile stutzten sie. Konnte das denn sein? Die eindeutig als Spuren von Tieren identifizierten Abdrücke verwandelten sich in solche von Menschen. Sollten sich hier nicht nur Hyänen, sondern mehr oder minder zeitgleich auch Menschen aufgehalten haben? Hatten die Abdrücke der Tiere und die der Menschen gar nichts miteinander zu tun? Waren Menschen auf die Spuren von Hyänen getreten? Oder umgekehrt? Die Jäger hatten keine Zeit für solche theoretische Erörterungen. Sie hasteten außer Atem den Spuren nach. Und unvermittelt standen sie einer gewaltigen Hyäne gegenüber. Mehrere Schüsse wurden auf sie abgegeben. Die riesige Hyäne bäumte sich vor Schmerz auf und floh stark blutend. Offensichtlich war dem Tier zumindest eine größere Wunde beigebracht worden. Die Jäger erhöhten das Tempo ihrer Schritte. Bald fanden sie Teile eines abgeschossenen Kieferknochens. Stammte er von einer Hyäne? Wenige hundert Meter weiter lag sterbend – ein blutüberströmter Mensch. Ihm war der Unterkiefer weggeschossen worden.

Captain Shott, immerhin mit einem der höchsten Orden für außergewöhnliche Dienste ausgezeichnet, hatte offensichtlich eine Werhyäne verfolgt und erlegt. Das verwundete Wertier hatte sich in einen Menschen zurückverwandelt. Die Verletzung am Wertierkörper blieb dem Menschen erhalten. Er starb daran. Völlig zutreffend erklärt Charles Hoy Fort („Wilde Talente", Frankfurt 1996): „Eine Eigenart der traditionellen Werwolfgeschichten besteht darin, dass die Wunde im entsprechenden Körperteil des ursprünglichen Menschen erscheint, wenn ein Werwolf verletzt wird."

Andere Verwandte der Werwölfe sollen in den ersten Jahren des 20. Jahrhunderts im damaligen Gabun aufgetreten sein. So wie in mittelalter- und neuzeitlichen europäischen Gerichtshöfen Werwölfe für Bluttaten verantwortlich gemacht wurden, so beschuldigte man hier Werpanter. In Europa wie in Afrika gab es zahllose Zeugen, die den Verwandlungsprozess vom Menschen zur Tierbestie und auch wieder zurück gesehen haben wollen. Auch in Gabun wurden gerichtliche Untersuchungen durchgeführt. Entsetzt vernahmen die europäischen Beamten, dass in ländlichen Gebieten immer wieder Menschen spurlos verschwanden. Werpanter wurden verantwortlich gemacht. Hippolyte Charbonnier mochte 1916 nicht an solchen „abergläubischen Humbug" glauben.

Er vermutete Geisteskranke hinter den Verbrechen. Diesen Verrückten, die im Blutrausch töteten, wollte er das Handwerk legen. Aber wie sollte das geschehen? Die Menschen vor Ort zeigten kaum oder keine Neigung, ihm bei der Verfolgung der Täter zu helfen. Er war auf sich allein gestellt. Meist machte man ihn nicht einmal darauf aufmerksam, wenn wieder ein Opfer zu beklagen war, das den gefürchteten Wertieren zugeschrieben wurde. Geduldig recherchierte er, reiste wochenlang durch ländliche Bezirke. Überall begegnete man ihm mit Misstrauen. Wer dem Fremden helfen würde, der hatte doch mit der Rache der unheimlichen Bestien zu rechnen!

Im Bezirk Tchibanga häuften sich grausige Berichte. Da war von Werbestien die Rede, die mit brachialer Gewalt über nachts außer Haus angetroffene Menschen herfielen. Den armen Opfern soll es genauso ergangen sein wie jenen Menschen, die einige Jahrhunderte zuvor in Europa von Werwölfen attackiert wurden. Mit Klauen und fürchterlichen Zähnen zerfleischten die Furien die Körper ihrer Opfer. Sie verbissen sich in ihnen, rissen ihnen Klumpen von Fleisch aus dem Leib, die sie gierig verschlangen. Manche Verstümmelte erlagen erst Stunden später den Wunden. Andere wurden von ihren Angreifern getötet. Manche blieben übel zugerichtet liegen. Sie hatten keine Chance, mit dem Leben davonzukommen. Andere wurden von den Kreaturen der Nacht weggezerrt und tauchten nie wieder auf.

Hippolyte Charbonnier fand, was er suchte: verbrecherische Kannibalen, die sich zu Gruppen zusammengeschlossen hatten. Perverse Menschen sollen es gewesen sein, die alten Aberglauben von Wertieren ausnützend Verbrechen begingen. Sie fingen, metzelten und fraßen andere Menschen, schoben die Schuld mystisch-mythischen Wermonstern „in die Schuhe".

Gewertet wurden die unbestreitbaren Vorfälle je nach kulturellem Hintergrund ganz unterschiedlich. Jene Afrikaner, die noch in einer von Glaubensinhalten der Vorfahren geprägten Vorstellungswelt aufgewachsen waren, sahen fürchterliche Wertiere als die Verantwortlichen. Europäer, die europäische wie afrikanische Berichte über Wermonster als Humbug ablehnten, spekulierten über irdisch-menschliche Verbrecher. Die meisten Einheimischen beteiligten sich nicht an der Ermittlung der Mörder. Europäische und afrikanische Ermittler taten sich schwer. Es gelang ihnen trotzdem, „perverse Kannibalen" zu überführen. Angeblich taten sie sich in Banden zusammen, bezeichneten sich als „Panter-Menschen".

Einige wenige Einheimische versuchten den Europäern ihre Sicht der Dinge näher zu bringen. Sie wunderten sich über die strikte Weigerung, auch nur über Panter-Menschen zu diskutieren. Ganz zu schweigen von esoterischen Theorien. Beim Volk der Bouyala zum Beispiel lehrten Weise noch zu Beginn des 20. Jahrhunderts gegen die Bestrebungen der christlichen Missionare ein komplexes Menschenbild. Es unterschied sich fundamental von europäischem Gedankengut. Gewiss, wie die Christen glaubten auch die Bouyala, dass der Mensch nicht nur aus einem physischen Leib besteht, sondern dass er auch eine Seele hat. Während die Missionare aber die Unsterblichkeit der Seele predigten, lehrten die Priester der Bayaka die Vergänglichkeit von Körper und Seele. Wenn der Mensch stirbt, dann endet auch die Existenz der Seele. Im Gegensatz dazu überdauert der Geist den physischen Tod.

Was ist der Geist in diesem fremdartig anmutenden System? Er ist eine Art durchsichtiger zweiter Körper, der unabhängig von Leib und Seele lebt. Er ist ein eigenes Wesen und zu intelligentem Handeln fähig. Der Geist, nicht zu verwechseln mit unserem Intellekt, ist stets bemüht, aktiv zu werden und zu handeln. Das kann er aber nicht ohne einen physischen Körper. Ihm stehen nun – so der bereits mehrfach zitierte Jacques Bergier – mehrere Möglichkeiten offen.

- Der vom Körper seines Menschen gelöste Geist übernimmt den Körper eines Tieres. Er ist nun im Besitz eines kraftvollen Leibes, kann wie ein Tier agieren und als Tier auch töten. Der Geist gewinnt durch seine Untaten an Mensch und Tier Kraft. Er wird immer stärker, je mehr Böses er tut, und ist als Konsequenz dessen wiederum zu noch schlimmeren Verbrechen in der Lage.
- Der einzelne Geist ist dazu in der Lage, aus eigener Kraft einen in der körperlichen Welt sichtbaren Körper zu schaffen. Dies erfordert sehr viel Energie. Deshalb sind viele, vielleicht die meisten Geister dazu auf sich allein gestellt nicht dazu in der Lage, so einen Scheinkörper erstehen zu lassen.

- Mehrere Geister verschiedener Menschen können sich zusammentun und eine in der physischen Welt sichtbare Erscheinung annehmen. Wie diese aussehen soll, können sie selbst bestimmen. Sie wählen meist Tierkörper: sowohl von real in der Natur vorkommenden Tieren (Löwe, Panter, Kaiman usw.) oder von imaginären Monstertieren, die reine Fantasiegebilde sind. Es handelt sich aber in jedem Fall um Wesen, die für eine gewisse Zeit höchst real sind und mörderische Verbrechen begehen.
- Nach begangenen Untaten kehren die Geister zu ihren Menschen zurück. Die vorübergehend künstlich erschaffenen Tiere oder Fabelwesen lösen sich in Nichts auf. Vorübergehend besetzte reale Tiere sind wieder Herr ihrer selbst.
- Der Geist verlässt den menschlichen Körper und übernimmt ein Tier und erschafft ein Tier, etwa einen Werwolf. Die monströse Kreatur der Nacht und ihr Mensch sind stets miteinander verbunden. Wird der Werwolf verletzt, dann trägt der Mensch die gleiche Verletzung davon. Wird der Werwolf getötet, dann stirbt auch sein Mensch.

Weitere Verwandte der Werwölfe ...

Während die Welt nach Europa blickte, wo der Erste Weltkrieg tobte, wüteten in Afrika fürchterliche Wertiere. So sehr auch jedes einzelne Opfer dieser Kreaturen der Nacht zu beklagen ist, so dürfen nicht die Relationen außer Acht gelassen werden. So grauenhaft die von Monstern ausgeübten einzelnen Metzeleien in Afrika waren, barbarisch ging es im vermeintlich zivilisierten Europa zu, wo Millionen starben.

1917 wurde den in Kamerun sitzenden französischen Kolonialbeamten vermeldet, dass wilde Werleoparden ihr Unwesen trieben. Nicht weniger aktiv waren gleichzeitig und anscheinend in den gleichen Gegenden nördlich von Douala Werpanter. Jeglichen „Aberglauben" ablehnend, beschränkten sich die Behörden auf detektivische Kleinarbeit. Es wurden mehrere Menschen ausfindig gemacht, die überwältigenden Indizien zufolge in Gestalt von Pantern schlimme Verbrechen begangen hatten. Die genaue Zahl der Opfer konnte nicht ermittelt werden. Getötet worden waren hauptsächlich Kinder, aber auch einige Erwachsene.

Die ermittelnden Polizeibehörden fertigten Protokolle an, die zum Großteil der Öffentlichkeit nicht zugänglich gemacht wurden. Bei den Prozessen wurde die Öffentlichkeit wiederholt ausgeschlossen, wenn Einzelheiten der begangenen Verbrechen erörtert wurden. Die Opfer wurden stets nachts überfallen, grauenhaft zugerichtet, brutal getötet. Bei lebendigem Leib wurden Fleischbrocken aus den Leibern der Gepeinigten gerissen und verzehrt.

Während an der Realität der blutrünstigen Verbrechen keinerlei Zweifel bestand, lehnten die europäischen Behörden es ab, auch nur in den Protokollen Begriffe wie „Werwölfe" oder „Werpanter" zu erwähnen. Sie glaubten nur an die Existenz „normaler" Verbrecher, die sich zu Banden zusammenschlossen, um in Gruppen Verbrechen zu begehen und gemeinsam widerliche kannibalistische Feiern abzuhalten ... stets als Tiere verkleidet. Nach offizieller Lesart waren zu Beginn des 20. Jahrhunderts am Voltafluss auch keine Werkaimane aktiv, sondern Kannibalenbanden, die sich als Krokodile verkleideten. Folgerichtig wurden mehrere „Geheimbündler" zum Tode verurteilt und hingerichtet. Ihre Berichte über magische Umwandlungen von Menschen in bestialische Tiermonster wollte niemand hören.

Am Rio Nunez müssen solche kriminelle Banden unglaubliche Ausmaße angenommen haben. Nachdem Kinder und Jugendliche spurlos verschwanden, wurden polizeiliche Untersuchungen angestellt. Mehrere hundert Verbrecher, darunter auch Frauen, sollen an den kannibalistischen Mordzeremonien beteiligt gewesen sein. Die Hoffnung, durch schnelles Aburteilen der Verbrecher und durch das Verhängen von Todesstrafen dem Gemetzel ein Ende zu bereiten, erwies sich als vergeblich. Die Kreaturen der Nacht machten weiter. Studiert man die heute noch vorhandenen Akten, so scheint sich das Unbeschreibliche im Gegenteil ausgebreitet zu haben. Nach Ansicht von Experten dürften viele Akten von Polizeibehörden längst vernichtet worden sein, manche mögen noch in Geheimarchiven schlummern. Ob es noch Unterlagen über die Gräueltaten der Wergorillas gibt?

In Kamerun und in Guinea sollen sie Jagd auf Männer wie auf Frauen gemacht haben. Ihre Opfer wurden verspeist.

Noch Mitte des 20. Jahrhunderts töten magische Tiere in Afrika. 1943 mordeten Werlöwen im Gebiet von Angola. Wieder war es ein Flussufer, das die Kreaturen der Nacht wie magisch anzog. Um Cuango attackierten scheinbar übermenschlich starke Wesen kleine Dörfer. Sie waren offensichtlich in einem Zustand der unnatürlichen Raserei, als sie gegen die Siedlungen vorgingen. Unzählige Opfer waren zu beklagen. Nacht für Nacht kam es zu neuen Angriffen. Die Menschen bereiteten sich auf die Gefahr vor, versuchten die Eingänge zu ihren ärmlichen Hütten mit Baumstämmen zu versperren. Vergeblich! Mühelos räumten die Angreifer die Hindernisse. Tiefe Krallenspuren blieben in härtestem Holz zurück. Unzählige Tote fielen den Kreaturen der Nacht zum Opfer.

Am 12. Januar 1945 gestanden mehrere Männer in Fort Rousset, in Gestalt von Kaimanen „Ritualverbrechen" begangen zu haben. Aber wie?

1948 wurden in Daressalam mehrere „Löwen-Menschen" hingerichtet. Sie endeten am Galgen. Unter den Verbrechern befanden sich auch zwei Frauen. Die Liste schlimmster Mordtaten ließe sich endlos fortsetzen. Doch eine noch so große Zahl von Beispielen bringt das Mysterium nicht seiner Klärung näher.

Die Justizbehörden sprachen in ihren Verlautbarungen gern von Geisteskranken, die sich Tierfelle überstülpten und ihren kranken Mordgelüsten nachgingen. Wer sich aber intensiver darum bemühte herauszufinden, stieß auf eine schwer zu überwindende Mauer des Schweigens. Sie bestand aus irrationaler Angst. Wovor? Vor Magie. Im Gegensatz zu den „aufgeklärten" Europäern glaubten viele Afrikaner an das Wirken echter Wertiere. In den übermenschlich starken Wesen sahen sie die Marionetten von machtbesessenen Magiern.

Werwölfe und die Macht der Magier

Die Berichte über Wertiere und ihre Bluttaten im Afrika des 20. Jahrhunderts könnten Bände füllen. Unzählige Horrorfilme könnten dokumentarisch gedreht werden. Dem Verfasser geht es aber nicht um die Quantität des Materials. Vielmehr soll der Versuch unternommen werden, dem Geheimnis der Magie, das hinter diesen Verbrechen zu stecken scheint, näher zu kommen. Die unzähligen Berichte, ergänzt durch nicht wenige zu Protokoll genommene Zeugenaussagen, ergeben folgendes Bild.

Der Magier verfügt über zwei grundsätzliche Möglichkeiten. Er schickt seinen Geist in ein wildes Tier. Der Geist bleibt dabei in Verbindung mit dem physischen Körper „seines" Menschen. Er übernimmt ein starkes Tier, lenkt es wie ein Puppenspieler seine Marionette. Das Tier führt die Befehle des Magiers aus, verletzt und tötet nach seinem Willen. Wird das Tier verletzt, so wird die gleiche Wunde auch dem Magier zugefügt. Er ist also in leiblicher Gefahr. Mit Hilfe von höherer Magie kann sich der Zauberer dieser Gefahr entziehen. Und zwar indem er sich des Geistes eines sterbenden Menschen bedient. Er besiegt ihn mit Magie und sperrt ihn in den Leib eines Tieres. Dort muss er so lange bleiben, wie der Magier das wünscht. Er ist Sklave seines Meisters und gehorcht dessen grausamen Befehlen. Er kann sich ihnen nicht widersetzen.

Je mehr Verbrechen auf diese Art und Weise ausgeführt werden, desto mächtiger wird der Magier, der sie zu verantworten hat. Warum aber geschahen die Untaten? Zentrales Hauptmotiv war Magie. Je mehr Verbrechen von Werwölfen und anderen, mit ihnen verwandten Kreaturen der Nacht begangen wurden, desto stärker wurde der Zauber der Magier. Entsetzliche Rituale wurden zelebriert, um die Macht der Magier zu steigern. Aus Gerichtsakten ist uns überliefert, wie das geschah. Es gab bei der Tötung des Opfers unterschiedliche Riten. Auch die Regeln, die bei der „Verarbeitung" des Leichnams befolgt werden mussten, weichen in Einzelheiten voneinander ab. Der Verfasser will den Leserinnen und Lesern die brutalen Einzelheiten ersparen.

Wichtig für das Verständnis des mysteriösen Phänomens ist

die Idee, die hinter der makabren Magie steckte. Magier ließen mit Werwolfmagie Morde ausführen oder übten selbst Verbrechen aus. Dadurch wuchs ihre magische Kraft, die sie zu noch stärkeren Formen der Magie befähigte. Spezielle magische Gefäße dienten dazu, die Zauberkraft zu speichern. In besonderen Gefäßen wurde die Kraft des Bösen gesammelt. Rituell geschah dies so, dass das Blut der Opfer aufgefangen wurde. Teilweise wurde es getrunken, teilweise in den Zaubergefäßen aufbewahrt.

Die Macht der Magier wuchs mit den Verbrechen. Im gleichen Maße nahm die Angst der Menschen vor den Zauberern und ihren Kreaturen der Nacht zu. Je größer die Panik wurde, desto häufiger mag es vorgekommen sein, dass sich Verbrecher, denen jegliches magisches Wissen fehltc, als Magier ausgaben und Banden um sich scharten. Pseudomagie diente ihnen als Basis von Autorität. Pseudomagier ließen plündern und morden. Primitive Kriminalität versteckte sich hinter dem Deckmantel des Geheimnisvollen. Verbrecher, die die Kunst der Verwandlung in Werwölfe oder andere Tiere nicht beherrschten, verkleideten sich als Wertiere, um Verbrechen zu begehen. Unzähligen falschen Magiern wurde der Prozess gemacht. Sie wurden blutiger Taten überführt, zu hohen Gefängnisstrafen oder zum Tode verurteilt. Wer nun aus der Tatsache, dass es falsche Lykanthropie gab, ableitet, dass keine echte Form dieser Magie vorkam, der macht es sich wohl zu einfach.

Vampire – von Dracula bis zu Besuchern aus dem All

Vampirismus – eine vorsichtige Annäherung

Was ist ein Vampir? Das altehrwürdige Nachschlagewerk „Pierers Konversationslexikon" (Band 12, Stuttgart 1893) definiert kurz und bündig so: „Vampir, besonders in slawischen Landen nach dem Volksglauben gespenstische Wesen, die den Lebenden das Blut aussaugen und töten, besonders aber umgehende Seelen, die wegen mangelhaft erfüllter Bestattungsbräuche (Offenlassen der Augen usw.) die Ihrigen aufsuchen und unter Krankheitserscheinungen umbringen. Man wehrte sich gegen die Vampire durch Pfählung der Leichen. Ein ähnlicher Aberglaube findet sich auch in Preußen, wo er Nachzehrer, Blutsauger (Ost- und Westpreußen) oder Gierfraß (Pommern) heißt."

Der deutsche Volkskundler Josef Klapper weist darauf hin, dass die Bezeichnung „Vampir" irreführend sei. Überall in der Welt gäbe es Angst einflößende Kreaturen, die nachts ihre Gräber verlassen, um sich vom Blut Lebender zu ernähren. Er schlägt den Ausdruck „schädigende Tote" vor. Wer sich schon etwas intensiver mit den Kreaturen der Nacht beschäftigt hat, wird feststellen, dass auch diese Definition wenig hilfreich, ja irreführend ist. Weltweit gibt es in den mythischen Erinnerungen der Menschen Hinweise auf Tote, die ihre Ruhestätten verlassen und die Lebenden heimsuchen. Sie werden Zombies, Wiedergänger oder Nachzehrer genannt. Bei den Vampiren scheint es sich um ganz ähnliche Geschöpfe zu handeln. Es sind Wiedergänger, die Lebenden das Blut aussaugen. Am ehesten könnte man sie mit den Nachzehrern vergleichen.

Hanns-Bächtoldi-Stäubli weist im „Handwörterbuch des Deutschen Aberglaubens" (Band 6, Stichwort Nachzehrer, Berlin 1934) auf den verwirrenden Sachverhalt hin und versucht zu klären: „Als Vampir möchte ich mit Jellinek und Klapper nur die Klasse von Wiedergängern bezeichnen, von denen ausdrücklich gesagt wird, dass sie den Lebenden das Blut aussaugen. Somit trenne ich davon die lebenden Vampire, die oft schon im Volksglauben mit Hexen, Werwolf und ähnlichen Wesen vermischt werden, ferner Wiedergänger, die die Lebenden plagen, krank machen und direkt töten, solche die zu den Frauen zurückkehren und mit ihnen Kinder zeugen, Wiedergänger, die das Vieh melken oder töten oder die Menschen nur als Spuk schrecken."

Doch anstatt einen Streit um Definitionen zu kultivieren, der wenig ergiebig ist, wollen wir der Spur der Vampire folgen – von der Antike bis in die Gegenwart.

Der klassisch Belesene weiß: Schon bei Aristophanes (ca. 445–385 v. Chr.) begegnet uns ein Vampir – im Theaterstück „Die Frösche". Die bösartige Kreatur der Nacht ist eine so genannte Empuse, die Kindern nachstellt, um sie zu töten und ihnen ihr Blut auszusaugen. Mindestens genauso alt sind altindische Vers- und Prosadichtungen der Veden. In den heiligen Texten des Hinduismus werden gleichfalls Tote beschrieben, die als wandelnde Leichen in die Welt der Lebenden eindringen, um sich arme Opfer zum Blutsaugen zu suchen.

In der christlichen Überlieferung dürfen diese Monster ebenso nicht fehlen. Wahrscheinlich beschäftigten sich im 8. Jahrhundert christliche Theologen erstmals mit „Toten, die doch nicht tot sind". Zunächst war aber nur von „Untoten" die Rede. Die Bezeichnung Vampir tauchte erst zu Beginn des 18. Jahrhunderts auf. Im damaligen Serbien häuften sich in jener Zeit Berichte über das Wirken von Vampiren. Unzählige Abhandlungen über die Kreaturen der Nacht wurden publiziert, die auch im deutschsprachigen Raum gelesen wurden und für heftige Diskussionen gesorgt haben. Selbst angesehene Wissenschaftler sollen in jenen Jahren die Thematik des Vampirismus ernsthaft erörtert haben.

Martin Luther, Kind seiner Zeit, schaute wie er selbst zu sagen pflegte „dem Volk aufs Maul". Ihm waren die Ansichten der Menschen seiner Zeit nicht nur geläufig, er teilte sie auch nicht selten. So soll er sich bei Tisch gern über das unappetitliche Thema der blutsaugenden Monster geäußert haben. Er erging sich in drastischen Schilderungen von toten Frauen, die ihre Kraft aus dem Verzehr von Blut schöpfen. Bei den Indern hätte man zwei-

Eine bösartige Kreatur der Nacht: Vampirin Lamia, Schrecken im Alten Griechenland.

felsohne Luthers Überlegungen akzeptiert. Nur in einem Punkt unterschied sich das Denken. Luther sah vorwiegend Frauen in der Rolle der Vampire, bei den alten Indern aber galten Frauen eher als Opfer männlicher Blutsauger. Bei den Finnen wie bei den Armeniern hegte man an der Existenz blutgieriger Kreaturen der Nacht auch keinen Zweifel.

1694 kursierte in Frankreich eine viel beachtete Schrift betitelt „Mercure Galant". Inhalt: Konkrete Hinweise auf eine wahre Landplage von lebenden Leichen, die in Russland und Polen die Menschen in Angst und Schrecken versetzen. Sie werden als Tote beschrieben, die aber dennoch leben. Ihre teilweise schon in Fäulnis übergegangenen Kadaver würden, so glaubte man damals, zu Staub zerfallen, wenn sie nicht Nacht für Nacht mordeten und Blut tränken. Blut galt als das Lebenselixier der Untoten.

Der Glaube an Vampire war in Deutschland weit verbreitet. Jahrhundertelang versuchte man zu ermitteln, ob denn bestimmte Menschen dazu prädestiniert sind, dereinst zu mörderischen Blutsaugern zu werden. In vielen Regionen galt es als böses Omen, wenn ein Baby mit Zähnchen geboren wurde. „Das Kind wird einmal ein Vampir werden!“, hieß es dann.

Unzählige Kennzeichen, die angeblich auf Vampirismus hinweisen, waren Leichenbestattern bekannt. Tote, die immer noch ein rosiges Gesicht behielten, wurden zumindest mit Argwohn beäugt. Zeigen sich Blutflecken im Gesicht oder an den Händen? Wenn sich bei einem Toten das linke Auge nicht schließen ließ, galt dies als deutlicher Hinweis auf Vampirismus. Fügte man einem Toten eine Verletzung zu und es floss Blut, dann gab es keinen Zweifel mehr! Von diesem Toten ging höchste Gefahr für die Lebenden aus!

Manche Verstorbenen wurden bestattet, auch wenn angeblich der Verdacht nahelag, dass sie Blutsauger sein könnten. Nach einiger Zeit öffnete man manches Grab wieder. Eine Untersuchung der sterblichen Überreste wurde vorgenommen. Waren sie schon in den Zustand der Verwesung übergegangen? Oder sahen sie noch unversehrt aus? Dann war der Tote ein Vampir! Verstärkt wurde der Verdacht, wenn der Leichnam in einer anderen Position im Sarg vorgefunden wurde, als er bestattet worden war.

Vampiren sagte man nicht nur eine schier unersättliche Lust auf Blut nach. Es galt als erwiesen, dass die Kreaturen der Nacht, so sie in die Welt der Lebenden zurückkehren, auch weiterhin sexuelle Bedürfnisse haben. Männliche Vampire töteten dem Volksglauben nach nur ihnen fremde Frauen, wenn sie mit ihnen intim wurden. Der eheliche Verkehr mit der eigenen Witwe war für die Frau gänzlich ungefährlich. Sie konnte sogar schwanger werden. So wurde überprüft, ob es Hinweise auf nachtodlichen Intimverkehr gab. Wurden sie gefunden, galt es als bewiesen, dass man es mit einem Vampir zu tun hat. Gab es immer noch Zweifel, dann wurden dem Körper Verletzungen zugefügt. Blutete er? Wenn es solche Anzeichen für Vampirismus gab, wenn sich der Verdacht erhärtete, dass man es mit einem Untoten zu tun hatte, wurden – von Region zu Region gab es unwesentliche Unterschiede – teilweise drastische Maßnahmen ergriffen.

Dem Leichnam wurde der Kopf vom Leib getrennt und zwischen seine Füße gelegt. Zusätzlich wurde ihm ein Nagel oder Keil durchs Herz getrieben. An Händen und Beinen wurde er an den Sarg genagelt. So sollte es dem Vampir unmöglich gemacht werden, als blutsaugendes Monster in die Welt der Lebenden zurückzukehren. In manchen Gegenden hielt man diese Schutzmaßnahmen für unzureichend. Der Tote wurde von einem Verwandten zunächst enthauptet. Wenn dabei Blut austrat, ließ man es in ein Glas laufen. Dabei galt es höchst sorgsam vorzugehen und ja keinen Tropfen zu Boden fallen zu lassen. Das Blut musste dann von Familienangehörigen getrunken werden. Schließlich verbrannte man Körper und Kopf, zerschlug eventuell unverbrannte Knochenteile. Asche und Knochensplitter durften auf keinen Fall bestattet werden. Man schaufelte vielmehr das Grab wieder zu und schüttete die traurigen Überbleibsel des Toten darauf.

Derlei Brauchtum hielt sich noch bis ins 18., ja wahrscheinlich sogar 19. Jahrhundert. Mag im ausgehenden Mittelalter die Kirche an derlei Riten noch mitgewirkt oder sie toleriert haben, in zunehmendem Maße lehnte der Klerus derlei „Aberglauben" ab. So ist anzunehmen, dass makabre Maßnahmen gegen Vampire besonders in abgelegenen ländlichen Regionen weit länger praktiziert wurden, als gewöhnlich angenommen wird. Bekannt ist, dass im Westpreußen des 18. Jahrhunderts der Vampirglaube noch weit verbreitet war.

W. J. A. von Tettau und J. D. H. Temme erwähnen in „Die Volkssagen Ostpreußens, Litthauens und Westpreußens" (Berlin 1837) einen Fall aus dem 18. Jahrhundert. Ein Adeliger namens von Wollschläger wurde als Vampir verdächtigt und in seiner „letzten Ruhe" empfindlich gestört. Er wurde zu nächtlicher Stunde wieder aus der Familiengruft geholt und enthauptet. Aus der Wunde quoll Blut. Verwandte des Toten mussten es trinken. Der vermeintliche Vampir wurde wieder in die Gruft zurückgelegt, mit dem Kopf zwischen den Füßen. Folgt man den Ausführungen von August Löwenstimm („Aberglaube und Strafrecht", Berlin 1897), dann gab es noch Ende des 19. Jahrhunderts derlei grausige Rituale auf Friedhöfen auch im deutschsprachigen Raum.

Die dabei praktizierten Riten wurden mündlich überliefert. Heute sind viele „Selbstverständlichkeiten“ vergessen. Beispielsweise glaubte man, dass der Stand des Mondes von wesentlicher Bedeutung für die erfolgreiche Zerstörung des Körpers eines Vampirs war. Vampire, so glaubte man, gewinnen mit dem zunehmenden Mond an Kraft. Vollmond ist dann für sie der ideale Zeitpunkt zum Verlassen des Grabes. Kein Mensch vermag sich dann ihren Leibeskräften zu widersetzen. Mit dem abnehmenden Mond schwinden dann entsprechend die Energien des Vampirs. Will man seinen Körper vernichten, so empfiehlt es sich, dies bei abnehmendem Mond zu tun.

Vampirismus – Versuch einer historischen Eingrenzung

Auch wer sich an den Inhalt alter deutscher Märchen kaum noch erinnert, der kennt den folgenden Reim: „Spieglein, Spieglein an der Wand? Wer ist die Schönste im ganzen Land?“ Die Antwort lautete stets: „Ihr, Frau Königin, seit die schönste Frau im Land.“ Das änderte sich freilich, als Schneewittchen „hinter den sieben Bergen“ langsam zur jungen Frau heranreifte. „Frau Königin, Ihr seit die Schönste hier, aber Schneewittchen ist noch tausendmal schöner als Ihr!“

Die böse Königin will aber die Schönste im Land bleiben. Deshalb soll Schneewittchen ermordet werden. Die Arme soll nicht nur getötet werden. Sie muss nicht nur als gefürchtete Rivalin verschwinden. Die Königin hat weitergehende Gedanken. In der Urausgabe der „Kinder- und Hausmärchen der Brüder Grimm“ von 1812 heißt es: „Die Königin … rief einen Jäger und sagte zu ihm: ‚Führ das Schneewittchen hinaus in den Wald an einen weit abgelegenen Ort, da stich ’s todt, und zum Wahrzeichen bring’ mir die Lunge und seine Leber mit, die will ich mit Salz kochen und essen.‘“

Welchen Zweck das kannibalistische Mahl haben sollte? Die

Königin hoffte auf eine verschönernde Wirkung. Was bei den Gebrüdern Grimm nur kurz angedeutet wird, lebte eine historische Kreatur der Nacht aus: Gräfin Elisabeth Bathory, verwitwete Nadasdy. So wie die Königin aus dem Märchen liebte ihr historisches Vorbild aus Siebenbürgen („sieben Berge“ im Märchen) ihren Spiegel. Bewegungslos saß sie stundenlang davor. Doch während die Königin aus dem Märchen „nur“ den Tod eines jungen Mädchens befahl, ordnete die historische Gräfin die Ermordung von etwa 650 jungen Frauen an. In einer kostbaren Schatulle bewahrte sie eine Liste ihrer Opfer auf. 1611 stellte man die Adelige und ihre Zofen vor Gericht. Die Befragung von etwa 200 Zeugen ergab ein Bild des Grauens. Elisabeth Bathory war eine Sadistin von unvorstellbarer Grausamkeit. In eisigen Winternächten ließ sie junge Mädchen nackt ausziehen und so lange durch den Schnee („Schneewittchen“!) ziehen und mit eisigem Wasser überziehen, bis sie starben.

Gräfin Elisabeth Bathory – vermutlich zeitgenössisches Porträt.

Aus den Gerichtsakten geht aber hervor, dass das Hauptinteresse der Bathory dem Blut der (möglichst jungfräulichen) Mädchen galt. Sie quälte unzählige ihrer Opfer selbst zu Tode, zelebrierte kannibalistische Feiern, aß von ihrem Fleisch und trank ihr Blut, badete gelegentlich darin. Ihr Motiv? Raymond T. McNally („Dracula was a woman – In Search of the blood Countess of Transylvania“, London 1983): „Sie hatte panische Angst vor dem Alter und glaubte, sich mit Blutmagie ewige Jugend erhalten zu

Gräfin Elisabeth Bathory – vermutlich zeitgenössisches Porträt.

können. Es sieht so aus, als ob sie im fortschreitenden Alter immer sadistischer wurde, als ob sie immer mehr junge Mädchen opferte, je mehr sie die eigene Schönheit von einst schwinden sah."

Vermutlich wäre die Gräfin niemals vor Gericht gestellt worden, hätte sie sich mit Leibeigenen und Bauernmädchen als Opfer begnügt. Als sie sich an Töchtern aus adeligen Familien vergriff, war ihr Ende abzusehen. Ihre Helferinnen wurden gefoltert und grausam hingerichtet. Sie selbst wurde angeklagt, des schlimmsten Verbrechens für schuldig befunden und zu lebenslanger Haft verurteilt. Man mauerte sie in einer ihrer Burgen in ein kleines Zimmer ein. Durch ein winziges Loch reichte man ihr Essen und Trinken. In vollkommener Dunkelheit gefangen sollte sie nie wieder das Tageslicht erblicken. Schon wenige Jahre nach der Einkerkerung starb Elisabeth Bathory am 21. August 1614. Ein Wärter fand sie tot in ihrer Zelle auf dem Gesicht liegend. Die Vampirin wurde 54 Jahre alt.

Gräfin Bathory mag das Vorbild für die Königin aus Schneewittchen gewesen sein. Die blutrünstige Mörderin inspirierte nachweislich Bram Stoker (1847–1912) zu seinem „Graf Dracula", dem Vater aller Vampirromane. Stoker studierte intensiv eine Lebensbeschreibung der „Vampirin" in Sabine Goulds „The Book of Werwolves" („Das Buch der Werwölfe"). In ersten Entwürfen siedelte Bram Stoker seinen Roman in der Steiermark an. Nachdem er Leben und Wirken der Bathory kennen gelernt hatte, verlegte er es nach Transsilvanien … in eine abgelegene Region, ganz in der Nähe der Wirkungsstätte der Gräfin.

Vlad Dracul – Porträt; vermutlich zeitgenössisch.

In Transsilvanien (Walachei) regierte im 15. Jahrhundert ein heute geradezu monströs anmutender Mann. Man nannte ihn Vlad Dracul. Wie war der rumänische Adelige zu diesem Namen gekommen? In jungen Jahren hatte er dem deutschen König und späteren Kaiser Sigismund (1368-1437) gedient. Der machte ihn aus Dankbarkeit zum Fürsten der Walachei. Sigismund fürchtete Angriffe der Türken auf sein Reich. Deshalb gründete er den Drachenorden. Die Ritter dieser Gemeinschaft sollten die Osmanen abwehren. Als Mitglied des militärischen Zweckbundes bekam Vlad den Beinamen „Dracul", „Drache".

Um 1430 wurde ihm ein Sohn geboren. Der Filius war Täter und Opfer zugleich. So musste er als junger Bursche miterleben, wie sein grausamer Vater brutal ermordet wurde. Einer seiner Brüder wurde bei lebendigem Leibe vor seinen Augen eingemauert. So litt er als Kind und Jugendlicher an einer Zeit des alltäglichen Sadismus. Doch einmal selbst an der Macht wandte er mit haarsträubender Grausamkeit Mord und Folter als Mittel zur Politik an. Mal hielt er es mit den Türken, die ihn beim Kampf um den Thron des Vaters halfen. Mal sah er sie als seine schlimmsten Feinde an. 1461 und 1462 besiegte er ihre Truppen. Angeblich soll er später einen neuerlichen Wechsel geplant haben. Entsprechende Briefe scheinen dies zu belegen. Doch in Historikerkrei-

Vlad Dracul – vermutlich zeitgenössische Darstellung des „Pfählers“.

sen wird an der Echtheit der Dokumente gezweifelt.

Als türkische Gesandte in seiner Gegenwart nicht ehrerbietig die Kopfbedeckungen lüfteten, fühlte er sich zutiefst beleidigt, ja gedemütigt. Doch er zeigte sich zum Erstaunen seiner Höflinge zunächst befremdlich nachgiebig. Gewährte er doch den Gästen sogar lächelnd das Privileg, in Zukunft in Gegenwart des Herrschers stets einen Hut tragen zu dürfen. Kaum hatte er das ungewöhnliche Vorrecht ge-

Von diesem Palast von Tirgoviste (Walachei) aus regierte Vlad Dracul sein Reich.

billigt, sprach er gleich einen grausamen Befehl aus. Er ließ die Männer packen, festhalten und ungeachtet ihrer Schmerzensschreie ihnen ihre Hüte auf die Schädel nageln.

Vlad Dracul nimmt ein Mahl ein – während seine Gegner zu Tode gequält werden.

Gefürchtet war bei Freund wie Feind der skurril-blutige „Humor" des Pfählers. So lud er Bettler zu einem Festschmaus in einem geschmückten Saal ein. „Wollt ihr in Zukunft frei und ohne Mangel leben?", fragte er sie. Als sie freudig bejahten, ließ der Tyrann den Festsaal in Brand stecken. Alle Bettler kamen elendiglich ums Leben. Von bettelnden Mönchen wollte er wissen, ob sie sich denn schon auf das Himmelreich freuten. „Wollt ihr gern dorthin kommen?" Als sie freudig bejahten, ließ er die Männer pfählen. „Gern habe ich ihren Wunsch erfüllt, möglichst schnell ins Jenseits zu gelangen!"

Weil er Feinde mit Vorliebe pfählen ließ, bekam er bald den Zunamen Tepes („Pfähler"): Vlad Tepes. Und als Sohn des Dracul nannte man ihn Vlad Dracula. Seine traurige Berühmtheit wegen seiner Grausamkeit erlangte er allerdings erst in der nachträglichen Bewertung. Zu Lebzeiten unterschied er sich in seinen menschenfeindlichen Exzessen kaum von anderen zeitgenössischen Herrschern. Als blutrünstiger Vampir Dracula ging er in die Literaturgeschichte ein.

Vlad Dracula, wegen seiner militärischen Erfolge gegen die Türken als Nationalheld gefeiert, geriet schließlich vermutlich

1476 selbst in türkische Gefangenschaft. Er wurde brutal gefoltert und schließlich enthauptet.

Versuche einer wissenschaftlichen Erklärung

Vlad Dracula war nicht nur das historische Vorbild für den literarischen Vampir, den wir aus Horrorfilmen kennen. Wer sich intensiver mit seinem Leben beschäftigt, stößt auf eine wissenschaftlich akzeptable „Erklärung“ des Vampirismus. Sie mag einleuchten. Ist sie aber zutreffend?

Zu Lebzeiten Draculas kam es immer wieder zu schlimmen Pestepidemien. Manchmal wurde fast die vollständige Bevölkerung ganzer Karpatentäler von dieser Seuche dahingerafft. In jenen Tagen breitete sich unter der Bevölkerung panische Angst aus. Angst vor dem schwarzen Tod. Aber auch Angst davor, für Augenblicke ohnmächtig zu werden und voreilig als vermeintlicher Pesttoter beerdigt zu werden. Angesichts der epidemieartigen Pest muss man davon ausgehen, dass unzählige Menschen lebend beerdigt oder gar verbrannt wurden. Bei Graböffnungen stieß man immer wieder auf Leichen, die ohne Zweifel lebend begraben worden waren und verzweifelt versucht hatten, sich aus der Erde zu graben. Entstand so die Vorstellung, dass manche Tote als lebende Leichen aus der Welt des Jenseits ins Diesseits zurückkehren?

Diese Erklärung leuchtet ein. Sie mutet vernünftig an, kann aber keineswegs als die Lösung des Vampir-Geheimnisses angesehen werden. Es lässt sich nämlich nicht nachweisen, dass zu Draculas Zeit oder in den Jahrzehnten danach der Vampirglaube besonders viele Anhänger fand. Vor allem gibt es keinerlei Belege dafür, dass er erst nach den Pestepidemien des 15. Jahrhunderts aufkam. Er existierte weltweit schon viele Jahrhunderte früher. Deshalb mutmaßte Dr. Herbert Mayo, Professor für Anatomie am „King’s College“, London, anno 1851 verallgemeinernd: „Diese zahlreichen Hinweise auf Wesen, die nur scheinbar tot sind, in Wirklichkeit aber als Blutsauger ein schauriges Dasein fristen, beruhen auf wahren Begebenheiten. Die Körper, die im so genannten Vampirzustand gefunden wurden, waren keine abnormen Wesen, sondern lebten einfach noch oder hatten einige Zeit nach ihrem Begräbnis noch gelebt. Kurz gesagt, es waren die Körper von lebendig begrabenen Personen, die durch die Unwissenheit und Unmenschlichkeit anderer auf die grausamste Weise sterben mussten."

Geht also der Vampirglaube generell auf Scheintote zurück? Dr. David Dolphin von der Universität „British Columbia" verneint diese Frage. Der Mediziner geht davon aus, dass das, was im Volksmund Vampirismus genannt wird, in Wirklichkeit nichts, aber auch gar nichts mit Aberglauben und Teufelsspuk zu tun hat. Vampirismus ist demnach eine missverstandene Krankheit. Anders als beim gesunden Menschen ist der Organismus des Vampirismus-Kranken nicht dazu in der Lage, dafür zu sorgen, dass ein komplizierter chemischer Prozess abläuft. Bei Vampirismus-Kranken wird nicht im Blut Eisen in Porphyrine eingebaut. Bei diesem Prozess wird im gesunden Organismus das so genannte Hämoglobin erzeugt.

Schafft der Körper das nicht, dann siedelt sich das eisenfreie Blut mit den eisenfreien Porphyrinen in der Haut an. Das bringt schlimme Unannehmlichkeiten mit sich. Die Haut des betroffenen Kranken reagiert ungeheuer empfindlich auf Sonnenlicht und Helligkeit. Licht ist damit das reinste Gift für den Kranken. Es führt zu entsetzlichem Hautzerfall. Der Kranke sieht dann tatsächlich aus wie ein wandelnder Leichnam. Oder wie ein Vampir, der in die Sonne geraten ist. Einzige Chance: Nur nachts ins Freie gehen, tagsüber in der Wohnung bleiben, die Fenster verdunkeln und in ständiger Dunkelheit hausen.

Hat Dr. Dolphin eine medizinische Erklärung für den Vampirismus gefunden? Man kann sich gut vorstellen, dass Menschen, die an der beschriebenen Blutkrankheit litten, instinktiv versucht haben, sich gesundes Blut zu verschaffen. Warteten sie also auf die Nacht, die für sie tödlichen Sonnenstrahlen meidend, um Jagd auf gesunde Menschen zu machen? Überfielen sie ihre Opfer, um sie zu verletzen und gierig den gesunden Lebenssaft aus den Adern zu saugen? Eine Analogie bietet sich in diesem Zusammenhang an: Hunde, auch Katzen fressen, so sie zum Beispiel an

Magenverstimmung leiden, bestimmte Grassorten. Sie tun dies intuitiv richtig. Als Folge erbrechen sie sich, würgen Giftstoffe oder beim Putzen verschluckte Haare wieder heraus. Versuchten Vampirismus-Kranke genauso intuitiv gesundes Blut zu trinken? Schwierig ist es zu beurteilen, wo hier die Tatsachen enden und wo Gruselfiktion beginnt …

Fakt ist: Vampire müssen nach uraltem Volksglauben nicht nur das Licht des Tages meiden. Sie hassen zudem auch Knoblauch wie die Pest. Diese überlieferte Abneigung mutet bei Furcht einflößenden Monstern, denen stets übermenschliche Kräfte zugeschrieben wurden, seltsam an. Bietet Dr. Dolphins wissenschaftliche Erklärung eine Antwort?

Vampirismus nach Dr. Dolphin wird noch verschlimmert, wenn im Blut enthaltenes Hämoglobin abgebaut wird. Für diesen Zerfall ist das Enzym P 450 zuständig – und ist damit der schlimmste Feind des „Dracula-Kranken“. Besagtes Enzym kommt in besonders starkem Maße im Knoblauch vor. Knoblauch ist also im wahrsten Sinne des Wortes Gift für Vampire. Mag sein, dass sogar schon Knoblauchduft durch Einatmen zum Abbau von Hämoglobin führt, wenn auch nur in verschwindend geringem Maße. Der Gesunde wird es gar nicht verspüren, der Vampirismuskranke schon.

Interessanterweise gibt es Hinweise, die darauf schließen lassen könnten, dass Vlad Dracula selbst ein an Vampirismus leidender Mensch war. Als er im Alter von 46 Jahren starb, tauchten Berichte über den blutrünstigen Herrscher auf. Er soll kurz vor seinem Tod eine Bauernmagd überfallen, vergewaltigt und ihr das Blut aus den Adern gesaugt haben. Um auf diesem Wege Hämoglobin „ins Blut“ zu bekommen? Nach seinem Tode kursierten Erzählungen, die zu Lebzeiten des Herrschers mit der Todesstrafe geahndet worden wären. Da heißt es: „Wann immer eine Bauern- oder Händlerfamilie, die zu wenig Steuern bezahlt hatte, gepfählt werden sollte, ließ sich Tepes die junge Tochter der Familie, so eine vorhanden war, und das war sie ja meistens, kommen und sie martern, zwang sie, ihm zu Willen zu sein, und ließ sie schließlich vor seinen Augen erstechen.“ Dann, so heißt es weiter, habe er stets „einen Becher ihres Blutes genommen und damit den auf den Pfählen sterbenden Eltern zugeprostet“.

Der Vampir von Boston und das Monster von Galazanna

Ist damit das Geheimnis des Vampirismus gelöst? Gibt es zwei Erklärungen? Entdeckte man beim Wiederöffnen von Gräbern die Leichen von Menschen, die als Scheintote bestattet und unter der Erde wieder zu sich gekommen waren? Sah man Spuren des schrecklichen Todeskampfes dieser Bemitleidenswerten als Hinweise auf Monster, die in den Gräbern weiterleben? Hielt man Menschen, die an einer seltenen Blutkrankheit litten und intuitiv „gesundes“ Blut tranken, für lebende Leichen, die ihren Opfern den Lebenssaft aus den Adern saugten?

Vielleicht lassen sich diese Fragen tatsächlich alle mit Ja beantworten. Wer diese Fragen mit Ja beantworten möchte, der möge dies tun. Eine wissenschaftliche Erklärung des Vampirismus schlechthin liegt damit aber nicht vor. So leicht lassen sich die Kreaturen der Nacht nicht aus unseren Albträumen verjagen. Gibt es doch sehr konkrete Hinweise auf Vampire im 19. und 20. Jahrhundert, die weder mit Scheintoten noch mit einer Blutkrankheit erklärt werden können! Die blutsaugenden Kreaturen der Nacht sind eine große, unheimliche Familie. Zu ihnen gehört der Matrose John Brown.

Anno 1867 lief ein Fischerboot von Boston aus. Zur Besatzung gehörte ein Portugiese, dessen wahrer Name unbekannt ist. Als „John Brown“ trug er sich in die Schiffspapiere ein. John Brown war allem Anschein nach ein Vampir … meinte zumindest Charles Hoy Fort, der bei seinen unermüdlichen Recherchen auf den unheimlichen Fall stieß. Er beschieb ihn kurz und bündig in seinem letzten Buch „Wilde Talente“ (die Originalausgabe „Wild Talents“ erschien 1932, die Übersetzung Frankfurt 1998).

Auf hoher See waren plötzlich zwei Besatzungsmitglieder verschwunden. Waren sie über Bord gegangen, ohne dass das jemand bemerkt hatte? Der Kapitän konnte sich das wohl nicht vorstellen. Die Männer mussten seiner Ansicht nach noch irgendwo an Bord sein. Vielleicht hatten sie einen Unfall gehabt? Der Kapitän kletterte mit einer Laterne in den Frachtraum. Er fand die vermissten Männer. Etwas Schreckliches war ihnen zugestoßen. Aber was?

Die beiden Seeleute waren tot. Ihre Körper waren übel zugerichtet, wiesen „Klauenspuren“ auf. Sie waren vollkommen blutleer. John Brown gestand den entsetzten Vernehmungsbeamten: Ich bin ein Vampir und habe die Männer getötet. Ich habe ihr Blut getrunken. Fort: „‚Brown‘ wurde angeklagt, für schuldig befunden und zum Tod durch Erhängen verurteilt. Präsident Johnson milderte das Urteil zu einer lebenslänglichen Haftstrafe ab. Im Oktober 1892 wurde der Vampir aus dem Staatsgefängnis von Ohio ins National Asylum in Washington D.C. verlegt und seine Geschichte wurde noch einmal von den Zeitungen aufgegriffen. Siehe den Brooklyn Eagle, 4. November 1892.“

Fort führt noch einen zweiten Fall von Vampirismus an. Das Monster von Galazanna schlug nicht vor Jahrhunderten zu, es tötete im 20. Jahrhundert. Wie viele Verbrechen ihm angelastet werden müssen, das konnte nicht geklärt werden. Nach der Zeitung „Ottawa Free Press“ vom 17. September 1910 wurde in der Nähe der portugiesischen Stadt Galazanna ein totes Kind gefunden. Der kleine Leichnam lag auf einem Acker. Er war vollkommen blutleer. Die Tat gestand ein Mann namens Salvarrey. Er bezeichnete sich selbst als Vampir.

Vampire aus dem All?

Zu den seltsamsten Kreaturen der Nacht, die im „Handwörterbuch des Deutschen Aberglaubens“ (Band VI, Berlin 1932) ausführlich beschrieben werden, gehören die so genannten „Irrlichter“. Sie treten in unterschiedlichsten Formen und Größen auf. Unsere Vorfahren glaubten, es handele sich um verschiedene Formen von Lampen, die von unsichtbaren kleinen Wesen getragen werden. Im „Handwörterbuch“ wird festgehalten: „Gewöhnlich sieht man vom Irrlicht nichts als das Licht: es erscheint als schwebendes blaues Lichtlein, als Laterne, von einer Hand getragen, ohne dass man sonst etwas sieht, man sieht nichts als die helle linke Hand mit den fünf leuchtenden Fingern, den leuchtenden Kopf einer dunklen Gestalt, ein feuriges Rad oder eine feurige Kugel mit feurigen Rippen. Die Irrlichter fliegen ungeheuer schnell."

In unterschiedlichsten Zeiten und Regionen wurden Irrlichter beschrieben. Wurde von allen Zeugen wirklich Gleiches, Ähnliches oder nur Verwandtes gesichtet? Oder wurden vollkommen unterschiedliche Phänomene, die nur irgendwie leuchteten, unter dem Sammelbegriff „Irrlichter" zusammengefasst? Wir können diese Fragen heute nicht mehr klären.

Diese kurios anmutenden Geschöpfe der Nacht gehörten nicht nur schon vor Jahrhunderten zum festen Repertoire des deutschsprachigen Volksglaubens. Sie waren auch den Indianern Nordamerikas vertraut. Bei den Cherokee-Indianern etwa hießen sie „Yubwi Tsundi", in Deutsch „kleine Leute". Wer steckt nach den Überlieferungen unserer Vorfahren hinter den anscheinend häufig beobachteten nächtlichen Lichtern? Kleine Wesen. Die Parallele ist offensichtlich.

Im Sommer des Jahres 1967 tauchten gespenstische Lichter massiv im Staat South Colorado auf. Spät nachts konnte man sie hoch über dem malerischen San Louis Valley beobachten. Davon hörte der Wissenschaftler Prof. Dr. John Henry Altshuler. Der Pathologe und Hämatologe (Hämatologie ist ein Teilgebiet der Medizin und beschäftigt sich mit dem Blut und Blutkrankheiten) beschloss spontan, dem Phänomen auf den Grund zu gehen. Da er berufsmäßig arg überlastet war, kam ihm ein kurzfristig eingeschobener Urlaub sehr gelegen. Er nahm sich also frei und reiste mit der ganzen Familie nach South Colorado, in den „Great Sand Dunes Nationalpark". Nachts ließ er seine Lieben allein im Hotel zurück und machte sich auf die Pirsch. Er wurde nicht enttäuscht. Bald bekam er die „Irrlichter" der „Yubwi Tsundi" zu sehen. Er notierte in seinem Tagebuch: „Es waren sehr helle weiße Lichter, die sich zugleich langsam unterhalb der Berggipfel des Sangre de Christo fortbewegten. Einmal dachte ich, dass sie auf mich zukämen, auf mich zuflögen, denn sie wurden größer. Doch dann schossen sie senkrecht hoch und verschwanden."

Dr. Altshuler war fasziniert. Der Wissenschaftler hätte sich gern intensiver mit den Lichterscheinungen auseinander gesetzt. Dazu kam es nicht. Plötzlich tauchte nämlich aus der Schwärze der Nacht ein Polizeiwagen auf. Den Ordnungshütern war der nächtliche einsame Spaziergänger aufgefallen. Was hatte er zu später Stunde in der Wildnis zu suchen? Als er sich als Mediziner und Pathologe zu erkennen gab, baten ihn die Polizisten um seinen fachkundigen Rat. Dazu hatte Altshuler eigentlich keine Lust. Immerhin war er im Urlaub! Zögernd folgte er dann doch, als ihn die Männer der Streife zur Harry-King-Ranch brachten. Hier war zehn Tage zuvor eine entsetzliche Entdeckung gemacht worden: Cowboys hatten am 9. September 1967 unweit von Alamosa Lady ein dreijähriges Stutfohlen auf der Weide tot aufgefunden!

Wer hatte das Tier getötet? Es muss eine Art Vampir gewesen sein. Dem armen Tier war nämlich das Blut bis auf den letzten Tropfen aus dem Leib gesaugt worden. Zudem war es entsetzlich zugerichtet. Von seinem Kopf waren Fleisch und Muskeln säuberlich entfernt worden. Damit nicht genug! Das Gehirn, das Rückgrat und innere Organe fehlten. Was war geschehen? Altshuler untersuchte den Kadaver gründlich. Es gab keinerlei Bissspuren. Nicht das kleinste Indiz sprach dafür, dass Lady das Opfer eines Raubtiers geworden war. Waren sadistische Menschen am Werk? Dr. Altshuler: „Es war am Hals bis zum Brustansatz mit einem sauberen Längsschnitt geöffnet worden. Das Fleisch war an den Schnittstellen dunkler. Die Haut war an den äußeren Rändern fest. Am merkwürdigsten war die Tatsache, dass keinerlei Blutspuren zu finden waren. Weder am Tier noch am Boden. Dabei fehlten innere Organe, Herz, Lunge und Schilddrüse. Die Brustmitte des Tieres war völlig leer und grundsätzlich überall trocken. Eigentlich eine Unmöglichkeit."

Wer hatte das Tier getötet? Menschliche wie tierische „Täter" schieden aus. Angesichts der horrenden Verletzungen hätte es unübersehbare Blutspuren geben müssen. Doch davon war nichts zu sehen.

Dr. Altshuler konnte sich nur eine Erklärung vorstellen. Für das entsetzliche Gemetzel waren Wesen verantwortlich zu machen, die irgendwie mit den Lichterscheinungen am Himmel zu tun hatten. Der Wissenschaftler wagte es nicht, seinen Gedanken den Polizisten mitzuteilen. Wie hätten sie wohl reagiert, wenn er die Besatzung eines UFOs, einer fliegenden Untertasse, für das Geschehen verantwortlich gemacht hätte?

Vor allem fürchtete er um seine wissenschaftliche Laufbahn! Eine Karriere konnte er wohl vergessen, so man ihn mit „UFOs" und „Vampiren aus dem All" in Verbindung bringen würde. Altshuler schwieg also zunächst – über einen mysteriösen Kreis, bestehend aus acht Löchern im Boden, jedes jeweils zehn Zentimeter im Durchmesser. Sie waren von was auch immer ins Erdreich gebrannt worden. Dabei war der Erdboden radioaktiv verseucht worden.

War ein außerirdisches Raumschiff gelandet? Hatte die Besatzung das Pferd getötet und grausam wissenschaftlich untersucht? Wer auch immer das arme Tier getötet hatte, dem stand ein medizinisches Gerät zur Verfügung. Prof. Dr. Altshuler enthüllte erst vor wenigen Jahren, was er bis dahin für sich behalten hatte. Wer auch immer für den Tod des Pferdes verantwortlich war, setzte für die umfangreichen Schnitte eine Art Laserskalpell ein. Das erkannte Altshuler erst viele Jahre später, als er sich wieder einmal intensiv mit den merkwürdigen Schnittverletzungen auseinandersetzte. Er zerbrach sich den Kopf darüber, wer sie wohl dem Tier beigebracht haben mochte.

Die UFO-Verbindung blieb damals auch anderen nicht verborgen. Die örtliche Tageszeitung „The Pueblo Chronicle" brachte am 7. Oktober 1967 einen Bericht über den Fall Lady. Die Schlagzeile brachte es in riesigen Lettern auf den Punkt: „Rätsel um ein totes Pferd versetzt UFO-Fans in Erstaunen!" Nicht verschwiegen werden darf freilich, dass es zur Lösung „Vampire aus dem Weltall" auch eine alternative wissenschaftliche Erklärung gibt. Demnach war eine Gruppe von sadistischen Tierquälern am Werk. Diese abartig veranlagten Menschen schafften zunächst eine umfangreiche Sammlung von teilweise sehr großen Utensilien an den Ort des Geschehens: einen gewaltigen Bottich, der teilweise mit Säure gefüllt war, dann einen gewaltigen Dreifuß, dazu einen starken Flaschenzug und Seile.

Die Unholde fingen erst einmal das Pferd. Dann müssen sie es gefesselt haben. Mit Dreifuß und Flaschenzug wuchteten sie das Pferd zunächst in die Höhe, über dem Bottich schlitzten sie es auf und ließen das Blut ablaufen. Sorgsam achteten sie darauf, dass auch nicht ein Tropfen Blut auf den Boden spritzte. Dann senkten sie das Pferd in den Bottich: in das Blut-Säure-Gemisch. Dort wurde dem Pferd ein Teil des Fleisches von den Knochen gefressen. Jetzt holten sie den verstümmelten Kadaver wieder aus der Säure, legten ihn auf der Wiese ab und transportierten die Utensilien ab. Theoretisch kann sich der ansonsten nicht wissenschaftlich erklärbare Vorfall so abgespielt haben. Wirklich? Wieso wurden dann von den angeblich benutzten teilweise sehr schweren Gerätschaften keinerlei Spuren gefunden? Warum gab es kein Tröpfchen Säure am toten Pferd? Vor allem: Warum sollte das Pferd von Menschen so zu Tode gequält worden sein?

Übersehen wird bei der „natürlichen Erklärung“, dass nach Prof. Altshuler eindeutig eine Art Laserskalpell verwendet wurde. Fakt ist aber, dass es 1967 noch gar keine entsprechende Laserchirurgie gab! Sie wurde erst in den späten 70ern und frühen 80ern entwickelt. Laserskalpelle wurden noch nie von Raubtieren beim Zerschneiden der Beute benutzt. Und menschlichen Tierquälern standen solche Instrumente 1967 definitiv noch nicht zur Verfügung!

Viktor Farkas, Spezialist auf dem Gebiet der „unmöglichen Tatsachen“, schreibt in seinem Buch „Unerklärbare Phänomene jenseits des Begreifens“ (Frankfurt 1988): „Irgendwie fällt es angesichts der Schlussfolgerungen leichter, an Vampire oder Aliens (Außerirdische, der Autor) zu glauben. Wie auch immer: Immer wieder vergreift sich irgendetwas an den Tieren unseres Planeten. Dabei waren wir doch der Meinung, das Monopol zu besitzen, mit allem, was da kreucht und fleucht nach Lust und Laune verfahren zu können. Anscheinend ist das ein Irrglaube. Es gibt viele Berichte von Gemetzeln unter Tieren, für die der Mensch – ausnahmsweise – nicht verantwortlich ist.“

Wenn wir uns Vampire vorstellen, dann denken wir an hagere

Gestalten in langen, wallenden Mänteln. Sie reiten durch die Nacht oder reisen in knarrenden Kutschen. Vampire, die in UFOs zur Erde kommen und sich an Tieren vergreifen, passen irgendwie nicht zu einem romantischen Vampirbild, geprägt von Bram Stoker und klassischen Vampirfilmen. Trotzdem spricht aber viel dafür, dass Kreaturen der Nacht aus dem All zur Erde kommen und speziell in den USA ihre Opfer suchen – in der Tierwelt.

Prof. Dr. John Henry Altshuler drängte sich der Verdacht auf, dass Außerirdische das arme Pferd Lady so grausam töteten. Wenige Monate später erhärtete sich der Verdacht. Er wurde bestätigt! Mehrere Augenzeugen haben in der Nacht, als das Pferd starb, geheimnisvolle fliegende Lichter über der Weide gesehen. UFOs waren gemeldet worden! Zeitungsmeldungen zufolge wurden am 10. September 1967 unweit von der Wiese, auf der Lady starb, Unidentifizierte Fliegende Objekte beobachtet. Waren es die Flugvehikel der Vampire aus dem All?

Vampire aus dem All!

Terry Goodmurphy und Steven Gexton waren Anfang November 1967 in ihrem Auto auf dem Highway 17 außerhalb von Livingston, Ontario, unterwegs. Erst aus den Augenwinkeln heraus, dann bewusst beobachtend, nahmen sie ein Unidentifiziertes Flugobjekt wahr. „Es war von einem orangefarbenen Glühen umgeben und schwebte in Richtung Straße herab. Dann hielt es einen Augenblick inne und bewegte sich auf uns zu, in unsere Richtung. Es war rund, hatte einen Durchmesser von etwa 30 Metern.“ Aus Neugier wurde bald Angst, ja Panik. Als das UFO in einer Höhe von nur 30 Metern über dem PKW von Terry Goodmurphy und Steven Gexton stand, versuchten die jungen Männer zu entkommen. Sie spürten intuitiv große Angst vor dem Unbekannten. Mit überhöhter Geschwindigkeit brausten sie davon. Das UFO unternahm keinen Versuch, ihnen zu folgen. Sie hielten bei der ersten Polizeiwache an und erstatteten den Beamten Bericht.

Ungläubig setzten die Polizisten der Ontario Provincial Police ein Protokoll auf. Ob es am Wagen Spuren gab, wollten sie, ungläubig lächelnd, wissen. Sie inspizierten den PKW und stellten fest, dass er streng scharf nach Schwefel roch. Und als sie mit den jungen Männern an die Straße zurückfuhren, wo das UFO gesichtet worden war, machten sie eine grausige Entdeckung. Auf einer Weide der Lorne Wolgemuth Farm war irgendwer oder irgendwas gestört worden: beim Misshandeln von Pferden. Zwei Tieren waren entsetzliche Schnittverletzungen zugefügt worden. Weitere verletzte Pferde fanden sich in den folgenden Tagen. Wiederum Opfer der Vampire aus dem All? Waren sie bei ihrem grausigen Treiben gestört worden? Waren es wirklich Kreaturen der Nacht, die aus der Luft kamen? Oder doch nur sadistische Menschen?

Im Dezember des Jahres 1974 überflog Al Madsen häufig die idyllische Region von Meeker County, Minnesota. Er liebte die Landschaft besonders im Winter, wenn eine jungfräuliche Schneedecke alles in unschuldiges Weiß hüllte. Aus relativ großer Höhe fiel dem Piloten etwas Seltsames auf. Mitten im weißen Schnee waren da Konturen auszumachen. Er flog einen Bogen, ging tiefer und sah sich genauer um. Da waren große Kreise im Schnee. Aus dem kristallen glänzenden Schnee starrten grüne Augen aus Gras in den Himmel.

Was mochte die Kreise verursacht haben? Wer mag den Schnee in geometrischen Mustern entfernt haben? Menschen, die etwas weithin Sichtbares in die Landschaft zaubern wollten? Ihre Kunstwerke wären aber nur von einigen Piloten zu sehen gewesen, die die einsame Gegend überflogen. Außerdem war schon aus der Luft eindeutig auszumachen, dass keine einzige Spur zu den Kreisen hinführte. Spätere Untersuchungen am Boden bestätigten, dass nicht eine einzige Spur zu finden war, weder von Schuhen noch von Skiern. Tierfährten gab es auch keine. Außerdem war der Schnee nicht einfach weggeschaufelt oder weggeschoben worden. Irgendetwas hatte enorme Hitze erzeugt. Irgendetwas hatte exakt kreisrunde Löcher in den Schnee gebrannt. Dieses Etwas muss aus der Luft gekommen sein. Da muss etwas gelandet sein, was den Schnee hatte wegtauen lassen. Aber was soll da vom Himmel gekommen sein? Runde Flugobjekte? Etwa ein kleines Geschwader von UFOs? UFOs mit Vampiren an Bord?

Al Madsen machte bei der Untersuchung der Kreise im Schnee

eine entsetzliche Entdeckung: im Zentrum eines der „Hitzekreise“ lag eine junge Kuh. Sie war übel zugerichtet worden. Die Täter waren mit der für solche Fälle typischen geradezu chirurgischen Präzision vorgegangen. Wie Wissenschaftler, die an ganz bestimmten Gewebeproben interessiert sind, waren die Augen, das linke Ohr, die Zunge und ein Teil der Lippe entfernt worden. Tiere waren das nicht. Es gab keine Bissspuren – und keine Tierfährten im Schnee. Die „Vampire“ müssen aus der Luft gekommen sein.

Im Frühjahr 1980 wurde im Miliam-Bezirk, Texas, eine der unheimlichen Kreaturen der Nacht bei ihrem blutigen Handwerk beobachtet. Ein Farmer, der anonym bleiben möchte, erspähte bei einem abendlichen Spaziergang zwei seltsame Gestalten. Sie waren nur 1,50 bis 1,60 Meter klein, hatten fremdartige, schräg stehende Augen. Sie waren menschenähnlich, stammten aber wohl nicht von unserem Planeten. Die unmenschlichen Gestalten trugen ein Kalb davon. Der nüchterne, bodenständige Farmer bekam es mit der Angst zu tun. Er rannte erst einmal davon. Erst drei Tage später näherte er sich der Stelle seiner unheimlichen Sichtung. Seine Frau und seinen Sohn nahm er vorsichtshalber mit. Erst scherzten sie, der Herr Papa habe in der Abenddämmerung zu viel in harmlose Schatten hineininterpretiert. Dann gefror ihnen förmlich das Blut in den Adern. Sie fanden die jämmerlichen Überreste des Kalbs. Die Hufe waren mit der Präzision eines Chirurgen entfernt worden. Die Schädelknochen waren verschwunden. Die Haut des Tieres war abgezogen und lag neben dem Kadaver. Man hatte sie umgestülpt, ordentlich wie ein Stück Wäsche zusammengefaltet und neben dem verstümmelten Leichnam abgelegt.

Im Mai des Jahres 1980 fuhr Myrna Hanson Richtung Cimarron, New Mexico. Mit im PKW saß ihr damals fünfjähriger Sohn. Bevor sie in den Ort einfuhren, fiel der Frau etwas auf. Da waren zwei weißgekleidete Gestalten mit einer Kuh beschäftigt. Das arme Tier war in Panik und stieß Grauen erregende Schreie aus. Frau Hansen ist sehr tierlieb und reagierte prompt. Sie hielt am Straßenrand an und schrie in Richtung der Wesen, sie sollten das arme Tier gefälligst in Ruhe lassen. Gleichzeitig näherten sich zwei „riesige hell erleuchtete UFOs am Himmel, direkt über dem Auto“. Vermutlich hätten unsere Vorfahren vor wenigen Jahrhunderten die Erscheinungen am Himmel für Irrlichter gehalten.

Myrna Hansen erlebte einen Schock, der so stark war, dass sie alles, was jetzt folgte, verdrängte und vergaß. Erst mit Hilfe von Dr. Leo Sprinkle gelang es ihr, die Lücken im Gedächtnis wieder zu schließen. Oft denkt sie, es wäre besser gewesen, das Grauen im Unterbewussten verschlossen zu lassen. Der Zeugin ist es aber zu verdanken, dass wir Einzelheiten über die Vampire aus dem All kennen. Dr. Sprinkle, langjähriger leitender Mitarbeiter der „University of Wyoming“, fasst zusammen: „Kleinwüchsige Wesen, etwa 1,50 bis 1,60 Meter groß, verschleppten die Frau und ihren Sohn in eines ihrer UFOs. Sie untersuchten Frau Hansen eingehend medizinisch. Sie tasteten ihren ganzen Körper ab, besonders die Bauchregion. Sie widmeten besonders dem Mundraum große Aufmerksamkeit. Und sie entnahmen den Ovarien mehrere menschliche Eizellen. Die Fremden kamen schließlich zu dem Ergebnis, Frau Hansen sei zu jung, erklärten aber nicht, was sie damit meinten.“

Im Juli des Jahres 1983 erlebten wiederum Augenzeugen die seltsamen Kreaturen der Nacht bei ihrem Furcht einflößenden, ja abstoßenden Tun. Ron und Paula Watson hatten einen schweren, arbeitsreichen Tag hinter sich. Jetzt genossen sie den Abend auf der gemütlichen Veranda. Gut, dass sie so viel hatten bewerkstelligen können. Denn ein Gewitter hing in der Luft. Bald würde es einen heftigen Regenschauer geben. War nicht schon fernes Donnergrollen zu vernehmen? Blitzte es nicht in einiger Entfernung des Wohnhauses ihrer Farm? Die Stimmung war unheimlich, ohne dass die Watsons das hätten näher erklären können. Die Farmersleute spürten eine beklemmende Unruhe. Intuitiv spürten sie, dass da ganz in ihrer Nähe etwas geschah, was ganz und gar nicht in den friedlichen Tagesablauf passte. Das harmonische Idyll sollte bald erheblich gestört werden.

Paula Watson holte schließlich ein Fernglas aus dem Haus. Abwechselnd suchte das Paar mit dem Feldstecher die Wiesen und Felder des Nachbarn ab. Zunächst war nichts Ungewöhnliches auszumachen. Doch was bewegte sich da jenseits der Straße, die zu ihrem Haus führt? Waren nicht klagende Laute zu vernehmen? Durch das Fernglas war Erschreckendes auszumachen. Es geschah auf der Weide des Nachbarn. Da agierten zwei kleinwüchsige Wesen mit einer Kuh. Die fremdartigen Kreaturen waren mit silbrig glänzenden Anzügen bekleidet. Vor ihnen lag kauernd eine Kuh. Die nichtmenschlichen Wesen untersuchten das Tier. Dabei führten sie seltsam ruckartige Bewegungen aus. Verwendeten sie Instrumente?

Das Szenario wurde noch unheimlicher, ja unwirklicher. Doch die Watsons hatten keinen Zweifel: Was wie ein Albtraum erschien, das geschah tatsächlich vor ihren Augen. Die beiden Zwerge bewegten sich zusammen mit der Kuh ein Stück weg. Sie gingen dabei nicht, Wesen und Kuh schwebten, drifteten durch die Luft – auf ein UFO zu. Das silbrig glänzende Objekt stand in einiger Entfernung auf der Weide. Die Oberfläche schien, so weit das die Watsons aus der Entfernung beurteilen konnten, aus hellem Metall zu bestehen. Die Oberfläche jedenfalls wirkte wie poliert. Sie reflektierte Boden, Gras, Büsche und Bäume. Auf dieses kugelförmige Ding segelten Wesen und Kuh zu. So etwas wie eine Tür tat sich auf, nahm die scheinbar Schwerelosen auf wie ein gefräßiger Schlund seine Beute und schloss sich wieder.

Psychologe John Carpenter untersuchte den Vorfall. Er befragte die Watsons und kam zum Ergebnis, dass das fremdartige Erlebnis für beide in starkem Maße traumatisch gewesen war. Von den seltsamen kleinwüchsigen Wesen ging etwas Furchteinflößendes aus. Die Zeugen waren irgendwie vor Angst wie gelähmt. Wirklich? Carpenter ist davon überzeugt, dass beide das Erlebte nach und nach verdrängt haben. Was geschah also noch? Woran können sich die Zeugen nicht mehr erinnern? Allem Anschein nach hatte sich Ron von seinem Stuhl erhoben. Fast wie in Trance war er in Richtung Nachbarweide gegangen. Seine Frau war es, die ihn aufgehalten, flehentlich gebeten hat, sich dem unheimlichen Szenario auf keinen Fall zu nähern.

Als die Watsons ihren Nachbarn auf das beobachtete Geschehen ansprachen, reagierte der Mann unerwartet abweisend und schroff. Er fiel den Zeugen ins Wort, wollte nicht hören, was sie ihm zu berichten hatten. Mürrisch gab er zu, dass an jenem Abend tatsächlich eine seiner Kühe spurlos von der Weide verschwunden war. Der Nachbar weigerte sich aber strikt, über das Geschehen zu sprechen. Hat auch er Unheimliches erlebt? Ist auch ihm Entsetzliches widerfahren, das so schlimm war, dass er traumatisiert wurde? Verdrängte er Geschehnisse albtraumartigen Ausmaßes ins Abseits des Vergessens, so wie wir erleichtert feststellen, dass sich ein entsetzlicher Traum nach dem Erwachen in Nichts auflöst? Zweifelsohne würde es helfen, den Hergang des Geschehens zu rekonstruieren, wenn man die betroffenen Zeugen hypnotisieren und befragen würde. Davon aber wollen sie nichts wissen. Undefinierbare Angst befällt sie, wenn sie an jenen unheimlichen Abend erinnert werden. Intuitiv schrecken sie davor zurück, tiefer in ihre Gedächtnisse zu steigen wie in einen Keller, vor dessen modriger Dunkelheit man Angst hat. Man muss es respektieren, dass die Watsons und ihr Nachbar gar nicht mehr in Erfahrung bringen wollen. Denn so manche Kreatur der Nacht beschert Erfahrungen, die sich kaum ein Mensch wünscht.

Warum kommen sie?

Bereits im Mai 1973 erlebte Judy Doraty aus dem texanischen Houston Albtraumhaftes. Unheimliche Wesen drangen in ihr harmonisches Leben ein und sorgten dafür, dass der Begriff Albtraum neue Dimensionen für sie erlangte.

Fünf Familienmitglieder der Doratys waren an jenem Abend gut gelaunt mit dem PKW auf der Heimfahrt. Man unterhielt sich über einige kleine Gewinne, die ein harmonischer Ausflug zum Bingospiel eingebracht hatte. Niemand weiß heute mehr so recht, wer auf das fliegende Etwas am Himmel aufmerksam machte. Da schwebte etwas Leuchtendes am Firmament. War es eben noch zu sehen, so entzog es sich jetzt dem Blickfeld. Stand es direkt hoch über dem Wagen? Tatsächlich schien es den Doratys zu folgen. Die lockere Atmosphäre wich rasch ängstlicher Anspannung. Man hielt an. Judy Doraty stieg aus dem Auto. Sie wollte sich das strahlende Etwas hoch am Himmel genauer ansehen.

Neugierig starrte Judy zum Himmel. Dann geschah wirklich Unheimliches. Unvermittelt saß sie wieder im Auto und konnte sich beim besten Willen nicht daran erinnern, was in der Zwischenzeit geschehen war.

Fest steht: Judy war nach dem Wiedereinsteigen ins Auto sehr gereizt. Unbeherrscht schrie sie ihre Kinder an. „Wir wollen nach Hause fahren!“, befahl sie. Beim Einparken in die häusliche Garage war es wieder da: das leuchtende fliegende Etwas. War es ihnen gefolgt oder vorausgeeilt? Vor ihren Augen landete es auf einem Feld ganz in der Nähe ihres Hauses. Jetzt war es als runde, feste Struktur zu erkennen. Eindeutig waren Fenster zu erkennen, aus denen gleißendes Licht strahlte.

Was war aber geschehen, nachdem Judy am Straßenrand aus dem Auto gestiegen war? Judy wusste es nicht mehr. In ihrem Gedächtnis klaffte eine Lücke. Es war, als habe man ihr einen Teil ihres Lebens gestohlen. Jahrelang litt Judy unter entsetzlichen Albträumen. Schweißgebadet wachte sie auf. Sie hatte das Gefühl, dass Kreaturen der Nacht, denen sie leibhaftig begegnet war, versuchten, als grauenhafte Monster über Träume in ihr jetzt so gestörtes Leben einzudringen. Sie hatte Angst davor, sich abends hinzulegen und einzuschlafen. Tagsüber suchten sie entsetzliche Kopfschmerzen heim. Voller Angst ging sie zu ärztlichen Spezialisten. Hatte sie vielleicht einen Hirntumor? Die Ärzte konnten nichts Krankhaftes feststellen.

Erst 1973 ließ sich Judy Doraty hypnotisieren und in Gedanken zurückführen. Langsam kamen Erinnerungen wieder hoch, kehrten in ihr Tagesbewusstsein zurück. Ihr wurde klar, dass ihre Angstträume einen realen Hintergrund hatten: Erlebnisse, die an jenem denkwürdigen Abend stattfanden, nachdem sie aus dem Auto gestiegen war, um sich das UFO am Himmel anzusehen. Nach und nach tauchten wieder Bilder auf. Da war ein Kalb. Über dem Tier stand das UFO. Es sandte einen Strahl aus gleißendem Licht aus. Von diesem Strahl wurde das Tier erfasst und wie in einem Aufzug nach oben in das Innere des Flugvehikels transportiert.

Wieder sollten Jahre vergehen. Am 13. März 1980 hypnotisierte Dr. Sprinkle Judy Doraty, die nun wirklich bereit zu sein schien, sich an alle Details eines Horrorerlebnisses zu erinnern. Wieder tauchte das Bild von dem Kälbchen auf, wie es auf der Weide Gras fraß. Wieder wurde es von dem Lichtstrahl aus dem UFO erfasst und an Bord der Untertasse gesogen. Dann tauchten Bilder von seltsam kleinwüchsigen nichtmenschlichen Kreaturen auf, die an dem armen Tier herumoperierten. Sie arbeiteten wie Wissenschaftler, die Gewebeproben entnehmen. Sie entnahmen kleine Stückchen aus den Augen, der Zunge und den Hoden des Tieres. Als sie es nicht mehr benötigten, ließen sie es tot zur Erde zurückschweben.

Warum konnte sie sich an diese Bilder erinnern? Wieso lagen in ihrem Gedächtnis Szenen verborgen, die sich im Inneren des UFOs abgespielt hatten? Für Dr. Sprinkle ist nur eine Erklärung möglich: „Man muss davon ausgehen, dass Judy Doraty und ihre Tochter Cindy beide an Bord eines UFOs entführt worden sind." Das ist keineswegs Mutmaßung des Hypnoseexperten. Das besagen die nach und nach vervollständigten Erinnerungen beider Zeuginnen. Es ist so, als seien unzählige Mosaiksteinchen wieder zu einem Gesamtbild vereint worden. Manchmal fragen sich die beiden Frauen, ob es nicht besser gewesen wäre, das Vergessene in der Versenkung verdrängter Erinnerung zu belassen.

Auch Cindy wurde hypnotisiert und in Gedanken zurückgeführt. Wieder und wieder kam der Wagen in der zurückgekehrten Erinnerung Tochter Cindys zum Stehen. Wieder stieg die Mutter unsicher aus, blickte nach oben. Zögernd entfernte sie sich vom Auto. Cindy folgte ihr. Sie hatte Angst um die Mama, wollte ihr helfen. Gleichzeitig fühlte sie deutlich so etwas wie eine Kraft, die sie lenkte, steuerte. Dann war da dieser Lichtkegel. Auf ihn schreitet sie zu. Er zieht sie wie magisch an. Sie kann sich dem Sog nicht widersetzen. Das Licht blendet sie immer stärker. Als sie dem Strahlen sehr nah ist, fühlt sie das Licht geradezu körperlich. „Es ist so hell und warm auf meiner Haut!" Ganz nah waren „Furcht einflößende Gestalten". Vor Jahrhunderten hätte man diese Wesen in Europa wohl als Irrlichter, vielleicht auch als Werwölfe oder Vampire bezeichnet. Vielleicht hätte man sie auch als teuflische Gnome betrachtet, als Ausgeburten der Hölle, die dank böser Magie allmächtig sind und Menschen wie Marionetten lenken können.

Mehr im Schatten der Nacht und vom Lichtkegel nur aus einiger Entfernung angestrahlt, beobachteten „Furcht einflößende Gestalten" die beiden Frauen. Sie wirkten gnomenhaft klein, maßen zwischen 150 und 155 Zentimetern. Sie kamen immer näher, drängten die angsterfüllten Frauen ins Licht. Schließlich wurden die Wesen der Nacht ebenfalls vom Licht erfasst. Es waren keine Menschen. Ihre Augen glichen denen von Insekten. Sie waren schwarz wie die Finsternis. Statt eines Mundes hatten sie schmale Schlitze im Gesicht. Ihre Bewegungen wirkten wie ferngesteuert, erinnerten beide Zeuginnen eher an Roboter als an wie auch immer geartete Lebewesen.

Cindy bestätigte unabhängig die Aussage ihrer Mutter. Auch sie sah, wie das arme Kälbchen vom Lichtkegel erfasst und in die Höhe gehoben wurde. Offensichtlich hatte es Angst und versuchte verzweifelt zu entkommen. Es ruderte mit den Beinen in der Luft. Es bewegte das Maul. Cindy sah es höher und höher schweben, im UFO verschwinden. Sie wurde ohnmächtig. Als sie wieder zu sich kam, befand sie sich im Inneren des UFOs. Ängstlich blickte sie um sich, machte einen kreisrunden Saal aus. Die Wände waren stahlblau. Die Atmosphäre war unterkühlt. Cindy fühlte sich nicht als menschliches Wesen akzeptiert. Man brachte ihr wissenschaftliches Interesse entgegen, wie einem Versuchstier. Und so behandelte man sie auch. Cindy wurde auf einen Tisch gelegt und untersucht. Die Fünfzehnjährige: „Eines dieser Wesen hatte Augen wie ein Insekt in einem Kopf, der rundlich war, mit spitzem Kinn, wie bei einer Ameise. Als ich auf dem Operationstisch lag, kamen zwei weitere Wesen hinzu. Sie schnallten mich fest. Ich hatte Angst, versuchte nach einem der Wesen zu treten." Eine der intelligenten Kreaturen fasste ihr ans Gesicht, als wolle sie es festhalten. Das Mädchen wollte es loswerden, abschütteln. Vielleicht wurde ihr ein Beruhigungsmittel verabreicht. Jedenfalls wich vorübergehend ihre Angst. Gelassen ließ sie alle folgenden Prozeduren über sich ergehen. Da tauchte ein „L-förmiges" Instrument auf, vielleicht zwölf oder 15 Zentimeter lang. Die Fremden schoben es in ihren Mund, tief in den Hals. Cindy hatte kurz das Gefühl, sich erbrechen zu müssen. Sie würgte, doch die Kreaturen fuhren fort mit ihren Experimenten.

Cindy schrie auf, als sie sah, wie mit dem Kalb umgegangen wurde. Dem Tier wurden Stücke aus dem Körper geschnitten und sorgsam angelegt. Die Experimentatoren saugten Flüssigkeit aus den Gewebeproben, spritzten etwas hinein. Würden sie mit den beiden Frauen ähnlich verfahren? Die Fremden versuchten, während sie ruhig weiterarbeiteten, den Frauen verständlich zu machen, dass sie schon „einige Zeit" zur Erde kamen, um Erde und Wasser, Vegetation und Tierwelt zu untersuchen. Und Versuche führten sie vor ihren Augen auch durch. Die Menschen waren dabei nicht Partner, sondern Versuchsobjekte, auf deren Empfinden keine Rücksicht genommen wurde.

Cindy: „Da war ein Wesen, eine dieser Gestalten, ich denke, es war eine Frau. In ihren mit drei Fingern versehenen Klauen hielt sie ein Skalpell und eine abgeschnittene, große Zunge, von der sie anscheinend die Haut löste. Als würde sie eine Karotte schälen."

Der Experimentierraum war höchst praktisch eingerichtet. Aus den Wänden und Teilen des Bodens ragten Röhren heraus. In diese wurden die Gewebeproben gelegt. In Gläsern unterschiedlicher Größen waren Präparate ausgestellt: eine abgeschnittene Hundeschnauze, die Knochen teilweise penibel von Haut und Fleisch befreit, ein Schweinefötus in einer gallertartigen Masse, Vögel ... im Horrorlabor außerirdischer Wissenschaftler?

Ein ganz ähnliches Erlebnis wie die Doratys hatte Yvonne Schneider* unweit von Detmold im Teutoburger Wald bei den Externsteinen. Wie magische riesenhafte Finger ragen die natürlichen Monumente in den Himmel. Schon vor Jahrtausenden galten sie bei den alten Germanen als Heiligtum. Und noch Jahrhunderte hausten Mönche im Inneren eines der natürlich gewachsenen „Steintürme". Wer die ineinander übergehenden Kammern in den Stein schlug, ist auch unter Wissenschaftlern umstritten. Unbekannt ist auch, wann genau das geschah. Rauchspuren in einem der Räume wurden datiert. Sie stammen aus vorchristlichen Zeiten. Ein kurioses Detail am Rande: Die Wände der Räumlichkeiten in einem der Steintürme sind so gut wie ohne jeglichen

Bei den Externsteinen hatte Yvonne Schneider ihr unheimliches Erlebnis ...

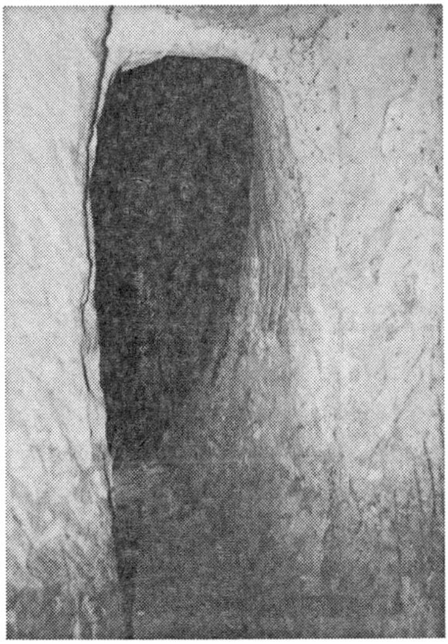

Ein Gang im Inneren eines der Externsteine.

Schmuck. In eine der Wände wurde eine Fratze gemeißelt. Was zeigt sie? Darüber gehen die Meinungen auseinander. Wollte der Künstler den Teufel darstellen? Oder eine andere Kreatur der Nacht, einen Werwolf?

Nur einen Steinwurf von den Externsteinen entfernt will Yvonne Schneider*, 23, ein schier unglaubliches Erlebnis gehabt haben. In einem Brief an den Verfasser berichtet sie:

„Mein Freund und ich, wir hatten uns

Die Fratze – eines Teufels oder eines Werwolfs?

nachts im Freien geliebt. Wir lagen nackt im Gras. Mein Freund war eingeschlafen. Ich starrte in den Himmel. Langsam wurde mir kalt. Da fiel mir ein besonders heller Stern auf, der sich aber bewegte und rasch näher, tiefer und tiefer kam. Plötzlich stand er als große helle Scheibe über mir. Das Ding mag fünfzig Meter im Durchmesser gehabt haben und schwebte wohl 300 Meter über dem Erdboden. Ich wollte schon meinen Freund wecken, da ging von der Unterseite des UFOs ein heller Lichtstrahl aus. Er traf mich voll, was ein seltsames Kribbeln auf der nackten Haut auslöste."

Dann geschah Unglaubliches. Die junge Frau fühlte sich wie angesogen und driftete schwerelos durch die Luft nach oben – in Richtung UFO. Obwohl sie sonst Höhenangst hat, löste der „Flug" keinerlei unangenehmes Gefühl bei ihr aus. Augenblicke später befand sie sich im Inneren des UFOs. War sie durch eine Luke hineingelangt? In einem „kreisrunden Saal" wurde sie von fremdartig aussehenden, kleinwüchsigen „Zwergen" medizinisch untersucht – mit einem exotischen Gerät, fünf Minuten lang.

„Das Ding war eine Art Kasten, aus dem führten sieben dünne, durchsichtige Schläuche heraus. An den Enden befanden sich kleine Saugnäpfe. Die etwas klebrigen Dinger wurden an meinem Körper angebracht, an den Brüsten, um den Nabel, am Unterleib. Die fremdartigen Wesen hatten unverhältnismäßig große Köpfe,

Diese Wesen peinigten Yvonne Schneider.

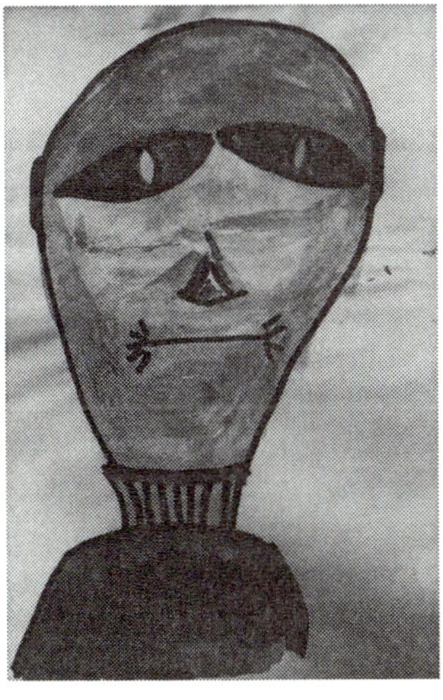

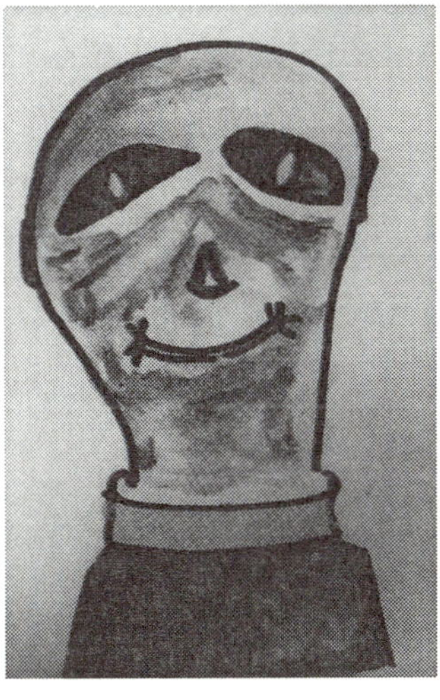

Solche kleinwüchsigen Wesen quälten Yvonne Schneider.

nichtmenschliche Augen und graue Haut!“ Die „Ets“ unterhielten sich dabei in „gurrenden Tönen. Es war so, als ob der eine Zwerg dem anderen Messergebnisse zuraunte. Ich verstand nichts“.

Die Wände des Saals wirkten metallisch. Sie glänzten kalt. Fenster oder Luken waren nicht auszumachen. Die Zeugin will im UFO noch mehr gesehen haben: in die Wand eingelassen war so etwas wie ein riesiges, erleuchtetes Aquarium. Und darin befand sich ein mindestens drei Meter großes Monster. „Es war wie ein Mensch, hatte aber Haare am ganzen Leib. Das Ding schwamm in einer trüben, aber durchsichtigen Flüssigkeit.“ Die Entführer gaben ihrem Opfer zu verstehen: das Monster sei ein Produkt ihrer wissenschaftlichen Experimente. Und sie sei für sie auch nur ein Untersuchungsobjekt. Dann wurde sie immer noch nackt auf die Wiese bei den Externsteinen zurückverfrachtet. Ihrem Freund erzählte sie zunächst nichts von ihrem Erlebnis.

Yvonnes Bericht mag sehr fantastisch klingen. Sie ist aber kein Einzelfall. Weltweit haben Tausende Menschen Ähnliches erlebt. Unzählige Entführungsopfer wurden von Prof. Dr. John Mack von der renommierten Harvarduniversität untersucht. Der Wissenschaftler: „Außerirdische experimentieren mit Menschen!“ War Yvonne Schneider* eines ihrer „Versuchskaninchen“?

Das Horrorkabinett des Dr. Javier Cabrera Darquea

Seit vielen Jahrzehnten werden weltweit UFOs gesichtet. Seit Jahrzehnten behaupten unzählige Menschen, sie seien an Bord von UFOs verschleppt worden. Sehr häufig soll das nachts geschehen sein. Seit Jahrzehnten kommt es hauptsächlich in den USA zu entsetzlichen Tierverstümmelungen. Es sieht ganz danach aus, als ob es einen direkten Zusammenhang zwischen UFO-Sichtungen und Tierverstümmelungen gibt!

In diesem Sinne urteilt auch Dr. Johannes Fiebag („Die Anderen“, München 1993): „Es ist offensichtlich, dass das UFO-Phänomen in der einen oder der anderen Weise mit den Tierverstümmelungen in einem Zusammenhang stehen muss. Alles andere ist

Der Verfasser im Gespräch mit Dr. Javier Cabrera Darquea (links im Bild) – im Privatmuseum.

Beschwichtigungstaktik, Desinformation oder generelle Unwissenheit zu diesem Phänomen."

Wie aber mag dieser Zusammenhang aussehen? Zeugenaussagen wie die zitierten weisen darauf hin, dass so etwas wie ein Experiment abläuft. Bisher haben sich Tausende Fälle von Tierverstümmelungen ereignet. Man könnte Bände mit Beschreibungen füllen. Für das voranstehende Kapitel wurden nur einige wenige, aber typische Fälle ausgewählt und beschrieben. Vieles spricht dafür, dass kleinwüchsige Außerirdische es sind, die den Tieren das Blut aus dem Leib ziehen und ihre Leiber verstümmeln ... Kreaturen der Nacht mit wissenschaftlichem Interesse, Vampire aus dem Weltraum!

Professor Dr. Javier Cabrera Darquea ist ein direkter Nachfahre des Stadtgründers von Ica Captain Don Gerónimo Luis de Cabrera y Toledo. Er hat im Verlauf von Jahrzehnten Tausende von Steinen gesammelt, die er zunächst in einem der Öffentlichkeit nicht zugänglichen Privatmuseum hortete. Erst nach und nach

Tausende gravierte Steine wie dieser sind in der Sammlung Nr.1 zu sehen.

ließ er einzelne Besucher einen Teil seiner Sammlung sehen. Wenn jemandem das Privileg eingeräumt wurde, des Doktors Schätze zu sehen, dann bekam er ausschließlich gravierte Steine zu sehen. Und die zeigen wahrhaft fantastische Gravuren. Da sieht man Menschen und Saurier in trauter Eintracht, da starren Menschen mit Fernrohren zu den Sternen, da werden kompliziertesten chirurgische Eingriffe wie Operationen an Hirn oder Herz

Ist dies die Darstellung eines Sauriers? Solche Monster finden sich auf so manchem der gravierten Steine!

durchgeführt. Die Sammlung wurde immer bekannter. Aus aller Welt reisten Interessierte an. Endlich öffnete Dr. Cabrera Darquea sein Privatmuseum, jedermann durfte nun die Gravuren bestaunen. Aber nur die Gravuren.

Eine Frage drängt sich auf: Sind die gravierten Steine echt? Ohne Zweifel gibt es unzählige Fälschungen. Sie werden in der Gegend von Ica angefertigt und für relativ wenig Geld an zah-

Angeblich schon vor Jahrtausenden in den Stein geritzt: chirurgische Eingriffe ...

lungswillige Touristen verkauft. In der Regel wird dabei offen von Imitationen gesprochen. Dessen ungeachtet gibt es aber ohne Zweifel eine Fülle von echten, sehr alten gravierten Steinen. Aus der Tatsache, dass es auch gefälschte Steine gibt, kann und darf nicht darauf geschlossen werden, dass alle gefälscht sind. Schließlich wird ja auch niemand behaupten wollen, dass alle Geldscheine gefälscht sind, weil es auch „Blüten" gibt.

Echte und falsche Steine sind in der Regel leicht zu unterscheiden. Die Gravuren der echten Steine sind von einer Oxydationsschicht überzogen. Bereits im Sommer 1967 führte die „Compania Minera Mauricio Hochschild" eine Untersuchung von gravierten Steinen durch. Der Geologe Dr. Erik Wolf analysierte die Oxydationsschichten, die sich auf den Einritzungen gebildet hatten, ließ dann weitere Proben von Professor Dr. Josef Frenchen vom „Institut für Mineralogie und Petrographie an der Universität Bonn" durchführen. Im Frühjahr 1969 lag dann das eindeutige Ergebnis vor. Demnach müssen die Einritzungen vor mindestens 12.000 Jahren vorgenommen worden sein. Ein weit höheres Alter könne nicht ausgeschlossen werden.

Die geheimnisvollen Tonfiguren aus der Geheimsammlung ...

Gefälschte Steine sind meist schon an der hastigen Ausführung der primitiven Ritzungen zu erkennen. Oftmals wurden sie mit dunkler Schuhcreme eingeschmiert, um ihnen ein altehrwürdiges Aussehen zu verleihen.

So fantastisch die berühmte Sammlung von Professor Dr. Cabrera Darquea auch anmutet ... sie wird bei weitem in den Schatten gestellt von einer zweiten, bis vor kurzem streng geheimen Sammlung. Cornelia Petratu und Bernard Roidinger schreiben über diese Geheimsammlung reichlich nebulös in ihrem Werk „Die Steine von Ica“ (Essen 1994): „Hatte schon das Betreten des Privatmuseums von Dr. Cabrera wie ein Schock auf uns gewirkt, so übertraf das, was wir jetzt zu sehen bekamen, jegliche Vorstellungskraft. Was Dr. Cabreras ‚geheime Kammern‘ bergen, ist so erschütternd, dass es alle Grenzen rationaler Vorstellungskraft sprengt. Auch wenn wir es zu erklären versuchen, wir können es nicht. Es übersteigt ganz einfach unsere Vorstellungskraft. Die Bilder der biologischen Zyklen von Dinosauriern, ihr Zusammenleben mit den Menschen oder das fliegende ‚mechanische Etwas‘ verblassen nach Besichtigung der ‚geheimen Kammern‘.“

Sind hier „außerirdische Vampire" bei blutigem Gemetzel dargestellt?

Was aber verbergen sie ... die geheimen Kammern?

Schon seit Jahren war mir die Geheimsammlung Prof. Dr. Cabreras bekannt. Schon seit Jahren stand sie auf der Prioritätenliste der geheimnisvollen Orte, die ich unbedingt besuchen wollte, ganz oben. Erstmals hatte ich im Herbst 1992 versucht, die Artefakte dieser Sammlung anzusehen und zu fotografieren, als ich, begleitet von drei Freunden, zwei Monate lang in Südamerika unterwegs war, von Ecuador bis zur Osterinsel. Leider vergeblich. Kurzfristig war der „Herr der gravierten Steine" zu einem Vortrag nach Europa gereist. Ich hatte aber reichlich Gelegenheit, mit einem Bruder des Professors ausführlich zu sprechen. Er bestätigte mir die Existenz einer zweiten, geheimen Sammlung, die er mir aber leider nicht zeigen durfte.

Im Frühjahr 1995 war es dann endlich so weit. Wieder einmal war ich in Ica. Und es wurde mir gestattet, nun auch das Horrorkabinett des Dr. Cabrera Darquea zu betreten – und zu fotografieren, was über lange Jahre hinweg der Öffentlichkeit vorenthalten worden war. „Die Zeit war noch nicht reif dafür ...", erklärte Prof. Dr. Cabrera Darquea. Vor wenigen Monaten war es einer Gruppe

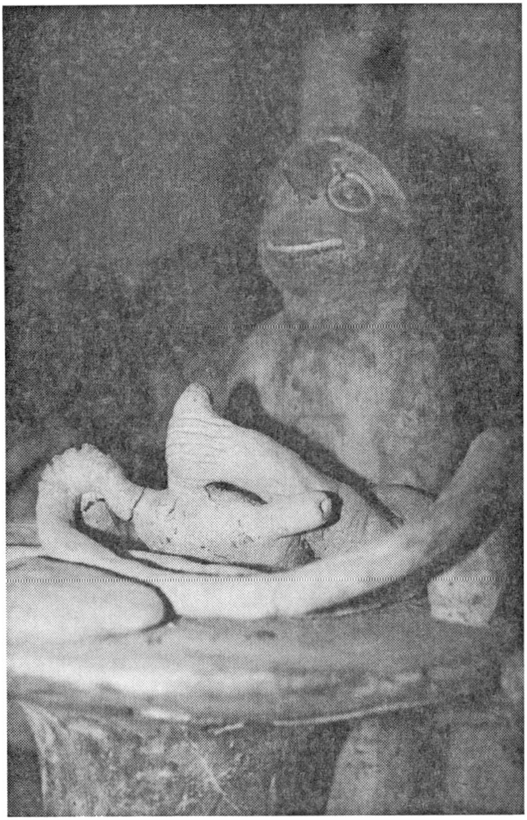

Fremdartige Wesen operieren ... wen?

von „Langbein-Leserinnen und Lesern" unter meiner Führung möglich, sich selbst vor Ort von den ungewöhnlichen Funden zu überzeugen.

Die Luft ist stickig, abgestanden, staubgeschwängert, reizt zum Husten. Man erahnt in der Dunkelheit keine Kammer, sondern einen langen, schlauchartigen Korridor, dessen exakte Ausmaße auch nicht nur zu erahnen sind. Auch nicht, nachdem spärliche Glühbirnen eingeschaltet worden sind und den langen Raum

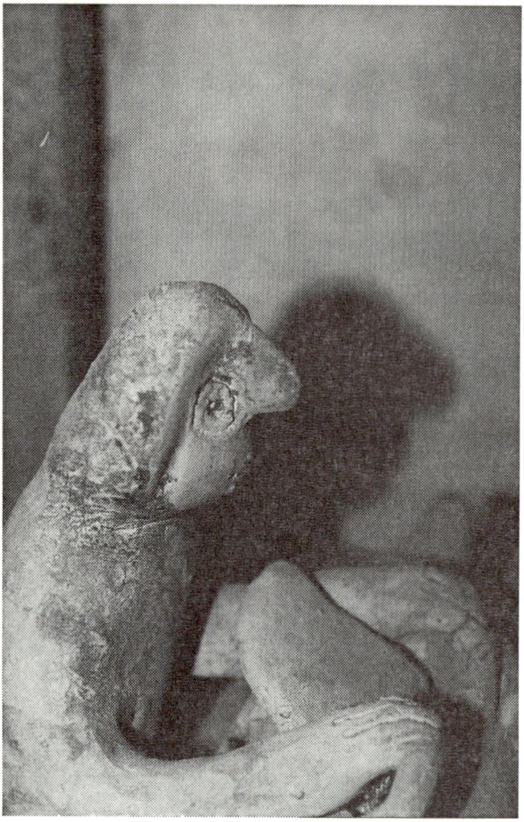

Solche Figuren machen die Geheimsammlung von Dr. Javier Cabrera Darquea zu einer echten Sensation!

in ein unheimliches Licht tauchen. Ich fühle mich in eine unheimliche, kafkaeske Welt versetzt. Der schmale Korridor scheint sich schier unendlich lang fortzusetzen. Er ist erstaunlich eng, man muss sich förmlich durchzwängen, zwischen breiten Regalen, die altersschwach unter ihrer fantastischen Last zu ächzen scheinen. Die Regale reichen vom Boden bis zur Decke, übermannshoch. Sie wirken fast provisorisch. Allem Anschein nach hat der Besitzer dieser zweiten Sammlung immer wieder zusätzliche Regalbretter anbringen lassen. Sie bestehen aus roh zugeschnittenem Holz und wurden ohne Zweifel noch nachträglich eingebaut, damit noch mehr Tonfiguren Platz finden würden. Jetzt sind so viele Tonfiguren in den Regalen untergebracht, dass man wohl Wochen, ja Monate benötigt, um sich jede Figur auch nur oberflächlich anzuschauen. Tausende Figuren müssen hier gelagert sein. Oder sind es gar Zehntausende? Schwer zu sagen. Und Prof. Dr. Cabrera behauptet, dass er wegen der knappen räumlichen Verhältnisse nur einen Bruchteil der Figuren auszustellen vermag, die sich in einem geheimnisvollen unterirdischen „Depot", einem künstlichen Tunnel, befinden. Dort befänden sich Hunderttausende weiterer Figuren. Viele davon seien „lebensgroß", bis zu zwei Meter hoch und „sehr schwer". Irgendwann einmal will er die riesige, gesamte Sammlung öffentlich zeigen. Aber dafür benötigt er wohl ein eigenes, großes Museum.

Viele der Tonfiguren erscheinen mir unheimlich, fremdartig und doch seltsam vertraut. Warum? „Ein paar Fotos von diesen Figuren hättest du in deinem Buch ‚Von Außerirdischen entführt' bringen sollen. Als Illustration zu den Berichten von Menschen, die von Außerirdischen verschleppt worden sind, die erlebt haben, wie zwergwüchsige Außerirdische an Menschen herumoperiert haben!", raunt mir eine Mitreisende zu. Ob sie Recht hat?

Kreaturen der Nacht in Ton?

Kreaturen der Nacht sind fester Bestandteil des geistigen Erbes der Menschheit. Sie erscheinen seit vielen Jahrhunderten in vielerlei Gestalten, etwa als Zombies, Werwölfe und Vampire. Sind sie real oder Fantasiegebilde? Sind sie echte Lebewesen aus Fleisch und Blut, die sich bisher wissenschaftlicher Analyse entziehen konnten? Oder sind es Projektionen unserer ältesten Urängste, die manche Menschen in die Wirklichkeit hineinprojizieren?

Wie auch immer: Manche Kreaturen der Nacht scheinen sich der modernen Zeit anzupassen. Vampire ritten früher auf schwarzen Hengsten durch die Nacht. Düsen sie heute in UFOs am Himmel umher? Früher gierten sie nach dem Blut schöner Frauen … agieren sie heute wie Wissenschaftler? Experimentieren sie mit Tieren? Entführen sie Menschen? Unzählige Zeugenaussagen scheinen das zu bestätigen. Wie lange mag es schon solche Experimente geben? Wie lange schon mögen Menschen von Außerirdischen entführt und zum Wohle der ‚Wissenschaft' missbraucht werden? Seit Jahrtausenden? Seit dem Anbeginn der Zeit?

Professor Dr. John E. Mack, Harvard, hat in den vergangenen Jahren bereits zahlreiche Entführungsfälle, bei denen Menschen an Bord von UFOs verschleppt und von fremdartigen, kleinwüchsigen Wesen traktiert wurden, wissenschaftlich untersucht. Viele der Entführungsopfer können sich zunächst gar nicht mehr an das erinnern, was mit ihnen geschah. Erst unter dem Einfluss der Hypnose fallen Gedächtnisblockaden, kehren Erinnerungen zurück. Und wenn man erfährt, was mit den entführten Menschen geschieht, dann versteht man auch, wieso viele der Opfer die oft bedrückenden Erlebnisse aus dem Gedächtnis zu verdrängen versuchen.

Was widerfuhr diesen Menschen? Sie wurden verschleppt. Furchteinflößende, fremdartige Kreaturen experimentierten an ihnen herum. Sind es die gleichen Szenen, die im Horrorkabinett des Dr. Cabrera Darquea in Form von Tonfiguren dargestellt wurden?

Chupacabras, Monster im Paradies

Es begann in einem der letzten Paradiese unseres Globus. In das karibische Idyll von Puerto Rico brach etwas Böses ein. Angefangen hat es vermutlich in den Stadtbezirken von Orocovis und Morovis im März 1995. Hühner, Hasen und andere Tiere, vor allem aber Ziegen wurden getötet. Untersuchungen der Kadaver ergaben, dass weder menschliche noch bekannte tierische Jäger am Werk gewesen sein konnten. Scott Corrales hat wiederholt vor Ort recherchiert. Bei mehreren Besuchen lernte er immer mehr

Zeugen kennen. Erst zögerten sie, nach und nach berichteten sie ihm aber offen über die unheimlichen Ereignisse.

Sieht so ein Chupacabras aus?

In einer ausführlichen Arbeit über den Vampir mit den vielen Gesichtern („How many Goats can a goatsucker suck?“, „Fortean Times“, August 1996) fasst er zusammen: „Eine unbekannte Kraft mordete kleine Tiere in einer Art und Weise, die sich vollkommen von den bekannten Angriffen von Tieren oder sogar von Menschen unterschied. Den Tieren war das gesamte Blut aus dem Leib gesaugt. Das Blut war durch eine einzige, winzige Punktierung herausgesaugt worden. Als die Tötungen auf der gesamten Insel fast epidemieartige Ausmaße erlangte, gab es in allen Fällen dieses kleine Loch.“

Am Anfang war nichts über die blutdürstige Kreatur der Nacht bekannt. Weil sie zwar alle möglichen Tiere schlug, aber eine gewisse Vorliebe für Ziegen zeigte, verlieh man ihr bald den Namen „El Chupacabras“, Ziegensauger.

Nach und nach tauchten erste Beschreibungen auf. „Es hat starke, scharfe Reißzähne!“, sagten die einen. „Es springt mit unglaublicher Geschwindigkeit durch den Urwald. Dabei hüpft es wie ein Känguru“, erzählten andere. Immer wieder berichteten Zeugen, die die Kreatur aus der Ferne gesehen haben wollen: „Seine großen Augen leuchten glühend rot in der Dunkelheit!“

Je mehr Tiere dem Unbekannten zum Opfer fielen, desto grö-

Das furchteinflößende Haupt des blutsaugenden Monsters.

ßer wurde die Angst. Zum Ärger vieler kleiner Landwirte schien die Regierung die Vorfälle gar nicht zur Kenntnis nehmen zu wollen. Örtliche Politiker forderten eine amtliche Untersuchungskommission. Ohne Erfolg. Städtische Beamte ordneten nächtliche Hetzjagden auf die unbekannten Wesen an. Hundertschaften rückten nachts aus und durchkämmten die urwaldähnlichen Gebiete, in die sich die Chupacabras nach unzähligen Berichten angeblich zurückzogen. Ohne Erfolg. Weiterhin fielen unzählige Tiere den Blutsaugern zum Opfer. In den ersten Wochen des Jahres 1996 freilich trat rasch Ruhe ein. Was war geschehen?

Ein für die Jahreszeit völlig untypischer Klimaumschwung ließ die Temperaturen extrem stark sinken. Die Chupacabras stellten ihre Aktivitäten ein. Vertrugen sie die Kälte nicht? Versanken sie in eine Art Winterschlaf? Zogen sie sich in einige der vielen unterirdischen Höhlen der Insel zurück? So sind bei Aguas Buenas riesige Höhlensysteme in der Erde schon seit Jahrhunderten bekannt. Labyrinthartig verzweigen sie sich in der Unterwelt. Nur ein Teil ist halbwegs erforscht. Die Zentralregierung atmete verfrüht auf. Nur kurz schien sich die Politik des Totschweigens zu bewähren. März 1996 schlugen die Chupacabras wieder zu. Farmer Arturo Rodríguez aus Barrio Sumidero, Aguas Buenas, meldete: „Die Monster haben wieder zugeschlagen und 30 meiner Hühner und Hähne gerissen." Die Kadaver wiesen alle ein typisches Merkmal auf. Den Tieren war das gesamte Blut aus dem Leib gesaugt worden: durch ein einziges kleines, ja winziges Loch im Hals oder am Körper.

Anfang September 1995 war Madelyne Tolentino in Barrio Campo Rico, einem Vorort von Canóvanas, intensiv mit schweren Arbeiten beschäftigt. Ihre Mutter zog in das Haus der Tolentinos ein. Da waren Umzugspakete zu schleppen. Koffer wurden ausgepackt. Bei einer kleinen Verschnaufpause sah Madelyne zufällig aus dem Fenster, hinab zur Straße. Da stand ein Auto. Warum hatte es angehalten? Warum fuhr es nicht weiter? Madelyne trat näher ans Fenster. Deutlich sah sie jetzt den Fahrer des PKW. Er starrte angsterfüllt, ja in Panik aus dem Auto. Worauf? Wohin? Auf ein furchteinflößendes Monster. Die Kreatur verharrte in ihrer Bewegung. Sie stand da, wie gelähmt. Oder war es die Konzentration eines Raubtieres vor dem Angriff?

Das Wesen war nur etwa 120 cm groß. Die Augen passten irgendwie nicht in den kleinen Kopf. Sie waren viel zu groß. Ein Maul war kaum auszumachen. Unter zwei Atmungslöchern gab es so etwas wie einen schmalen Schlitz. Füße wie Hände der aufrecht stehenden Kreatur waren mit jeweils drei klauenartigen Fingern ausgestattet. Besonders fremdartig ließ sie ihre Rückenpartie wirken. Entlang des Rückgrats standen da spitze Stacheln, eingebettet in eine rötlich leuchtende Haut.

Was weiter geschah, schildert Sachbuchautor Hartwig Hausdorf nach Befragung von Zeugen vor Ort in seinem Buch „UFO-Begegnungen der tödlichen Art" (München 1998) so: „Zufällig befand sich vor dem Haus ein junger Mann, der des öfteren für Mr. Tolentino arbeitet. Da er häufig mit Tieren zu tun hat, liegen in seinem Auto stets ein paar Arbeitshandschuhe griffbereit. Als er Zeuge der grotesken Szenerie wurde, holte er schnell seine Handschuhe und machte sich daran, den Chupacabras zu verfolgen. Als er ihn schon beinahe eingeholt hatte und nach ihm griff, kam es zu einer bedrohlichen Konfrontation: Urplötzlich schnellten die ‚Stacheln' hervor und standen drohend auf dem Rücken des Ungeheuers. Dazu öffnete es das Maul, in dem lange und kräftige Zähne blitzten. Mittlerweile war auch Madelynes Mutter dazugekommen und versuchte gleichfalls, den Chupacabras anzufassen. Doch der setzte seine Flucht noch mit größerem Tempo fort, wobei dessen Füße den Boden nicht mehr zu berühren schienen, und verschwand spurlos in der Wildnis."

Das sollte nicht Madelynes einzige Begegnung mit dem Chupacabras bleiben. Im Frühjahr 1996 begegnete sie ihm abends nach dem Einkaufen. Sie sah das Monster am Ortsrand von Borrio Cambalache stehen – am Straßenrand. Unheimlich wirkten die Konturen der Kreatur der Nacht im Zwielicht der rasch einbrechenden Finsternis. Obwohl sie bei geschlossenen Fenstern im Auto an dem Chupacabras vorbeifuhr, nahm sie dennoch einen widerlichen Geruch war. Er erinnerte die Hausfrau an Schwefel. Mit Angst im Herzen fuhr sie an dem lebenden Ding vorbei. Im Rückspiegel sah sie seine wie Kohlen glühenden Augen. Ihr war, als sehe ihr das Wesen nach.

Endlich wieder zu Hause angekommen, berichtete Madelyne von ihrem Erlebnis. Ihr Ehemann Miguel zögerte nicht lange. Sofort holte er einen Onkel Madelynes. Die immer noch verängstigte Frau nahm ihren ganzen Mut zusammen und begleitete die beiden Männer im Auto. Man hielt an der Stelle, an der das Monster gestanden hatte. Eilig wurde der Wagen abgestellt. Planmäßig lief die Suche ab, aber zunächst ohne Ergebnis. Der scharfe Geruch verlor sich. Schon wollten die Tolentinos ihre Aktion abbrechen, da stand ihnen das fremdartige Wesen direkt gegenüber. Glaubt man den Schilderungen der Zeugen, dann verhielt es sich eher wie ein Gespenst als ein lebendes Wesen aus Fleisch und Blut. Schien es doch nicht zu gehen, sondern über dem Boden dahinzuschweben.

Am 9. März 1996 war ein Junge namens Ovidio Méndez gerade damit beschäftigt, ein totes Huhn im Garten einzugraben, als er einen Chupacabras sah. „Die Kreatur war etwa 1,20 m hoch und ging auf zwei Beinen. Sie hatte längliche rote Augen, lange Reißzähne, klauenartige Hände und einen dunkelgrauen Körper." Ovidio gab auf Befragen der örtlichen Polizeibeamten zu Protokoll:

„Während der unheimlichen Begegnung blieb die Kreatur ruhig, ja starr und machte keinerlei bedrohlichen Bewegungen. Plötzlich rannte es davon.“

Nun lag endlich eine Beschreibung eines Chupacabras vor. Die offizielle Politik der staatlichen Behörden blieb unverändert. Man leugnete weiter die Existenz der Kreatur der Nacht. Gewiss, es gab viele getötete Tiere, die eines scheinbar seltsamen Todes gestorben waren. Vermeintlich „natürliche Erklärungen“ wurden amtlicherseits verbreitet. Die Rede war von „einigen verwilderten Hunden mit nur einem Reißzahn“, aber auch von „tollwütigen oder besonders verwilderten Affen“. So recht überzeugten diese auch nicht sehr einleuchtenden Behauptungen nicht. Warum sollte es plötzlich unabhängig voneinander auftretende Hunde mit nur einem Reißzahn geben? Warum sollten diese wiederum alle möglichen Tiere jagen, ihnen eine einzige Bisswunde zufügen und daraus schließlich ihren Opfern das Blut saugen? Geradezu unsinnig war die Affen-Story. Weder tollwütige noch besonders verwilderte Affen haben jemals Haustiere getötet, ihnen wie auch immer eine einzige lochförmige Wunde beigefügt und daraus ihr Blut bis auf den letzten Tropfen getrunken!

Langsam wuchs nicht nur unter den Bauern der Ärger über die tatenlose Regierung. Ihren Erklärungen schenkte man keinen Glauben. Man muss den Behörden keineswegs Bösartigkeit unterstellen. Es mag sein, dass sie durch Verschweigen der beunruhigenden Fakten eine Panik in der Bevölkerung vermeiden wollten. Was sie aber erreichten war, dass Gerüchte kursierten. So setzte die UFO-Gruppe NOVA Berichte in Umlauf, wonach es sich bei den Chupacabras um eine Gruppe von zwanzig außerirdischen Bestien handelt. Angeblich hätten diese fremden Eindringlinge Schlimmes vor. Sie experimentieren mit Blut, weil sie unheilbare Krankheiten wie AIDS erzeugen und als Waffe gegen die Menschheit einsetzen wollen. Puerto Ricos führender UFO-Fachmann Jorge Martin nahm sich solcher Gräuelmärchen in seiner Radiosendung „Ovnis Confidencial“ („Ufos vertraulich“) an. Er wies nach, dass die Gruppe NOVA alles andere als seriös arbeitete und Zeugen wie private Forscher einzuschüchtern versuchte.

Andere Gerüchte besagten, die Chupacabras seien das Produkt geheimer staatlicher Frankenstein-Experimente. Mal hieß es, sie seien gentechnisch erzeugt worden. Dann hieß es, es handele sich um mit „geheimen Strahlen“ behandelte und mutierte Tiere.

Die seriöse UFO-Forschung setzte sich intensiv mit den Chupacabras auseinander. Sorgsam wurden Zeugen befragt. Voreilige Schlüsse wurden nicht gezogen. Eindeutig nachgewiesen werden konnte, dass sich das unheimliche Phänomen ausbreitete. Die Chupacabras waren auf dem Vormarsch. Sie dehnten ihren Wirkungsbereich aus. Sie wandten verschiedene „Techniken“ an. So beschränkten sie sich nicht mehr darauf, Tiere zu punktieren und ihnen das Blut auszusaugen. Sie fügten ihnen präzise Schnittwunden zu und entfernten innere Organe aus den Körpern ihrer Opfer. Bei diesen Gemetzeln blieben in der Umgebung der getöteten Tiere keinerlei brauchbare Spuren zurück.

So brutal die Chupacabras auch vorgingen, wilde Tiere können es nicht sein. In einem Fall, Scott Corrales weist darauf hin, hoben sie ein Eisentor von beachtlicher Größe (4,8 m mal 4,2 m) aus den Angeln, um an ihre tierischen Opfer heranzukommen. Käfige hielten ihren Attacken nicht stand. Zeuge Julio López: „Es ist unglaublich, in welchem Zustand sich der Hasenstall meiner Tochter befand. Metallrohre wie Stacheldraht waren aufgefetzt. Der Hase war herausgenommen worden. Sein Herz und andere Innereien waren herausgerissen worden. Hier ist eine übernatürliche Kraft aktiv.“

Wie mag diese Kraft beschaffen sein? Gibt es einen Zusammenhang mit UFOs, von denen tatsächlich besonders viele über Puerto Rico gesichtet wurden, wenn es zu einer Häufung von Angriffen der Chupacabras auf Tiere kam. Eine direkte Beziehung zwischen außerirdischen Flugvehikeln und den Chupacabras konnte aber nicht nachgewiesen werden.

Chupacabras auf Reisen?

1995 und 1996 häuften sich Sichtungen von Chupacabras im Gesamtgebiet von Puerto Rico. Hunderte Berichte von Augenzeugen liegen vor. Markiert man die genauen Orte der unheimlichen Begegnungen auf einer Karte des karibischen Paradieses, so stellt man verblüfft fest: die Kreaturen traten überall auf. Es muss relativ viele Exemplare geben. Oder täuscht der Eindruck? Sind es nur wenige, die ständig die Insel durchstreifen? Haben sie einen großen Energiebedarf, der nur durch ausgedehnte Beutezüge gedeckt werden kann?

1996 tauchten Chupacabras auch in Mexiko auf. Schon am 1. Mai warnte einer der wichtigsten Fernsehsender des Landes vor den gefährlichen Wesen. Die Behörden stellten sich stur. Das Problem wurde verharmlost. Kojoten und Fledermäuse wurden verantwortlich gemacht. Von rudelweise auftretenden verwilderten Hunden mit jeweils nur einem Fangzahn wagte niemand zu sprechen. Bislang hatten aber weder Kojoten noch Fledermäuse jemals Haustiere überwältigt, ihnen ein einziges Loch gebissen und daraus das Blut gesaugt. In Zeitungsartikeln wurde auf eine „neue" Riesenfledermaus hingewiesen. Bis zu eineinhalb Meter betrage die Spannweite ihrer Flügel. Fast zehn Kilo werde sie schwer. Aus Südamerika sei sie ins Land eingedrungen. Eine Dürre in der Heimat habe sie dazu gezwungen.

So sehr auch die These von der Riesenfledermaus propagiert wurde, zu Gesicht bekommen hat das Tier niemand. Zeugen aber wandten sich an die Polizei, die just solche Chupacabras gesehen haben wollen, wie sie in den Jahren zuvor in Costa Rica beschrieben worden waren. Wiederum kam es zu epidemieartigen Vorfällen. Im April 1996 häuften sich blutsaugerische Angriffe auf Haustiere, hauptsächlich Ziegen. Lehrer wandten sich an die städtischen Behörden. Wann werde denn endlich etwas gegen die Monster unternommen? Besonders in ländlichen Gegenden wie etwa im Staat Sinaloa weigerten sich immer mehr Eltern, ihre Kinder in die Schulen zu schicken. Sie hatten Angst, ihre Sprösslinge könnten im Freien von Chupacabras angegriffen werden.

Im Mai 1996 lagen allein der in Mexico City erscheinenden Zeitung „El Financiero" umfangreiche Berichte vor. Bei 46 Angriffswellen in 14 Staaten Mexikos waren mehr als 300 Tiere schwer verletzt oder getötet worden. In den ersten Junitagen machten Chupacabras die Sonora-Wüste unsicher. Zeugen in der Nähe der Ortschaften Agua Prieta und El Tuque ließen keinen Zweifel gelten. Sie hatten mehrere Exemplare des blutsaugenden Wesens beobachtet.

Die Behörden schwiegen oder veröffentlichten kurze Erklärungen, die vor Ort niemand wirklich ernst nahm. Örtliche Zeitungen wie „Sol de Sinaloa“ und „Sol de Occidente“ hingegen nahmen die Menschen ernst und druckten Augenzeugenberichte ab. So wurde deutlich, wie weit verbreitet die Angst vor den Chupacabras war. Besonders in vielen Dörfern des nördlichen Mexiko grassierte Angst. Viele Menschen wagten sich nachts kaum noch auf die Straßen.

Immer mehr Chupacabras wurden gesichtet oder ihre Opfer, ausgesaugte Tiere, tot aufgefunden: in Mexiko, in Venezuela, in Texas, in Arizona, ja in Bulgarien und Portugal!

Tödliche Gefahr für Menschen!

Vielleicht hat man die Chupacabrasängste in den Amtsstuben Costa Ricas nicht so sehr ernst genommen, weil ja „nur“ Tiere betroffen waren. Kleine Landwirte, die oft nur einige wenige Ziegen besaßen, sahen sich von den Politikern im Stich gelassen. Eine Ausnahme bildete José Rivera, Bürgermeister von Canóvanas. Immer wieder wandte sich der Politiker an höhere Behörden, ersuchte sie um Unterstützung bei seinen Aktionen gegen die Chupacabras. Sie reagierten kaum. Schließlich erhob José Rivera mahnend seine Stimme. Bisher seien ja „nur“ Tiere attackiert worden. Irgendwann könnten sehr wohl Menschen in die Klauen der Kreaturen der Nacht geraten!

Tatsächlich sollen 1996 auch Menschen von den gefährlichen Blutsaugern verletzt worden sein! Teodora Reyes aus dem mexikanischen Dörfchen Alfonso Genaro Calderón im Staat Sinaloa soll Opfer eines „leichten Chupacabras-Angriffs“ geworden sein. Mediziner untersuchten die „Klauenspuren“ an ihrem Körper, fanden keine natürliche Erklärung. Die Frau erlitt durch die Attacke einen schweren Schock, sah sich nicht dazu in der Lage, Näheres über das unheimliche Wesen auszusagen. Anders Farmer Angel Pulido, der im mexikanischen Staat von Jalisco lebt und arbeitet. Auf dem Feld sei eine Kreatur über ihn hergefallen. Niemals zuvor in seinem Leben habe er solch ein Wesen gesehen. Das Ding habe ihn einerseits an eine Fledermaus, andererseits an eine Hexe erinnert.

Im Frühjahr 1996 wurde die 21-jährige Jauna Tizoc aus Alfonso Calderon von einer geflügelten Kreatur angegriffen. „Ich wäre vor Angst fast gestorben!“, erzählte sie bei einem Interview für die wichtigste Nachrichtensendung des Landes „Televísa“. Sie geriet anscheinend in einen Schockzustand, der sie vorübergehend schmerzlos werden ließ. Sie fühlte sich wie in einem Kinofilm. Sie saß aber nicht im Parkett. Es gab keine filmische Fiktion. Das Monster flatterte nicht auf der Leinwand, sondern im richtigen Leben. Und Juana Tizoc spielte keine Rolle. Sie war ein wirkliches Opfer. Eine tiefe Bisswunde an ihrem Hals belegte das in anschaulicher Weise.

Zu Angriffen auf Menschen mit tödlichem Ausgang kam es in der bulgarischen Stadt Plodiv. Der Kriminalbeamte Igor Tolkov sollte vor Ort eine entsetzliche Mordserie aufklären. Die Fakten: Acht Monate lang schlug eine monströse Kreatur zu. Sie holte sich mit der Regelmäßigkeit eines exakt gehenden Uhrwerks zwei Tote im Monat. 16 Tote gehen auf das Konto der brutalen Bestie. Weder konnte ein Verdächtiger verhaftet noch gar der Täter ermittelt werden. Dabei liegt dank mehrerer Augenzeugen eine recht gute Beschreibung des Mörders vor. Igor Tolkov musste nur aus einer Vielzahl von Einzelhinweisen, die sich oft auf markante Einzelmerkmale bezogen, ein Gesamtbild erstellen. Aussagen verschiedener Zeugen wurden wie die einzelnen Steine eines Puzzles zusammengefügt. Es passte alles zusammen. Für den erfahrenen Kriminalisten konnte es keinen Zweifel geben. Bei dem Massenmörder handelte es sich nicht um einen menschlichen Serientäter. Es war ein Vampir vom Typ Chupacabras, der seinen menschlichen Opfern das Blut aussaugte. Niemand weiß, woher die Kreatur der Nacht kam und warum sie die bulgarische Stadt als Jagdrevier auswählte. Niemand kann sagen, warum sie nach acht Monaten wieder genauso plötzlich verschwand wie sie gekommen war. Die Einwohner von Plodiv jedenfalls hoffen, dass das mörderische Wesen nie mehr zurückkehren möge.

Wir und die Kreaturen der Nacht

Wir Menschen in den hochindustrialisierten Ländern führen ein Leben, das uns immer mehr von der Natur entfernt. Für viele Zeitgenossen in den Multi-Millionenstädten wird der Alltag kaum noch vom Wechsel Sonne-Mond bestimmt. Sie leben in künstlich beleuchteten Räumen. Sie arbeiten und schlafen, so wie es der Schlachtplan befiehlt. So kann die Nacht zum Tag und der Tag zur Nacht gemacht werden. Was wir heute noch als extreme Ausnahmefälle empfinden, das mag für die Menschen von morgen und übermorgen zum selbstverständlichen Alltag werden. In der Welt von morgen werden wir das Klima manipulieren können. Wir werden uns immer mehr von den natürlichen Rhythmen des Lebens entfernen. Die Natur wird uns immer fremder werden. Wir werden sie immer weniger verstehen.

Eine Horrorvision, die vielleicht in dieser krassen Form nie Wirklichkeit werden wird? Mag sein! Doch – Hand aufs Herz: Haben wir alle nicht schon jetzt, in unseren Tagen, den Kontakt zur Natur verloren? Ist es nicht so, dass wir schon lange nicht mehr die Stimmen der Natur verstehen? Vor wenigen Generationen war dies noch anders. Die Menschen hausten nicht in Städten, in denen mit künstlichem Licht die Nacht zum Tag gemacht werden kann. Sie wussten noch, was in Wald und Flur vor sich geht. Sie kannten sich in der Natur aus. Waren ihre Sinne anders als bei uns noch nicht so abgestumpft? Erlebten sie in Wald und Flur noch Dinge, die wir längst aus unserem Leben verdrängt haben?

Sie lebten in einer stilleren, ruhigeren Welt. Nahmen sie mehr Dinge wahr, die in unseren Tagen – so es sie noch gibt – vom Lärm und vom Getöse unserer technisch hochstehenden Welt förmlich erstickt werden?

Unseren Vätern, Großvätern und Urgroßvätern war das Leben in seiner Gesamtheit viel bewusster als uns. Wir Menschen in den hochzivilisierten Ländern schieben in immer stärkerem Ausmaße Kranke, Sieche und Sterbende ab: in (so wir das bezahlen können!) technisch-maschinell perfekt ausgerüstete Einrichtungen.

Wir verbannen den Tod aus unseren Häusern und haben es längst verlernt, den Tod als einen Teil des Lebens zu sehen. Zu Zeiten früherer Generationen war das anders. Wie anders? Wussten unsere Vorväter nicht nur mehr über den Tod, sondern auch über die Dinge jenseits dieser Grenze?

Kann es sein, dass es doch Dinge gibt, die wir vorschnell als Aberglauben abtun? Bezeichnet Aberglaube manchmal reale Dinge, die wir nur noch nicht wissenschaftlich erklären können? Erlebten unsere Vorfahren noch Phänomene, die wir kaum noch oder gar nicht mehr wahrnehmen können? Gehören in diesen mysteriösen Bereich Wesen wie Zombies, Werwölfe und Vampire? In dem vorliegenden Buchbeitrag versuchte diesen rätselhaften Kreaturen der Nacht etwas näher zu kommen. Ich folgte den Spuren unheimlicher Wesen und fand viele Belege, die für ihre Existenz sprechen. Existieren sie aber wirklich? Oder stammen sie aus einem Teil der Realität, der uns fremd geworden ist? Leben sie in einem Reich zwischen Leben und Tod, zwischen Wachsein und Traum?

Müssen wir als moderne, aufgeklärte Menschen unsere Haltung gegenüber den Kreaturen der Nacht ändern? Ist vollkommene Ablehnung genauso falsch wie kritikloses Akzeptieren alles Rätselhaft-Phantastischen?

Unbestreitbar ist: Auch wir Menschen des neuen Jahrtausends können noch mysteriöse Kreaturen der Nacht wahrnehmen. Wie wollen wir sie nennen? Gespenster? Traumwesen? Zombies? Wiedergänger? Namen und Bezeichnungen sind gerade in diesem Bereich wenig hilfreich. Wir müssen nur den Mut dazu haben, Ungewohntes und Unbegreifliches auch wahrzunehmen. Fünf exemplarisch ausgewählte authentische Erlebnisse können das sehr schön belegen … Eine Überlegung vorweg: Vielleicht sind einige von uns Jetztmenschen streng genommen Wiedergänger!

Der Zombie von Tughlaqabad

„In einer uralten indischen Ruine bin ich einem Gespenst begegnet!" Davon ist der Bauingenieur Heiner Pohlmann*, 28, überzeugt. „Mein Hobby sind die ältesten Baudenkmäler der Welt. In meiner Freizeit unternehme ich deshalb Weltreisen, um vor Ort die Baukunst unserer Vorfahren zu studieren."

Vom Flughafen von New Delhi fuhr er zu den uralten Ruinen von Tughlaqabad. „Der gewaltige, festungsartige Komplex wurde auf einer kleinen Insel erbaut. Ein Großteil der Mauern entstand vor etwa 700 Jahren: auf älteren Ruinen. Schon vor 4000 Jahren gab es hier eine Verteidigungsanlage!"

Einen Tag lang erkundete Heiner Pohlmann den riesigen Komplex. „Ich benötigte mehrere Stunden, um die wuchtige Außenmauer zu umrunden. Dann ging ich ins Innere des Gebäudes. Die Hitze war unerträglich. Drei Wächter zogen sich in ein kleines Hüttchen zurück. So konnte ich auf teilweise halsbrecherischen Wegen jene Teile der Burganlage aufsuchen, die sonst für Touristen gesperrt sind! Ich kletterte über eingestürzte Mäuer-

In diesem Gemäuer soll es spuken ...

Hinter den Mauern von Tughlaqabad
geht angeblich ein Zombie um ...

chen. Ich fotografierte eifrig. Plötzlich hatte ich ein merkwürdiges Gefühl: beobachtete mich jemand? Hatte ein Wächter bemerkt, dass ich die vorgeschriebenen Wege verlassen hatte? Ich drehte mich um. Weit und breit war kein Mensch zu sehen. In brütender Hitze kam plötzlich so etwas wie ein eisiger Windhauch auf. Als ich mich wieder den Ruinen zuwandte, stand einige Meter vor mir eine Gestalt. Sie trug einen wollenen Umhang, der auch den Kopf bedeckte und nur das Gesicht freiließ. Die Person, anscheinend eine Frau, faltete die Hände wie zum Gebet. Ich wollte sie fotografieren, aber mein neuer, teurer Apparat versagte. Die Frau schritt weiter, in das Innere eines halb verfallenen Raumes. Ich ging ihr nach. Ich sah sie am Ende eines langen Korridors stehen. Sie drehte sich kurz zu mir um und verschwand durch die steinerne Wand. Dabei kam wieder ein eiskalter Windhauch auf! Mir zitterten die Knie. Ich stürzte ins Freie und es dauerte eine Weile, bis ich nicht mehr fror."

Einer der Wächter sprach ganz gut Englisch. Heiner Pohlmann erzählte ihm sein Erlebnis. „Der Mann starrte mich entsetzt an und verschwand wortlos in seiner Hütte." Tage später kehrte Bauingenieur Heiner Pohlmann mit einem Dolmetscher an den Ort der unheimlichen Begegnung zurück. Jetzt erfuhr er von dem zurückhaltenden Wächter, dass es sich bei der Spukerscheinung um einen Zombie, einen wiederkehrenden Zombie, handelt. „Vor vielen Jahrhunderten wirkte er als eine Art Architekt bei der Errichtung der gewaltigen Bauanlage mit. Sehr, sehr selten kommt er an seine frühere Wirkungsstätte zurück. Vielleicht spürt er es, wenn sich jemand in besonderem Maße für seine Arbeit interessiert."

Ein „Wiedergänger" fährt per Anhalter

Bernhard Treulein*, 32, ist ein erfolgreicher Finanzberater. In seiner knapp bemessenen Freizeit taucht er leidenschaftlich gern. Seinen letzten Urlaub verbrachte er am mexikanischen Golfo de California (s. auch Seite 37 f.).

Unweit von Santa Rosalia erlebt er Gespenstisches. „Von meinem gemieteten Ferienapartment aus fuhr ich mit einem Leihwagen an die Küste. Ich suchte mir immer neue Strände zum Tauchen. Am zweiten oder dritten Tag fiel mir eine altmodisch gekleidete ältliche Anhalterin am Straßenrand auf. Sie machte einen traurigen, verhärmten Eindruck. Sie tat mir Leid und ich hielt an, obwohl ich sonst keine Anhalter mitnehme. Sie stieg wortlos ein. Am Strand gab sie mir zu verstehen, dass sie aussteigen wolle. Ich hielt an. Sie kletterte aus dem Wagen. Zurück blieb ein seltsam muffiger Geruch nach Verbranntem."

Im Verlauf seines vierzehntägigen Urlaubs nahm Bernhard die seltsame Anhalterin vier oder fünf Mal mit. „Auf meine Fragen antwortete sie nie. Sie wollte immer an der gleichen Stelle aussteigen. Dann strebte sie auf eine alte Hütte zu und verschwand hinter einer knarrenden Holztür. Am Tag vor meiner Abreise fragte ich die Vermieterin meines Apartments nach der baufälligen Hütte. Sie erschrak sichtlich, bekreuzigte sich und erzählte mir eine traurige Geschichte."

Die Geschichte der Vermieterin geht Bernhard Treulein nicht mehr aus dem Sinn: „Vor 20 Jahren gab es am Strand ein stolzes Anwesen. Der greise Besitzer starb. Seine Witwe, die alte Josefa, lebte allein im großen Haus. Ihr Neffe bedrängte sie, Haus und Grundstück zu verkaufen, in ein Altenheim zu ziehen. Josefa weigerte sich. ‚Lebend bekommt mich hier keiner raus', schrie sie immer. Der Neffe strebte ein Entmündigungsverfahren an, wollte die alte Frau zwangsweise in ein Heim einweisen lassen. Dazu kam es nicht! Denn Josefa zündete das große Wohnhaus an. Es brannte vollkommen ab. Stehen blieb nur ein alter Schuppen. Josefa kam in den Flammen ums Leben. Ob sie Selbstmord beging, oder ob es ein Unfall war … wer will das sagen …"

Bernhard Treulein in seinem Brief an den Verfasser: „Die Vermieterin holte einen zerknitterten Zeitungsausschnitt. Da war ein Bild von der armen Josefa zu sehen, die im Feuer starb. Mit Grausen erkannte ich: die Tote war jene unheimliche Frau, die ich mehrfach als Anhalterin mitgenommen hatte!"

Bill Ellis, amerikanischer Erforscher unheimlicher Phänomene: „Es gibt eine ganze Reihe von gut belegten Fällen, in denen offensichtlich Autofahrer Geister als Anhalter mitgenommen haben! 1994 häuften sich solche Vorkommnisse in Pennsylvania!"

Sind wir Wiedergänger?

Die Vorstellung, dass der Mensch lebt, stirbt und später erneut geboren wird, um wieder auf die Erde zurückzukehren, erscheint vielen christlich orientierten Zeitgenossen befremdlich. Auch wer nicht bewusst religiös denkt, ist doch im Abendland verwurzelt. Wir alle tragen ein christliches Erbe mit uns herum, empfinden oft fremde religiöse Vorstellungen als seltsam. Das gilt vielleicht in besonderem Maße für die Reinkarnationslehre, für den Glauben an die Wiedergeburt.

In den ersten Jahrhunderten nach der Zeitenwende dürfte die Reinkarnation freilich noch zum festen Glaubensgut der christlichen Gemeinden gehört haben. Warum sonst hätte die Kirche auf dem Zweiten Konzil von Konstantinopel anno 553 die Lehre von der Wiedergeburt offiziell aus den Glaubensbüchern streichen lassen? Da wurde per Dekret beschlossen: „Jeder, der die Lehre von der Präexistenz der Seele und die daraus folgende Ansicht von ihrer Wiederkehr unterstützt, der sei mit dem Kirchenbann belegt!"

Inwieweit die junge Christenheit sofort diesem Beschluß folgte, ist nicht bekannt. Origines jedenfalls (ca. 185–253/54) hielt die Wiedergeburt für vernünftig und plausibel. Das verargte man ihm anno 553 so, dass man die sterblichen Überreste des einstigen Kirchenvaters mit einem Bannstrahl belegte und den frühen Religionswissenschaftler drei Jahrhunderte nach seinem Tod exkommunizierte.

Für Anhänger des Hinduismus und Buddhismus gehört auch heute noch die Lehre von der Wiedergeburt zur alltäglichen Glaubenswelt. Für Erforscher des Übersinnlichen ist sie ein Phänomen, das es zu erforschen gilt – in Ost und West. Eines müssen wir bedenken: Für Menschen mit buddhistischem oder hinduistischem Hintergrund ist die Vorstellung von der Wiederkehr von Toten in die Welt der Lebenden keineswegs befremdlich. Uns mag der Gedanke an Zombies erschrecken. Eine solche Vorstellung empfinden wir als gruselig. Wenn es aber die Wiedergeburt geben sollte, dann müssen Wiedergänger nicht ausschließlich die monströsen Wesen sein, an die wir bei diesem Wort denken. Vielleicht sind wir selbst „Wiedergänger"?

Tatsache ist: Sehr gewichtige Indizien sprechen für das Phänomen der Wiedergeburt.

Wiedergeburt I: „In einem früheren Leben wurde ich von wilden Hunden zerfetzt!"

Jahrelang wurde die Sekretärin Claudia Schmiedel*, 26, aus Köln von einem Horrortraum gepeinigt. „Immer wieder durchlebe ich das gleiche schreckliche Erlebnis! In zerlumpten Kleidern nähere ich mich einem Bauernhof. Zaghaft klopfe ich an. Ein gutmütig wirkender Mann öffnet. Ich bitte um etwas Essen. Der Mann will mir helfen. Doch da erscheint seine wütende Frau. Sie beschimpft mich wüst. Hau ab, du diebische Schlampe! Ich werde dir Beine machen!"

Im Traum wendet sich Claudia an den Bauern. Hilfe suchend blickt sie ihn an. Von ihm ist keine Hilfe zu erwarten. Claudia weiter in ihrem Brief an den Verfasser: „Zögernd gehe ich. Da drückt die Bauersfrau ihrem Mann eine Peitsche in die Hand. Er soll mich vertreiben. Er schlägt auf mich ein. Die Hiebe schmerzen entsetzlich. Dann höre ich, dass die Frau die Hunde auf mich hetzt. Ich renne, renne um mein Leben, verfolgt von mehreren kläffenden Hundebestien. Sie kommen immer näher. Ich schöpfe Hoffnung. Da steht ein Turm. Wenn ich mich in das Gebäude retten könnte. Ich schaffe es bis zum Turm. Aber wo ist der Eingang? Ich umrunde den Turm – kein Eingang. Mehrere Meter über dem Boden: ein Fenster. Ich versuche am Mauerwerk hochzuklettern, schaffe es nicht. Da sind die Hunde – sie verbeißen sich in meinen Beinen. Ich liege am Boden. Die wütenden Bestien zerfetzen mich. Ich sterbe."

Jahrelang wurde Claudia Schmiedel von diesem Traum heimgesucht. Dann machte sie im Weserbergland eine Kur. Bei einem Spaziergang entdeckte sie in einem Wäldchen „ihren" Turm. „Schlagartig wurde mir klar: der entsetzliche Traum war die Erinnerung an ein früheres Leben! Ich ging um den Turm. Er hatte keinen Eingang, mehrere Meter über dem Boden sah ich ein Fenster. Mir wurde eiskalt ums Herz. Ich war an den Ort zurückgekehrt, an dem mein früheres Leben endete. Hier haben mich wilde Hunde zerfetzt! Ich zitterte am ganzen Leibe, musste mich übergeben. Aber seither habe ich nie mehr diesen schlimmen Traum gehabt!"

Wiedergeburt II: „Ich lebte und starb auf der Osterinsel!"

„Jahrelang litt ich unter grässlichen Albträumen. Es spielte sich immer das Gleiche ab: Nachts holten mich Fremde aus meiner Hütte, stießen mich vor sich her und warfen mich in einen Graben, aus dem ein entsetzliches Feuer empor loderte. Bevor ich starb, sah ich im flackernden Licht steinerne Riesenstatuen."

Marianne Neuner*, 29, ist in einem Dorf in Oberösterreich zu Hause. Jahrelang fürchtete sich die Tierarzthelferin davor verrückt zu werden. „Ich wusste einfach nicht, was diese quälenden Träume Nacht für Nacht zu bedeuten hatten."

Eines Tages sah sie dann in einem Buch Fotos von den berühmten Statuen auf der Osterinsel, die mitten im südlichen Pazifik, 3700 Kilometer vor der Küste des chilenischen Festlandes liegt und die „einsamste Insel der Welt" genannt wird. Beim Anblick der steinernen Köpfe überkam Marianne plötzlich eine große innere Ruhe und ihr wurde klar: „Ich habe schon einmal gelebt – auf der Osterinsel!"

Forscher wie Osterinsel-Experte Fritz Felbermayer sind über-

„In einem früheren Leben wurde ich auf der Osterinsel ermordet ..."

... davon ist Marianne Neuner überzeugt.

zeugt, dass es vor vielen Jahrhunderten ein blutiges Massaker auf der Osterinsel gab. Die so genannten „Langohren", Nachfahren der Erbauer der riesenhaften Statuen, wollten die „Kurzohren" ermorden. Sie hoben einen langen Graben aus und füllten ihn mit Holz. Darin sollten die „Kurzohren" verbrannt werden. Doch der Stamm erfuhr von diesen grausamen Plänen. Mitten in stockfinsterer Nacht überfielen die Kurzohren die Langohren, trieben die Feinde in den Graben und zündeten die Holzstöße an. Dieses Massaker, das qualvolle Sterben in den Flammen, erlebte Marianne in ihren Träumen wieder und wieder. Die Österreicherin in ihrem Brief an den Verfasser: „Ich schwöre, dass ich nie zuvor etwas von der Osterinsel oder den schrecklichen Vorkommnissen dort gehört hatte. Ich bin überzeugt, dass ich nur davon in meinen Träumen geplagt werden konnte, weil ich eine der Langohrfrauen war, die damals in der Nacht so grässlich ums Leben kamen."

Inzwischen hat sich Marianne intensiv mit der geheimnisvollen Geschichte der Osterinsel auseinander gesetzt. Die Albträume hörten nach und nach auf, sind heute ganz verschwunden. Bald, wenn sie das nötige Geld zusammengespart hat, will sich die junge Frau auf die weite Reise zur Insel im südlichen Pazifik machen und dort ihr eigenes Grab aufsuchen. Marianne: „Ich weiß genau, an welcher Stelle der Graben war. Vielleicht finde ich bei dieser Gelegenheit ja auch die geheimnisvollen Werkzeuge wieder, mit denen die riesigen Statuen hergestellt wurden. Sie sind nämlich bisher unentdeckt geblieben. Möglicherweise bringt mich auch hier ein Traum auf die Spur."

Osterinsel-Forscher wären Marianne zu Dank verpflichtet. Das Rätsel der rund 800 Köpfe, Moais genannt, die aus dem relativ weichen Tuffgestein der Vulkane geschnitten wurden, wäre damit noch nicht gelöst. Wie wurden beispielsweise die tonnenschweren Skulpturen zu ihren Standorten transportiert? Vielleicht lässt sich Mariannes Überzeugung tatsächlich vor Ort auf der Osterinsel handfest belegen. Wäre damit ein Beweis für die Rückkehr eines Menschen aus dem Jenseits in die Welt der Lebenden (in Form von Wiedergeburt) erbracht?

Dr. Elisabeth Kübler-Ross begegnet einer Toten

Es geschah Ende 1975. Frau Dr. Elisabeth Kübler-Ross, heute weltweit als Autorität auf dem Gebiet der Sterbeforschung anerkannt, war im Gebäude der psychiatrischen Klinik der Universität unterwegs zu ihrem Büro. Sie hatte es eilig. Plötzlich trat ihr Patientin Frau S. in den Weg und fragte sie, ob sie „ein paar Minuten für sie Zeit" aufbringen könne. Die Leiterin der Klinik war mehr als perplex. Eigentlich war es unmöglich, dass ihr die Patientin leibhaftig begegnete. War Frau S. doch bereits vor Monaten gestorben. Schweres Leid hatte sie durchmachen müssen. Insgesamt war die Todkranke fünfzehn Mal auf die Intensivstation geschafft, immer wieder reanimiert worden. Vor einigen Monaten aber hatte sie der Tod von schlimmen Schmerzen erlöst. Und nun stand eben diese Patientin körperlich vor Frau Dr. Kübler-Ross.

Mehrfach berührte die Ärztin die Patientin am Arm – sie war nicht nur optisch sichtbar, sie war auch physisch spürbar. Allerdings fühlte sich ihr Körper, wie sich die glaubwürdige Zeugin später erinnerte, „wie aus Wachs" an. Zusammen mit der wiedergekehrten Toten ging Dr. Kübler-Ross in ihr Büro. Träumte sie? Sie setzte sich an ihren Schreibtisch, betastete die hölzerne Platte. Sie kniff sich, spürte den leichten Schmerz. Oder war auch das Teil eines Traums?

Frau S. bat Dr. Kübler-Ross, einen bestimmten Assistenzarzt dazu zu ermutigen, in seiner wichtigen Arbeit auf dem Gebiet der Sterbeforschung fortzufahren. Außerdem wolle sie ihm für die medizinische Betreuung bis zu ihrem Tode danken. Sie erbat sich einen Zettel und einen Stift und schrieb einen kurzen Brief an den Assistenzarzt. Das Schreiben händigte sie der perplexen Ärztin aus. Dann verabschiedete sie sich und ging. So plötzlich wie sie gekommen war, so schnell war sie auch schon wieder gegangen. Wirklich? Oder hatte sich die gewiss unter argem Stress stehende Klinikärztin die merkwürdige Begegnung doch nur eingebildet?

Eine solche Vermutung mag sich dem skeptischen Zeitgenossen aufdrängen. Sie mag „vernünftig" klingen, ist aber trotzdem falsch! Denn auf dem Schreibtisch von Dr. Kübler-Ross blieb ein Beweis zurück: der handschriftliche Brief der Patientin S., den sie vor den Augen der Ärztin geschrieben hatte. Er wurde von einem Experten untersucht. Der kam zu einem eindeutigen Resultat! Die Zeilen waren eindeutig von Frau S. geschrieben worden – Monate nach ihrem Tod. Es gibt keine andere Erklärung als die, dass eine Tote aus dem Jenseits in die Welt der Lebenden zurückgekehrt ist. Eine Wiedergängerin überbrachte eine Botschaft, die ihr anscheinend so wichtig war, dass sie für kurze Zeit die andere, jenseitige Welt verließ.

3. Teil

Hartwig Hausdorf

Paranormale Erscheinungen

Vorwort

Die geheimnisvolle Welt jenseits unserer fünf Sinne

An einem 14. März vor rund 50 Jahren, genau um drei Uhr morgens, wachte mitten in New York eine junge Frau davon auf, dass sie ihren Vater in Italien ihren Namen rufen hörte: „Maria! Maria!“, tönte es im vertrauten Akzent ihrer alten Heimat.

Seit ihrer Kindheit hatte sie ihren Vater nicht mehr zu Gesicht bekommen, konnte sich aber noch sehr gut an ihn erinnern. Und wieder hörte sie ihren Namen rufen. Was war das, hatte sie ein böser Traum genarrt?

Erschrocken setzte sich Maria in ihrem Bett auf und da sah sie durchs Fenster hindurch das Gesicht ihres Vaters. „Vater!“, rief sie noch – aber da verschwand das Gesicht.

Am Morgen erzählte sie die unheimliche Geschichte ihrer Familie, doch alle meinten nur, sie hätte eine Halluzination gesehen. Drei Tage später kam aus Italien die Nachricht, dass ihr Vater tatsächlich verstorben sei – und zwar genau in der Stunde, als es in New York drei Uhr morgens war. Und seine Tochter das Bild des Vaters im Fenster sah.

Eine unglaubliche Geschichte? Hier ist noch eine. Diese hat sich sogar 100 Jahre früher ereignet. In Wahrheit aber geschehen solche Dinge, seit es Menschen gibt.

Am 1. Oktober 1850 sollte wieder einmal eine Parforce-Jagd in den Wäldern rund um Berlin stattfinden, an der auch der junge Prinz Kraft zu Hohenlohe-Ingelfingen die Teilnahme zugesagt hatte. Da dieser sich jedoch einen Tag zuvor sehr unwohl fühlte, sagte er die Gesellschaft ab und legte sich am Abend des 30. September frühzeitig ins Bett.

Mitten in der Nacht schreckte er plötzlich aus dem Schlaf auf. Im Traum war ihm auf der Jagd das Pferd durchgegangen, er schlug mit dem Kopf an einen Baum und lag mit gebrochenem Schädel am Waldboden. Hier erwachte er, sah sich selbst am Fußende des Bettes mit blutendem Gesicht am Boden liegen.

Der Prinz setzte sich ungläubig im Bett auf und begann auf sein Ebenbild am Fußende des Bettes zu starren, bis es langsam verschwand. Im Zimmer war es stockdunkel.

Der Traum hatte den Prinzen beunruhigt, aber mehr noch verursachte ihm die Tatsache Missfallen, dass er überhaupt beunruhigt war. Endlich schlief er wieder ein. Doch der Schlaf währte erneut nicht lange, denn er wachte bald wieder auf – um ein weiteres Mal sein blutendes Ich vor dem Bett zu erblicken. Und wieder verschwand die Vision nach einiger Zeit.

Inzwischen war der Morgen herangedämmert und seinem Unbehagen zum Trotz beschloss er, nun in jedem Fall an der Jagd teilzunehmen. Als er sich mit den anderen am vereinbarten Platz traf, erzählte der Prinz unter anderem seinem Bruder Friedrich Wilhelm von seinem Traumerlebnis. Beide lachten aber nur herzlich darüber.

Die Jagd begann und sofort ging das Pferd des Prinzen mit ihm durch, scheute im immer dichter werdenden Walde, bis sich der Prinz an einem Baum den Kopf aufschlug. Als er aus seiner Ohnmacht kurz erwachte, lag er auf dem Waldboden. Seine rechte Gesichtshälfte war völlig aufgerissen, aus dem Auge floss Blut und sein Schädel war teilweise skalpiert und gebrochen. In dem wilden Galopp musste ihn sein Pferd im Steigbügel über eine längere Strecke mitgeschleift haben.

Prinz Kraft zu Hohenlohe-Ingelfingen wurde schließlich von den anderen Jagdteilnehmern gefunden und in die Potsdamer Wohnung seines Bruders gebracht. Dort kam er erst nach drei Tagen wieder zu Bewusstsein.

Als er einen Spiegel verlangte, musste er zur nicht geringen Überraschung feststellen, dass seine Verletzungen mit jenen völlig identisch waren, die er in der Nacht vom 30. September auf den 1. Oktober nach seinem beunruhigenden Traum an sich selbst gesehen hatte.

Das waren nur zwei von zahllosen Beispielen, die unter einem weitgefassten Begriff rangieren, den wir als „*a*ußer*s*innliche *W*ahrnehmungen“ *(ASW)* definieren. Dem gegenüber steht im englischen Sprachgebrauch das Kürzel *ESP*, was von „*e*xtra*s*ensory *p*erception“ herrührt und genau dasselbe bedeutet. Häufig kann man aber auch die Bezeichnung *PSI* lesen: Diese ist vom gleichnamigen Buchstaben des griechischen Alphabets abgeleitet und dient zur gemeinsamen Bezeichnung für alle physikalisch nicht erklärbaren Phänomene, welche mit psychischen Vorgängen in Zusammenhang stehen.

Denn eines ist angesichts zahlloser Vorfälle, die seit frühesten Zeiten die Menschen faszinieren, gewiss: Wohl jeder von uns verfügt, obwohl sich die meisten dessen nicht bewusst sind, jenseits des Bereichs seiner fünf Sinne über Kräfte und Fähigkeiten, die allen bekannten Gesetzen von Materie und Energie, von Raum und Zeit sowie der Kausalität widersprechen. Jene manifestieren sich in Phänomenen wie Gedankenübertragung *(Telepathie)*, Präkognition und *Prophetie* sowie in rätselhaften Einwirkungen auf die Materie.

Jede Entdeckung und Erfindung, jeder neue Gedanke in dieser unserer Welt unterliegt im Lauf der Zeit unvermeidlich folgenden drei Beurteilungskategorien:

1. Das ist völlig unmöglich, falsch oder widerspricht den gültigen Naturgesetzen.
2. Später, gleichgültig ob einen Monat oder 50 Jahre danach: Es mag schon sein, aber in der Praxis ist es unbrauchbar.
3. Noch später, wenn die Neuerung anerkannt ist: Das kennt man ja schon lange, wir haben das immer gesagt!

Und wo stehen wir, wenn es um die oben zitierten, offenbar gegen all unser gesichertes Schulwissen widersprechenden, aber nichtsdestotrotz real existierenden Phänomene geht? Ich fürchte, dass wir leider noch immer zwischen Punkt eins und zwei der drei hier angeführten Beurteilungsmöglichkeiten hängen. Heute blicken wir zwar bereits auf mehr als ein Jahrhundert in der Erforschung übersinnlicher Phänomene zurück, seit der deutsche Philosoph Max Dessoir (1867–1947) zum ersten Mal im Jahre 1889 den Begriff „Parapsychologie“ prägte. Aber noch immer wird diese unorthodox arbeitende Wissenschaft von zu vielen Vertretern des „offiziellen naturwissenschaftlichen Establishments“ abgelehnt oder einfach nicht zur Kenntnis genommen. Was in gewisser Weise zumindest nachvollziehbar erscheint.

Denn bereits das, was mittlerweile selbst von den konservativsten Skeptikern nicht mehr wegerklärt oder abgeleugnet werden kann, stellt große Teile unseres althergebrachten, auf den uns bekannten Naturgesetzen beruhenden Weltbildes in Frage und verlangt lautstark nach einer Erweiterung desselben. Sind jene Zeitgenossen da nicht irgendwie zu verstehen, die sich mit Vehemenz dagegen stemmen, dass ihnen der altvertraute Boden unter den Füßen weggezogen wird? Dass plötzlich nichts mehr gilt, was bis gestern noch als sakrosankte Wahrheit galt.

Doch Paradigmenwechsel ist angesagt. Denn immer

mehr drängt sich die Erkenntnis in den Vordergrund, dass Raum, Zeit, Energie und Materie sowie die daraus resultierenden Prinzipien von Ursache und Wirkung *nur ein bescheidener Teil* der uns umgebenden Natur sind. Und dass dahinter eine andere Ordnung und Gesetze herrschen, die zuweilen in unser Blickfeld rücken.

Die kühnste aller Entdeckungsreisen ist jene, welche in den nach wie vor weitestgehend unerforschten inneren Kosmos in uns führt. Es ist der pioniergleiche Vorstoß in das „Niemandsland" unserer Psyche, in dem noch ungeahnte Kräfte und Möglichkeiten schlummern.

Über zwei höchst bedeutsame Ausprägungen dieser Fähigkeiten werde ich in den folgenden Kapiteln berichten. Es ist zum einen die *Telepathie,* also die Übertragung von Informationen von einem Individuum auf ein anderes unter Umgehung unserer bekannten fünf Sinne. Ebenso führt uns dieses Buch in das geheimnisvolle Reich der Prophezeiungen, zu den rätselhaften Phänomenen des Vorauswissens um zukünftige Ereignisse.

„Die Wahrheit ist irgendwo da draußen", lautet die Botschaft einer beliebten Mystery-Serie, die um die Welt ging. Doch sie ist ebenso *in uns!*

Gedankenübertragung – Fakten contra Vorurteile

Von Anbeginn seiner zivilisierten Geschichte hatte sich der Mensch mit erstaunlicher Akribie jenen Dingen zugewandt, die sein althergebrachtes und vertrautes Weltbild umzustürzen drohen. Seien es Visionen und Gesichter, wie sie bereits in der Bibel verzeichnet sind, Geistererscheinungen oder kurz gesagt alle jene Vorgänge aus der geheimnisvollen Welt jenseits unserer fünf Sinne. Doch insbesondere in den Jahren des 19. Jahrhunderts haftete der Thematik der Ruch des Obskur-Okkulten an. Und dass häufig Bühnenmagiere in schummrigen Cabarets die Gunst der Stunde und das Interesse des Publikums schändlich auszunutzen wussten, gab der ganzen Angelegenheit nicht unbedingt einen seriösen Anstrich.

Doch es gab auch ernsthaft an der Materie Interessierte. So hielt der bekannte irische Physiker Sir William Fletcher Barrett (1845–1926) am 12. September 1876 vor Mitgliedern der *British Association for the Advancement of Sciences* einen vielbeachteten Vortrag, der sich hauptsächlich mit der paranormalen Übertragung von Gedanken – also Telepathie – beschäftigte. Man hatte erkannt, dass die Zeit reif war für eine seriöse Behandlung dieser Phänomene, deren Bedeutung eigentlich nicht hoch genug eingeschätzt werden kann. Barretts Engagement für dieses Forschungsfeld mündete dann schließlich am 20. Februar 1882 in der Gründung der „Society for Psychical Research" (S.P.R.) – der „Gesellschaft für Psychische Forschungen".

Noch im selben Jahr wurden intensive Versuche zur Gedankenübertragung durchgeführt, die strenger Aufsicht unterlagen und sich auch als sehr evident erwiesen. Malcolm Guthrie, ein interessierter Laie, testete unter Mitwirkung des Biologen Professor Herdmann die paranormalen Fähigkeiten zweier junger Damen. Diese versuchten Bilder von Gegenständen, Zeichnungen, Farben und Zahlen zu „übertragen", aber auch Schmerzempfindungen und optische Vorstellungen. „Sender" und „Empfänger" waren hierbei meist räumlich voneinander getrennt. Die von der „Empfängerin" produzierte Nachzeichnung eines gedanklich gesendeten Originalbildes kam jenem in der Mehrzahl der Versuche verblüffend nahe. Als inmitten einer Folge einfacher geometrischer Figuren plötzlich die viel komplexere Abbildung eines Vogels dazwischengeschaltet wurde, passierte etwas sehr Merkwürdiges: Die Empfängerin gab Kopf, Leib und Schwanz in der entsprechenden Anordnung wieder – aber als Kreis, Oval und spitzwinkeliges Dreieck. Trotzdem vermittelte die Zeichnung unzweifelhaft den Eindruck eines Vogels, also der „gesendeten" Vorlage.

Nach dem Abschluss dieser Versuche konnte Mr. Guthrie in 237 von 437 Versuchen Erfolge verbuchen – ein Wert, der jedenfalls weit jenseits „zufälliger" Ergebnisse liegt!

Im darauf folgenden Jahr 1883 prägte der PSI-Forscher Frederic William Henry Myers (1843–1901) – er war auch Gründungsmitglied der bereits erwähnten S.P.R. – erstmals den Ausdruck *Telepathie.* Anfangs umfasste der Begriff ein überaus weitgestecktes Feld und erst weitergehende Forschungen führten dazu, ihn auf ganz bestimmte Phänomene zu präzisieren. Demnach versteht man unter Telepathie heute nur die Übertragung von seelischen Inhalten von einem Individuum auf ein anderes – und zwar ohne dass dies durch die uns bekannten fünf Sinnesorgane geschieht. Also eine Art „Fernfühlen“, ein „Senden und Empfangen“ von Gedanken, Stimmungen und Gefühlen auf eine Weise, die nicht an die üblichen Abläufe gebunden ist.

Räumliche Entfernung spielt, wie das eine oder andere Fallbeispiel später noch zeigen wird, keine Rolle.

Streng von der Telepathie zu unterscheiden ist übrigens ein anderes, allerdings häufig damit verwechseltes Phänomen. Es betrifft jene Fälle, in denen es sich – gleichfalls ohne Zuhilfenahme unserer bekannten Sinne – um das Erkennen von näher oder weiter entfernten Ereignissen oder Sachverhalten handelt. Die Rede ist vom *Hellsehen,* bei dem es scheinbar keinen irgendwie gearteten „Sender“ gibt und nur die Psyche oder das Gehirn des Empfängers eine Rolle spielt. Doch dies nur am Rande.

Das Imperium schlägt zurück

Das Interesse an der seriösen Erforschung paranormaler Phänomene war ungeheuer groß in jenen Tagen. Doch es konnte natürlich nicht ausbleiben, dass sich auch kritische, zum Teil geradezu vernichtende Stimmen äußerten. Scheint es doch ein Gesetz im wissenschaftlichen Establishment zu geben, demzufolge neue Ideen erst einmal abgelehnt, bekämpft sowie lächerlich gemacht werden müssen. Wir kennen dies zur Genüge, wenn es sich um den Gedanken an mögliche außerirdische Intelligenzen handelt, die uns in der Vergangenheit Besuche abgestattet haben mögen. Oder man denke nur an das moderne UFO-Phänomen: Trotz einer unübersehbaren Phalanx hochkarätiger Zeugen, sogar wissenschaftlicher Untersucher, wird nichts unversucht gelassen, die Thematik auf oftmals unter die Gürtellinie zielende Weise in groben Misskredit zu bringen.

Doch zurück zu unserem eigentlichen Thema. Trotz akribischer Versuchsreihen unter durchaus wissenschaftlicher Arbeitsweise genügenden Bedingungen dachte die „offizielle“ Forschung an den Universitäten nicht daran, die daraus gewonnenen Resultate zur Kenntnis zu nehmen. Die Gründe hierfür haben sich offenbar bis auf den heutigen Tag nicht geändert.

Dortmals wie auch heute beherrschten nämlich Materialismus und Naturalismus das akademische Feld, deren mechanistisches Weltbild alle Vorgänge physikalisch-chemisch zu deuten sucht. Gegen sogenanntes „metaphysisches“ Denken – also die Alternative, Lösungsansätze außerhalb unserer bekannten physikalischen Gesetzmäßigkeiten zu suchen – war auch die Schulphilosophie eingenommen. So bemerkte der Privatgelehrte Rudolf Tischner (1879–1961), selbst ein Vorkämpfer der Parapsychologie, zu den um die Jahrhundertwende herrschenden Verhältnissen: „Was die Schulwissenschaft über Parapsychologie zu sagen weiß, braucht mit nur wenigen Worten gekennzeichnet werden.“ Wie Recht er hatte, will ich hier an nur zwei Beispielen illustrieren: Der Psychologe und Philosoph Wilhelm Wundt (1832–1920) erwähnte in seinen Werken nur außer der Reihe die „Telepathie und ähnliche Verirrungen“. Und Friedrich Jodl (1849–1914) bezeichnete in seinem 1908 erschienenen „Lehrbuch der Psychologie“ die Telepathie einen „schwindelhaften und schwärmerischen Gedanken“. Die Telepathie würde, so Jodl, „einen Riss durch die Fundamente unserer gesamten Naturanschauung bedeuten. Wenn es sie gäbe, so müsste sie zu einer gänzlichen Revision all unserer Grundbegriffe führen.“

Ist es denn die Möglichkeit! Offenbar hat diese Menschheit, seit Giordano Bruno im Jahre 1600 wegen seiner „ketzerischen“ Behauptungen auf dem Scheiterhaufen verbrannt wurde und seit Galileo Galilei 1633 seiner „Irrlehre“ abschwören musste, wenig bis gar nichts dazugelernt.

Zu Beginn des 19. Jahrhunderts war die Situation – zum Beispiel in Deutschland – vollkommen anders gewesen. Damals hatten die Philosophen Fichte, Hegel und Schelling und ein wenig später deren großer Gegner Arthur Schopenhauer sehr wohl die Bedeutung paranormaler Phänomene erkannt. Doch von den später Geborenen hat sich niemand für dieses neue und aufregende Forschungsgebiet interessiert geschweige gar eingesetzt. Neue Generationen drängten an die Universitäten, als der Stern der Romantik im Sinken war, und sie wuchsen wie selbstverständlich in die Zeit der beinahe absoluten Herrschaft einer rein mechanistisch denkenden Naturwissenschaft hinein.

So behielt dieser Materialismus über viele Jahrzehnte seine Vormachtstellung inne. Erst der deutsche Biologe und Philosoph Hans Driesch (1867–1941) kam kurz vor der Wende zum 20. Jahrhundert aufgrund biologischer Experimente zu der Überzeugung, dass sich das Leben nicht völlig physikalisch-chemisch, also mechanistisch, erklären lasse. Driesch, der in seinen späteren Jahren von der Biologie zur Philosophie überwechselte, setzte sich schon bald nach dem Anfang des 20. Jahrhunderts vehement für die Anerkennung der Parapsychologie als Wissenschaft ein – und zwar als erster Forscher in Deutschland.

Auch in der übrigen Welt stand das wissenschaftliche Establishment Phänomenen wie der Telepathie nach wie vor ablehnend gegenüber. Es bildete sich jedoch, vor allem in England, Frankreich und den Vereinigten Staaten, eine immer stärker werdende Lobby namhafter Gelehrter, die zu einer positiven Einstellung gekommen waren. Unbeirrt, allen Anfeindungen zum Trotz, trieben sie wie auch an der Thematik interessierte Laien ihre Forschungen weiter.

Das Imperium hatte zwar zurückgeschlagen, konnte allerdings nicht auf Dauer verhindern, dass weltoffene, couragierte Leute kräftig an den Grundfesten eines Weltbildes rüttelten, welches immer vernehmlicher nach einer Erweiterung, ja nach gründlichster Erneuerung verlangte.

Die Versuche des Gilbert Murray

Zu diesen mutigen Wegbereitern einer neuen Weltsicht zählte auch der bekannte Philologe und Humanist an der Universität Oxford, Professor Gilbert Murray (1866–1957). Dieser führte zwischen 1910 und 1915 zusammen mit seinen Töchtern, aber für gewöhnlich immer in Gegenwart von Zeugen, eine erste ausgiebige Serie von Versuchen zur Gedankenübertragung durch, bei welchen er selbst als „Empfänger“ fungierte. Murray beschrieb die Versuche wie folgt:

„Ich verlasse das Zimmer und gehe auch außer Hörweite. Eine der Zurückgebliebenen, meist meine ältere Tochter Agnes, denkt an irgendein Szenenbild, einen Vorfall oder was immer ihr gerade einfällt, und teilt es den anderen mit. Nachdem es notiert worden ist, werde ich wieder hereingerufen. Gewöhnlich nehme ich dann meine Tochter bei der Hand und beginne dann, wenn ich Glück habe, im Detail zu beschreiben, was sie denkt ...“

Eines Tages dachte sich Agnes Murray eine absolut fiktive Szene aus, in der Terence, ein Neffe des Professors, gemeinsam mit Napoleon auf einem Hügel an der Marne steht und die Artillerie im Tal beobachtet.

Professor Murray beschrieb daraufhin die ihm übermittelten Eindrücke: „Dies ist eine Kriegsszene – ich sehe die Personen nicht klar, aber ich glaube, sie stehen auf einem Hügel und blicken auf die Artillerie hinunter … Granaten bersten … ich glaube, es ist Terence und jemand anderes … ich glaube, ich kenne die andere Person nicht … nein, ich kann sie nicht nennen."

Dieses Ergebnis war mehr als „Zufall" oder „Glück" für Professor Murray. Denn wenn man sich die astronomisch hohe Anzahl möglicher Situationen vorstellt, an die seine Tochter denken konnte, so ist das von dem Gelehrten verzeichnete Ergebnis von 33 Prozent erfolgreichen und 28 Prozent zum Teil erfolgreichen Experimenten schier unglaublich. Zu unglaublich, um mit Erklärungen wie Zufall abgetan zu werden. In einer zweiten Versuchsreihe, die er zwischen 1916 und 1924 unternahm, kam Professor Murray sogar auf einen Anteil von 36 Prozent erfolgreicher Versuche. Auf Sigmund Freud (1856–1939), den berühmten Nervenarzt und „Vater der Psychoanalyse", machten die Versuchsreihen Murrays einen derart starken Eindruck, dass er seinen vormals gehegten Widerstand gegen die Vorstellung einer Gedankenübertragung aufgab.

Freud ging sogar so weit, im Jahre 1921 freimütig zu erklären: „Wenn ich mein Leben noch einmal zu leben hätte, so würde ich mich viel lieber der Parapsychologie als der Psychoanalyse widmen."

„Mental Radio"

Enormes Aufsehen erregte das 1930 erschienene Buch „Mental Radio. Does it work and how" („Geistiger Funkverkehr – Gibt es ihn und wie funktioniert er"). Autor war der bekannte amerikanische Schriftsteller Upton B. Sinclair (1878–1968). In diesem Werk berichtete er über eine Reihe äußerst erfolgreicher Telepathie-Experimente mit seiner Frau, Mary C. Sinclair. Das Vorwort schrieb kein Geringerer als das Jahrhundertgenie Albert Einstein, für den Sinclairs Aufrichtigkeit und Zuverlässigkeit außer jeder Diskussion standen.

Mrs. Sinclair war offenbar hoch sensibel für paranormale Manifestationen. Eines Tages im Jahr 1928 entwickelte sie plötzlich ganz verblüffende Fähigkeiten: Sie schien in der Lage, ihren Mann auf Schritt und Tritt, wo immer der sich auch befand, zu sehen und genau anzugeben, was er gerade tat. Sowohl im wachen Zustand als auch im Traum.

Sinclair war ob solcher unheimlicher Fähigkeiten natürlich äußerst irritiert. Doch dann kam ihm die Idee, die so unerwartet zu Tage getretene Begabung ausgiebig zu testen. Seine Versuche, bei denen er selbst als „Sender" fungierte, liefen allesamt wie folgt ab: Sinclair fertigte stets ein halbes Dutzend Zeichnungen an von Dingen oder Szenarien, welche ihm gerade in den Sinn kamen; jedes auf ein Stück Papier, das sorgfältig zusammengefaltet wurde. Mrs. Sinclair, die sich zwischenzeitlich in einem abgedunkelten Raum befand, nahm ein Blatt nach dem anderen entgegen und konzentrierte sich darauf, die betreffende Abbildung zu erfassen und nachzuzeichnen. Mitunter schrieb sie auch eine kurze Bemerkung dazu.

Die Resultate waren verblüffend. Bei insgesamt 290 Zeichnungen gab es 65 Volltreffer sowie 155 teilweise richtige Lösungen. Nur 70 waren Nieten. Zuweilen gab es auch recht kuriose Ergebnisse: So wurde manches Mal erst ein auf dem nächsten Zettel abgebildetes Objekt bereits bei dem gerade vorliegenden vorausgesehen. So zeichnete Mrs. Sinclair in einem Fall ganz korrekt eine Krawatte,

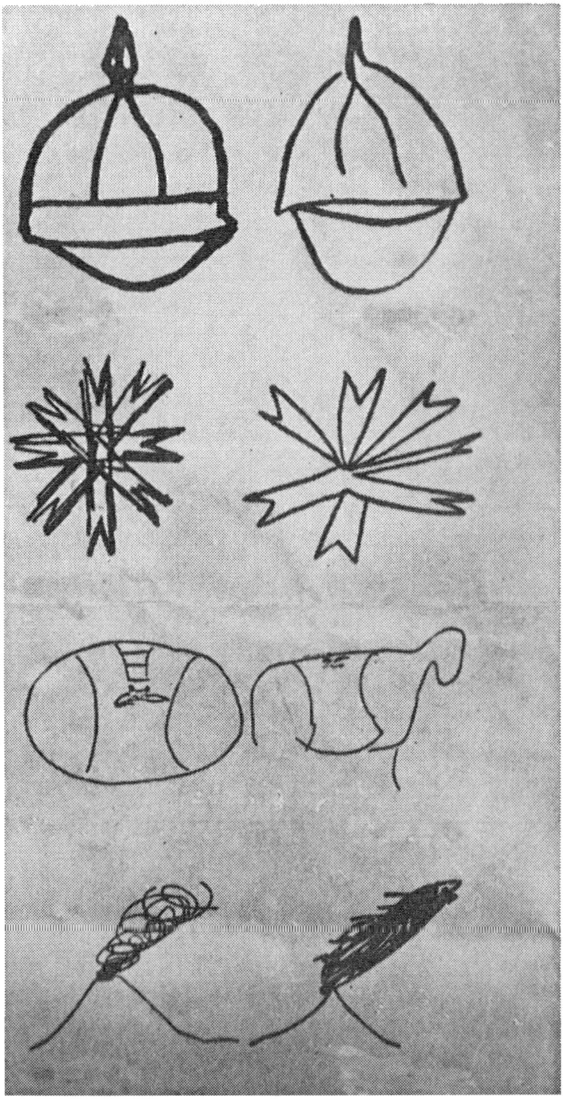

Verblüffende Übereinstimmungen erzielten Upton Sinclair und dessen Frau Mary bei ihren Telepathie-Experimenten.

fügte dieser jedoch noch eine kleine Rauchwolke hinzu. Der folgende Gegenstand war ein brennendes Streichholz. Der als sehr kritisch bekannte Forscher Dr. Walter F. Prince von der *American Society for Psychical Research* in Boston hat die Sinclairschen Experimente genau überprüft und deren Gültigkeit in einem Bulletin der Gesellschaft ausdrücklich anerkannt. Er schilderte hierbei auch Versuche, die zwischen Mrs. Sinclair und ihrem Schwager gemacht wurden. Sie gingen über eine Entfernung von 45 Kilometern; trotz dieser Distanz gelangen sehr viele Treffer und Halbtreffer.

Doch ein anderer Amerikaner, der sich ebenfalls in jenen Tagen daran gemacht hatte, die Telepathie und andere paranormale Phänomene gewissermaßen „auf dem Prüfstand" zu testen, ging in die Geschichte ein. Es war Professor Dr. Joseph Banks *Rhine* (1895–1980), der an der Duke University in Durham (North Carolina) 1935 das erste parapsychologische Labor in den Vereinigten Staaten gründete. Seine Forschungen sollten dem auf das Unbewußte, Unbekannte, Unerklärliche im Menschen gerichteten Forschungszweig dazu verhelfen, aus dem Ruch des Obskur-Okkulten herauszufinden und in etwas ernsterer und vorurteilsfreierer Weise betrachtet zu werden.

Telepathie auf dem Prüfstand

Joseph B. Rhine hatte Psychologie und Theologie studiert, sein Studium allerdings mit einer Doktorarbeit in Botanik abgeschlossen. Dann wandte er sich der Erforschung der außersinnlichen Wahrnehmungen (ASW) zu, denn als junger Wissenschaftler hatte er viele Berichte über angebliche PSI-Erlebnisse gelesen und gehört. Doch eine Geschichte

Der amerikanische Pionier der PSI-Forschung, Dr. Joseph B. Rhine (1895–1980).

hatte ihn mehr als alle anderen von der Notwendigkeit überzeugt, dieses Gebiet sorgfältiger zu untersuchen. Er hatte sie im Laufe einer Vorlesung von einem Dozenten gehört, den er einen „hoch angesehenen Wissenschaftler" nannte.

Diese Professor hatte berichtet, in seiner Jugend sei eine Familie mitten in der Nacht von einem Nachbarn geweckt worden, der sich deren Auto ausleihen wollte. Die Frau jenes Nachbarn habe hartnäckig darauf bestanden, auf der Stelle zu ihrem Bruder gefahren zu werden, weil sie gerade geträumt hatte, er würde Selbstmord begehen. Als die Nachbarn nach einer aufregenden Fahrt auf der Farm des Bruders ankamen, fanden sie ihn tot in der Scheune auf – und zwar genauso, wie seine Schwester ihn im Traum gesehen hatte.

Als Rhine sich an diese Geschichte Jahre später wieder erinnerte, bemerkte er, dass ihn hieran am meisten die Tatsache beschäftigte, dass jener hoch angesehene Gelehrte, obwohl er durch den Vorfall tief beeindruckt war, keinerlei Erklärung dafür hatte. Es wurde Rhine klar, dass man mehr über derlei Phänomene erfahren musste – mit Hilfe von Testreihen und Experimenten gedachte er das Paranormale *auf den Prüfstand* zu bringen.

Übersinnliche Kartenspiele

Um telepathische und verwandte paranormale Fähigkeiten zu untersuchen, stellte Dr. Rhine eine Gruppe willkürlich ausgewählter Testpersonen, zumeist Studenten, zusammen. Das Schwergewicht seiner Experimente lag auf den sogenannten „Zener-Karten“. Dies sind speziell für Experimente mit außersinnlicher Wahrnehmung entwickelte Karten, die nach ihrem Erfinder Karl Zener, einem Assistenten Dr. Rhines, benannt sind. Sie enthalten fünf Symbole: Kreis, Dreieck, Quadrat, Kreuz und drei Wellenlinien (s. Abb.). Ein Paket zu 25 Karten enthält jedes Symbol also fünfmal.

Bei den telepathischen Experimenten konzentrierte sich der „Sender“ auf das Symbol der Karte, welche er ge-

Speziell für Experimente mit außersinnlichen Wahrnehmungen entwickelt: Die so genannten „Zener-Karten".

rade aufgedeckt hatte, während die andere Versuchsperson – der „Empfänger" genannt – ihren Eindruck von dem Symbol wiedergab.

Rhine erwartete keinesfalls, dass seine Versuchspersonen bei jeder Karte einen Treffer erzielten. Nach der mathematischen Wahrscheinlichkeitstheorie sowie einer statistischen Tabelle, welche Rhine und sein Team für die Experimente entwickelt hatten, sollten die Versuchspersonen bei einem Durchgang des aus 25 Karten bestehenden Zener-Spiels fünf Treffer erzielen – so nichts Paranormales im Spiel war. Da die Versuchspersonen aber nicht bei jedem Durchgang genau fünf Treffer erzielten, zeigte die Tabelle auch jene Ergebnisse an, die noch in einem annehmbaren Bereich dieser Trefferquote lagen. Ergebnisse aber, die zu weit von der Zufallsquote abwichen, wurden als „statistisch signifikant" betrachtet und wiesen darauf hin, dass noch *et-*

was anderes als bloßer Zufall daran beteiligt war. Beispielsweise wurden neun Treffer bei einem Durchgang von 25 Karten als statistisch signifikante Abweichung vom Zufall angesehen, da die Wahrscheinlichkeit für einen derartigen Treffer allenfalls bei etwa fünf Prozent liegt.

Im Jahre 1932, nach etwa zweijähriger intensiver Arbeit mit den Zener-Karten, hatte Dr. Rhine schließlich acht Versuchspersonen gefunden, die bei den Telepathie- und Hellseh-Tests auf überdurchschnittliche Treffer kamen. Diese acht Personen machten insgesamt 85 724 Versuche und erzielten dabei 24 364 Treffer. Dies waren rein rechnerisch 7219 Treffer mehr, als man dem Zufall zuschreiben konnte.

Die erfolgreichste Testperson war Hubert E. Pearce, Theologiestudent an der Duke University. Er lag bei den gewöhnlichen Experimenten ständig weit *über* dem Durchschnitt und seine markanteste Leistung bestand mehrmals aus der höchstmöglichen Anzahl Treffer – also 25 – im Verlaufe eines Durchganges mit den Zener-Karten. Die Wahrscheinlichkeit, dass es sich bei dieser Konstellation *nicht* um PSI, sondern nur um Zufall handelt, beträgt übrigens nicht einmal 1 zu 298 *Billiarden – oder in Zahlen ausgedrückt 1 zu 298 000 000 000 000 000!*

Bei neuen Versuchen mit den Zener-Karten im Jahre 1941 wurde diese Methode noch weiter verfeinert. Dr. Joseph Rhine ließ nun die Reihenfolge von Karten vorhersagen, die erst Tage später nach einem Schema abgehoben und dann aufgedeckt wurden. Es gründete sich auf die Temperaturangaben im Wetterbericht einer bestimmten Zeitung an einem bestimmten Tag in der Zukunft, von Rhine im Voraus zwar festgelegt, der Testperson jedoch absolut unbekannt. Skeptiker mussten passen: Selbst wenn jemand behaupten sollte, die Versuchspersonen wären

Dr. Joseph B. Rhine (rechts) bei der Arbeit mit Hubert E. Pierce, seiner erfolgreichsten ASW-Testperson.

fähig, die Kartenmischmaschine zu beeinflussen – das Wetter in einer ihnen unbekannten Stadt an einem gleichfalls unbekannten Tag konnten sie auf keinen Fall einkalkulieren. Als zusätzliche Sicherung ließ Dr. Rhine in einer späteren Testreihe diese Temperaturangaben nochmals durch ein ausgeklügeltes Umrechnungssystem modifizieren. Den möglichen Gegenargumenten vonseiten übereifriger Skeptiker war somit vorgebeugt.

Die Ergebnisse zweier Testreihen aus dem Jahre 1941 gingen wiederum 500 zu 1 *gegen den Zufall* aus. Aber nicht alle Resultate waren so gut. Mit ziemlicher Wahrscheinlichkeit lag dies daran, dass Rhine bei ihnen nicht mit bewährten und hoch begabten Personen wie Hubert E. Pearce arbeitete, sondern aufs Geratewohl andere Studenten, Freunde und sogar Kinder um Teilnahme bat. Zum besonderen Nachteil geriet auch, dass diese Ergebnisse nicht gleich nach dem Versuch verglichen werden konnten, vielmehr erst zwei bis zwölf Tage später, und zwar wenn die vorbestimmte Zeitung (mit dem Wetterbericht) erschienen war. Dergestalt zeitversetzt ging der „Neugier-Faktor" verloren, der solche Versuche für die Testperson zu einer „anregenden Kurzweil" macht und sie aufmerksam bei der Sache hält. Im Gegensatz zur Willensanstrengung, die völlig nutzlos ist, ist gerade das Anteil nehmende Interesse bei ASW-Tests von großer Bedeutung für den Erfolg.

„Lämmer und Böcke"

Die Parapsychologin Gertrude Schmeidler vom New Yorker City College hat inzwischen nachgewiesen, dass das Maß des Erfolges bei ASW-Tests in einem direkten Verhältnis zu der Einstellung steht, mit der die Versuchspersonen an ihre Aufgabe herangehen. Der Unterschied wurde ihr so deutlich, dass sie die Menschen in zwei Kategorien unterteilen konnte: Die positiv Eingestellten nannte sie „Lämmer", die Skeptiker und Nichtgläubigen hingegen „Böcke". Und die Ergebnisse der „Lämmer" lagen in aller Regel über dem statistischen Zufallsdurchschnitt, während die „Böcke" deutlich darunter blieben.

Gertrude Schmeidler und einige ihrer Kollegen gingen einen Schritt weiter und unterwarfen ihre Probanden verschiedenen psychologischen Persönlichkeitstests. Dabei stellte sich heraus, dass seelisch ausgeglichene Menschen häufiger paranormale Leistungen erbrachten als unausgeglichene. Trotz zahlloser Experimente ist es aber bislang noch immer nicht gelungen, klar zu definieren, welche Faktoren letztlich für außersinnliche Begabungen wie Telepathie, Hellsehen oder Präkognition ausschlaggebend sind.

Für die Frage, ob außersinnliche Phänomene eine beweisbare Tatsache darstellen, spielt es keine Rolle, ob nur hochbegabte oder positiv eingestellte Probanden gute Testergebnisse erzielen. Auch sportliche Rekorde werden nur von wenigen erreicht. Worauf es vielmehr ankommt, ist die Abweichung von der statistischen Norm: Selbst wenn die Ergebnisse der „Böcke“ konstant unter ihr bleiben, bedeutet das für den Forscher noch einen paranormalen Faktor – allerdings mit negativem Vorzeichen. Nur durch eine auch noch im Negativen wirksame Gesetzmäßigkeit ist zu erklären, dass die Trefferkurven von „Lämmern“ und „Böcken“ ober- und unterhalb der Norm zuweilen wie Spiegelbilder aussehen. Nicht selten gehen aber auch gute Testpersonen durch eine solch negative Phase.

Wenn Telepathie und andere übersinnliche Phänomene wissenschaftlich kontrollierbar werden sollen, wird man nicht umhinkommen, auch derartige Umkehrreaktionen in die Gesamtbetrachtung einfließen zu lassen.

Das Faktum an sich, dass ein Teil von uns außersinnliche Manifestationen registriert und andere scheinbar nicht, kann allerdings auch auf sehr viel banaleren Ursachen beruhen. Wer an etwas nicht glaubt, schenkt dieser Sache nur selten Beachtung, auch wenn er zuweilen unterschwellig damit konfrontiert wird. Selbst wenn die in diesem Zusammenhang aus dem Tierreich genommene Anleihe etwas befremdlich klingen mag: Mit an Sicherheit grenzender Wahrscheinlichkeit sind wir alle in Sachen paranormaler Phänomene „Lämmer“ und „Böcke“ – sei es nun bewusst oder unbewusst.

Und ganz gleich ob es uns passt oder nicht.

Telepathie zwischen Nordpol und New York

Weitab von den akribischen Laborversuchen des Dr. Joseph B. Rhine ergab sich im Jahre 1937 eine spektakuläre Möglichkeit, Telepathie auf große Entfernungen gewissermaßen im Echtbetrieb zu testen.

Der australische Polarforscher Sir Hubert G. Wilkins (1888–1958) führte von 1913 ab zahlreiche Expeditionen in die Arktis und die Antarktis durch. Größtes Aufsehen erregte er 1931 mit seinem Versuch, mit dem U-Boot *Nautilus* unter der Eisdecke zum Nordpol vorzustoßen, was aber beim 82. Grad nördlicher Breite am Rand des ewigen Packeises scheiterte.

Viel weniger bekannt ist die Tatsache, dass Sir Hubert reges Interesse am Phänomen der Telepathie zeigte.

Im Spätsommer 1937 wurde Wilkins beauftragt, in aller Eile eine weitere Arktis-Expedition vorzubereiten, um den sowjetischen Flieger Lewanewskij zu retten. Jener war bei einem Flugversuch von Russland nach Amerika über den Nordpol verschollen. Einer von Wilkins' Freunden, der Schriftsteller Harold Sherman, der seit langem Experimente mit Gedankenübertragung durchführte, schlug Wilkins vor, mit ihm während der Dauer seiner Mission in telepathischer Verbindung zu bleiben.

Sie verabredeten, dass sich Sherman dreimal pro Woche – am Montag, Dienstag und Donnerstag – zwischen 18.30 und 19.00 Uhr „empfangsbereit" halten solle. Zu diesen Zeiten sollte Sir Hubert Wilkins Einzelheiten über den Verlauf seiner Suchaktion „gedanklich ausstrahlen".

Um eventuellen späteren Angriffen vorzubeugen, vereinbarten sie ebenso, dass Sherman seine „Eindrücke" jedes Mal schriftlich niederlegen und sofort an Dr. Gardner Murphy, den Direktor der Parapsychologischen Fakultät an der Columbia University, weiterleiten sollte. Da Harold Sherman sich in New York aufhielt, willigten zwei Freunde Wilkins', Dr. A. E. Strath-Gordon sowie Dr. Henry Hardwicke, in den Plan ein, als unabhängige Zeugen zu fungieren. Sie sollten jedes Mal zugegen sein, wenn Sherman die Gedanken des Polarforschers aufzufangen versuchte. Schließlich sollte auch noch ein Kurzwellensender Sir Hubert Wilkins über den Fortgang der Versuche auf dem Laufenden halten.

Die Expedition brach im Oktober 1937 auf. Point Barrow und Aklavik am Mackenzie-Fluss waren die Ausgangspunkte für die Suche nach dem verschwundenen Russen. Von dort aus überflog Wilkins mehr als 3000 Kilometer des Polargebiets. Doch sehr rasch erschwerten die schlechten Wetterbedingungen in der Arktis die Übertragungsversuche. Hinzu kam, dass Wilkins die mit Sherman vereinbarten Zeiten nicht immer einhalten konnte. Beide stellten jedoch bald fest, dass Sherman – unabhängig von den geplanten „Sendezeiten" – trotzdem die wesentlichen Gedanken seines Freundes auffing.

Von Anfang an waren Shermans Notizen von erstaunlicher Genauigkeit. Aber auch Wilkins führte sein Tagebuch sehr sorgfältig, wie eben Sherman seine Eindrücke fast täglich in Anwesenheit der Zeugen akribisch aufzeichnete. So bekam Dr. G. Murphy regelmäßig die gegengezeichneten Übertragungsprotokolle an die Universität von Columbia zugeschickt.

Als man ein Jahr später Wilkins' Tagebuch mit Shermans Aufzeichnungen verglich, stimmten so viele Einzelheiten, Gedanken und Eindrücke überein, dass man nicht mehr vom viel strapazierten Zufall sprechen konnte. So hatte Sherman in der Nacht des 14. März 1938 notiert:

„Ich glaube, sie haben einen Riss am Schwanz des

Rumpfes entdeckt und konnten ihn reparieren. Dann scheint es mir, als sehe ich, wie sie im vollen Flug eine Handpumpe betätigen. Einer der Motoren qualmt, schwarzer Rauch steigt daraus auf und ich höre, wie der Motor spuckt, als ob sie mit dem Vergaser größere Schwierigkeiten hätten."

Tatsächlich bestätigte auch Wilkins' Tagebuch den Riss. Weiter liest man: „Im Laufe des Tages, als wir während des Fluges den Tank wechseln wollten, habe ich etwas zu lange gewartet und musste dann wie wild pumpen, um einen Motor wieder anzuwerfen, weil er stillzustehen drohte. Dies dauerte nur eine oder zwei Minuten, aber ich musste noch den ganzen Tag an diesen Vorfall denken."

Ein weiteres Beispiel: Sherman notierte, wie er „beobachtete", dass sich an den Vorderkanten der Flügel Eis ansetzte. Er lokalisierte das Flugzeug in diesem Moment auf dem 86. Längengrad und dem 115. Breitengrad. Zu der angegebenen Stunde bildete sich zwar noch kein Eis an den Tragflächen, die Maschine befand sich aber nur weniger als 100 Kilometer von jenem Ort entfernt, den Sherman angab.

In einem anderen Bericht, der Sir Wilkins' Zeugen sehr amüsierte, teilte Sherman mit, er sähe den Forscher in Begleitung von hohen Militärs bei einer Feierlichkeit mit vielen Menschen. Sir Hubert schien einen Frack zu tragen. – Um so größer jedoch war die Überraschung, als der Forscher später erzählte, dass er nach einer Notlandung in Regina (Saskatchewan) am 11. November 1937 zu den Feierlichkeiten anlässlich des Waffenstillstandes eingeladen worden war und wie es ihm gelungen sei, hierfür einen Frack aufzutreiben.

Am 7. Dezember 1937 dokumentierte Sherman seine Eindrücke: „Es ist Nacht und ich sehe ein Feuer lodern.

Man könnte glauben, ein Haus stehe in Flammen. Viele Menschen sind da, einige rennen. Es ist sehr kalt und es weht ein starker Wind."

Auch dieser Punkt wurde aus dem Tagebuch des Polarforschers voll bestätigt. Es handelte sich um eine Eskimohütte in Point Barrow im hohen Norden Kanadas, in der plötzlich Feuer ausgebrochen war. Und zwei Tage später, am 9. Dezember 1937, schrieb Harold Sherman vor den beiden Zeugen auf:

„Ich erblicke Wilkins in einer Schule; er steht vor einer schwarzen Tafel und hält eine Kreide in der Hand. Er spricht." Das Tagebuch von Sir Hubert wusste hiervon zu berichten, dass er an jenem Tag vor den Schülern von Point Barrow gesprochen und Skizzen auf eine Schiefertafel gezeichnet hatte.

In einer bescheidenen Sachlichkeit, die heutigen Gelehrten gut zu Gesicht stehen würde, äußerte sich Sir Hubert später zu diesen Versuchen:

„Ich weiß nicht, ob wir wirklich beweisen konnten, dass Telepathie zwischen zwei Personen über eine große Entfernung hinweg möglich ist, aber ich selbst bin sehr glücklich, dass ich an diesem Experiment teilgenommen habe. Mir scheint, wir haben zumindest bewiesen, dass die Telepathie eine ernsthaftere Beachtung verdient."

Experiment „Nautilus"

Ich habe bereits weiter vorne über die Schwierigkeiten reflektiert, die konservative Wissenschaftler mit paranormalen Erscheinungen und Manifestationen haben. Vorurteile haben schon von jeher – und da machen wir am Anfang des 21. Jahrhunderts mit Sicherheit keine Ausnahme – so manchen Gelehrten daran gehindert, vorurteilsfrei und ernsthaft mit Themen umzugehen, deren Inhalte durchaus zur Erweiterung unseres eng gewordenen Paradigmenrahmens beitragen könnten.

Doch es gibt Situationen und Bereiche, in denen solche Vorurteile sehr rasch an Bedeutung verlieren können. Dies ist der Fall, wenn sich militärische Kreise von neuen und noch umstrittenen Erkenntnissen gewisse Vorteile erhoffen. So hat insbesondere in den Jahrzehnten des so genannten „Kalten Krieges" – das war die Zeit von 1945 bis zum Zerfall des kommunistischen Regimes in der ehemaligen Sowjetunion – längst ein kleiner, aber höchst bedeutsamer Kreis von Spezialisten beider Machtblöcke Fortschritte damit erzielt, Telepathie und andere ASW-Phänomene auf ihre Nutzbarkeit hin zu untersuchen. So setzte bald ein vor der breiten Öffentlichkeit sorgsam verborgenes Wettrüsten ein, dessen erklärtes Ziel darin bestand, herauszufinden, ob Gedankenübertragung als Nachrichtenverbindung eingesetzt werden kann, wenn der Funkkontakt abreißt. Beispielsweise zu Weltraumkapseln, die sich auf der uns abgewandten Seite des Mondes befinden, oder zu getauchten U-Booten.

Ebenso wenn es gilt, einen Modus zur Übertragung von Informationen zu finden, welcher mittels konventioneller Abhörtechniken weder angezapft noch manipuliert werden kann. Hier waren besonders die Sowjets recht aktiv, wie ich im folgenden Kapitel noch näher ausführen werde.

Am 25. Juli 1959 ging ein zivil gekleideter Passagier – wir wollen ihn hier der Einfachheit halber „Mr. Jones" nennen – an Bord der U.S.S. „Nautilus". Sie war damals der ganze Stolz der US Navy, handelte es sich doch um das erste Atom-Unterseeboot, welches die Marine der Vereinigten Staaten in Dienst gestellt hatte. Die „Nautilus" lief sofort aus, tauchte auf maximale Tiefe und kreuzte 16 Tage lang durch die Gewässer des Atlantiks. Der mysteriöse Passagier schloss sich während dieser gesamten Zeit in seiner Kabine ein. Nur ein Matrose, der ihm die täglichen Mahlzeiten brachte, sowie Kapitän Anderson bekamen sein Gesicht zu sehen.

Bei diesen Besuchen übergab „Mr. Jones“ dem Kapitän jeweils ein Blatt Papier, auf das er in wechselnder Reihenfolge geometrische Figuren gemalt hatte: ein Kreuz, einen Stern, ein Viereck, einen Kreis und drei Wellenlinien. Der U-Boot-Kommandant und sein Passagier setzten ihre Unterschriften auf das Blatt und Kapitän Anderson schob es zusammen mit zwei kleineren Zetteln in einen Umschlag, den er hierauf verschloss. Auf dem einen Zettel waren Stunde und Datum vermerkt, auf dem anderen die Worte „Streng geheim – im Falle der Gefahr, dass das U-Boot angehalten wird, sofort zu vernichten“.

Am 10. August 1959 legte die Nautilus wieder in ihrem Heimathafen an. Der Passagier bestieg einen Dienstwagen der US-Marine, der ihn unter Geleitschutz zum nächsten Militärflughafen brachte.

Szenenwechsel. Einige Stunden später im „Westinghouse Center for Special Research“ im US-Bundesstaat Maryland. Colonel William Bowers, der Leiter der Biologischen Abteilung am Forschungsinstitut der Luftwaffe, erwartete „Mr. Jones“ bereits in seinem Büro. Ohne jede Gefühlsregung überreichte jener dem Hauptmann einen Umschlag. Bowers ging nun zu einem Safe, öffnete diesen und entnahm ihm einen zweiten Umschlag, welcher dem ersten zum Verwechseln ähnlich sah. Nur dass er die Aufschrift „Forschungszentrum … Maryland“ trug, während auf dem ersten Umschlag die Worte „Unterseeboot Nautilus“ standen.

Hauptmann Bowers öffnete nun die beiden Umschläge und nahm je einen Packen kleinerer Umschläge heraus, die er gleichfalls öffnete. Schweigend legten die beiden Männer die mit demselben Datum versehenen Blätter nebeneinander. Sodann verglichen sie, was darauf abgebildet war. In mehr als 70 Prozent der Fälle waren auf den Blättern, welche dasselbe Datum trugen, die Zeichnungen in derselben Reihenfolge angeordnet.

Was war geschehen? Während der 16 Tage, in denen die Nautilus in den Tiefen des Atlantiks kreuzte, hatte sich ein anderer Mann, Student an der bereits erwähnten Duke-Universität in Durham (North Carolina), ebenfalls in einen Raum eingeschlossen, den er die ganze Zeit nicht verließ. Vor ihm stand ein automatisches Kartenmischgerät, in dessen Inneren zahlreiche Zener-Karten durcheinander gemischt wurden. Zweimal am Tag warf dieses mit einem Uhrwerk ausgestattete Mischgerät im Abstand von je einer Minute fünf Karten aus. Nun richtete der Student, wir wollen ihn hier einfach „Mr. Smith“ nennen, seine Blicke fest auf die ausgeworfenen Karten und bemühte sich, intensiv an das darauf gedruckte Symbol zu denken.

Im selben Augenblick versuchte sich in einer Entfernung von nahezu 2000 Kilometern, mehr als 100 Meter unter dem Wasserspiegel des Atlantischen Ozeans, „Mr. Jones“ darauf zu konzentrieren, welche Karte „Mr. Smith“ fixierte. Er schrieb die Resultate nieder und ließ das Blatt sofort von Kapitän Anderson gegenzeichnen. In sieben von zehn Fällen lag „Jones“ richtig – ein Betrug war ausgeschlossen. Auch wenn man die unwahrscheinlichsten Absprachen in Erwägung ziehen wollte, so war doch keinerlei Funkverbindung zwischen dem getauchten Unterseeboot und dem Versuchsraum in Durham möglich, in dem sich „Smith“ auf die gezogenen Zener-Karten konzentrierte. Denn Radiowellen vermögen keine 100 Meter durchmessende Schicht von Meerwasser zu durchdringen!

Dieses Experiment, bei dem zum ersten Mal unkonventionelles Wissen für die Verwendung auf dem militärischen Sektor getestet wurde, ging eigentlich auf eine Initiative der amerikanischen *RAND Corporation* (RAND = Research and Development) zurück. Diese in Santa Monica (Kalifornien) angesiedelte „Denk-Fabrik“ wurde 1945 vom US-Militär gegründet, und ihre Forschungsobjekte unterliegen nicht selten der Geheimhaltungsstufe I. 1957 nun hatte besagte RAND Corporation dem damaligen Präsidenten, Dwight D. Eisenhower (1890–1969), einen Bericht vorgelegt, der mit Nachdruck militärische Forschung auch in ungewöhnlichen Bereichen anregte. „Unsere Unterseeboote“, so stand darin zu lesen, „sind zurzeit nutzlos, da es unmöglich ist, mit ihnen in Verbindung zu treten, wenn sie getaucht sind, vor allem wenn sie sich unter der Eisdecke des Polarmeeres befinden. Es empfiehlt sich daher, sämtliche neuen Mittel und Möglichkeiten zu versuchen.“

Weltraumgedanken

Noch heute zeigen sich die US-amerikanischen Militärs geradewegs zugeknöpft in ihrer Informationspolitik über Telepathieversuche. Hundertprozentige Geheimhaltung lässt sich jedoch offenbar immer schwieriger realisieren. Darum sickern eben hier und da Informationen durch über dieses und ähnliche Projekte, deren Gemeinsamkeit in der Intention begründet liegt, in einer Welt des militärischen Gleichgewichts dem jeweils anderen doch eine halbe Nasenlänge Vorsprung abzutrotzen.

US-Astronaut Edgar D. Mitchell führte während der Apollo-14-Mondmission 1971 Telepathie-Experimente durch.

Während der dritten erfolgreichen Mondlandemission, Apollo 14 (Apollo 13 endete ja bekanntlich in einer Beinahe-Katastrophe) Anfang Februar 1971, versuchte der Astronaut Edgar D. Mitchell mit Kontaktpersonen auf der Erde telepathisch zu kommunizieren. Er hatte mit vier „Empfängern" auf der Erde verabredet, dass er ihnen in Form von Symbolen der Zener-Karten Botschaften durch Gedankenübertragung von seinem Flug im Weltraum zukommen lassen wolle.

Allerdings geriet das Unternehmen eher zu einem Flop. Schon der Start der Rakete erfolgte mit vierzigminütiger Verspätung, wodurch sich auch jene vereinbarten Zeiten verschoben, für die Ed Mitchell seine telepathischen Experimente eingeplant hatte. Dadurch kam letztlich der gesamte Zeitplan durcheinander und er konnte im Verlauf des Fluges nur vier der sechs angekündigten Abschnitte realisieren. Auf diese Weise kamen bei besagtem Experiment eigentlich nur Widersprüche heraus.

Zwei der Empfänger lagen bei 200 Antworten je 51-mal richtig. Doch wegen der verzerrten zeitlichen Einteilung – die Empfänger wussten schließlich nicht mehr, wann Mitchell seine Botschaften tatsächlich senden würde – könnte man dieses Ergebnis wohl eher der Präkognition – dem Vorauswissen – zuschreiben als der Telepathie. Im Ganzen schnitten die vier Empfänger so schlecht ab, dass das Ergebnis negativ war. Mitchell schrieb das Resultat einem „PSI-Versagen“ zu, ließ sich aber in seiner Überzeugung dadurch nicht beirren.

Denn die empirische Forschung auf dem Gebiet der Parapsychologie hatte zu jenem Zeitpunkt bereits so viel Material gesammelt, dass an der *Existenz* telepathischer Verbindungen von Gehirn zu Gehirn kein Zweifel mehr angebracht war!

Im Osten viel Neues – PSI hinter dem Eisernen Vorhang

Aber nicht nur in den westlichen Ländern machten sich fortschrittliche Wissenschaftler – oftmals gegen die Intrigen oder auch „nur“ den beißenden Spott ihrer „akademischen“ Kollegen – an die Erforschung paranormaler Phänomene. Auch in den Staaten hinter dem „Eisernen Vorhang“ wurde eifrig geforscht und experimentiert, dort allerdings in der Hauptsache unter strengster Geheimhaltung. Galten doch grenzwissenschaftliche Themen als gegen die geltende Ideologie gerichtet: Denn gemäß der marxistischen Doktrin galt alles als materiell, irdisch, erklärbar. Und es war – wenigstens nach außen hin – verpönt, andere Erklärungsmöglichkeiten ins Auge zu fassen.

Doch es gab schon frühe Ansätze. Nach der Oktoberrevolution von 1917 setzten bekannte Wissenschaftler wie Wladimir Bechterew oder Bernard Kaschinskij die von ihren Kollegen aus dem zaristischen Russland begonnenen Untersuchungen paranormaler Phänomene fort. Und 1924 ergriff der für Bildungsfragen zuständige Volkskommissar Anatolij Lunatscharskij die Initiative durch die Gründung eines „Sowjetischen Komitees für die Erforschung des Paranormalen“.

Im Jahre 1921 begann am Leningrader Gehirnforschungs-Institut die wissenschaftliche Karriere von Leonid Wassiliew. Jener experimentierte nicht nur mit hypnotisierten Personen, sondern wertete auch viele Fälle von Gedankenübertragung aus. Fünf Jahre später publizierte er die Ergebnisse seiner bisherigen Forschungen, aus denen er seine Überzeugung ableitete, dass Telepathie auf elektromagnetischen Aktivitäten des Gehirns zurückzuführen seien. Eine Vermutung übrigens, die eher nicht zutrifft, worauf ich im nächsten Kapitel noch zurückkommen werde. Wassiliew selbst schien von der „elektromagnetischen Hypothese“ auch nicht völlig überzeugt zu sein und so suchte er von 1932 bis 1937 im Rahmen einer Langzeitstudie weiter nach physikalischen Erklärungen für Telepathie und andere ASW-Phänomene. Bedauerlicherweise mussten die Studien auf höhere Weisung vorübergehend eingestellt werden, denn Stalins Überwachungsapparat brandmarkte diese als „vorsätzlichen Akt zur Unterwanderung der Grundprinzipien des Dialektischen Materialismus“.

Mein Wille sei Dein Wille!

Dass es – entgegen offiziellem Verbot – trotzdem weiterging, verdankt die PSI-Forschung in der ehemaligen Sowjetunion vielleicht nicht zuletzt einer schicksalshaften Begegnung Stalins mit dem bekannten Hellseher und Telepathen Wolf Gregorewitsch *Messing.*

Diesem Wolf Messing, Kommunist jüdischer Abstammung, war in den Tagen nach Hitlers Einmarsch in Polen verständlicherweise der Boden unter den Füßen etwas zu heiß geworden. Und als dann auch noch ein Kopfgeld von 200 000 Reichsmark auf ihn ausgesetzt wurde – hatte er doch den deutschen Besatzern die schmähliche Niederlage im eben erst begonnenen Krieg vorausgesagt –, entschloss er sich zur raschen Flucht in die Sowjetunion. Indes kam er nicht weit: Obwohl Messing in Polen große Sympathie genoss, wurde er denunziert und die Gestapo stöberte ihn auf. Man brachte ihn nach Berlin ins berühmt-berüchtigte „Reichssicherheitshauptamt“, doch es gelang ihm von dort

Stalins „PSI-Geheimwaffe" Wolf Gregorewitsch Messing.

zu entkommen. Telepathisch hatte er den Wachen seinen Willen aufgezwungen und spazierte ungeniert aus dem schwer bewachten Gebäude.

Beim zweiten Anlauf gelang ihm schließlich die Flucht nach Moskau, wo er sich zunächst in Sicherheit wähnte. Doch selbst dort wurde er nach kurzer Zeit verhaftet. Agenten des gefürchteten NKWD („Volkskommissariat des Inneren der UdSSR", die politische Geheimpolizei der Stalin-Ära; HH) teilten Messing mit, dass Hellseher fürderhin nicht mehr erwünscht seien. Der Grund? „Weil es sie einfach nicht gibt."

Wolf Messing gab nicht so einfach klein bei. Er erbot sich, den Gegenbeweis anzutreten, und weil er seinerzeit über einen nicht zu unterschätzenden Bekanntheitsgrad verfügte, schaltete sich sogar Diktator Josef Stalin höchstpersönlich in die Affäre ein. Anfang des Jahres 1940 verfügte er die Überprüfung der telepathischen Fähigkeiten des Emigranten.

Die Demonstration, die sich der Hellseher hierauf einfallen ließ, war im wahrsten Sinn des Wortes „phänomenal". Im Beisein zweier NKWD-Offiziere betrat er eine Bank und legte dem Kassierer ein völlig leeres Blatt Papier vor, das er zuvor aus einem Schulheft herausgerissen hatte. Als sei es selbstverständlich, zahlte ihm der Bankmann 100 000 Rubel in bar aus. Und nachdem Messing ihn aufklärte, was jener gerade auf seine telepathische Manipulation hin getan hatte, erlitt der Mann noch am Bankschalter eine Herzattacke. Eine anschließende Entschuldigung Messings, dass dies alles „nur eine Demonstration hypnotischer Kräfte", sei, war nur ein schwacher Trost für jemand, dem soeben sein Weltbild eingestürzt war.

Im Verlauf einer weiteren Demonstration seiner unglaublichen Fähigkeiten floh Messing aus einem Raum, den mehrere Angehörige des NKWD bewachten. Normalerweise hätte keine Maus unbemerkt an den Wachen vorbeikommen können, aber dem „Wundermann" schien nichts unmöglich zu sein.

Besuch in der Datscha

Doch endgültig überzeugt wurde Stalin erst, als es dem Telepathen gelang, in das von Elitetruppen schwerstbewachte Wochenendhaus – *Datscha,* wie die Russen zu sagen pfle-

Wolf Messing (ganz rechts) in Aktion bei einem ASW-Test in der ehemaligen Sowjetunion.

gen – einzudringen. Wie war dies möglich? Den Leibwächtern Stalins hatte Messing suggeriert, Lawrentij Berija zu sein, der berüchtigte und gefürchtete Staatskommissar des Inneren und oberster Chef des NKWD. Berija war derart verhasst, dass er gleich nach Stalins Ableben sämtlicher Ämter enthoben und dann am 23. Dezember 1953 hingerichtet wurde. Dass Messing den Wachen auch hier seinen unbeugsamen Willen aufzwingen konnte, verwundert umso mehr, als es zwischen ihm und Berija keinerlei äußere Ähnlichkeiten gab. Und dennoch ließen sie den Hellseher passieren, salutierten respektvoll, als Messing die Datscha Stalins betrat. Jener allerdings war wie vom Donner gerührt …

Nach dieser überzeugenden Demonstration wurde Wolf Gregorewitsch Messing erlaubt, seine Arbeit mit außersinnlichen Phänomenen auch in der Sowjetunion ungestört fortzusetzen. Dossiers aus jenen Tagen folgend, wurden seine vielseitigen Fähigkeiten sogar als „Geheimwaffe" genutzt. Und als er 1966 im Alter von 75 Jahren verschied, wurde ihm – hoch dekoriert mit den größten Auszeichnungen der einstigen Sowjetmacht – ein Staatsbegräbnis erster Klasse zuteil. Was eigentlich äußerst bemerkenswert ist für einen Mann mit Fähigkeiten, die laut kommunistischer Ideologie überhaupt nicht existieren!

Doch zurück zu der hauptsächlich im Verborgenen betriebenen ASW-Forschung in der Sowjetunion. Bis zum Jahre 1950 war es im Westen unmöglich, etwas über diesbezügliche Aktivitäten in Erfahrung zu bringen, obwohl der bereits erwähnte Leonid Wassiliew auch in der Zeit nach dem Zweiten Weltkrieg seine experimentellen Untersuchungen uneingeschränkt ausüben konnte. Anfang der Sechzigerjahre durfte er in seiner Eigenschaft als Leiter eines eigenen parapsychologischen Forschungsinstituts der Leningrader Universität sogar die Ergebnisse seiner Telepathie-Versuche im Westen veröffentlichen. Das bedeutete eine veritable Sensation – doch in Wahrheit geschah dies alles, wie wir heute wissen, aus der Angst der Sowjets heraus, in puncto Parapsychologie vom Westen überflügelt zu werden.

Kehrtwendung

Dem aufmerksamen Beobachter dürfte in den hierauf folgenden Jahren kaum entgangen sein, dass sich in der damaligen UdSSR so etwas wie eine Kehrtwendung in der offiziellen Einschätzung paranormaler Phänomene anbahnte. Noch 1956 brandmarkte die „Große Sowjet-Enzyklopädie" die Gedankenübertragung und andere PSI-Phänomene pauschal als antiwissenschaftlich und idealistisch: „Telepathie – antiwissenschaftliche, idealistische Fiktion von einer übernatürlichen Fähigkeit des Menschen, Phänomene wahrzunehmen, die örtlich und zeitlich gesehen im Grunde nicht wahrnehmbar sind; ferner die Fiktion von einer Gedankenübertragung ohne Zwischenschaltung von Sinnesorganen und körperlichen Prozessen."

Knappe 20 Jahre später las sich das alles in der Neuauflage von 1975 in ungewohnter Sachlichkeit:

„Ein Forschungsgebiet, das im Wesentlichen unterscheidet:

1. Formen einer Sensibilität, die Möglichkeiten des Informationsempfanges enthält, welche nicht durch die Funktionen der bekannten Sinnesorgane zu erklären sind.
2. Die Einwirkungsformen von Lebewesen auf physikalische Erscheinungen, die außerhalb des Organismus

ohne Hilfe der Muskulatur (durch den Willen, durch gedankliche Einwirkungen usw.) ablaufen."

Ohne die sonst aus dieser politischen Ecke gewohnte Polemik wurden in der 1975-er Ausgabe der „Großen Sowjet-Enzyklopädie" auch die einzelnen Teilbereiche der PSI-Forschung detailliert erörtert: Telepathie, Hellsehen, Präkognition, Paradiagnostik, Radiästhesie und Psychokinese. Letztere wurde beispielsweise als „gedankliches Einwirken des Menschen auf Gegenstände seiner Umgebung" definiert, so unter anderem „auf den Zustand und die Lage eines Gegenstandes im Raum". Die so genannte Paramedizin bezeichneten die Redakteure als „Grenzgebiet der Parapsychologie zur Medizin", welches verschiedene unerklärliche Heilmethoden umfasst.

Diese neueren lexikalischen Definitionen für außersinnliche Phänomene unterschieden sich ganz wesentlich von früheren Einlassungen. Um genau zu sein, stellten sie sogar eine ideologische Kehrtwendung um 180 Grad dar, denn noch in den Sechzigerjahren unterließ die sowjetische Staatsmacht nichts, um – nach außen hin! – die Parapsychologie als einen „üblen Auswuchs der dekadenten westlichen Kultur" anzuprangern. Jene vormalige Linie im Kreml zur Verteidigung der marxistisch-materialistischen Doktrin mag bis zu einem gewissen Punkt sogar einleuchtend sein. Denn Phänomene, welche mit den bekannten physikalischen Gesetzen unvereinbar erscheinen, mussten fiktiv, suspekt, antiwissenschaftlich und fortschrittshemmend wirken.

So ist es kaum verwunderlich, dass Einschätzungen, wie sie noch in den Sowjet-Enzyklopädien von vor 1975 perpetuiert wurden, seriöse Erforscher des Paranormalen in große ideologische Bedrängnis brachten. Noch immer stand der Ruf des dialektischen Materialismus auf dem

Spiel, ein Weltbild, in dem für autonome geistig-psychische Elemente kein Platz war.

Umso mehr versetzt uns heute der unglaubliche Zwiespalt, in dem sich die sowjetische PSI-Forschung in jenen Jahren befand, in Staunen. Offiziell geächtet, existierten auf zivilem Gebiet bereits 1965 in der Sowjetunion seligen Angedenkens:

- mehrere Forschungszentren, welche auf wissenschaftlicher Ebene experimentelle Telepathie-Forschung betrieben,
- effektiv durchorganisierte Forscherteams, die sich mit möglichen Funktionsmechanismen der Telepathie und mit der Entwicklung von Techniken zu deren praktischer Nutzung befassten.

Außerdem feierte man erste Erfolge bei telepathischen Langstrecken-Übertragungsversuchen zwischen Laboratorien in Moskau und in den Städten Tomsk, Leningrad und Nowosibirsk.

Das Militär mischt mit

Auf militärischem Gebiet wurde die Forschung indes noch um einiges intensiver betrieben, denn nachweislich arbeitete man an den folgenden Einsatzbereichen (diese Liste erhebt keinen Anspruch auf Vollständigkeit):

- Die Entwicklung und Aufrechterhaltung einer energieunabhängigen und vor allem störungsfreien Kommunikation zwischen den eigenen, aber auch zwischen eigenen und befreundeten Truppenverbänden des Warschauer Paktes. Hier vor allem zwischen mobilen Waffensystemen wie Flugzeugen und Unterseebooten.
- Einseitiges Überwachen von gegnerischen Telepathie-

verbindungen, also das gedankliche Ausforschen der Absichten eines potentiellen Gegners, sowie in unmittelbarer Folge

- Störung des gegnerischen Telepathie-Verkehrs, was ebenfalls auf telepathischem Wege erfolgt oder durch Einrichtungen, die die eigenen mentalen Störsignale verstärken.
- Telepathische Fernbeeinflussung („Tele-Hypnose") exponierter Einzelpersonen, wie etwa Politiker, hoher Militärs oder wichtiger Repräsentanten der Wirtschaft, um durch Herbeiführung von Fehlentscheidungen Sabotageakte am Feind zu provozieren.
- Telepathische Fernbeeinflussung ganzer Truppenverbände oder Bevölkerungsgruppen zum Zweck der Ablenkung, Irreführung, Erzeugung von Panik und Aufruhr, Terror und Sabotage. Ein derartiger Beeinflussungsvorgang könnte sich auch über längere Zeiträume erstrecken und durch flankierende, gesellschaftszersetzende Maßnahmen wie Förderung des Drogenkonsums unter Jugendlichen oder Steigerung der Kriminalitätsrate aktiv unterstützt werden.

Diese kurze Liste militärischer und nachrichtendienstlicher Anwendung der Telepathie ließe sich beliebig erweitern, und in Anbetracht der Geheimniskrämerei – in beiden Lagern – ist auch den Spekulationen keine Grenze gesetzt. Dass die örtlichen und personellen Voraussetzungen gegeben waren, sich mit möglichst vielen Teilaspekten zu beschäftigen, deutet schon die Liste jener Forschungsstätten an, die sich bis zum Ende des kommunistischen Systems in der Sowjetunion mit Telepathie-Forschungen beschäftigten:

- Die Bioinformationsabteilung der Wissenschaftlichen und Technischen A.-S.-Popow-Gesellschaft für Radiotechnik und elektrische Kommunikation in Moskau; daran seit 1978 angeschlossen das Labor für Bio-Energetik.

- Die Abteilung für Theoretische Physik der Universität Moskau.
- Die Neurophysiologische Klinik in Moskau.
- Das Laboratorium für Arbeitsphysiologie an der Universität von Leningrad (heute St. Petersburg).
- Das A.-A.-Uktomskij-Labor für Physiologie, St. Petersburg.
- Das Forschungsinstitut für angewandte Psychologie an der Ukrainischen Akademie der Wissenschaften in Kiew.
- Das Medizinische Institut in Nowosibirsk.

An diesen Forschungsstätten, deren Anzahl wohl eher in Richtung nach oben korrigiert werden sollte, wurden sowohl militärische als auch zivile PSI-Forschungen betrieben und zuweilen dürften die Grenzen zwischen den Anwendungsbereichen fließend gewesen sein.

Es wäre jedoch unredlich, an dieser Stelle zu verschweigen, dass auch im westlichen Lager eifrig experimentiert wurde und die entsprechenden Zielsetzungen wohl kaum „humaneren" Charakter aufwiesen als die oben genannten. Dass man die Versuche der jeweiligen Gegenseite durchaus ernst nahm, mag man aus folgender Äußerung von John L. Wilhelm, einem Korrespondenten der Washington Post, entnehmen. Der ließ durchsickern, dass man sich im Pentagon schon seit etlichen Jahren um geeignete Maßnahmen zum Schutz des amerikanischen Präsidenten und dessen Stabs vor telepathischen Manipulationen bemühe. Wie derartige Maßnahmen in der Praxis aussehen, dürfte wohl eines der am besten gehüteten Geheimnisse der US-Regierung darstellen.

Haben die Sowjets – wenigstens zu den Zeiten des unseligen „Kalten Krieges“ – versucht, über die Grenzen ihrer Machtsphäre hinaus Zielpersonen mit telepathischen Techniken zu beeinflussen? Es klingt mehr als fantastisch. Doch die Antwort auf diese Frage ist eindeutig, will man dem folgenden Bericht Glauben schenken.

So will der 1976 in die Schweiz emigrierte Exilrusse Viktor L. *Kortschnoj* als Herausforderer des einstmaligen sowjetischen Schachweltmeisters Anatoloij *Karpow* seine eigenen, bitteren Erfahrungen mit „telepathischer Hypnose“ gemacht haben. Kortschnoj war davon überzeugt, während der Schach-Weltmeisterschaft 1978 in Baguio (Philippinen) und 1981 in Meran von einem Assistenten seines Gegners Karpow auf Distanz telepathisch beeinflusst worden zu sein. In Verdacht hatte er damals den sowjetischen Top-Parapsychologen Professor Dr. Wladimir Suchar. Jener hatte bereits beim ersten Titelkampf zwischen Karpow und Kortschnoj stundenlang in der ersten Reihe des Zuschauerraumes gesessen. Kortschnoj behauptete damals, Suchar hätte versucht, ihn telepathisch in seiner Konzentration zu stören. In der Tat verlor er damals entnervt mit 5 zu 6 Punkten. Dasselbe wiederholte sich drei Jahre später in Meran, als Kortschnoj deutlich mit 2 zu 6 Punkten unterlag.

Auch der ehemalige tschechische Schach-Großmeister Ludek *Pachman,* der nach dem Einmarsch der Warschauer-Pakt-Truppen in die Tschechoslowakei (1968) in die Bundesrepublik geflohen war, hielt es für möglich, dass die Sowjets bei Weltmeisterschaften mit telepathischen Techniken versuchten, ihre Gegner psychisch auszuschalten.

Pachman hatte 1946 in Moskau an einem Länderkampf

zwischen der UdSSR und der ČSSR teilgenommen und spielte gerade gegen den russischen Großmeister Igor Bondarewskij eine ausgeglichene Partie. Plötzlich betrat der bereits zu Anfang dieses Kapitels erwähnte Telepath und Visionär Wolf Gregorewitsch Messing den Zuschauerraum und begann Pachman unentwegt anzustarren. Wenig später unterliefen dem Tschechen einige unverständliche Fehler, worauf dieser aufgab.

In einem zweiten Spiel hatte Pachman klare Vorteile. Wieder betrat Messing den Raum, fixierte ihn mit seinen Blicken. Pachman erinnerte sich später an diesen Tag: „Plötzlich kamen mir Bedenken. Ich sagte mir, du wirst sowieso verlieren, es hat also keinen Sinn, hier zu sitzen und die Figuren zu bewegen." Es kam, wie es kommen musste: Pachman verlor erneut. In beiden Fällen hatte Pachman von der Anwesenheit Messings und dessen Rolle zunächst nichts gewusst. Erst im Jahre 1979 will er aus der sowjetischen Zeitschrift *Technik und Wissenschaft* erfahren haben, dass man ihn damals entgegen allen sozialistischen Freundschaftsgefasels telepathisch „gelinkt" hatte.

In einem 1981 von Kortschnoj herausgegebenen Buch über Strategien beim Schachspiel erwähnte dieser auch die Möglichkeit, die Leistungen minder begabter Schachspieler auf suggestivem Weg zu verbessern. Sowjetforscher hätten demnach einem absolut schlecht spielenden Medium suggeriert, er sei der US-amerikanische Großmeister Paul Morphy. Alsdann musste der Mann gegen den sowjetischen Großmeister und Ex-Weltmeister Michail Tal antreten. Dem Anfänger gelangen schier meisterhafte Züge. Er brachte Tal in arge Bedrängnis, erzielte strategische Vorteile und nur mit viel Glück rettete Tal ein Remis. Das Medium, noch immer in Trance, habe danach sein Honorar gefordert – bezeichnenderweise in US-Dollars!

Wie weit die Erforschung der Gedankenübertragung und ihrer möglichen Anwendungsgebiete in der ehemaligen Sowjetunion tatsächlich gediehen ist, wird für uns möglicherweise nicht immer ein Geheimnis bleiben. Spätestens wenn ehemalige Top-Forscher ihre Erkenntnisse gegen Bares im Westen zu verkaufen versuchen, wird sich das eine oder andere Rätsel ganz von alleine lösen. Denn nach dem Zusammenbruch der Sojwetunion muss wohl davon ausgegangen werden, dass auch die PSI-Forschung denselben monetären Problemen unterliegt wie andere, ehemals blühende Wissenschaftsbereiche.

Nicht nur die Raumstation „MIR“, ganzer Stolz der einstigen Sowjetmacht, vergammelt im Orbit …

Zu neuen Dimensionen – ein Phänomen mit Tiefgang

Inzwischen hat die Erforschung paranormaler Phänomene – vor allem der Telepathie – auch bei uns ungeahnte Fortschritte erzielt und ist nach rein quantitativen Erhebungen, wie sie vor allem durch Dr. Joseph Rhine unternommen worden waren, in eine neue Dimension eingetreten. Die Statistiker haben nachgewiesen, dass die Telepathie Fakt ist; nun sind Forschungen angesagt, deren Intention in die Tiefe des Phänomens zielt.

Denn es schien klar, dass sich außersinnliche Wahrnehmungen nicht nur über Versuche mit Zener-Karten definieren. Die ganze Thematik offenbart vielmehr eine Bandbreite, welche noch Jahre intensivster Forschungen notwendig macht.

So will eine Gruppe holländischer Parapsychologen sogar die direkte Auswirkung telepathischer Befehle *optisch* beobachtet haben! Bei einer Versuchsreihe in den Sechzigerjahren an der Universität von Groningen schnitten die Forscher in die Decke zweier übereinander liegender Räume eine Öffnung, die sie mit Glas schalldicht verschlossen. Dadurch vermochten sie – selbst unsichtbar – ihre Versuchsperson zu beobachten, die im unteren Raum vor einem Brett mit 48 Feldern saß.

Die Experimentatoren versuchten sodann, verschiedene durch das Los bestimmte Zahlen telepathisch an den Probanden zu übermitteln. Hierbei konnten sie feststellen, dass dessen unsicher über dem Brett hin- und herschwankende Hand offensichtlich von ihnen „geistig geführt“ und auf das entsprechende Feld gelenkt werden konnte. Die

Trefferquote bei dieser Serie von Experimenten war übrigens – verglichen mit anderen Versuchsreihen – außergewöhnlich hoch.

Es existieren auch viele qualifizierte Berichte über außersinnliche Wahrnehmungen, in die Freunde und Verwandte verwickelt sind. Menschen mit tiefen seelischen Bindungen haben intensive mitmenschliche Kontakte und neigen nicht selten dazu, telepathisch miteinander zu kommunizieren. Ob dies genauso unter Fremden zutrifft, entzieht sich aber unserer Kenntnis; aus dem banalen Grund, da eine Kontrolle aufgrund fehlender Aussprache über derlei Ereignisse nicht möglich ist.

Telepathie zwischen Eltern und Kindern

Zu den stärksten emotionalen Bindungen des Menschen gehören jene zwischen Eltern und Kindern, also das Familienleben. Parapsychologen haben die mögliche Bedeutung der ASW auch auf diesem Gebiet sorgfältig untersucht. Der amerikanische Psychiater Berthold E. Schwarz, der heute seine Forschungsaktivitäten auf das Gebiet der UFO-Entführungsfälle verlagert hat, analysierte viele Beispiele offenkundiger Telepathie innerhalb der eigenen Familie. In seinem Werk „Parent-Child-Telepathy" („Telepathie zwischen Eltern und Kindern") beschreibt Schwarz über 500 Vorfälle, die binnen neun Jahren passierten. In all diesen Fällen waren entweder Schwarz selbst oder seine Frau Ardis sowie die beiden Kinder Lisa und Eric beteiligt. Schwarz ist vollkommen überzeugt: „Gedankenübertragung ist das fehlende Bindeglied, der entscheidende, aber bislang vernachlässigte Schlüssel bei der Kommunikation zwischen Eltern und Kind."

Berichte über Telepathie zwischen Eltern und Kindern haben häufig kritische Situationen zum Inhalt. Mütter spüren bekanntlich, wenn deren nicht anwesende Kinder in Gefahr sind. Faszinierend an den Berichten von Schwarz ist, dass die beschriebenen Beispiele zumeist alltägliche, aber dennoch aufregende Episoden aus dem Alltagsleben sind. Wie der folgende Vorfall, der sich zutrug, als seine Tochter Lisa knappe drei Jahre alt war: „Dienstag, 21. Juli 1959, 18 Uhr. Nach dem Mittagessen unternahm ich mit Lisa einen Spaziergang hinter dem Hause. Als ich mit ihr Hand in Hand den Hügel hinabging, fielen mir ein paar einzelne Blätter auf, die von den Apfel- und Birnbäumen zu Boden gefallen waren. Der Gedanke fuhr mir durch den Sinn: ‚Ob der Birnbaum wohl zusammen mit den heruntergefallenen Blättern stirbt?' Gleich darauf wiederholte Lisa dieselben Worte laut. Als ich sie fragte, warum sie das denke, antwortete sie: ‚Mami hat es gesagt.' Später fragte ich meine Frau Ardis danach. Sie antwortete mir jedoch, sie habe nie mit Lisa über den Birnbaum gesprochen."

Ein anderer PSI-Forscher, der Psychiater Jan Ehrenwald, ist der Überzeugung, Telepathie vollziehe sich am häufigsten zwischen Mutter und Kind. Mütter verstünden die Bedürfnisse ihrer kleinen Kinder auch ohne jede verbale Kommunikation; erkennen und verstehen stattdessen auch andere Mitteilungsweisen. Vor dem Sprechalter ist ein Mensch hilflos und völlig von der Mutter oder einer anderen Person abhängig. Nach Ansicht von Ehrenwald könnte sich die Telepathie als Fähigkeit des menschlichen Organismus entwickelt haben, um eine „Kommunikationslücke" zu überbrücken, bis das Kind sprechen gelernt hat. Eine Art nützlicher Notbehelf gewissermaßen, der sich bildete, um dem Menschen über eine „Verlegenheit" in der ersten Zeit nach der Geburt hinwegzuhelfen. Hat das Kind dann sprechen gelernt, sei die telepathische Verständigung nicht mehr überlebensnotwendig. Die Fähigkeit werde in der Folge entweder unterdrückt oder gehe schließlich ganz verloren.

Ilga liest

Sollte Ehrenwalds Hypothese zutreffen, dann müssten folglich Kinder, welche aufgrund einer Behinderung länger als üblich in engster Beziehung zu ihren Müttern stehen, den Beweis hierfür liefern. Und tatsächlich kennt die PSI-Forschung Fälle, bei denen telepathische Gedanken der Mütter für das Verhalten ihrer Kinder vorausgesetzt werden können. Ein kleiner Junge, dessen Sehkraft ganz erheblich vermindert war, konnte die Testtafel des Arztes nur lesen, wenn auch seine Mutter so stand, dass sie gleichfalls auf die Tafel blickte. Und in einem weiteren Fall hielt man einen lernbehinderten Jungen für einen hervorragenden Rechner, weil er komplizierte mathematische Berechnungen im Kopf durchführte.

Später stellte sich heraus, dass er zu diesen Leistungen nur fähig war, wenn seine Mutter gleichfalls die schwierigen Aufgaben im Kopf ausrechnete. Hier fungierte also die Mutter offenbar als Sender, ihr Kind als Empfänger.

Bereits 1935 veröffentlichte der deutsche Gerichtsmediziner Professor Ferdinand von Neureiter den Fall der neunjährigen Ilga K., die unter schwerer Legasthenie litt. Dies ist eine Störung der Fähigkeit zum Erlernen des Schreibens und Lesens bei ansonsten normaler Intelligenz, welche sich meist in Verwechslungen oder Umstellungen von Buchstaben oder ganzen Wortteilen äußert. Ilga war nur im Stande zu lesen, wenn ihre Mutter dasselbe Buch im selben Augenblick vor sich hatte. Ganz gleichgültig, ob diese sich im selben oder in einem anderen Zimmer aufhielt. Bei weiteren Untersuchungen zeigte sich, dass die Lippen der Mutter sich häufig völlig synchron mit den Äußerungen des Mädchens bewegten.

Bei diesem und ähnlich situierten Fällen handelte es sich, wie Ehrenwald betonte, um Mütter mit einer starken Motivation, durch eigene Anstrengungen die Schwächen ihrer Kinder auszugleichen.

Ehrenwalds Mutter-Kind-Hypothese in der telepathischen Forschung bekam ferner Unterstützung durch Untersuchungen, welche an der Universität des US-Bundesstaates Montana gemacht wurden. Dabei maß man die physischen Reaktionen von Müttern auf kritische oder schreckerregende Situationen, denen ihre Töchter ausgesetzt waren. Maßstab für diese Experimente war die so genannte „galvanische Hautreaktion", die auch bei Lügendetektortests gemessen wird. Jene zeigt schon ganz geringfügige Schwankungen beim Schwitzen des Körpers an, die auf eine spannungsgeladene Situation hindeuten.

Bei den Tests an der Universität von Montana wurde bei mehreren Müttern eine derartige Reaktion registriert, während deren Töchter – natürlich außer Hör- und Sichtweite – gerade eine aufregende Szene durchlebten. Man feuerte nämlich in ihrer unmittelbaren Nähe ohne jede Vorwarnung Schreckschuss-Munition ab, welche die Mädchen jedoch nicht von scharfer Munition zu unterscheiden wussten. Das Testergebnis war aufschlussreich: Die Reaktionen jener Mütter, deren Töchter so jäh erschreckt worden waren, schwankten weit deutlicher als die einer Kontrollgruppe von Müttern, deren Kinder diesem Erlebnis nicht ausgesetzt waren.

Bei diesen Tests wurden ganz bewusst zwei Elemente

miteinander kombiniert, die offenbar sehr häufig in Verbindung mit außersinnlichen Wahrnehmungen einhergehen, diese möglicherweise sogar bedingen: Die Beziehung zwischen Mutter und Kind sowie eine kritische oder gar dramatische Lebenssituation.

Im Doppel übersinnlicher?

Eine emotionale Situation ganz besonderer Art stellen eineiige Zwillinge dar. Beinahe schon sprichwörtlich sind Berichte über Zwillinge, welche nach der Geburt getrennt wurden und erst nach etlichen Jahren wieder zusammenkamen. Dabei konnten sie oftmals ganz unglaubliche Parallelitäten in ihrer beider Leben entdecken, die mit dem viel zu oft strapazierten Begriff *Zufall* sicher nicht zu erklären sind.

Es verwundert daher kaum, dass sich PSI-Forscher auch dieses Aspekts annehmen, wann immer sich dazu Gelegenheit bietet. Eine der verblüffendsten Geschichten dreht sich um ein eineiiges Zwillingspaar aus Kalifornien. Nach einer Prüfung äußerten die Lehrer der beiden Brüder den Verdacht, die Jungen hätten gemogelt. Denn deren Antworten waren bei bestimmten Testfragen nahezu identisch.

So steckte man die beiden bei der folgenden Prüfung, in deren Verlauf die Übersetzung eines Textes aus Vergils Heldengedicht Äneis verlangt wurde, in zwei verschiedene Zimmer. Einer der Zwillinge, den man im Büro des Lehrers untergebracht hatte, zögerte eine Weile und wollte erst anfangen, nachdem auch sein Bruder die Aufgabe erhalten hatte. Als die Prüfung vorbei war, erwiesen sich beide Arbeiten erneut als fast identisch. Sowohl im Satzgefüge als auch bei der Grammatik, ja selbst bei den gemachten Fehlern zeigte sich fast hundertprozentige Übereinstimmung. Doch es stand fest: Die Zwillinge hatten sich nicht auf „normale“ Weise verständigen können. Der Gedanke an Zwillings-Telepathie lag also nahe.

Der Leadsänger der englischen Pop-Gruppe „Boy's Wonder“ berichtete einen Vorfall, der sich in dessen Kindheit abgespielt hatte. Eines Tages hatte er das ungute Gefühl, dass sein eineiiger Zwillingsbruder in großer Gefahr sei. Er lief daraufhin – wie unter einem inneren Zwang – zur städtischen Müllhalde und stürzte auf einen alten Kühlschrank zu. Er riss ihn auf, um geradewegs seinen Zwillingsbruder anzustarren. Selbiger war beim Spielen hineingeklettert und hatte sich selbst eingeschlossen, sodass er sich nicht mehr selbst befreien konnte.

Und noch weit dramatischer war der Fall der 23jährigen Zwillingsschwestern Tuula und Marietta Jaavaara. Wie auf einen geheimnisvollen Befehl hin fielen die beiden, die bis zu diesem Zeitpunkt völlig gesund waren, in demselben Augenblick tot um. Die Ärzte in der finnischen Stadt Borga, die den spektakulären Fall zu untersuchen hatten, sprachen von einem schier unfassbaren Rätsel.

Durch Aussagen von Verwandten gilt als erwiesen, dass beide exakt im gleichen Augenblick starben – Tuula in ihrer eigenen Wohnung, Marietta in der ihrer Mutter. „Eine der beiden Schwestern muss wohl einen ‚telepathischen Todesbefehl‘ ausgestrahlt haben“, meinte einer der Ärzte. Doch eine medizinische Erklärung für den Tod der Zwillinge aus Borga konnte nicht gefunden werden. Nach Aussage ihrer Mutter und naher Verwandter hatten die eineiigen Zwillinge immer alles zusammen erlebt. Sie bekamen alle Kinderkrankheiten zur selben Zeit und fielen selbst als Erwachsene noch abends gleichzeitig in den Schlaf.

Vielleicht lernt man Fälle wie diese besser verstehen, wenn man erfährt, dass Mediziner festgestellt haben, dass die mit Hilfe eines Elektroenzephalogramms (EEG) registrierten Hirnstromkurven bei eineiigen Zwillingen mit gleichen Erbanlagen für gewöhnlich absolut identisch sind. Haben wir es in derlei Fällen mit *einer einzigen* Persönlichkeit zu tun?

ASW im Reich der Tiere und Pflanzen

Ich möchte meine Betrachtungen über Telepathie nicht zum Abschluss bringen, ohne auf vergleichbare Leistungen eingegangen zu sein, zu denen jene Mitgeschöpfe fähig sind, mit denen wir unsere Welt teilen. Wir sollten uns besser ein für allemal von der etwas überheblichen Vorstellung befreien, dass Tiere – vielleicht muss man derlei Überlegungen sogar auf das Pflanzenreich ausdehnen – einzig von Instinkten gesteuert werden und zu geistigen Leistungen unfähig seien. Unerträglich lange haben wir uns in der trügerischen Illusion gesonnt, als „Krone der Schöpfung" die einzig vernunftbegabten Wesen zu sein, welche dieser Planet hervorgebracht hat.

Dass Hunde gewissermaßen den „Spiegel unserer Seele" darstellen, dürfte niemandem ein Geheimnis sein, der einen der treuen Vierbeiner sein eigen nennt. Klinkt sich „Bello" in unsere Gedanken und Gefühle ein, weiß er Dinge, die wir mit unseren beschränkten Sinnen erst viel später – oder gar nicht begreifen? Dass Hunde – und nicht nur sie – offenbar untereinander telepathisch zu kommunizieren im Stande sind, möchte ich hier anhand des folgenden Falles illustrieren.

Als Christine Harrison ihre Eltern in der englischen

Kleinstadt Barnsley besuchte, brachte sie ihren Chihuahua Percy mit. Plötzlich lief der Hund in einem unbeobachteten Moment auf die Straße, wurde von einem Auto erfasst und ganz offensichtlich getötet. Die Familie wickelte das geliebte Haustier in einen Papiersack ein und begrub es in einer Tiefe von einem halben Meter im Garten.

Doch Mick, der Hund von Christines Eltern, ließ das frische Grab nicht in Ruhe. Der Terrier schnüffelte und kratzte völlig außer sich vor Erregung den Boden auf und schließlich buddelte er den Sack wieder aus. Dann trug er ihn behutsam ins Haus, wo er sofort damit begann, den Chihuahua abzulecken. Percy war, wie sich herausstellte, nur ohnmächtig, denn sein kleines Herz schlug noch ganz schwach.

Die Harrisons fuhren den kleinen Kerl nun eilends zum Tierarzt, der ihn wiederbelebte und schließlich zur Diagnose kam, Percy habe einen schweren Schock erlitten und unter der Erde nur überleben können, weil in dem Papiersack noch ausreichend Luft war. Micks massierendes Lecken habe den Blutkreislauf des kleinen Hundes wieder angeregt.

Percy wurde übrigens wieder völlig gesund und der britische Tierschutzverein, die *Royal Society for the Prevention of Cruelty to Animals,* nominierte Terrier „Mick" für eine Lebensrettungsmedaille. Was aber an Micks Rettungsaktion am beeindruckendsten war, ist die Tatsache, dass sich die zwei Hunde eigentlich nie so richtig ausstehen konnten. Was aber dem telepathischen Kontakt zwischen ihnen im Augenblick höchster Not keinen Abbruch getan haben dürfte.

Der Delfin und das Mädchen

Aber nicht nur außersinnliche Kommunikation zwischen Tieren ist offenbar möglich, sondern auch zwischen Tieren und menschlichen Partnern. Rainer Holbe berichtete über einen erstaunlichen Fall, der sich in Florida zugetragen hatte und in dessen Mittelpunkt ein Schwarm Delfine stand.

Für die fünfzehnjährige Lee Kathrin White war es immer ihr größter Wunschtraum gewesen, nach dem Abschluss des College in Florida Meeresbiologie zu studieren, um sich später völlig auf die Erforschung der Lebensstrukturen der liebenswerten Meeressäuger zu spezialisieren. Leider sollte Lee ihr Ziel nicht erreichen, denn sie erkrankte an Leukämie, musste sich einer Chemotherapie unterziehen und durchlitt alle Stadien dieser heimtückischen Krankheit. Das sensible Mädchen spürte den nahenden Tod, hatte aber keine Angst vor ihm. Doch sie wollte sich erst von dieser Welt verabschieden, nachdem sie ihren Freunden im Meer noch einmal nahe gewesen war.

So erfüllten die Wissenschaftler des Delfin-Forschungszentrums auf der Insel Grassy Key diesen Wunsch des Mädchens und Lee Kathrin durfte gemeinsam mit ihren Geschwistern und Freunden in der Lagune mit einem Schwarm Delfinen baden. Immer wieder näherten sich die Tiere dem todgeweihten Mädchen, stupsten Lee an und schienen ihr Mut machen zu wollen. Insbesondere der Delfin „Nat" verhielt sich so, als wenn er über ihr Schicksal genau Bescheid wüsste. Er erlaubte ihr auf ihm zu reiten und küsste förmlich ihre Wange.

Am darauf folgenden Tage wurde Lee immer schwächer. Sie tröstete ihre Eltern und Geschwister mit den Worten: „Ich weiß, dass ich in eine schönere Welt gehe. Ihr sollt nicht traurig sein!" In der Nacht wachte sie plötzlich auf, worauf ihr Vater sie in die Arme nahm. Ruhig und mit einem sanften Lächeln im Gesicht hatte das tapfere Mädchen ausgekämpft.

Nach ihrem gemeinsamen Bad mit den Delfinen hatte Lee ihre Eltern gebeten, sie zu verbrennen und ihre Asche ins Meer zu streuen. Die Eltern kamen ihrem letzten Wunsch nach und einige Tage später fuhr die trauernde Familie in einem Motorboot auf den Atlantik hinaus. Die Mutter berichtete später über die Fahrt aufs Meer: „Wir hofften inbrünstig, dass sich einige Delfine zur Beisetzung einfinden würden."

Nach einer halben Stunde tauchte der erste auf, dann wurden es zwei und schließlich schwammen sieben Delfine um das Boot. Zwei von ihnen waren Mütter mit ihren Kindern. Erst ließen der Vater, dann die drei Geschwister und die Mutter Lees Asche ins Meer rieseln. Die Kinder warfen ein Dutzend rote Rosen hinterher. Die Delfine blieben die ganze Zeit über in unmittelbarer Nähe der trauernden Familie, erst als sie sich auf den Heimweg machte, schwommen auch sie wieder davon.

Die Versuche des Dr. Backster

Sind außersinnliche Leistungen bei den Vertretern des Tierreiches – ich werde an späterer Stelle im Zusammenhang mit dem Phänomen der Prophetie nochmals darauf zurückkommen – zutiefst beeindruckend, so muten die Ergebnisse der Versuche des Biologen Dr. Cleve Backster geradezu fantastisch an.

Backster gilt heute als Pionier auf dem Gebiet der Pflanzenkommunikation. Im Jahre 1969 hatte er während einer Versuchsreihe den Sensor eines Lügendetektors an das Blatt eines Drachenbaumes angeschlossen, während die Pflanze Wasser ansaugte. Um die Reaktion zu beschleunigen, wollte Backster ein Streichholz anzünden und die Flamme an das Blatt halten. Im selben Moment geschah etwas völlig Unerwartetes: Als er nur an diese Absicht *dachte,* schlug der Lügendetektor in einer steilen Kurve aus! Die Pflanze musste die *Absicht* gespürt haben, noch ehe sie realisiert wurde.

Da Backster es für denkbar hielt, dass die Pflanze auf telepathischem Wege kommunizierte, konstruierte er ein Gerät, mit dem sich lebende Crevetten aus kühlem Wasser heben und sofort darauf in kochendes Wasser werfen ließen. Eine auf tausendstel Sekunden geeichte Spezialuhr registrierte auf einem Schreiber, wann die Crevetten ins kochend heiße Wasser plumpsten, was natürlich deren sofortigen Tod zur Folge hatte. Und tatsächlich: In denselben Sekundenbruchteilen reagierten alle im Nebenraum stehenden Pflanzen mit dramatischen Kurvenausschlägen. Hatten sie vom plötzlichen Tod der Crevetten durch ein telepathisches Signal erfahren oder war es ihnen möglich, das Unterbewusstsein der Experimentatoren anzuzapfen? Fragen über Fragen, jedoch um adäquate Antworten zu erhalten, werden sicher noch einige Jahre der Forschung auch in solch ungewöhnliche Richtung ins Land gehen müssen. Nur eines scheint derzeit sicher: Telepathie und andere außersinnliche Manifestationen dürften nicht allein auf den Menschen beschränkt sein.

Zugegeben: Es ist ein höchst umstrittenes Thema, selbst innerhalb der Beschäftigung mit dem UFO-Phänomen, darum streife ich es in diesem Zusammenhang allenfalls am Rande. Ich spreche von der immer größer werdenden Anzahl von Fällen, in denen zum Teil durchaus ernst zu nehmende Zeugen behaupten, im Verlauf einer UFO-Begegnung von fremdartigen Entitäten entführt und dabei medizinischen Experimenten unterworfen worden zu sein. Als Protagonisten solcher „Abductions“, die an die Grenzen unseres Vorstellungsvermögens stoßen, werden stereotyp kleine, nur etwa 1,20 Meter messende grauhäutige Wesen beschrieben. Große, schräg stehende schwarze Augen, angedeutete Nasenlöcher und ein schmaler, schlitzförmiger Mund verleihen ihnen ein fremdartiges, ja bedrohliches Aussehen.

Ein Detail, welches die Opfer derartiger Entführungen immer wieder berichten, betrifft die Kommunikation zwischen derartigen Humanoiden einerseits; aber auch die den Entführungsopfern zuweilen übermittelten Informationen. Berichte, die oft genug sorgfältig recherchiert und selbst von Ärzten und Psychologen als authentisch bezeichnet wurden, erwähnen in diesem Zusammenhang so etwas wie eine nichtverbale Kommunikation. Die Zeugen konnten keinerlei Mundbewegungen bei jenen kleinwüchsigen Kreaturen feststellen, glaubten jedoch, etwas wie „eine Stimme in ihrem Kopf“ zu vernehmen.

Kommunizieren diese *Aliens* – stets deren wirkliche Existenz vorausgesetzt – einzig durch Telepathie untereinander und nach außen hin? Handelt es sich dann bei diesen Para-Fähigkeiten um einen weit fortentwickelten Modus der Kommunikation, der im Zuge der Evolution die normale Art abgelöst hat? Oder haben eher jene Theoretiker Recht, für die die Telepathie einen heute verkümmerten Teil unserer geistigen Möglichkeiten darstellt? Dann könnte man ja, nicht ohne einen perfiden Sinn für Humor an den Tag zu legen, auch fragen: Benutzten unsere Vorfahren die Telepathie, weil das Telefon noch nicht serienreif war? In seinem Werk „Neuer Ausflug ins Wundersame" illustriert Willy Schrödter diese Denkrichtung mit einer netten Anekdote aus dem kolonialen Afrika.

Der britische Kolonialbeamte W. R. Benzies aus dem damaligen südrhodesischen Matabele-Stammesgebiet bekam eines Tages ein Telegramm, in dem die Warnung vor einem Aufstand der Zulus gemeldet wurde. Es war zwei Tage unterwegs gewesen. Als er diese Depesche seinem eingeborenen Wachtmeister zeigte mit der Bitte, die Warnung zu verbreiten, winkte jener nur müde ab. Denn die Zulus seien doch, *wie jedermann wisse,* bereits am Vortage zurückgeschlagen worden.

Sollten die verschiedenen PSI-Phänomene in der Tat eine Art von Relikt früherer Fähigkeiten darstellen – Biologen sprechen hier von so genanntem *Atavismus* –, dann würden möglicherweise jene Evolutionstheoretiker Recht behalten, die der Spezies Homo sapiens eine nicht gerade rosige Zukunft prophezeien. Zahn- und haarlos, mit dank den „Segnungen" unserer modernen Technik total verkümmerten Sinnen. Dies aber wären nicht unbedingt erstrebenswerte Aussichten – möge dieser Kelch vorüberziehen!

Zum Abschluss ein Erklärungsmodell

Rekapitulieren wir an dieser Stelle noch einmal: Was ist Telepathie? Die Wissenschaft der Parapsychologie definiert diese als *eine Form außersinnlicher Wahrnehmung, bei der Informationen als Gedanken oder Gefühle von einer Person auf die andere übertragen werden.* In diesem Zusammenhang pflegt man die beteiligten Personen auch als „Sender“ oder „Agent“ und „Empfänger“ oder „Perzipient“ zu bezeichnen.

Auf welche Art und Weise das Ganze aber „technisch“ funktioniert, darüber tappen die Parapsychologen noch immer im Dunklen. Dass es *nicht* mit elektromagnetischen Wellen, also ähnlich wie beim Radio funktionieren *kann*, hat man allerdings schon in den Fünfzigerjahren festgestellt:

Ein Faradayscher Käfig vermag, anders als bei Funkwellen, die Telepathie nicht zu beeinträchtigen. Einen recht einleuchtenden *Lösungsansatz* – es soll nicht mehr und nicht weniger sein – stellt heute die so genannte „Bioplasmatische Hypothese“ dar.

Sie geht von der Annahme aus, dass Denkoperationen wie auch Vorgänge im Unbewussten und so genannte außersinnliche Wahrnehmungen mentale Prozesse seien, die sich besser informatorisch als energetisch erklären lassen. Auf der Suche nach solch einem informatorisch konzipierten Funktionsmodell für telepathische Phänomene erwies sich das von russischen Forschern postulierte *Bioplasma* (ein dem physischen Körper mit seinen Atomen, Molekülen und Zellen entsprechendes, nichtphysikalisches Energiefeld; HH) als tragfähige Grundlage für weiterführende Überlegungen.

Der amerikanische Mediziner und Parapsychologe Dr. Andrija Puharich geht bei seiner bioplasmatischen Betrachtung der Telepathie von der Überlegung aus, dass es bei der außersinnlichen Kommunikation so etwas wie „Sender“ und „Empfänger“ möglicherweise nicht gibt. Er hält den als „Sender“ bezeichneten Teilnehmer für eine Art „psychisches Anziehungszentrum“. Nach dieser Hypothese würde der als „Sender“ Bezeichnete um sich herum ein mit Vorstellungen getränktes, mentales Feld aufbauen, welches das Bewusstsein eines eingestimmten Quasi-Empfängers damit auf sich lenkt.

Dr. Puharich argumentiert, dass der aktive Teilnehmer dieses bioinformatorischen Vorgangs – der Sender also – durch gewisse Gefühle, Gedanken oder Wünsche einen mentalen Zustand herbeiführt, den der Empfänger mit seinen eigenen Eindrücken und Vorstellungen anreichert. Im Klartext:

Ein im Sender (ich will diesen Ausdruck des besseren Verständnisses wegen hier beibehalten) entstehender Gedanke verlässt diesen nicht. Die betreffenden Gedankeninhalte werden vielmehr vom Empfänger im Gehirn des Senders abgefragt oder abgetastet. Der Empfänger nun vergleicht die eingeholten Informationen mit seinen eigenen im Unbewussten gespeicherten Erfahrungen und Vorstellungen.

Sobald dies beim Sender unbewusst eingeholte Informationsmuster mit einem im Unbewussten des Empfängers gespeicherten ähnlichen Muster übereinstimmt, dringt dieses nun automatisch in dessen Wachbewusstsein vor. Den aktiveren Part hätte nach dieser Hypothese bei der Telepathie somit der Empfänger. Laut Puharich hängt auch die telepathische Erfolgsquote von der Genauigkeit dieser „mentalen Assoziation“ ab – sprich von der Fähigkeit des Empfängers, seine aus dem eigenen Unbewussten hervorgebrachten Vorstellungen möglichst genau an das vom Sender „abgezapfte“ Gedankenmuster anzugleichen. Vielleicht ist genau dies der Grund, warum Telepathie recht häufig zwischen Zwillingen, Müttern und Kindern, aber auch in emotional sehr tiefgründigen Paarbeziehungen zu finden ist.

Laut Dr. Puharichs Hypothese wird im Grunde zwischen Sender und Empfänger nichts bewegt oder gesendet, denn der Empfänger holt sich vom Sender nur Anregungen zur Beschaffung entsprechender Vorstellungen und Inhalte aus dem eigenen Informationsreservoir.

Auch über den „technischen" Ablauf dieses Vorganges hat Puharich seine eigene Vorstellung: Das telepathische Hereinholen der Gedankenmuster des Senders würde mittels körpereigenem Bio-Plasma geschehen. Hierbei greife der Empfänger mit seinem bioplasmatischen „Tentakel" nach den Bewusstseinsinhalten des Senders, was über eine höhere Dimensionalität erfolge. Von einer höheren Warte außerhalb unseres Raum-Zeit-Kontinuums aus gesehen, liegen nämlich sämtliche Orte und Zeiten in unserem Universum buchstäblich aufeinander – sie durchdringen sich gegenseitig. Dies würde auch verständlich machen, warum Telepathie gewissermaßen in „Nullzeit" stattfindet. Deckungsgleiche Sender und Empfänger würden für die Informationsübermittlung verständlicherweise keine Distanz zu überbrücken haben, bräuchten also auch keine Zeit hierfür.

Die hier vorgestellte Bioplasma-Hypothese lässt sich, falls zutreffend, möglicherweise auch auf andere außersinnliche Phänomene anwenden. Dies würde zu der Schlussfolgerung führen, dass Gedankenübertragung wie auch Hellsehen, Präkognition und Prophezeiungen nur bestimmte Varianten eines einzigen übergeordneten „Super-Phänomens" darstellen. Einer Manifestation, welche wir aufgrund unserer anerzogenen, mechanistisch-materiellen Betrachtungsweise des Weltgeschehens nicht zu erkennen vermögen.

Noch nicht? Ich hoffe, wir dürfen es noch erleben, wenn ein neues, revolutioniertes Weltbild an die Stelle unseres alten, viel zu eng gewordenen tritt!

Prophetie – wissen, was morgen geschieht

Der Blick in die Zukunft gehört zu den ältesten Sehnsüchten des Menschengeschlechts. Ägyptische Priester, griechische Pythien wie auch römische Vestalinnen boten ihre Dienste an und die Liste der Könige, Heerführer und Tyrannen, welche sich mit genauem Wissen um künftige Ereignisse Vorteile zu sichern hofften, ist endlos. Auch in unseren Tagen haben Propheten – echte wie selbsternannte – Hochkonjunktur. Was aber ist dran an der angeblichen Fähigkeit mancher Zeitgenossen, einen Blick hinter den Schleier der Zeit auf zukünftige Ereignisse und Begebenheiten zu werfen?

Bevor ich mich nun detailliert in diese faszinierende Materie vertiefe – freilich nicht ohne auch hier zu versuchen, gewissermaßen die Spreu vom Weizen zu trennen –, möchte ich als erstes einige grundlegende Begriffe erläutern, die sich naturgemäß ein wenig überschneiden.

Prophetie kann man als Überbegriff für all jene außersinnlichen Wahrnehmungen definieren, bei denen Sachverhalte, welche sich in einer noch nicht zeitlich definierten Zukunft ereignen werden, mehr oder weniger konkret vorausgesehen werden. Gewissermaßen als „Grundvoraussetzung" hierfür ist die *Präkognition* zu verstehen, die Wahrnehmung von Begebenheiten und Zuständen, die zum Zeitpunkt ihrer Wahrnehmung zwar noch nicht eingetreten sind, jedoch später Realität werden. Präkognition ist übrigens auch dann gegeben, wenn das Vorausgesehene nicht eintritt, indem es durch vorzeitiges Wissen verhindert wird. Hat präkognitive Wahrnehmung den ausgesprochenen Charakter einer Warnung, so spricht man von *Prämonition.*

„Und der Herr wird euch zerstreuen ..."

Zwei der ältesten Prophezeiungen – die sogar noch im „Buch der Bücher" aktenkundig gemacht sind – betreffen das Volk Israel und haben mehr als viele andere Voraussagen Staunen und Bewunderung erregt.

Die erste hiervon – vielleicht sollte man sie aber auch als ersten Teil der gesamten Prophezeiung betrachten – finden wir bei dem alttestamentarischen Religionsstifter *Mose* verzeichnet: „Und der Herr wird euch zerstreuen unter die Völker, und wird nur ein geringer Haufen übrig sein unter den Heiden." (5. Buch Mose, Kap. 4, Vers 27.)

Und aus dem Munde des Propheten *Hesekiel* vernimmt das Volk Israel: „So spricht der Herr: Ich nehme die Söhne Israels wieder fort von den Völkern, wohin sie gegangen waren. Ich sammle sie von überall und bringe sie zurück zu ihrer Scholle. Zu einem Volk mache ich sie in Meinem Lande, auf den Bergen Israels." (Hesekiel, Kap. 37, Vers 21.)

An kein anderes Volk und von keiner anderen Religion auf Erden sind jemals in der Geschichte Prophezeiungen ergangen, die für einen langen Zeitraum, für eine ferne Zukunft ein solch ungewöhnliches Geschick verkünden. Und beide haben sich überwältigend wortgetreu erfüllt. Nach der Zerstörung Jerusalems unter dem römischen Kaiser Titus Flavius Vespasianus im Jahre 70 n. Chr. war das Heilige Land verwüstet und nahezu menschenleer. Seine Bewohner, soweit sie nicht in den Kämpfen getötet wurden oder geflohen waren, hatten die Sieger zu Zehntausenden als Gefangene verschleppt und als Sklaven verkauft. Aus dem ehemals Gelobten Land war, was von Israels Söhnen überlebt hatte, in alle Welt und unter alle Völker zerstreut.

Doch nach genau 1878 Jahren erfüllte sich die zweite Voraussage. Am 15. Mai 1948 wurde in Tel Aviv der moderne Staat Israel proklamiert, nachdem selbigentags das britische Mandat über Palästina erloschen war. Nur zwei Tage später drangen die Armeen Jordaniens und Ägyptens auf das Territorium des neu gegründeten Staates vor und erst am 3. Juni 1949 konnte durch Vermittlung der Vereinten Nationen ein Waffenstillstand ausgehandelt werden. Seit diesem Zeitpunkt weht vom Berg Zion in Jerusalem die blaue Flagge des neuzeitlichen Israel mit dem Davidstern. Die in alle Welt Zerstreuten hatten endlich ihre Heimat wieder: Erez Israel – Land der Verheißung.

Wie die biblischen Propheten zu ihren Voraussagen gelangten, entzieht sich unserer Kenntnis. Doch wir wissen, dass sich die überaus meisten außersinnlichen Wahrnehmungen von zukünftigen Begebenheiten in Träumen offenbaren.

Solche prophetischen Träume ranken sich häufig um dramatische Wendepunkte bei Kriegen oder schicksalhafte Einschnitte in den Lebensläufen der angesprochenen Personen. Den Chroniken zufolge soll dem karthagischen Feldherrn und Staatsmann Hannibal (247–183 v. Chr.) im Traum ein Sieg prophezeit worden sein. Berühmt geworden ist auch der prophetische Traum Calpurnias, der die Ermordung ihres Gatten Gaius Julius Caesar an den Iden des März 44 v. Chr. zum Inhalt hatte.

König Richard III. von England, der durch den Mord am legitimen Thronfolger Eduard V. und dessen Bruder Richard von York zur Krone kam, wurde vor seinem Tode am 22. August 1485 in der Schlacht bei Bosworth von „schrecklichsten Bildern“ gepeinigt. Und über Napoleon I.

Bonaparte (1769–1821) wird gesagt, er habe kurz vor der Schlacht von Waterloo von einer schwarzen Katze und der Niederlage seiner Truppen geträumt.

Alltägliches Prophetentum

So hat es tatsächlich den Anschein, dass Zukunftsvisionen zumeist unheilvolle Vorfälle und weniger freudige Vorkommnisse betreffen. Sollte dies vielleicht daran liegen, dass wir – noch immer durch unser zu einseitig auf die materialistisch-mechanistische Denkart getrimmtes Weltbild – darauf festgelegt sind, Erkenntnisse über die Zukunft ins Reich der Märe zu verweisen? Oder ist eine möglicherweise von Natur aus in uns schlummernde Fähigkeit zur außersinnlichen Wahrnehmung so sehr abgestumpft, dass nur noch dramatische Situationen aus der Zukunft durchzudringen vermögen?

Man sollte, glaube ich, diese Fragestellung ein wenig relativieren. Denn nicht selten beziehen sich Akte des Vorauswissens auch auf ganz banale, alltägliche Ereignisse und Situationen. Vielleicht ist es damit eher wie bei den täglichen Nachrichten: Nur News über Katastrophen und spektakuläre Ereignisse genießen Aufmerksamkeitswert. „Reality-TV" ist in. Trotzdem gehen PSI-Forscher heute allgemein davon aus, dass außersinnliche Wahrnehmungen, Prophetie und Präkognition eingeschlossen, nicht bei allen Arten von Informationen gleich häufig auftreten. Statistisch gesehen, zeigt sich in der Regel tatsächlich ein nicht zu übersehender Trend zu unerfreulichen Informationen, die mit Leid und Schmerz, Krankheiten, Unglücken oder Tod zusammenhängen.

Der amerikanische Mathematiker William Cox ging

jahrzehntelang den Ursachen von Eisenbahnunfällen nach. Als Nebenprodukt fielen dabei Daten über die Gesamtzahl der Reisenden in diesen betreffenden Zügen zum Zeitpunkt der Unglücke ab. Diese Zahlen verglich Cox mit der Anzahl jener Passagiere, die *vor* dem Entgleisen der Bahn sieben Tage lang die gleiche Strecke mit demselben Zug gefahren waren. Dann überprüfte er zusätzlich noch die Anzahl der Reisenden am 14., 21. und 28. Tage vor dem eingetretenen Unglück.

Das Ergebnis war höchst informativ: Züge, denen Entgleisungen bevorstanden, wurden tatsächlich gemieden! In den beschädigten oder aus den Geleisen gesprungenen Wagen befanden sich stets weniger Fahrgäste als gewöhnlich in der gleichen Tageszeit auf derselben Strecke. Hier zeigte sich ein so gravierender Unterschied, dass als Erklärung der Zufall mit 1 zu 100 ausgeschlossen werden konnte.

Meister unseres Schicksals oder: Die Kunst zu überleben

Wer von uns weiß schon, ob unsere Vorahnungen nicht auf einer Art mathematischer Wirklichkeit beruhen oder ob nicht so etwas wie Kollektivwissen über die Zukunft existiert. Hängt am Ende gar die Kunst des Überlebens davon ab, Unglücksfälle möglichst zu verhindern oder zu meiden, indem man seinen Ahnungen die gebührende Beachtung schenkt?

Das von William Cox erforschte Phänomen weniger voll besetzter Eisenbahnzüge – man kann es sicher auch auf Flugzeuge oder Schiffe anwenden – ist in der Parapsychologie unter dem Terminus „unterschwellige Prämonition“ geläufig. Hierunter versteht man präkognitive Wahrnehmungen mit Warnungscharakter, die zwar nicht bis ins Bewusstsein gelangen, jedoch *unbewusst* das Verhalten beeinflussen können.

Dies führt uns auf direktem Wege zu der Frage, ob es konkret im Bereich des Möglichen liegt, das Vorausgesehene zu ändern, also prophetisch erlebtes Unheil abzuwenden.

Es existiert tatsächlich eine Reihe von Fällen, bei welchen dies offenbar geglückt ist. Louisa E. Rhine, Ehefrau und langjährige Mitarbeiterin des bereits erwähnten Pioniers der PSI-Forschung in Amerika, berichtete über einen Busfahrer, der im Traum ganz real einen Zusammenstoß erlebt hatte. Als jener einige Tage später tatsächlich in die vorausgeträumte Situation geriet, gelang es ihm, durch blitzschnelles Bremsen einen folgenschweren Unfall zu verhindern. Seiner Erklärung zufolge war dies einzig dadurch möglich, weil er den Ablauf des dramatischen Szenarios aus dem Traum bereits kannte, wusste, was auf ihn zukommen würde, und daher schneller reagierte, als er dies normalerweise getan hätte.

Ein anderer Fall betraf einen jungen Mann, dem im Alter von 19 Jahren ein Arbeitsplatz als Heizer in einem Dampfkraftwerk angeboten worden war. In der Nacht, bevor er seine neue Tätigkeit antreten sollte, plagte ihn gleich dreimal hintereinander ein furchtbarer Albtraum. Ihm träumte, dass ihn eine Explosion aus dem Gebäude geschleudert hätte und dass er nach seiner Einlieferung ins Krankenhaus sterben würde. Völlig verstört entschloss sich der 19jährige, die Arbeit am folgenden Morgen auf keinen Fall anzunehmen. Ungefähr eine Woche später trat das Unfassbare ein: Ein anderer Arbeiter, der an seine Stelle getreten war, wurde bei einer Explosion aus dem Kraftwerk geschleudert und starb nur kurz nach seiner Einlieferung ins Hospital. Der Albtraum des jungen Mannes hatte sich so in all seinen Details bewahrheitet.

Es drängt sich im Angesicht solcher Fälle der Eindruck auf, dass es tatsächlich reelle Chancen gibt, einem ungünstigen oder gar tödlichen Schicksal zu entgehen. Mit anderen Worten: Wahrscheinlich leben wir *nicht* in einer deterministischen Welt, in der alles vorherbestimmt ist – für freie Willensentscheidungen dürfte noch genügend Raum da sein. Zumindest in einem gewissen Rahmen, sonst wären möglicherweise einige der hier geschilderten Unglücke und Katastrophen verhindert worden. Eines Tages wird es uns vielleicht gelingen, herauszufinden, unter welchen Voraussetzungen sich Vorhergesehenes ändern oder zumindest abschwächen ließe.

Der deutsche Dichterfürst Johann Wolfgang von Goethe (1749–1832), der sich zu Lebzeiten stets für die großen Mysterien unserer Existenz interessierte, hatte vielleicht ähnliche Gedanken, als er das nachfolgende Bonmot formulierte: „Der Mensch ist der Meister seines Schicksals.“

Trotz Vorahnung in den Tod geflogen

Was die Möglichkeit betrifft, prophetisch erlebte Unglücksfälle konkret durch deren Vorauswissen abzuwenden, möchte ich noch den folgenden Fall schildern, der in besonderer Weise ein echtes Kuriosum darstellt. Denn eine bevorstehende Katastrophe wurde hier von zwei beteiligten Personen vorausgeahnt – jedoch nur eine davon nahm die Warnung ernst, während die zweite Person die Vorzeichen letztlich in den Wind schlug.

Der Bankkaufmann Friedrich Langhöfer hatte einen Geschäftstermin in Hamburg und hierfür einen Flug von

München aus in die Hansestadt gebucht. Da die Direktmaschine aber völlig ausgebucht war, blieb ihm nichts anderes übrig, als einen Flug zu reservieren, der ihn über Bremen führen sollte. In der Nacht vor dem Flug hatte Langhöfer einen furchtbaren Traum. Schweißgebadet und vor Angst wie gelähmt wachte er auf und weckte seine Frau, der er sofort seinen Albtraum erzählte.

„Stell dir vor, ich träumte, ich wäre in das Flugzeug nach Bremen gestiegen. Nach kurzer Zeit öffnete sich unter meinem Sitz der Boden und ich stürzte hinaus. Ich fiel immer tiefer und tiefer, habe dabei geschrien. Es war grauenhaft. Und dann bin ich aufgewacht. Dies muss doch etwas zu bedeuten haben", so Langhöfer zu seiner Ehefrau Birgit.

Die riet ihm, die Geschäftsreise auf jeden Fall zu verschieben und so sagte der Bankkaufmann den geplanten Termin in Hamburg kurzerhand ab.

Das Flugzeug, auf das er gebucht war, stürzte dann tatsächlich ab. Es war dieselbe Maschine, in der sich auch die Schauspielerin Ada Tschechowa, die Tochter der einstigen Filmdiva Olga Tschechowa (1897–1980), befand.

Auch Ada Tschechowa hatte eine Vorahnung und wollte an diesem Tag eigentlich nicht fliegen. Deren Mutter Olga Tschechowa berichtete später darüber: „Am Tage des Flugzeugabsturzes rief mich meine Tochter morgens an und sagte, sie hätte dieses Mal Angst zu fliegen. Ich nahm ihr das Versprechen ab, dass sie mit der Bahn fahren und abends gleich anrufen sollte. Als ich dann die Nachricht vom Absturz der Maschine erhielt, war ich zuerst sicher, dass meine Tochter nicht an Bord sei. Erst viel später stellte sich zu meinem Entsetzen heraus, dass sie ihr Versprechen trotz der Vorahnung nicht gehalten hatte."

Das Unglück von Aberfan

Wie im vorangegangenen Fall erahnen nicht selten eine Reihe von Menschen gleichzeitig dasselbe zukünftige Unheil, präsentiert sich Präkognition sozusagen als „Gruppenerfahrung“. Ein überzeugendes Beispiel dafür liefert die Katastrophe von Aberfan, als am 21. Oktober 1966 eine gewaltige Halde von Kohlenschlacke ins Rutschen kam und die Schule des kleinen Bergarbeiterdorfes in Wales unter sich begrub.

Am Vortag, dem 20. Oktober, erzählte die damals neunjährige Eryl Mai Jones ihrer Mutter von einem Traum, in dem selbige in die Schule gegangen sei und diese nicht

Die neunjährige Eryl Mai Jones sah die verheerende Katastrophe von Aberfan vom 21. Oktober 1966 im Traum voraus.

mehr vorgefunden habe, da sich „etwas Schwarzes über sie gelegt“ hätte.

Als das Mädchen am nächsten Tag in der Schule saß, nahm das Unheil seinen unausweichlichen Lauf. Eine halbe Million Tonnen Abraum rutschten einen Abhang hinab und begruben Teile des Ortes – hierunter das Schulhaus – unter ihrer alles erstickenden Last. Die schreckliche Katastrophe forderte 144 Todesopfer, davon waren 128 Schulkinder. Unter ihnen auch Eryl Mai Jones, jenes Mädchen mit dem prophetischen Traum.

Nach dieser Tragödie behaupteten erstaunlich viele Menschen, diese vorausgeahnt zu haben. Eine Untersuchung durch den Londoner Psychiater Dr. John C. Barker kam zu dem Ergebnis, dass tatsächlich eine prozentual sehr hohe Zahl an Personen vorweg Informationen auf paranormalem Wege erhalten hatte. Um genau zu sein: Nicht weniger als 60 Leute bekundeten, in den Tagen und Wochen vor dem Desaster gewarnt worden zu sein. In 24 Fällen konnten sogar Berichte von Zeugen beigebracht werden, welche bestätigten, dass ihnen Träume erzählt worden seien, *bevor* die Katastrophe geschah. So hatte ein Bewohner von Aberfan nur eine Woche vorher von schreienden Kindern geträumt, die unter einer Lawine von Kohle begraben liegen. Ein anderer sah zwei Wochen zuvor im Schlaf ein Schulhaus, weinende Kinder sowie eine pechschwarze, schleimige Masse. Ein dritter hatte das Bild von mehr als 100 Kindern vor Augen, die von „schwarzem Moder“ umgeben waren. Dr. Barkers eingehende Analyse des Falles ergab eine allmähliche Steigerung der Vorahnungen in der letzten Woche und schließlich den Höhepunkt in der Nacht direkt vor dem Unglück, das die ganze Welt schockierte.

Angesichts solch schwerwiegender Tatsachen fasste

Dr. Barker einen bedeutsamen Entschluss: In Zusammenarbeit mit dem Wissenschaftsredakteur des Londoner „Evening Standard“, Peter Fairley, rief er das „Premonition Bureau“ ins Leben. Eine Einrichtung also, welche sich zur Aufgabe gemacht hatte, Vorausahnungen künftiger Ereignisse zu registrieren und auf seriöse Weise auszuwerten.

Das Beispiel machte alsbald Schule: Auch in den Vereinigten Staaten wurde eine ähnliche Institution ins Leben gerufen. Im Juni 1968 gründeten Robert D. Nelson, Direktor des „College and School Service Department“ bei der New York Times, und Dr. Stanley Krippner vom „Traum-Laboratorium“ am Maimonides-Hospital in Brooklyn das „Central Premonitions Registry“, auch kurz C.P.R. genannt. Nelson und Krippner forderten über die Medien jeden dazu auf, der glaubte, einen prophetischen Traum gehabt zu haben, eine genaue Beschreibung desselben an das C.P.R. zu schicken.

Die eingesandten Beschreibungen – sie haben bis heute schon längst die Anzahl von 10 000 überschritten – werden auf Karteikarten eingetragen und gemeinsam mit dem Originalbrief des Absenders in 14 Hauptgruppen katalogisiert und archiviert. Unter diese Kategorien fallen beispielsweise Naturkatastrophen, Verbrechen, Politik oder Prominente. Tagtäglich verfolgen die im C.P.R. beschäftigten Mitarbeiter – dies gilt natürlich für alle diese Organisationen – Zeitungs- und Fernsehmeldungen und vergleichen diese mit der großen Menge der registrierten Trauminformationen. Wobei zwischenzeitlich Kollege Computer zum unentbehrlichen Helfer bei der Bewältigung der Informationsflut geworden ist.

In Deutschland werden Träume möglicherweise präkognitiven Charakters sogar schon seit 1954 im Freiburger „Institut für Grenzgebiete der Psychologie“ gesammelt und ausgewertet. Diese Einrichtung geht auf die Initiative des Psychologen Professor Dr. Hans Bender (1907–1991) zurück, der an der Universität von Freiburg im Breisgau den ersten deutschen Lehrstuhl für Parapsychologie innehatte. Nachdem Bender die Leitung des Institutes 1976 aus Altersgründen abgegeben hatte, wurde John Mischo sein Nachfolger. Heute hält Dr. Elmar Gruber den Lehrstuhl für Parapsychologie inne, der ein früherer Schüler Professor Benders ist.

„Angst vor meinen eigenen Visionen"

Doch zurück zum New Yorker „Central Premonition Registry". Ein kleiner Prozentsatz der dort registrierten Träume weist in geradezu unheimlicher Weise Bezüge zu Ereignissen auf, welche sich zutrugen, nachdem sie im C.P.R. registriert worden waren. Folglich als echte Prophetie zu werten sind.

Eine dieser Voraussagen stammt von einer Frau aus Ohio. Sie hatte von einem Flugzeugabsturz auf einem Flugplatz in der Nähe ihres Hauses geträumt. Im Traum war das Flugzeug stark beschädigt, hatte wahrscheinlich ein anderes Flugzeug oder ein festes Hindernis gestreift. „Es schwenkte nach links und krachte auf einen Hügel in der Nähe eines Flusses", berichtete die Frau. Nur neun Tage nach der Registrierung dieses Traums stand in den Zeitungen der Bericht über den Tod eines Juristen, dessen Privatmaschine bei einem frappierend ähnlichen Vorfall abgestürzt war. Ein Propeller wurde verbogen, als das Flugzeug nach links abzusacken begann und gegen einen Damm am Flugplatz krachte. Die Träumerin hatte „drei Männer wie Soldaten am Boden kriechen" gesehen. Und

Auf Initiative von Prof. Dr. Hans Bender (1907–1991) werden in Deutschland schon seit 1954 präkognitive Träume gesammelt und ausgewertet.

wirklich hatten drei der vier Passagiere an Bord den Absturz überlebt.

Mitte der Siebzigerjahre hatten die unheimlichen prophetischen Fähigkeiten der damals 29 Jahre alten Jandolin Marks aus Fairbanks im US-Bundesstaat Alaska großes Aufsehen erregt. Die junge Frau „sah“ mit Hilfe ihrer Traumerlebnisse über mehrere Jahre hinweg tatsächlich etliche schwere Flugzeugunglücke „in Serie“ voraus.

Am 2. März 1974 war ein türkisches Verkehrsflugzeug durch einen so genannten Dekompressionsfehler, der eine Explosion an Bord verursachte, abgestürzt, wobei alle Passagiere und Besatzungsmitglieder den Tod fanden. Genau einen Monat zuvor hatte Jandolin Marks vorausgesagt, dass „in der Zeit vom 1. bis zum 3. März drei Maschinen in Gefahr“ sein würden. „Ich sehe eine Explosion, eine Kollision mit einem Berg und eine Entführung“, hatte die Frau damals angekündigt. Eine Kollision mit einem Berg blieb zwar aus, doch nur wenige Stunden nach dem Absturz der türkischen Verkehrsmaschine wurde ein anderes Flugzeug von Terroristen entführt und in die Luft gesprengt.

Eine Vision hatte Jandolin Marks auch wenige Tage bevor am 24. Juni 1975 ein Jet der Eastern Airlines beim Anflug auf den New Yorker John F. Kennedy Airport abstürzte. Zwei Kinder waren damals unter den wenigen Überlebenden. Die junge Frau aus Alaska hatte „wenige junge Überlebende“ vorausgesagt und auch vor einem schweren Gewittersturm gewarnt, der am Unglückstage in der Nähe des Flughafens aufzog.

„Ich habe Angst vor meinen eigenen Visionen“, gestand Jandolin damals offen ein, als sie von Journalisten über ihre so unheimlich treffenden Voraussagen interviewt wurde.

Wenn Titanen der Meere sinken

Eine der größten Katastrophen der Neuzeit, die gleichermaßen ihren „prophetischen Schatten" vorauswarf, war der Untergang der *Titanic*. Sie war der ganze Stolz ihrer Zeit, sie repräsentierte den damals neuesten Stand der Technik sowie den unverbrüchlichen Glauben ihrer Konstrukteure, dass sie niemals und unter keinen Umständen sinken könne.

Ihr unheilvolles Ende markierte das erste Mal in der Geschichte der Technik, dass sich all jene, welche sich in der trügerischen Gewissheit sonnten, dass menschlicher Erfindergeist haushoch über die Kräfte der Natur und des Schicksals erhaben sei, jäh auf den Boden der Tatsachen zurückgerissen sahen. Einigermaßen vergleichbar mit dieser Katastrophe – zumindest was die Erschütterung eines Weltbildes betraf – war in späteren Jahren allenfalls der

Ihr Untergang war prophezeit: Der Luxusliner „Titanic" riss am 14. April 1912 1502 Opfer in den nassen Tod.

erste Absturz einer *Concorde* nach über dreißigjährigem, unfallfreiem Einsatz im Luftverkehr. So geschehen am 25. Juli 2000 bei Paris.

Nichts und niemand schien das Desaster aufhalten zu können, welches sich bei der Jungfernfahrt des legendären Ozeanriesen anbahnte. Vor der Küste Neufundlands rammte der Luxusliner am späten Abend des 14. April 1912 einen Eisberg und schlug leck. Der blinde Glaube an die Unsinkbarkeit der Titanic gepaart mit einer gehörigen Portion Ignoranz des Kapitäns vereitelten, dass sofort nach der Kollision das internationale Notsignal SOS gefunkt wurde. Stattdessen setzte der Funker zunächst das Signal CQD ab – „Come quickly, Danger".

Um 23.40 Uhr hatte sich die Kollision ereignet, die die Gäste im großen Salon nur als leichtere Erschütterung wahrnahmen. Gegen 2.00 Uhr morgens hatte der Gigant der Meere ausgekämpft. Chaotische Zustände beim Verlassen des Schiffs und viel zu wenige Rettungsboote waren der Grund, dass von insgesamt 2207 an Bord befindlichen Personen nur ein kleiner Teil von 705 gerettet werden konnte.

Bezeichnenderweise hatte es eine ganze Reihe von Vorahnungen gegeben, die sich allesamt auf die Havarie der Titanic bezogen. Eine stattliche Anzahl bereits gebuchter Passagiere hatte ihre Reservierungen wieder storniert, weil sie ein paar Nächte vor dem Auslaufen des Ozeanriesen von Albträumen heimgesucht worden waren, in denen sie sich hilflos im eiskalten Atlantik treiben sahen.

Auch der berühmte Londoner Verleger und Publizist William T. Stead hatte eine prophetische Vorahnung – allerdings 20 Jahre vor der Tragödie. In einer Serie von Kurzgeschichten, die er 1892 herausgebracht hatte, befand sich eine, die sich nachmals als unheimlich detaillierte Vorweg-

William T. Stead sah 20 Jahre zuvor das Unglück voraus, das auch sein eigenes Leben kosten sollte.

nahme des Untergangs der Titanic herausstellen sollte. Die Ironie des Schicksals: William Stead stand im April 1912 auf der Passagierliste der Titanic – und er zählte zu den 1502 Opfern, welche in den eisigen Fluten den Tod fanden.

Unheimliche Berühmtheit hat Morgan Robertsons prophetischer Roman „Futility“ erlangt, den der amerikanische Schriftsteller im Jahre 1898 – also 14 Jahre vor dem Untergang des Luxusdampfers – veröffentlichte. Auf geradezu beängstigende Weise wurde hierin die Wirklichkeit vorweggenommen, ja, es hatte sogar den Anschein, als hätte sich umgekehrt die Realität an die Vorlage in der Literatur gehalten! Robertsons Werk drehte sich um ein Schiff mit dem Namen „Titan“, welches in einer Aprilnacht aufgrund einer Kollision mit einem Eisberg unterging, obwohl dessen Erbauer und Eigner es für unsinkbar hielten.

In Robertsons Roman betrug die Anzahl der Rettungsboote 24, auf der realen Titanic waren es sogar nur 20. Verblüffende Parallelen gab es auch bei den technischen Daten der unglücksbehafteten Schiffe: Die Titan der Romanvorlage hatte eine Gesamtlänge von 800 Fuß, die Titanic 828,5 Fuß. Beide Meeresgiganten verfügten über drei Schiffsschrauben; im Roman fuhr das Schiff mit einer Geschwindigkeit von 25 Knoten in der Stunde, bei der Titanic waren es 22,5 Knoten. Nur bei der Anzahl der Passagiere gab es erwähnenswerte Abweichungen. Während im Roman zirka 3000 Menschen befördert wurden, waren es in der Realität „nur“ 2207. Dafür traten beide Schiffe ihre Jungfernfahrt Anfang April vom südenglischen Hafen Southhampton aus an.

Wenn man will, kann man es durchaus als verspätete Hommage an die ebenso staunenswerte wie zutreffende Prophetie Robertsons werten, dass 1998 – also genau 100 Jahre nach dessen Roman „Futility“ („Nichtigkeit“) – der Kassenschlager „Titanic“ weltweit in die Kinos kam.

„Die Kreatur Gottes klagt, klagt an und mahnt“. So steht es auf dem Sockel eines Denkmals im Stadtpark von Freiburg/Breisgau geschrieben, welches an das Vorherwissen einer Ente erinnert, die zahlreiche Menschenleben rettete.

Am 27. November 1944 gegen 19.30 Uhr abends wurden die Bürger in der Nähe des Stadtparks auf das aufgeregte, angstvolle Geschnatter eines Erpels aufmerksam. Dieser Enterich war dafür bekannt, dass er außergewöhnliche Ereignisse vorausahnen konnte. Diejenigen, die den Erpel kannten und sein immer heftiger werdendes Schnattern hörten, suchten, ohne Zeit zu verlieren, die nächstgelegenen Luftschutzräume auf. Und zwar ohne dass Fliegeralarm ausgelöst wurde.

Um 20.00 Uhr wurde das Freiburger Stadtzentrum ohne vorhergehende Warnung – sämtliche Sirenen waren aufgrund eines elektrischen Defekts ausgefallen – durch einen Fliegerangriff binnen 20 Minuten in Schutt und Asche verwandelt. Dieser Bombenangriff kostete zahlreichen Menschen das Leben. Auch der Erpel, der durch seine lautstarke Warnung so vielen anderen das Leben gerettet hatte, kam dabei um.

Am 27. November 1953, dem neunten Jahrestag des Geschehens, enthüllten die Freiburger ein Denkmal, das sie aus Dankbarkeit ihrem prophetischen Erpel gesetzt hatten.

Aus der Antike stammt eine fast gleichlautende Schilderung, die uns der römische Chronist Titus Livius (59 v. bis 17 n. Chr.) aufgezeichnet hat. Als nach der Niederlage in der Schlacht an der Allia im Jahre 390 v. Chr. die Kelten Rom besetzt hielten, scheiterte ihr Versuch, auch das Kapitol – der politische und religiöse Mittelpunkt des alten

Das Denkmal für den prophetischen Erpel, der zahlreichen Bürgern Freiburgs das Leben gerettet hat.

Rom – zu erobern. Das aufgeregte Geschnatter von Gänsen hatte die römischen Soldaten in der hoch gelegenen, stark befestigten Burg nächstens aus dem Schlaf geschreckt und damit den Plan der Angreifer, sie am darauf folgenden Tag zu stürmen, zunichte gemacht.

Ich habe bereits an anderer Stelle, im Zusammenhang mit dem Phänomen der Telepathie, darauf hingewiesen, dass die Fähigkeiten zu außersinnlichen Wahrnehmungen beileibe keine alleinige Domäne der Spezies Mensch ist. Und genauso dürfte es sich mit dem Wissen um künftige Geschehnisse, der Präkognition und der Prophetie verhalten: Es gibt ausreichend Belege dafür, dass unsere Mitgeschöpfe dazu fähig sind. Wer möchte schon mit Gewissheit ausschließen, dass das Paranormale seit den Tagen der ersten Höhlenbewohner das stärkste Bindeglied zwischen Menschen und Tieren ist?

Geradezu sensationell mutet die Erkenntnis an, dass Delfine die Fähigkeit besitzen, zumindest die nähere Zukunft exakt vorauszuwissen. Untereinander verständigen sie sich durch Ultraschall in Frequenzen zwischen fünf und 150 000 Hertz – wir Menschen sind in der Lage, allenfalls Töne zwischen 200 und 20 000 Hertz zu hören. Durch diese ungleich breiteren Frequenzmöglichkeiten nehmen die Delfine andere Wirklichkeiten wahr als wir. Und sie besitzen etwas, was *wir nicht* haben: die evolutionäre vierte Furche im Gehirn.

Nach Ansicht des Biologen Professor Jürgen Heinz sind diese Gründe dafür verantwortlich, dass Delfine jeweils einen halben Tag im Voraus wissen, was geschieht. Sie sind in der Lage, die gegenwärtige Situation genau zu erkennen, auszuwerten und für die nächsten zwölf Stunden hochzurechnen. Dadurch sind sie befähigt, präzise Ereignisse der Zukunft wahrzunehmen. Dies ist eine Eigenschaft, die sie uns überlegen macht. Ist der Mensch am Ende doch nicht die „Krone der Schöpfung" auf Erden?

Hellseher auf vier Pfoten

Die Terrier-Hündin „Missie" war der ganze Stolz der Amerikanerin Mildred Probert. Sie hatte den Hund als Welpe, als Nesthäkchen eines Wurfes von drei Jungen, in Pflege genommen und mit viel Liebe und Geduld großgezogen. Paranormale Fähigkeiten bewies Missie erstmals im Alter von fünf Jahren, ganz spontan. Mrs. Probert traf in Begleitung ihrer Hündin eine Bekannte mit derem Kind. Als sie das Kind nach dessen Alter fragte und sich dieses stur stellte, ergriff Missie die Initiative, indem sie dreimal laut und vernehmlich bellte. Tatsächlich war die Kleine drei Jahre alt.

Derlei Dinge können Zufall sein und so fragte Mrs. Probert ihren Hund nun, wie alt dieser sei, was Missie durch fünfmaliges Bellen korrekt angab.

Doch damit waren die paranormalen Fähigkeiten der hoch sensiblen Boston-Terrier-Hündin keineswegs erschöpft. Die Nachbarin von Mrs. Probert, Norma Kincaid, berichtete über Missies geradezu unglaubliches Talent, sogar die Zukunft exakt voraussagen zu können.

Im Februar 1965 besuchte das Ehepaar Kincaid wieder einmal ihre Nachbarin mit dem bereits für seine Fähigkeiten bekannten Hund. Zuerst sollte Missie ein paar alltägliche Fragen beantworten, wie etwa die Geburtsdaten der drei Töchter von Mr. und Mrs. Kincaid. Dann setzte der Nachbar Missie auf einen Stuhl, beugte sich über sie und fragte, wie viel Monate er noch zu leben hätte. Mrs. Probert protestierte gegen dieses Ansinnen, da sie es ablehnte, dass ihre Hündin den Tod eines Menschen voraussagt. Doch Mr. Kincaid beharrte auf der Beantwortung der Frage, worauf Missie 25mal anschlug.

Mrs. Probert wandte darauf ein, dass Missie sicher 25 *Jahre* gemeint habe, worauf der Mann zur Probe die Frage etwas anders stellte: „Wie viele *Jahre* werde ich noch leben?“ Prompt bellte Missie zweimal. Jetzt wurde Mr. Kincaid erst richtig neugierig und fragte die Hündin, ob sie ihm auch den Tag und den Monat benennen könne, worauf sie viermal anschlug. Im Anschluss daran gab sie durch Bellen noch „drei-eins-neun-sechs-sieben“ zu verstehen, was schlussendlich als 3. April 1967 interpretiert werden konnte.

Mr. Kincaid verstarb tatsächlich am 3. April 1967. Er wusste zwar selbst, dass er unheilbar an Magenkrebs erkrankt war und dass er nach Schätzung der Ärzte noch bestenfalls drei bis fünf Monate zu leben hatte. Doch die Ärzte lagen völlig daneben. Er starb, was das Erstaunlichste an diesem Vorfall ist, exakt 25 Monate (!) nach Missies Voraussage. Und zwar an einer Schussverletzung, die ihm ein Bekannter unbeabsichtigt beigebracht hatte. Selbst wenn die Terrier-Hündin den Gesundheitszustand des Mannes intuitiv „erschnüffelt“ hätte: Das Vorauswissen um die wirklichen Umstände des Todes von Mr. Kincaid ist mit „normalen“ Begriffen nicht mehr zu erklären!

Der politische Mord – Lieblingskind der Wahrsager

Zu Beginn meiner Ausführungen über Präkognition und Prophezeiungen habe ich in aller Kürze den Traum der Römerin Calpurnia angerissen, der den Mord an ihrem Gatten Julius Caesar zum Inhalt hatte. Betrachten wir nun prophetische Aussagen im Laufe unserer Geschichte, so ist es kaum übersehbar, dass diese sich besonders häufig um Morde an den politischen Machthabern, also Monarchen, Tyrannen oder Präsidenten, drehen.

In der Nacht zum 2. oder 3. Mai 1812 hatte der Bergwerksingenieur John Williams eine der beachtlichsten Vorahnungen, die jemals aktenkundig wurden. In allen Einzelheiten träumte jener die Ermordung eines britischen Premierministers. Aufgeregt erzählte Williams seinen Traum einem befreundeten Schriftsteller, John Abercrombie, der ihn 1834 folgendermaßen wiedergab: „Mr. Williams war im Unterhaus, wo er einen kleinen Mann in blauem Rock und weißer Weste sah. Wie er ihn noch betrachtete, da zog plötzlich ein Mann in einem braunen Rock mit messingfarbenen Knöpfen eine Pistole hervor und schoss auf den kleinen Mann. Jener stürzte nieder und aus einer klaffenden Wunde ein wenig unterhalb der linken Brustseite drang Blut.“ Mr. Williams vernahm in seinem Traum ganz deutlich den Pistolenknall, sah wie das Blut floss und die Weste befleckte und wie sich die Farbe des Gesichts des Opfers veränderte.

Man ergriff den Attentäter und als Williams – nach wie vor in seinem Traum – fragte, wer denn hier erschossen worden sei, antwortete man ihm, es sei der Schatzkanzler.

In jenen Tagen war *Sir Percival Spencer* gleichzeitig Premierminister und auch Schatzkanzler der britischen Regierung.

Williams hatte in jener Nacht denselben Traum noch zweimal. In der darauf folgenden Woche erzählte er ihn mehreren Personen, unter anderem seinem Bruder, einem Geschäftsfreund, sowie zwei führenden Persönlichkeiten seiner Heimatstadt Falmouth in der Grafschaft Cornwall.

Nur wenig mehr als eine Woche war vergangen, als am 11. Mai 1812 Sir Percival Spencer im Wandelgang des Unterhauses von einem gewissen John Bellingham erschossen wurde. Und zwar genauso, wie es John Williams geträumt hatte. Jede Einzelheit des Traumes wurde von Zeugen bestätigt, selbst die Kleidung sowohl des Opfers als auch des Mörders. Und fünf Tage nach dem Attentat wurde John Williams prophetischer Traum in der ebenso traditionsreichen wie seriösen Tageszeitung „The Times" in sämtlichen Details geschildert.

„Ich teile Ihnen hiermit mit ..."

Ob nun Attentate an politisch herausragenden Persönlichkeiten öfters prophezeit werden, weil sich deren Adressaten einer recht exponierten Stellung erfreuen, sei dahingestellt und ist für die Bewertung der nachfolgend geschilderten Vorgänge nicht von großer Bedeutung. Weitaus interessanter für diese Betrachtungen dürfte da schon die Tatsache sein, dass es sich um einen Fall aus dem Grenzbereich zwischen Prophetie und Telepathie zu handeln scheint. Ich spreche hier über den berühmt gewordenen prophetischen Traum des Dr. Lanyi von Großwardein, dessen Echtheit allgemein nicht in Zweifel gezogen wird, da er noch lange vor dem Eintritt des „geträumten" Ereignisses niedergelegt und von Zeugen bestätigt werden konnte.

Der Geistliche war der Lehrer und Erzieher des österreichischen Erzherzogs Franz Ferdinand und erfreute sich der ganz besonderen Zuneigung und Gunst des Thronfolgers und dessen Gattin Sophie.

Ende Juni 1914 reiste Franz Ferdinand mit seiner Gattin in das damals zur österreichisch-ungarischen Doppelmonarchie gehörende Bosnien. Am 28. Juni sollte das Thronfolgerpaar im Rathaus von Sarajevo empfangen werden. In den Morgenstunden jenes Tages erwachte gegen 3.30 Uhr Bischof Dr. Lanyi voller Unruhe. Er hatte soeben einen furchtbaren Traum gehabt.

Ihm träumte, dass er in den Morgenstunden an seinen Schreibtisch ging, um die eingetroffene Post durchzusehen. Ganz obenauf lag eine Depesche mit schwarzem Rand, schwarzem Siegel sowie dem Wappen Franz Ferdinands. Sofort erkannte Dr. Lanyi die Handschrift seines „Schützlings". Als er den Brief aufmachte, sah er am Kopf des Briefpapiers ein Bild wie auf Ansichtspostkarten, das eine Straße und eine enge Gasse darstellte. Beide Hoheiten saßen in einem Automobil, ihnen gegenüber ein General und neben dem Chauffeur ein Offizier der Garde. Auf beiden Seiten der Straße drängte sich eine Menschenmenge. Mit einem Male lösten sich daraus zwei junge Männer, sprangen hervor, zielten und schossen auf das Thronfolgerpaar.

Der Text dieses „Traumbriefes" lautete: „Eure bischöflichen Gnaden, lieber Dr. Lanyi! Ich teile Ihnen hiermit mit, dass ich heute mit meiner Frau in Sarajevo als Opfer eines politischen Meuchelmordes falle. Wir empfehlen uns Ihren frommen Gebeten und hl. Messopfern und bitten Sie, unseren armen Kindern auch fernerhin in Liebe und Treue so ergeben zu bleiben wie bisher. Herzlich grüßt Sie Ihr Erzherzog Franz Ferdinand, zu Sarajevo, am 28. Juni 1914, halb vier Uhr morgens."

Der unheimliche Traumbrief berichtete somit über einen hinterhältigen Anschlag, der um die frühe Morgenstunde noch nicht stattgefunden hatte. Bischof Lanyi berichtete über die folgenden Vorgänge an diesem schicksalhaften Morgen: „Zitternd und in Tränen aufgelöst, sprang ich aus dem Bett, sah auf die Uhr, die halb vier Uhr anzeigte. Ich eilte sofort zum Schreibtisch und schrieb nieder, was ich im Traum gesehen hatte. In dieser Niederschrift hielt ich sogar die Form einiger Buchstaben bei, wie sie vom Erzherzog geschrieben waren."

Inzwischen war es 5.45 Uhr geworden und Miklos, der Diener des Bischofs, trat ein. Er fand seinen Herrn leichenblass und völlig verstört vor. „Euer Gnaden sind doch nicht krank?", erkundigte sich Miklos zutiefst besorgt.

„Nein, nein", entgegnete Dr. Lanyi. „Aber rufe gleich meine Mutter und den Gast, das Fräulein Anni. Ich will eine heilige Messe für unsere Hoheiten lesen, denn ich hatte einen schrecklichen Traum."

Um 6.30 Uhr erschienen die Mutter des Bischofs und besagtes Fräulein Anni. Der Geistliche erzählte ihnen sowie seinem Diener Miklos den erschreckenden Albtraum, im Anschluss zelebrierte er in der Hauskapelle die heilige Messe. Der Bericht des Dr. Lanyi von Großwardein endete schließlich, wie er nach heutigem Wissen über die geschichtlichen Abläufe enden *musste:* „Der ganze Tag verging mit Angst und Bangen, bis mir schlussendlich ein Telegramm aus Wien die schreckliche Nachricht brachte, dass die beiden Hoheiten in Sarajevo ermordert worden waren."

Handelte es sich in diesem Fall um einen echten Akt

Exakt diese Szene träumte Bischof Dr. Lanyi Stunden bevor das Attentat auf das österreichische Thronfolgerpaar tatsächlich stattfand.

von Prophetie seitens des Bischofs oder wurde ihm die Nachricht auf telepathischem Wege – möglicherweise durch die Opfer oder auch die späteren Mörder – übermittelt? Ein weites Feld für Spekulationen tut sich hier auf, was diesen Fall im Grenzbereich zwischen zwei erregenden Phänomenen noch spannender und undurchschaubarer gestaltet.

Keine Spekulation ist allerdings vonnöten für die *Folge* dessen, was Bischof Dr. Lanyi im Traum vorhergesehen und das sich Stunden später in allen Einzelheiten verwirklicht hatte. Jenes schicksalhafte Attentat auf dem noch heute blutgetränkten Boden von Sarajevo hatte den Ausbruch des Ersten Weltkrieges zur Folge, nach dessen Ende im Jahre 1918 auch der Niedergang der Monarchie in Österreich besiegelt war.

Der Mord an JFK

Als am Nachmittag des 22. November 1963 Schüsse durch die Straßen der texanischen Stadt Dallas hallten und die Welt vor Entsetzen den Atem anhielt, stellte dieses Fanal im Grunde nur den tragischen Schlusspunkt einer weiteren Reihe von Prophezeiungen dar. In deren Mittelpunkt stand der Tod einer der charismatischsten Leitfiguren des 20. Jahrhunderts. John Fitzgerald Kennedy – oder JFK, mit seinen mittlerweile zum Markenzeichen avancierten Initialen – war einem Meuchelmord zum Opfer gefallen, dessen nebulöse Begleitumstände noch heute zu Spekulationen und Verschwörungstheorien reizen. Nebenbei bemerkt: Beinahe niemand glaubt an die Einzeltäterschaft Lee Harvey Oswalds, zumal selbst offizielle Kongressberichte der vergangenen Jahre eine Verschwörung annahmen. Möglicherweise sind die US-Geheimdienste CIA und NSA darin verstrickt.

Untrennbar mit dem Mord am 35. Präsidenten der Vereinigten Staaten von Amerika ist der Name von *Jeane Dixon* verbunden, deren Ruf als Wahrsagerin, Prophetin und Hellseherin selbst für amerikanische Verhältnisse geradezu den Rahmen alles Bekannten sprengt. Denn Mrs. Dixon, zuweilen auch als Grand Old Lady des Vorauswissens tituliert, sagte das Attentat auf JFK schon elf Jahre vor der Tat voraus – zu einer Zeit also, da noch niemand mit der Präsidentschaft Kennedys rechnete.

Als die gläubige Katholikin Jeane Dixon an einem Morgen im Jahre 1952 zum Beten in die Washingtoner „St. Matthew's Cathedral" ging, bemerkte sie plötzlich, dass sie nicht mehr auf den Altar mit der Marienstatue, sondern auf die geisterhaften Umrisse des Weißen Hauses starrte. Es war wie im Traum und doch war sie bei vollem Bewusstsein, nahm gleichsam die Dinge in der unmittelbaren Umgebung wahr. In ihrer Vision stand ein schlanker, junger Mann mit kurz geschnittenen dunklen Haaren vor dem Gebäude, über ihm vor einer dunklen Wolke war die Zahl „1960" zu erkennen. Eine innere Stimme sagte Jeane, dass ein Mitglied der Demokratischen Partei zum Präsidenten gewählt werden würde, doch noch im Verlaufe seiner Amtszeit einem Attentat zum Opfer fiele. Vier Jahre später wurde diese Vision von Jeane Dixon in der Ausgabe der US-Zeitung „Parade" vom 13. Mai 1956 erstmalig einem größeren Publikum bekannt. Darin hieß es: „In Bezug auf die Wahlen von 1960 glaubt Mrs. Dixon, dass diese von sehr viel Mühsal begleitet sind und von einem Demokraten gewonnen werden. Doch er wird entweder ermordet oder in seinem Büro sterben, allerdings nicht unbedingt im ersten Amtsjahr."

Nur wenige Augenblicke vor dem Mord: John F. Kennedy am 22. November 1963 in den Straßen von Dallas/Texas.

Als dann 1960 tatsächlich der Kandidat der Demokratischen Partei, der damals 43 Jahre alte John F. Kennedy, zum jüngsten Präsidenten der USA gewählt wurde, war der erste Teil der Vorhersage Jeane Dixons in Erfüllung gegangen. Doch weiterhin sah diese in ihren Visionen das Weiße Haus in Washington, umhüllt von einer schwarzen Wolke.

Selbst als im Sommer 1963 tragischerweise Patrick, Kennedys jüngster Sohn, starb, blieb Jeane Dixon felsenfest davon überzeugt, dass die schwarze Wolke über dem Weißen Haus ein Zeichen für die baldige Ermordung des Präsidenten sei. Sie wandte sich an enge Freunde der Kennedys mit der Bitte, den Präsidenten zu warnen. Doch ihre Vorstöße verhallten ungehört, da selbst Kennedys Freunde davon überzeugt waren, dass JFK seine Pläne gewiss nicht auf Anraten einer Hellseherin ändern würde.

Zeugen kolportierten, dass Jeane Dixon am 22. November 1963, jenem Tag des Attentates, während eines Essens im Washingtoner „Mayflower Hotel“ extrem nervös war. Darauf angesprochen, sagte sie nur: „Ich bin zu aufgeregt zum Essen. Etwas Furchtbares wird heute dem Präsidenten zustoßen.“

Und als es in den ersten Nachrichten am Nachmittag dieses schicksalhaften Tages noch hieß, in Dallas sei auf den Präsidenten geschossen worden – zu diesem Zeitpunkt glaubte noch jeder, Kennedy wäre nur verwundet –, wusste Jeane Dixon mit Gewissheit, dass JFK den Anschlag nicht überlebt hatte.

Jeane Dixon und der Kennedy-Clan

„Nichts hat mich jemals so überwältigt wie diese Vision“, sagte die Hellseherin, die von sich selbst behauptet, eine besondere Affinität zu den Kennedys zu haben, in einem späteren Interview. Denn sie sollte noch weitere Male mit ihren Voraussagen bezüglich der ursprünglich aus Irland stammenden Familie absolut richtig liegen.

Doch obgleich sich bereits ihre Vorahnung zur Ermordung von John F. Kennedy als wahr erwiesen hatte, berichtete wenige Monate später niemand dem jüngsten Bruder Edward von ihrer Warnung, jener würde demnächst einen Unfall mit einem Privatflugzeug erleiden. Dieses Mal traf die Vorhersage bereits am nächsten Tage ein, als der junge Senator bei einem Flugzeugunglück schwer verletzt wurde.

Selbst dieser „Treffer“ war noch nicht ihre letzte Prophezeiung über den Kennedy-Clan. Das Schicksal Robert „Bob“ Kennedys, der den Plan verfolgte, seinem 1963 ermordeten Bruder ins Weiße Haus zu folgen, wurde von

Jeane Dixon unter den merkwürdigsten Umständen vorausgesagt. Ende Mai 1968 gab sie während einer Tagung im Ambassador Hotel in Los Angeles ein Interview über Prophetie, als jemand die Frage nach Roberts Aussichten auf die Präsidentschaft stellte. Ehe sie antworten konnte, sah sie etwas wie eine schwarze Wolke vor sich. Und als sie sich einigermaßen gefasst hatte, entgegnete sie: „Nein, das wird er nicht. Er wird niemals Präsident der Vereinigten Staaten werden, und zwar wegen einer Tragödie, die hier in diesem Hotel stattfinden wird."

Nur eine Woche später, am 5. Juni 1968, wurde Robert Kennedy in der Küche des Ambassador Hotels von dem Attentäter Sirhan Bishara Sirhan angeschossen und erlag seinen schweren Verletzungen am folgenden Tag.

Auch Jacqueline, John F. Kennedys Witwe, sagte vor dem Mord an ihrem Schwager Robert: „Ich weiß, dass er erschossen wird – genau wie mein Mann!"

Jeane Dixon machte übrigens noch etliche andere Aufsehen erregende Voraussagen, die auch eintrafen, wie etwa die überraschende Niederlage Winston Churchills in den Parlamentswahlen von 1945 oder die Ermordung des indischen Politikers Mahatma Gandhi am 30. Januar 1948 in Neu-Delhi. Doch sie ist nicht unfehlbar, denn einige ihrer Prophezeiungen trafen nie ein. Dazu gehörte die Voraussage, dass das kommunistische China im Jahre 1958 die Welt in einen Krieg stürzen werde, dass die Sowjetunion 1953 den Iran besetzen und dass Fidel Castro 1966 „entweder in Chila weilen oder tot sein werde".

Der „Gran Lider de la Revolución" erfreut sich jedoch heute noch seines Lebens auf der Karibikinsel und hat seinen einstigen Erzfeind Kennedy schon um fast vier Jahrzehnte überlebt.

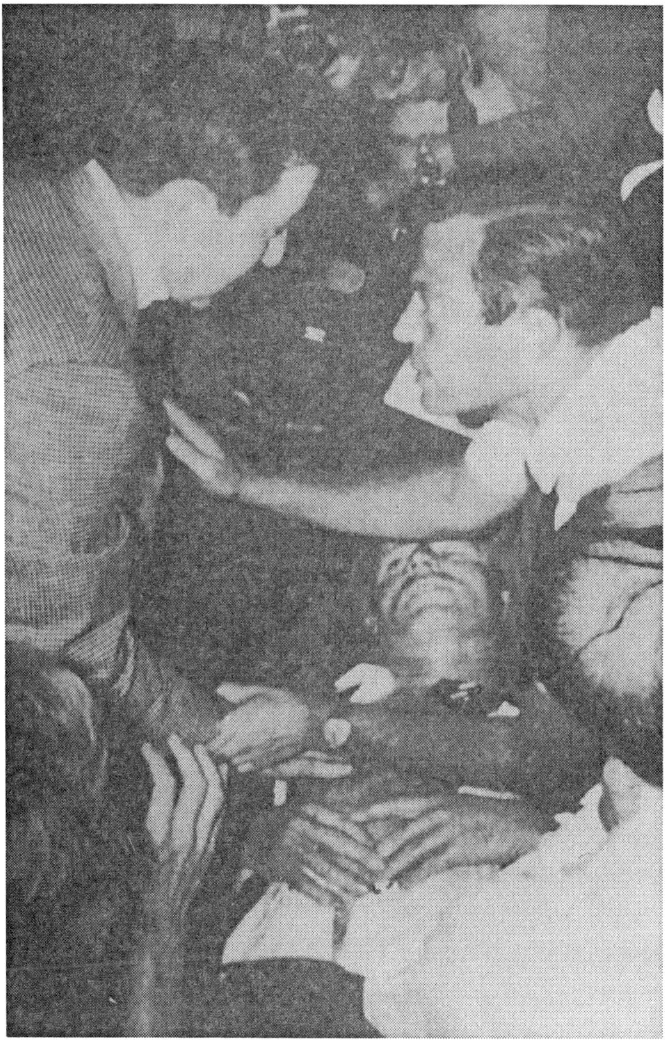

Auch der Mord an Robert Kennedy wurde von der amerikanischen Seherin Jeane Dixon vorhergesagt.

Selbsterfüllende Prophezeiungen

Vielleicht bewirken manche warnenden Voraussagen gerade das genaue Gegenteil dessen, was sie eigentlich beabsichtigen sollen. Vielleicht bilden Prophezeiungen zuweilen erst den Kern, um den sich sodann in unaufhaltsamer Folge das unheilvolle Geschehen kristallisiert. Im Falle des ermordeten US-Präsidenten John F. Kennedy könnte es so gewesen sein. In einem im *Journal of the American Society for Psychical Research* veröffentlichten Leserbrief wurde die Vermutung geäußert, dass Kennedys angeblicher Mörder Lee Harvey Oswald – oder wer immer auch tatsächlich hinter dem Attentat steckte – lange vor besagtem Ereignis über eine der zahlreichen Prophezeiungen der Hellseherin Jeane Dixon gelesen hatte, welche die bevorstehende Ermordung des US-Präsidenten zum Inhalt hatte. Der oder die Attentäter seien so eigentlich erst durch die Veröffentlichung entscheidend zu der Tat motiviert worden.

Unter diesem Gesichtspunkt selbsterfüllender Prophezeiungen erscheint die Verantwortung, die Sensitive und Propheten wie Jeane Dixon und andere mit deren Äußerungen übernehmen, in einem völlig neuen Licht. Haben wir es tatsächlich mit einer so genannten *Erfüllungsprophetie* zu tun, geraten wir in einen fatalen Kreislauf hinein, bei dem niemand mehr die Frage zu beantworten weiß, wer der wahre Auslöser des Geschehens ist: der Prophet selbst oder der ausführende Täter.

Vielleicht ist derselbe Aspekt der Grund genau dafür, warum der berühmte Prophet, Arzt und Astrologe Michael Nostradamus (1503–1566), auf den ich im folgenden Kapitel ausführlich eingehe, dessen in Vierzeiler gefassten Vorhersagen so kompliziert verschlüsselte.

Die Todesprophezeiung der Shawnee

Eine weitere, jedoch viel ältere Prophezeiung, welche nicht allein auf den Mordanschlag an John F. Kennedy abzielt, vielmehr ungleich weiter in ihrer Tragweite abgefasst ist, wurde in den Dreißigerjahren des 19. Jahrhunderts ausgesprochen. Ein Häuptling der Shawnee-Indianer, der im Kampf gegen die Truppen des damaligen Gouverneurs von Indiana, William Henry Harrison, getötet wurde, prophezeite in seiner letzten Stunde den vorzeitigen Tod aller US-Präsidenten, die in einem Jahr gewählt werden, welches auf Null endet beziehungsweise durch zwanzig teilbar ist.

Wenige Jahre später wurde William Harrison als neunter Präsident der Vereinigten Staaten gewählt und zog ins Weiße Haus ein. An ihm sollte sich die mysteriöse Prophezeiung seines vormaligen Gegners als erstem erfüllen, denn er starb noch vor Beendigung seiner Amtszeit. Und von da an wiederholte sich jenes vorausgesagte Schicksal mit einer geradezu unheimlichen Präzision, schlug alle 20 Jahre zuverlässig zu. Bis heute forderte es folgende Opfer:

- William H. Harrison, gewählt im Jahre 1840. Er regierte nur einen Monat lang, dann starb er unter mysteriösen Umständen.
- Abraham Lincoln, gewählt 1860. Er wurde von John W. Booth am 14. April 1865 im Ford's Theatre in Washington erschossen.
- James A. Garfield, gewählt 1880. Er starb an den Folgen eines Attentates, verübt durch Charles J. Guiteau.
- William McKinley, wiedergewählt im Jahre 1900. Dessen Leben setzte ein Anarchist in Buffalo im September 1901 ein Ende.

- Warren Harding, gewählt 1920. Er verstarb im dritten Jahr seiner Amtszeit.
- Franklin D. Roosevelt, wiedergewählt 1940. Er brachte es auf Grund dreimaliger Wiederwahl zwar auf die längste Amtszeit aller bisherigen Präsidenten der USA, verstarb jedoch, bevor er seine vierte Amtsperiode zu Ende bringen konnte.
- John F. Kennedy, gewählt 1960. Er fiel möglicherweise einer Verschwörung zum Opfer.

Auf den ehemaligen Präsidenten Ronald Reagan, der im Jahre 1980 gewählt wurde und 1981 sein Amt antrat, wurde gleichfalls ein Attentat verübt. Er überlebte jedoch den Anschlag vom März 1981. War damit die Prophezeiung des Shawnee-Häuptlings gebrochen? Zu den hier angesprochenen Periodizitäten wäre noch anzumerken, dass die Präsidentschaftswahlen im Herbst der auf Null endenden Jahre stattfinden, der Einzug ins Weiße Haus ist aber erst im darauf folgenden Frühjahr.

Im Augenblick, da ich über dieses Thema schreibe, läuft der Wahlkampf der beiden Präsidentschaftskandidaten George W. Bush jr. und Al Gore auf Hochtouren. Einer der beiden wird demgemäß noch im Jahr 2000, das ja bekanntlich auch auf Null endet, zum 43. Präsidenten der USA gewählt werden. Wir dürfen mächtig gespannt sein, ob eine nunmehr fast 170 Jahre währende Todesprophezeiung noch immer ihre sinistre Gültigkeit behält.

Diese Prophezeiung war im Übrigen kein Geheimnis in den USA; aus diesem Grund ließ ein gewisser Harvey Squires beiden Anwärtern für das Amt des US-Präsidenten im Jahre 1960 eine schriftliche Warnung zukommen. Von John F. Kennedy bekam er sogar ein persönliches Antwortschreiben zurück:

„Sehr geehrter Mr. Squires,

die von Ihnen zitierte historische Kuriosität (den Tod eines jeden Präsidenten in besagtem 20-Jahres-Zyklus) in Ihrem Brief vom 4. Mai macht in der Tat nachdenklich – seit 1840 hat also kein Präsident, der in einem Jahr mit einer Null am Ende ins Weiße Haus gewählt wurde, so lange gelebt, dass er es wieder lebendig verlassen konnte.

Da Sie hierüber einen Artikel verfasst haben und mich hierzu um meine Meinung gefragt haben, fürchte ich, dass ich Ihnen nicht recht weiterhelfen kann. Ich muss weiters zugeben, dass ich noch nicht über diesen Aspekt nachgedacht habe. Auf Ihre Frage, welche Auswirkungen – wenn überhaupt – dies auf meine Kandidatur haben wird, denke ich, dass diese Frage von der Zukunft selbst beantwortet werden wird. Genauso wie die Frage, ob ich tatsächlich das Glück haben werde, ins Weiße Haus einzuziehen.

Sollte tatsächlich jemand, der Ambitionen hat, als zukünfte Anschrift *1600, Pennsylvania Avenue* (die Postadresse des Weißen Hauses; HH) anzugeben, das Phänomen ernst nehmen, so stünde zu befürchten, dass von 1960 bis 1964 ein Schild mit der Aufschrift ‚Zu vermieten' am Tor zum Weißen Haus hängen wird.

Mit besten Grüßen
John Fitzgerald Kennedy"

In einem Punkt hatte John F. Kennedy wirklich absolut Recht: Die Zukunft hat die oben gestellten Fragen beantwortet, als am 22. November 1963 die gesamte Welt vor Entsetzen einen langen Augenblick stillstand.

Lincoln sieht sein eigenes Ende

In gewisser Weise bestätigte diese Todesprophezeiung des im Kampf getöteten Shawnee-Häuptlings auch eine andere Vorahnung, die der später Betroffene gut drei Wochen vor Eintritt der Ereignisse detailliert voraussah.

Am Abend des 23. März 1865 hatte Abraham Lincoln, der durch die Abschaffung der Sklaverei in die Geschichte eingegangene 16. Präsident der Vereinigten Staaten, enge Freunde zum Nachtessen in das Weiße Haus eingeladen. Der Präsident war, wie bereits am Tag zuvor, auffallend still, als würde ihn etwas sehr bedrücken. Die Gäste merkten es wohl, wagten jedoch nicht nachzufragen, bis Lincoln von sich aus sein Schweigen brach. „Ich habe etwas Entsetzliches geträumt, das mir keine Ruhe lässt", deutete er kryptisch an. Und nachdem die Gäste ihn zum Weitererzählen drängten, begann Lincoln mit leiser, stockender Stimme, die Augen angsterfüllt ins Leere gerichtet, zu berichten, was ihm widerfahren war.

Am 21. März 1865 hatte der Präsident lange gearbeitet und war dann spätabends erschöpft zu Bett gegangen. Plötzlich hatte er jenen Traum, der ihn noch tagelang aufs Äußerste beunruhigen sollte. Um ihn herum, träumte ihm, sei es still gewesen, einzig unterdrücktes Schluchzen war zu vernehmen, als weinten zahlreiche Menschen. Beunruhigt sei er aufgestanden, von seinem Schlafzimmer aus die Treppe hinuntergegangen, und sei zum Sitzungssaal im Weißen Haus gekommen. Auch dort vernahm er tränenerstickte Stimmen. Dabei war jedoch kein weinender Mensch zu sehen. Von lähmendem Entsetzen gepackt, sei er durch mehrere Säle weitergeeilt und schließlich in einen Raum gelangt, in dem die Fenster nach Osten gingen.

Seine Vorahnung rettete ihn nicht: Abraham Lincoln, am 14. April 1865 von John W. Booth im Theater ermordet.

Als er – noch immer in seinem Albtraum – sich in dem Zimmer umsah, gewahrte er einen Sarkophag, an dem Soldaten die Ehrenwache hielten. Selbiger war von weinenden Menschen umgeben und stand offen. Als er die Frage stellte, wer denn gestorben sei, erhielt er zur Antwort: „Der Präsident – er wurde ermordet." Danach sei er schweißgebadet aufgewacht.

Vergeblich versuchten die Gäste, Präsident Lincoln zu beruhigen. Auch der Versuch seines alten Freundes Ward Hill Lamon, dass „Träume nur Schäume" seien, nützte nichts und darum löste sich die Tafelrunde an jenem bedrückenden Abend bald auf.

Doch wenige Tage später schien alles vergessen. Lincoln erlebte einen triumphalen Erfolg: Nach der Einnahme von Richmond/Virginia am 3. April 1865, die die bedingungslose Kapitulation der zuvor aus dem Staatenbund ausgetretenen Südstaaten zur Folge hatte, hielt er unter dem begeisterten Jubel der schwarzen Bevölkerung seinen Einzug in die einstige Hauptstadt der „Konföderierten Staaten von Amerika“. Doch dann kam der schicksalhafte 14. April.

An diesem Abend fuhr Lincoln in Washington, begleitet von seiner Frau, zum Ford-Theater, um sich das Lustspiel „Der amerikanische Cousin“ anzusehen. Das Präsidentenpaar nahm in der Ehrenloge Platz, die von einem Geheimpolizisten bewacht wurde. Denn seit dem Krieg gegen die Südstaaten hatte Präsident Lincoln gefährliche politische Feinde.

Die Lichter waren gerade erloschen und das Theaterstück begann, als plötzlich ein Schuss durch den Saal peitscht. Schreie der Angst und des Entsetzens gellen durch das Theater. Als die Menschen in die Präsidentenloge drängten, mussten sie fassungslos sehen, was geschehen war: Abraham Lincoln war in sich zusammengesunken, tödlich von einer Kugel getroffen. In der allgemeinen Panik versuchte der Täter zuerst zu entkommen, konnte jedoch überwältigt werden. Es war der arbeitslose Schauspieler John Wilkes Booth, ein fanatischer Parteigänger der Südstaaten und Gegner der Politik des Präsidenten. Auch er wurde kurz darauf erschossen.

Am Tage danach erfüllte sich genau das Bild, das Lincoln in seinem prophetischen Traum vorhergesehen hatte. Im Ostzimmer des Weißen Hauses lag, umgeben von einer vor Trauer weinenden Menschenmenge, der Leichnam des toten Präsidenten. Er war aufgebahrt in einem offenen Sarkophag. Ein weiteres Mal hatte die Vorahnung eines Menschen diesen nicht dazu veranlassen können, prophetisch erlebtes Unheil abzuwenden.

Im letzten Kapitel möchte ich noch auf einen legendären Seher und Propheten eingehen, dessen Voraussagen noch heute zahlreiche Menschen faszinieren. Die jedoch aufgrund ihrer kaum mehr zu überbietenden Mehrdeutigkeit auch Gefahr laufen, fehlinterpretiert zu werden.

Nostradamus' Erbe – Fehldeutungen inbegriffen

Zum Thema Prophezeiungen habe ich mich bereits über die unheimlich treffenden Voraussagen das Schicksal der Kennedy-Brüder betreffend ausgelassen und über den Untergang der Titanic; ebenso über die schier unglaublichen Fähigkeiten einiger unserer Mitgeschöpfe. Doch wären diese Betrachtungen reichlich unvollständig, würde ein Name hier unerwähnt bleiben: der des berühmtesten aller Wahrsager und Propheten, *Nostradamus.*

Als Michel de Notredame – der seinen Namen erst später latinisierte und sich fortan Nostradamus nannte – wurde er am 14. Dezember 1503 in St. Rémy, einem kleinen Ort in der südfranzösischen Provence, geboren. Die Eltern waren jüdischen Glaubens, konvertierten jedoch zum Christentum und erzogen Michael als Katholiken. Er studierte Medizin und fiel bereits in jenen Tagen durch seine rednerische Brillanz auf. Als Mediziner wurde er rasch berühmt, denn seine Kunst in der Behandlung von Pestkranken durch angebliche Wunderkuren erregte großes Aufsehen, das bald zu höheren Kreisen vordrang.

Zudem betätigte er sich als Astrologe. Seine prophetischen Gaben wurden offenbar, als er im Jahre 1555 das erste von insgesamt zehn Büchern herausbrachte, welche je 100 Weissagungen enthielten und in vierzeiligen Versen – den so genannten „Quatrains" oder „Centurien" – geschrieben waren. Diese Voraussagen reichen angeblich bis ins Jahr 3000 nach Christus.

Nostradamus machte übrigens nie ein Geheimnis aus seiner Methode, wie er die Zukunft erkannte. Auf ein Stativ aus Messing stellte er ein mit Wasser gefülltes Gefäß und blickte hinein – wahrscheinlich versetzte ihn dies in Trance.

Zuweilen kam ihm auch ohne dieses Hilfsmittel eine blitzartige Erleuchtung. So warf er sich eines Tages, als er in jungen Jahren durch Italien reiste, vor einem vorüber gehenden Novizen auf die Knie und betitelte jenen zur großen Verwunderung aller Umstehenden mit „Seine Heiligkeit“. Im Jahre 1585, lange nach Nostradamus' Tod, wurde derselbe Mönch dann als Sixtus V. zum Papst gewählt.

„... zu sterben eines grausigen Todes“

Viele Dinge jedoch, die der Arzt und Astrologe aus der Provence vorhersagte, bewahrheiteten sich schon wesentlich früher und so verbreitete sich sein Ruf im ganzen Lande. Menschen aller Stände besuchten den Gelehrten, der mittlerweile in Salonde-Provence lebte, um seinen Rat einzuholen. Könige und andere Adelige luden ihn an ihre Höfe und beherbergten ihn für längere Zeit als ihren Gast. Katharina von Medici, die der gleichnamigen Florentiner Adelsfamilie entsprossene Gattin Heinrichs II., zählte zu seinen Verehrerinnen und später ernannte König Karl IX. ihn zu dessen Leibarzt.

1556 rief die Königin Nostradamus zu sich nach Paris, denn sie brannte darauf, die Zukunft ihrer vier Söhne zu erfahren. Und tatsächlich sagte der Seher, wie wir heute wissen, voraus, was unmöglich schien: Drei der Söhne Katharinas würden auf dem Thron sitzen. Was er dabei allerdings verschwiegen hatte, war die Tatsache, dass die Krönung des einen erst durch den Tod des Bruders ermöglicht werden würde. Er tat dies, weil er der Meinung war, dass es für keinen Menschen gut sei, stets die volle Wahrheit zu wissen.

Anlässlich dieses Besuches bei Hofe äußerte Nostradamus die wohl berühmteste aller seiner Prophezeiungen, in der er voraussagte, wie König Heinrich II. sterben würde:

„Der junge Löwe wird den alten überwinden, auf einem Kampfplatze im Einzelkampf. Er wird seine Augen in ihrem goldenen Käfig durchbohren. Zwei Wunden in einer, zu sterben eines grausigen Todes."

Bereits drei Jahre später nahm das Vorhergesagte seinen unaufhaltsamen Lauf. König Heinrich verlor unter Aufsehen erregenden Umständen sein Leben. Es geschah auf der Hochzeit seiner Schwester Margarethe von Frankreich mit dem Herzog von Savoyen durch ein ebenso zufälliges wie ungewöhnliches Ereignis. Bei einem Ritterturnier im Rahmen der Feierlichkeiten forderte der König plötzlich den jungen Grafen von Montgomery zu einem Wettkampf auf. Dabei kam es zu einem entsetzlichen Unfall: Völlig unbeabsichtigt durchbohrte die Lanze des Engländers das Drahtvisier am goldenen Helm des Monarchen und drang in dessen Auge ein. Heinrich starb nach zehntägigem Todeskampf unter furchtbaren Qualen am 10. Juli 1559.

In einem anderen Vierzeiler hatte es geheißen: „In dem Jahre, wenn das eine Auge Frankreich regiert, wird der Hof in großer Unruhe sein, der Herr zu Blois wird seinen Freund erschlagen. Dem Königreiche wird es bös ergehen."

Nach dem Tode Heinrichs II. erfüllte sich das Schicksal des Prinzen genauso, wie Nostradamus vorhergesagt hatte. Der erste von ihnen, Franz II., starb ein Jahr nach seinem Vater im Alter von nur 17 Jahren. Nach ihm bestieg der zweite als Karl IX. zehnjährig unter der Regentschaft Ka-

Michel de Notre Dame – bekannter als Michael Nostradamus – (1503–1566), der wohl bekannteste Seher und Prophet der Geschichte.

tharinas den Thron. In den Folgejahren brach der Hugenottensturm los, der in der blutigen Bartholomäusnacht seinen Höhepunkt fand. Karl IX. starb mit 22 Jahren und ließ Frankreich in einem unbeschreiblichen Chaos zurück. Nun wurde der letzte der Prinzen gekrönt, er regierte als Heinrich III. Als er in Blois an der Loire die Generalstaaten zusammenrief, ging die andere Prophezeiung in Erfüllung. Der König ließ seinen Freund, den Herzog von Guise, hinterhältig ermorden. „Der Herr zu Blois“, hatte es im Vers des Sehers geheißen, „wird seinen Freund erschlagen.“

Der Tod des Sehers

Schon lange vorher sagte Nostradamus das Jahr seines Todes und dessen ungewöhnliche Begleitumstände voraus: „Zurück von der offiziellen Reise, Gabe des Königs, ans Zimmer gebunden, wird sie ihm nichts mehr nützen, wird er zu Gott gegangen sein. Nächste Familie, Freunde und Verwandte treffen ihn bereits gestorben an, nahe bei Bett und Bank.“

Tatsächlich machte der Prophet noch kurz vor dessen Tod einen Besuch am königlichen Hofe, wo ihn Karl IX. zum Hofrat und königlichen Leibarzt ernannte. Doch bald erkrankte Nostradamus an Wassersucht und konnte sein Zimmer nicht mehr verlassen. Am 2. Juli 1566 starb er allein und einsam am Schreibtisch seines Arbeitszimmers.

Kurz vor dem Tode ließ er eine Jahreszahl in eine metallene Plakette eingravieren und verfügte, dass diese mit seinem Leichnam in den Sarg gelegt werden sollte. Im Jahre 1700 – also 134 Jahre nach seinem Tod – öffnete man sein Grab, um ihn an einem Ehrenplatz beizusetzen. Auf seinem Skelett lag noch immer jene gravierte Plakette – und sie trug die Zahl 1700!

Um nicht von der Inquisition der Zauberei oder eines Bundes mit dem Teufel bezichtigt zu werden, verklausulierte Nostradamus in allen seinen Voraussagen die Daten und bediente sich zudem einer verwirrenden Kombination aus Symbolen und Anagrammen, aus Altfranzösisch und Latein sowie anderen Sprachen. Diese so gewollte Verschleierung hat schon häufig dazu geführt, dass die Visionen des Sehers auf die unterschiedlichste Weise interpretiert wurden. Einige dieser quasi vorprogrammierten Fehlinterpretationen werde ich im Weiteren noch darstellen.

Der dritte Antichrist

Insgesamt jedoch kommen viele seiner Aussagen der Wirklichkeit so unheimlich nahe, dass man ihn mit Fug und Recht als den wohl bedeutendsten Seher und Propheten bezeichnen kann, den Europa je hervorgebracht hat.

Dies wird naturgemäß am deutlichsten, wenn es sich um zuvor geweissagte Dinge handelt, welche auch bereits eingetroffen respektive geschichtlich verifiziert sind. So sah er etwa in allen Einzelheiten den Aufstieg und Fall Napoleon I. Bonapartes (1769–1821) voraus, den er als „den ersten Antichristen" brandmarkte. Der zweite „Antichrist" war übrigens Hitler, der dritte steht uns offenbar noch ins Haus.

Über die Herkunft und den Werdegang Napoleons schrieb Nostradamus: „In der Nähe Italiens wird ein Kaiser geboren werden, der das Kaiserreich sehr teuer zu stehen kommt. Als einfacher Soldat beginnend, gelingt es ihm, ein ganzes Reich zu beherrschen."

Dass der Korse sein Land in der Tat teuer zu stehen kam, hat die Geschichte wohl eindeutig belegt, denn nach dessen militärischen Eskapaden und seinem Sturz war Frankreich ausgeblutet und politisch so gut wie bedeutungslos. Doch auch über Napoleons Ende machte der Seher einige Voraussagen, die „ins Schwarze" trafen: „Für das große Kaiserreich wird er bald ein kleines Gebiet eintauschen, das bald zu wachsen beginnt. Ein kleines Gebiet von winziger Fläche jedoch, in dessen Mitte er sein Zepter niederlegen wird."

Nach Napoleons Sturz wies man ihm die kleine, zu Italien gehörende Insel Elba als Fürstentum zu. Doch er kehrte noch einmal nach Frankreich zurück – dies waren die berühmten „Hundert Tage" von seiner Landung bei Cannes am 1. März 1815 bis zu seiner endgültigen Niederlage bei Waterloo am 18. Juni 1815 – wodurch sein Herrschaftsbereich erneut anwuchs. Erst danach, auf die winzige Atlantikinsel St. Helena verbannt, musste Napoleon endgültig der Macht entsagen. Dort, im Exil, starb der Kaiser der Franzosen dann am 5. Mai 1821.

Auch über den von ihm so bezeichneten „zweiten Antichristen", Adolf Hitler, kam Nostradamus in mehreren durchaus treffsicheren Prophezeiungen zu sprechen. In einer Strophe fasste er Hitlers Leben zusammen und sagte sogar voraus, dass über sein Ende Zweifel herrschen würden. Tatsächlich stritten die Historiker lange Zeit, ob es wirklich die verbrannten Überreste des Diktators waren, die von Soldaten der Roten Armee nach dem Zusammenbruch des Dritten Reiches unter den Trümmern der Berliner Reichskanzlei eingesammelt wurden.

„In den Bergen Österreichs, nicht weit vom Rhein, wird ein Mann von einfacher Herkunft geboren, der behaupten wird, er verteidige Polen und Ungarn und dessen Schicksal niemals ganz gewiss sein wird."

Ein anderer Vierzeiler schildert die Anfangsphase des Zweiten Weltkriegs, als die deutschen Truppen Rhein und Maas überschritten und Frankreich besetzten. Obwohl die Westmächte zahlenmäßig überlegen waren („der größte Teil des Schlachtfeldes" in dem betreffenden Vers), war

Hitler, dessen Name Nostradamus beinahe richtig mit „Hister“ angab, zunächst sehr erfolgreich: „Heißhungrig wird das Untier die Flüsse überqueren, der größte Teil des Schlachtfeldes wird gegen Hister sein.“

In einer grandiosen Vision nahm der Seher auch die für seine Zeit noch undenkbaren Waffensysteme des Zweiten Weltkriegs vorweg, denn er warnte vor „Waffen, die man in den Lüften hört“, sowie vor „Maschinen aus fliegendem Feuer“. Wir erkennen heute in diesen etwas unbeholfenen Beschreibungen nichts anderes als Flugzeuge, Bomben und die gefürchteten V-Waffen, die ersten in der modernen Kriegsführung eingesetzten Raketen. Und er meinte sicher Jagdflieger mit Sauerstoffmaske, Helm und Schutzbrille, als er Wesen mit „halb Schwein, halb Mensch“ beschrieb, „wenn Schlachten in den Lüften ausgetragen werden“.

Hiroshima und zukünftige Katastrophen

Sogar die Atombomben, mit denen die Vereinigten Staaten die japanischen Städte Hiroshima und Nagasaki im August 1945 zerstörten, wurden von Nostradamus angekündigt. Er sagte darüber: „Nahe dem Hafen und in den zwei Städten werden zwei Geißeln sein, dergleichen man nie gesehen hat.“

Sowohl Hiroshima als auch Nagasaki liegen am Meer. Zu einem Zeitpunkt, als im Krieg zwischen den USA und Japan eigentlich schon alles entschieden war, gab Präsident Harry S. Truman den Befehl zum Einsatz der eben erst entwickelten Atombomben. Kurz nach 7.00 Uhr am Morgen des 6. August 1945 warf die Besatzung einer B-29-Superfortress die „Little Boy“ genannte Bombe über der Industriestadt Hiroshima ab. Sie forderte auf einen Schlag über 80 000 Tote. Mehr als 60 000 Verletzte siechten noch jahrelang jämmerlich dahin, bis auch sie der Tod von ihrem qualvollen Dasein erlöste. Drei Tage später war die 300 Kilometer entfernte Hafenstadt Nagasaki an der Reihe. Auch sie wurde fast vollständig ausgelöscht. Zum ersten Mal in der Geschichte der modernen Kriegsführung hatten die Überlebenden allen Grund, die Toten zu beneiden.

Nicht genug der Schrecken des Zweiten Weltkriegs, sprach Nostradamus auch von einem dritten Weltkrieg, der noch im 20. Jahrhundert die nördliche Hemisphäre überziehen sollte, nachdem sich zwei Großmächte gegen den Osten verbündet haben. Er weissagte: „Wenn jene vom nördlichen Pol miteinander vereint sind, wird im Osten große Furcht und Bestürzung herrschen. Eines Tages werden die beiden großen Führer Freunde sein, das Neue Land wird auf der Höhe seiner Macht stehen, dem Mann des Blutes gegenüber wiederholt man die Zahl ..."

Jener ominöse „Mann des Blutes" wird an anderer Stelle als der „dritte Antichrist" bezeichnet, der bekanntlich nach Napoleon und Hitler der Welt noch ins Haus stehen sollte. Das *Neue Land* war zu Zeiten des Propheten eine gängige Bezeichnung für Amerika; auch Nostradamus bediente sich ihrer, wenn er Weissagungen für den neu entdeckten Kontinent machte. Die besagte Vision dürfte auf einen Krieg zwischen China und einer Allianz, bestehend aus Russland und den USA, hindeuten.

Der Seher legte sich sogar auf jenen Zeitpunkt fest, an dem dieser Konflikt ausbrechen würde, nämlich: „Im Jahre 1999 nach sieben Monaten kommt aus der Luft der große Schreckenskönig. Vorher und nachher herrscht frohgemut der Krieg."

Nun ist unleugbar, dass das Jahr 1999 bereits Vergangenheit ist, und wir wurden weder mit einem Krieg überzogen noch mit Hungersnöten und Seuchen, wie Nostradamus in dieser Weissagung feststellte. Einige Interpreten bezogen den Titel „Schreckenskönig“ auf die totale Sonnenfinsternis vom 11. August 1999 – doch auch die ging nach einer halben Stunde vorbei und bescherte uns, soweit mir bekannt ist, keine bleibenden Schäden oder Nebenwirkungen.

Hatte sich Nostradamus einfach geirrt oder war auch die so genau scheinende Datumsangabe codiert und das angekündigte Debakel wird uns zu einem späteren Termin treffen?

Es wird nun höchste Zeit, sich auch mit den zahlreichen Irrtümern zu beschäftigen, denen sowohl Propheten als auch deren Interpreten unterlagen. Sonst könnte sich ja noch der Eindruck aufdrängen, unsere ganze Zukunft wäre bereits bis ins kleinste Detail vorbestimmt und einsehbar.

Mehr Nieten als Treffer?

Eines ist sicher: Nichts ist so beweiskräftig auf diesem Gebiet wie eine erfüllte Prophezeiung – jedoch im Gegensatz dazu liegt auch nichts so „daneben“ wie eine solche, die sich nicht bewahrheitet hat!

Im Zusammenhang mit den wirklich staunenswerten Voraussagen der Amerikanerin Jeane Dixon, was das Schicksal einiger Familienmitglieder des Kennedy-Clans betrifft, habe ich an früherer Stelle bereits angedeutet, dass Propheten nicht unfehlbar sind. Mitnichten ist die Geschichte der Propheten und ihrer Voraussagen eine Aneinanderreihung von Volltreffern – nur leider allzu häufig hagelt es auch Nieten.

So kündigte eine ägyptische Prophetin, die sich „Nathar

von Kairo“ nannte, Ende 1962 für das Folgejahr äußerste politische Spannungen an sowie eine wichtige und bahnbrechende neue Entdeckung in der Krebsforschung. Beides stellte sich als völlig danebenliegend heraus.

Ein anderer Seher, der Italiener Emilio Scappini, prophezeite im selben Zeitraum für die Bundesrepublik Deutschland große Veränderungen in der politischen Atmosphäre sowie ein unruhiges Jahr für Frankreich. Alles Unsinn: Stattdessen unterzeichneten Konrad Adenauer und Charles de Gaulle am 22. Januar 1963 den Deutsch-Französischen Freundschaftsvertrag.

Auch der „Magier von Tobruk“ leistete sich damals eine Reihe von Reinfällen. Er prophezeite beispielsweise, dass der belgische König Baudouin zu Gunsten seines Bruders Albert abdanken und danach in ein Kloster gehen würde. Auch diese Prophezeiung lag so sehr neben der Realität, wie dies nur möglich ist. Denn tatsächlich regierte König Baudouin bis zu seinem Tode am 31. Juli 1993 das kleine Land im Westen Europas und Bruder Albert konnte erst im August desselben Jahres den Thron besteigen. Im betreffenden Kloster wartete man wohl lange auf den angekündigten Neuzugang von königlichem Geblüt.

Unterliegen eine Reihe von Propheten manchmal und ein paar wenige von ihnen immer medialen Sinnestäuschungen oder könnte es noch profanere Gründe geben, wenn die Realität so recht gar keine Lust verspürt, sich an die Vorgaben zu halten? Ich denke mir, dass es gewiss eine Menge Scharlatane gibt, die sich mit ihren Äußerungen schnell und billig in die Medien bringen wollen und dadurch einem real existierenden Phänomen einen gewaltigen Bärendienst erweisen.

Dann gibt es auch jene Propheten, die auf beachtliche Trefferquoten zurückblicken können – doch auch für sie muss gelten, was für uns alle gilt: Nobody is perfect! Was deren trotz alledem erstaunlichen Leistungen keinesfalls herabwürdigt.

Schließlich gibt es noch die Möglichkeit – und so komme ich wieder zum hier bereits ausführlich zitierten Seher Nostradamus zurück –, bereits vorliegende, aber zeitlich noch nicht eingetroffene Prophezeiungen schlicht fehlzuinterpretieren. Die Problematik liegt auf der Hand, denn im Moment sind wir einzig in der Lage, erst *nach* Eintritt der vorausgesagten Ereignisse echte Prophezeiungen auch als solche zu erkennen. Daran dürfte sich auch in absehbarer Zeit nichts ändern!

„Königin Diana von England“

In schöner Regelmäßigkeit sind alle paar Jahre immer wieder ein paar Leute felsenfest davon überzeugt, endlich den „wahren und wirklichen Schlüssel“ zu den nebulösen Vierzeilern des Nostradamus gefunden zu haben. Ei der Daus, den Stein der Weisen gewissermaßen. Wie zwei englische Autoren etwa, die 1991 durch ein ausgeklügeltes Verfahren zum „Einschmelzen“ der Vierzeiler die „unglaublichen Weissagungen zur Jahrtausendwende endlich entschlüsselt“ zu haben glaubten. Einer der beiden war zudem davon überzeugt, dass ihr Name – eingeschmolzen, versteht sich – in einem der Quatrains als *die erste* Person erwähnt sei, die jene düsteren Weissagungen *exakt* decodieren würde.

Einige der „Glanzleistungen“ des Autorenduos möchte ich den Lesern an dieser Stelle nicht vorenthalten. So steht beispielsweise über die Thronfolge im britischen Königshaus geschrieben: „Charles, Prince of Wales, heiratet die heitere Diana Spencer im Tempel des hl. Paulus. Sie wird Königin werden und ihrem schwermütigen König bei der Belebung einer vergänglichen Monarchie helfen."

Seltsam – Lady Di's tragischen Tod im August 1997 im nächtlichen Paris haben die emsigen Nostradamus-Interpreten bei allem „Einschmelzen" nicht erkennen können.

Im März 1993 sollte dann ein Erdbeben – stärker noch als jenes von 1906 – die kalifornische Metropole San Francisco nachhaltig zerstören, wobei auch die weltbekannte Golden Gate Bridge einstürzen würde. Deren Wiederaufbau sollte „erst nach dem 19. Januar 1994" beginnen. Könnte es sein, dass mir irgendetwas entgangen ist?

Ebenso erfuhren die staunenden Leser, „dass der Papst – Karol Wojtyla – 1995 sterben wird". Nun ist zwar der Gesundheitszustand Papst Johannes Pauls II. nicht mehr der allerbeste, er konnte jedoch am 18. Mai 2000 mit einem großen Festakt seinen 80. Geburtstag feiern. Mit anderen Worten, Johannes Paul II. hat seinen ihm zugedachten Todestag bereits um volle fünf Jahre überzogen.

Was sollen wir also von der ganzen Thematik halten im Angesicht solcher offensichtlicher Fehlleistungen und Volltreffer im negativen Sinne? Allzugroße Leichtgläubigkeit und Blauäugigkeit ist also nicht angebracht, das scheint klar. Also besser das Phänomen abhaken und jenen Erzskeptikern das Wort reden, die nicht einmal evidente Fakten anzuerkennen bereit sind? Mit Sicherheit sind beide Standpunkte falsch – die Wahrheit liegt, wie so oft, eher in der Mitte und es gilt, sozusagen die Spreu vom Weizen zu trennen.

Mit den Prophezeiungen ist es ein klein wenig wie mit dem UFO-Phänomen: Es gibt unzählige Fälle und etliche entpuppen sich nach näherem Hinsehen als Täuschungen,

Schwindel und auch Fehlinterpretationen. Doch was bleibt und nicht wegdiskutiert werden kann, ist ein beunruhigender Rest, der trotz allem *für* die Existenz des Phänomens spricht. Etliche der in diesem Buch vorgestellten Fälle hätten durchaus die Qualität, die oft endlosen Diskussionen pro und contra ein- für allemal zu beenden. Wenn sich die etablierten Wissenschaften dazu durchringen könnten, der Materie vorurteilsfreier zu begegnen.

Er prophezeite den Golfkrieg

Im Zusammenhang mit dem bereits legendären Astrologen, Arzt und Visionär Michael Nostradamus möchte ich hier zum Abschluss eine weitere, allerdings so gut wie unbekannte Geschichte zur Kenntnis bringen. Es geht darum, dass bereits in den Fünfzigerjahren der Golfkrieg gegen den irakischen Diktator Saddam Hussein detailliert vorhergesagt wurde.

Am 16. Januar 1991 holten die Truppen der Vereinigten Staaten und ihrer Verbündeten zu einem militärischen Schlag gegen den Irak aus. Diesem Golfkrieg, der nur 100 Stunden andauerte, waren zahlreiche Provokationen Husseins vorausgegangen, welche schließlich in der Invasion des Ölstaates Kuwait eskalierten. Politisch bewertet, entbehrten diese „Kapriolen“ Husseins eigentlich jeder vernünftigen Grundlage. Galt er doch als einer der gemäßigteren Politiker im Nahen Osten und durch den langen Krieg mit dem fundamentalistischen „Gottesstaat“ Iran sozusagen als der „Brückenkopf“ des Westens in dieser krisengeschüttelten Region.

Aber noch weit mehr Rätsel als das Verhalten des schnauzbärtigen Diktators geben einige aus dem Jahre 1957 stammende Prophezeiungen auf, in denen der besagte Golfkrieg in unheimlicher Weise vorweggenommen wurde.

In jenen Tagen hatte es der 1890 in Massachusetts geborene William D. Pelley in den Vereinigten Staaten als Hellseher und Visionär zu einem leidlichen Bekanntheitsgrad gebracht. In den Jahren 1956 und 1957 nun behauptete Pelley, auf „medialem Weg“ Kontakt zum Seher Nostradamus erhalten zu haben. Als Ergebnis sollen diesem Jenseitskontakt 500 weitere Vierzeiler – die bereits zitierten „Quatrains“ – entsprungen sein, in denen Nostradamus’ meist düstere Prophezeiungen enthalten sind, die bereits Generationen von mehr oder minder begnadeten Interpreten beschäftigt haben.

Einige Freunde William D. Pelleys unterzogen sich der Mühe, diese 500 „neuen“ Vierzeiler gewissenhaft zu notieren, und als der Kontakt beendet war, fassten sie alles in einem kleinen, wenig beachteten Büchlein zusammen. In den Quatrains werden nach bester Nostradamus-Art alle Personen mit Pseudonymen umschrieben, nicht mit ihren tatsächlichen Namen genannt. So heißt der irakische Diktator darin „The Iron One“ – also „der Eiserne“. Der Staat Isreal hingegen wird als „Ram“, also als „Widder“ bezeichnet.

„The Iron One’s weariness giveth the Ram his respite – Die Müdigkeit des *Eisernen* gibt dem Widder Aufschub.“ Nach seinem langen Krieg gegen den Iran ist der Irak geschwächt und dies verhilft dem von Feinden umgebenen Israel zu einer Atempause.

„Always should you know that the Iron Ones are twain; one beareth the name, another the power of decision. – Der ‚Eisernen‘ sind deren zwei; einer trägt den Namen, der andere die Kraft, sich zu entschließen.“ Dies dürfte wohl eine Anspielung auf die Namensgleichheit des mittlerweile verstorbenen Königs Hussein von Jordanien und Saddam Hussein sein, dessen nächsten Nachbarn im Osten.

„The Iron One received the Monarch of the Derricks. – Der Eiserne empfängt den König der Bohrtürme." Kurze Zeit vor dem irakischen Überfall auf Kuwait versuchte dessen König, bei Verhandlungen in Bagdad die drohende Invasion abzuwenden.

„The sixteenth day of the first month, opened the lists of all world joustings. The puny acquire a stature suddenly, the gravestone toppleth in futilities. – Am 16. Tag des ersten Monats begannen die Turnierkämpfe. Die Schwächlichen werden mit einem Mal stark, die Grabsteine fallen um und werden nutzlos." Die alliierte Militäraktion begann am 16. Januar 1991, als jene, über die sich Saddam Hussein durch seine Annektion Kuwaits lustig gemacht zu haben schien, nun in aller Entschlossenheit die Zähne zeigten.

„A vast lake of oil shall burn fiercely before the nations. The fuel of Diplomacy lifts a black pillar eastward and before its greatness, men and bureaus blanche. – Ein riesiger See von Öl brennt glühend vor den Völkern. Der Brennstoff der Diplomatie erhebt sich in einer schwarzen Säule nach Osten. Vor deren Größe erbleichen Menschen und Behörden."

Die Bilder brennender Ölquellen, von den abziehenden Irakis in Brand gesetzt, gingen um die ganze Welt. Eine schier gigantische Rauchsäule zog nach Osten und die Sonne schien in weiten Regionen nicht mehr wegen des alles erstickenden Qualmes. Das Öl, einziger Reichtum des Staates Kuwait, drohte die ganze Umwelt der Golfregion zu vernichten und sogar die Großwetterlage unserer Erde zu verändern. Einzig dem kompetenten und wirkungsvollen Eingreifen internationaler Brandspezialisten haben wir es zu verdanken, dass die brennenden Ölquellen bald darauf gelöscht werden konnten.

„A carnival of armies proceed to stack their ensignes, they jest at how paltry a price bought victory. – Wie in einem Karneval türmen die Heere ihre Orden auf und sie machen Scherze, wie erbärmlich der Sieg durch einen Preis erkauft wurde." Tatsächlich war der ganze Golfkrieg ein riesiges Medienspektakel, wie man es nie zuvor bei einer Militäraktion erlebt hatte. Und wenn man die gezeigte Entschlossenheit der militärischen Allianz mit dem Versagen derselben in anderen Kriegsgebieten – ich spiele hier auf die Menschenschlächterei serbischer Tschetniks an – vergleicht, kommt man nicht umhin, das Interesse am *Machtfaktor Erdöl* als einzige treibende Kraft zu erkennen.

In den jenen des Nostradamus so ähnlichen Vierzeilern wurde auch darauf angespielt, dass Saddam Hussein erkennt, dass er geschlagen ist, aber seine Ämter nicht aus der Hand gibt. Ebenso versuche sich der Diktator bisweilen kooperativ zu geben, etwa bei den Kontrollen durch die Abrüstungskommissionen der Vereinten Nationen. Der Rest der gechannelten Vierzeiler beschäftigt sich – wie sollte es anders sein? – mit einem kommenden, dritten Weltkrieg, der dieses Mal durch den chinesischen Einmarsch in die von Unruhen geschüttelte ehemalige Sowjetunion ausgelöst wird.

Abgesehen von dem wohl unvermeidlichen, auch von anderen Sehern gebetsmühlenartig wiederholten Hinweis auf einen uns noch bevorstehenden dritten Weltkrieg ist es durchaus faszinierend, wie überwältigend wortgetreu sich auch hier die Ereignisse an die Voraussagen halten. Fakt ist, dass die Weissagungen in diesem Fall dokumentiert wurden, lange bevor sie sich dann in der geschilderten Weise abspielten. Deshalb ist es müßig zu spekulieren, ob tatsächlich der alte Nostradamus in einer Art von Nachholbedarf per Medium noch einige Hundert seiner Vierzeiler auf diese unverbesserliche Erde nachschob oder nicht. Die Tatsachen sprechen für sich.

So können wir als Fazit dieser Betrachtungen über Prophetie und Vorauswissen die Gewissheit ziehen, dass es manchen von uns in gewissen Momenten durchaus möglich ist, einige Momentaufnahmen künftiger Ereignisse zu erhaschen, sollte es ihm zugedacht sein, den Blick durch einen Riss im Vorhang der Zeit zu werfen. Beenden möchte ich diese Überlegungen mit einer ebenso simplen wie einleuchtenden Analogie, wie sie der Schriftsteller Martin Ebon, der sich gleichfalls sehr eingehend mit paranormalen Erscheinungen beschäftigt hat, formulierte.

„Wenn man in einem Hubschrauber sitzt, der über einem Berg kreist, und zwei Züge sieht, welche, noch durch diesen Berg getrennt, aufeinander zufahren, dann kann man die Kollision vorhersehen, als hätte man übernatürliche Einsichten – jedenfalls im Vergleich mit den Passagieren und den Zugführern in diesen beiden Zügen."

Dies ist eine griffige und durchaus plausible Analogie. Sie verlangt auch keine grundsätzlichen Änderungen in den traditionellen Konzepten von Raum und Zeit und kann also, bis wir mehr Wissen gewonnen haben, als eine Art „vereinfachtes Denkmodell" so stehenbleiben. Für die weitere Erforschung des faszinierenden Phänomens wäre dies mit Sicherheit eine sinnvollere Basis als die meist vorherrschende Polarisierung der Meinungen, bei der sich unverbesserliche Skeptiker und ebensolche Leichtgläubige zumeist unversöhnlich gegenüberstehen.

Wäre die Erforschung jener Mechanismen, die uns zuweilen einen Blick in die Zukunft erlauben, nicht eine echte Herausforderung für die Wissenschaft derselben?

Begriffserläuterungen

Abductions, zu deutsch Entführungen: Vollendet ausgeführte Dislokationen durch offenbar nichtirdische Intelligenzen. Diese werden in der Regel als kleinwüchsige und grauhäutige Humanoide beschrieben. Symptomatisch für diese Entführungstraumata sind medizinische Experimente, die häufig an den Entführungsopfern vorgenommen werden.

ASW: Abkürzung für „außersinnliche Wahrnehmung". Hierzu zählen unter anderem Telepathie, Hellsehen, Präkognition, Prophetie und andere Phänomene.

Backster-Effekt: Der Amerikaner Dr. Clive Backster stellte im Jahre 1966 mit Hilfe eines Lügendetektors fest, dass Pflanzen mit „Gefühlsäußerungen" reagieren. Schon der bloße Gedanke an die Zerstörung von Pflanzenteilen genügt, um den Zeiger eines angeschlossenen Detektors ausschlagen zu lassen. Wahrscheinliche Ursache sind telepathische Fähigkeiten auch im Pflanzenreich.

ESP: Abkürzung für „extra sensory perception", die englische Entsprechung für „außersinnliche Wahrnehmung".

Hypnose: Charakteristische Bewusstseinsveränderung infolge eigener oder, häufiger, fremder Suggestion. Die Existenz der Hypnose gilt als absolut gesichert. Obwohl bislang keine physiologische Erklärung vorliegt, wird sie nicht zu den paranormalen Phänomenen gezählt, weil keine sichere Verletzung physikalischer Gesetze festzustellen ist. Eine Variante ist die so genannte Fernhypnose, bei der die Suggestion offenbar mit Hilfe von Gedankenübertragung geschieht.

Kausalität: Zusammenhang zwischen Ursache und

Wirkung. Das Kausalitätsprinzip erfährt gewisse Einschränkungen; so lässt sich beispielsweise Vorauswissen (Präkognition, Prophetie) einzig akausal erklären – ein präkognitiv wahrgenommenes Ereignis läge demnach schon zum Zeitpunkt der Verursachung fest.

Okkultismus: Bezeichnung für die meist unkritische Beschäftigung mit Erscheinungen sowohl der Natur als auch der menschlichen Psyche, die sich durch die bekannten Naturgesetze nicht erklären lassen.

Präkognition: Das Vorauswissen um zukünftige, nicht erwartete, durch Interpolation von gegenwärtigen Zuständen nicht vorhersehbare Ereigniseintritte. Dieses Phänomen hebt die Kausalität scheinbar auf.

Psychokinese: Darunter versteht man die Fähigkeit einer Person, auf rein psychischem Wege materielle Gegenstände sichtbar zu beeinflussen, also auch Bewegungsvorgänge auszulösen. Psychokinese, abgekürzt PK, kann derzeit physikalisch noch nicht hinreichend erklärt werden. Obwohl deren Existenz durch zahlreiche Laborversuche nachgewiesen werden konnte, wird sie immer noch – wie die Präkognition und die Telepathie – von den traditionellen Naturwissenschaften zum Teil abgelehnt.

Spiritismus: Die Lehre vom Verkehr mit Geistern z. B. verstorbener Menschen ohne Anspruch auf Wissenschaftlichkeit. Eine etwas kritischere Variante des Spiritismus vertritt eine Theorie, wonach es Geister gibt, die zur Erklärung verschiedener paranormaler Phänomene wie etwa Präkognition notwendig sind.

Tele-Hypnose (auch Fernhypnose): Offenbar telepathische Beeinflussung aus der Ferne; ihre Existenz wurde bereits experimentell nachgewiesen.

Telepathie: Eine nicht durch die uns bekannten Sinne vermittelte Erfahrung eines fremdpsychischen Vorgangs.

Übertragen werden zumeist Eindrücke, Ideen, Stimmungen, Bilder, Namen oder Zahlen. Der deutsche Ausdruck für T. ist Gedankenübertragung.

Vision: Eine Vision wird in aller Regel als eine optische Halluzination definiert. Der Begriff wird vor allem dann verwendet, wenn die Möglichkeit einer Wahrnehmung auf paranormalem Wege betont werden soll. Nicht selten beinhalten Visionen Informationen über Geschehensabläufe, die erst in der Zukunft eintreten sollen.

Zener-Karten: Ein aus 25 Karten mit fünf Symbolen bestehendes Kartenspiel, welches für quantitative ASW-Experimente verwendet wird. Damit kann man feststellen, ob jemand über telepathische oder präkognitive Fähigkeiten verfügt.

ANHANG

Literaturverzeichnis
Autorenporträts
Danksagung

1. Teil
Unheimliche Spukgestalten

Andreas, Peter; *„Was morgen wahr sein kann“*, Düsseldorf und Wien 1981

Berlitz, Charles, *„Das Bermuda-Dreieck“*, Wien - Hamburg 1975

–; *„Spurlos“*, Wien - Hamburg 1977

Bender, Hans; *„Verborgene Wirklichkeit“*, Olten 1974

Biedermann, Hans (Hrsg.); *„Gesichter aus einer anderen Welt“*, Gütersloh - Luzern 1987

Bonin, Werner F. (Hrsg.); *„Lexikon der Parapsychologie und ihrer Grenzgebiete“*, Frankfurt a. M. 1981

–; *„Faszination des Unfassbaren“*, Stuttgart 1983

Bozzano, Ernesto; *„Übersinnliche Erscheinungen bei Naturvölkern“*, Bern 1948

Brooks, John; *„Die Geister Großbritanniens“*, Freiburg i. Br. 1995

Cavendish, Richard; *„Die Welt des Übersinnlichen“*, Wien 1995

Däniken, Erich von; *„Erscheinungen“*, Düsseldorf und Wien 1974

Farkas, Viktor; *„Esoterik“*, Frankfurt/M. 1990

–; *„Jenseits des Vorstellbaren“*, Frankfurt/M. 1996

Fiebag, Johannes und Peter, *„Himmelszeichen“*, München 1992

Grieser, Dietmar; *„Alte Häuser – Große Namen“*, St. Pölten - Wien 1987

–; *„Im Tiergarten der Weltliteratur“*, München 1991

–; *„Alle Wege führen nach Wien“*, Wien 1997

Habeck, Reinhard; „Das Unerklärliche“, Wien 1997

–; *„UFO – Das Jahrhundertphänomen“*, Wien 1997

Haining, Peter; *„Das große Gespenster-Lexikon“*, Bindlach 1996

Hausdorf, Hartwig; *„Rückkehr aus dem Jenseits“*, München 1998

Hierzenberger, Gottfried/Nedomansky, Otto; *„Erscheinungen und Botschaften der Gottesmutter Maria“*, Augsburg 1993

Hercun, Chris Henry; *„Das Leben nach dem Tod“*, Wien 1999

Höhne, Anita; *„Lexikon des Übersinnlichen“*, München 1994

Holbe, Rainer (Hrsg.); *„Unglaubliche Geschichten"*, München 1985
–; *„Neue unglaubliche Geschichten"*, München 1987
Holbe, Rainer/Gruber, Elmar; *„Magie, Madonnen und Mirakel"*, München 1987
Holroyd, Stuart, *„Rätselwelt des Traumes"*, Glarus 1980
Hövelmann, Kai; *„Das Lexikon des Unerklärlichen"*, Niedernhausen/Ts. 1998
Innes, Brain; *„Das große Buch der Geistererscheinungen"*, Niedernhausen/Ts. 1998
Krassa, Peter/Habeck, Reinhard; *„Die Palmblattbibliothek und andere geheimnisvolle Schauplätze dieser Welt"*, München 1993
Krassa, Peter; *„Phantome des Schreckens"*, Neuauflage, Plaidt 1997
–; *„Dein Schicksal ist vorherbestimmt"*, München 1997
Langbein, Walter-Jörg; *„Parapsychologische Phänomene"*, München 1997
Läpple, Alfred; *„Reliquien"*, Augsburg 1990
Lucadou, W. von (Hrsg.); „Psi – was verbirgt sich dahinter?", Freiburg i. Br. 1984
Meckelburg, Ernst; *„Zeitschock"*, München 1993
Moody, Raymond A.; *„Leben nach dem Tod"*, Reinbek bei Hamburg 1986
Näther, Sven; *„Johannes Fiebag – In den Augen der Anderen"*, Gedenkschrift, Eigenverlag, Potsdam 2000
Parker, Derek und Julia; *„Das Übernatürliche"*, ohne Ortsangabe, 1993
Permutt, Cyril; *„Fotos aus einer anderen Welt"*, München 1990
Schäfer, Hildegard; *„Was bedeutet der Tod für Sie?"*, Genf 1983
Schiebeler, Werner (Hrsg.); *„Botschaften aus dem Jenseits"*, Gütersloh - Luzern 1986
Smith, Frank/Stemman, Roy; *„Leben – was kommt danach?"*, Glarus 1978
Shuker, Karl P. N.; *„Weltatlas der rätselhaften Phänomene"*, Bindlach 1996

Artikel

Arzt-Januscke, Sabine; „*Fest für einen Wiedergeborenen*“, Kurier, 4. 1. 1998, Wien

Biron, Georg; „*Vom Leben nach dem Tod*“, Kurier, 31. Oktober 1992, Wien

–; „*Stimmen aus dem Jenseits*“, Krone bunt, 9. 6. 1991, Wien

Borngässer, Rose-Marie; „*Auch Außerirdische sind Brüder*“, Die Welt, 14. 6. 2000, Berlin

Buday, Andrea; „*Wir haben schon einmal gelebt*“, Die ganze Woche, Nr. 31/1997, Wien

Dell'mour, Sabine; „*Therapeutisches Reiten*“, Der Vollblut- und andere Araber, Nr. 4/1996, St. Pölten

–; persönliche Mitteilungen a. d. Verf. 3. 7. 1997, Garsten

Edelbacher; Ingrid; „*Stimmen aus dem Jenseits*“, Die ganze Woche, Nr. 21/1994, Wien

Fiebag, Peter; „*Das dritte Geheimnis von Fatima*“, Sagenhafte Zeiten Nr. 4/2000, Beatenberg

Grieser, Dietmar; persönliche Mitteilungen a. d. Verf., 23. 4. 1997, Wien

Gruber, Elmar; „*Blick in die verborgene Wirklichkeit*“, esotera, Nr. 6/1991, Freiburg i. Br.

Heuer, Hanns M.; „*Menschen, die ins Nichts verschwanden*“, esotera Nr. 10 u. 11/1977, Freiburg i. Br.

Kräutler, Werner; „*Eismanns Heiligtum*“, Kurier v. 24. 10. 1992, Wien

Meckelburg, Ernst; persönliche Mitteilungen a. d. Verf., 11. 9. 1996, Hanau

Millauer, Liselotte; „*Einmal Himmel und zurück*“, Freizeit Revue, Nr. 47–52/1992, Offenburg

Ohne Nennung des Verfassers; „*Toter Onkel erscheint in Ölgemälde*“, esotera, Nr. 11/1980, Freiburg i. Br.

–; „*Typisch britisch! Prinz Charles jagt einen Geist*“, Neue Kronen Zeitung, 11. 7. 1984, Wien

–; „*Die Welt des Unerklärlichen*“, Freizeit Revue Spezial, Offenburg 1988

–; *„Grabtuch aus Flammen gerettet“,* Neue Zeit, 13. 4. 1997
–; *„Letztes Fatima-Geheimnis enthüllt“,* Kurier, 27. Juni 2000, Wien
–; *„Papstattentäter begnadigt“,* 14. Juni 2000, Wien
–; *„Das Mädchen aus dem Fenster – ein Geist?“,* Bild, 8. 3. 1996, Hamburg
–; *„Das zweite Leben“,* Neue Wochenschau, Nr. 37/1981, Wien
–; *„Spuk in französischer Dorfkirche“,* Kurier, 22. 10. 1998, Wien
–; *„Mysteriöses Gespenst war Bürgermeister“,* Neue Kronen Zeitung, 31. 10. 1998, Wien
–; *„Gespenst ging vor Bank spazieren“,* täglich Alles, 23. 2. 1993, Wien
Reisswitz, C. von; *„Fatima: Warten hat sich gelohnt“,* bildpost, 29. 6. 2000, Hamm
Schreiber, Melitta; *„Unfassbares, Wunderbares“,* Samstag, Nr. 45/1995, Wien
Wilbacher; *„Schlossgespenst und Poltergeist“,* Samstag, Nr. 15/1988, Wien
Wrussing, Manfred; *„Geheimnis um eine Totenmaske aus Afrika“,* Kurier, 28. 12. 1981, Wien
Ziegler, Senta; *„Der Tod wird überschätzt“,* News, Nr. 28/1997, Wien

2. Teil
Zombies, Werwölfe und Vampire

Personennamen

Bei mit einem * gekennzeichneten Namen handelt es sich um Pseudonyme von Zeugen oder Betroffenen, die anonym bleiben möchten. Anonymität war zugesagt und bleibt auch gewahrt.

Literatur

„Zombies, Werwölfe und Vampire", also der zweite Teil des vorliegenden Buchs basiert einerseits auf mehreren Forschungsreisen des Verfassers. Vor Ort wurden Experten, aber auch Zeugen und Betroffene befragt. Zeugen und Betroffene meldeten sich aber auch brieflich beim Verfasser. So entstanden teilweise ausführliche Korrespondenzen, die ebenfalls als Quellenmaterial Verwendung fanden.

Andererseits betrieb der Autor ein intensives Literaturstudium. Es wurden in ganz Europa verschiedene Bibliotheken aufgesucht und dort wichtige, häufig sehr seltene wissenschaftliche Werke eingesehen. Ein Großteil dieser Bücher ist ausschließlich über Bibliotheken erhältlich und wird im Handel schon lange nicht mehr vertrieben.

Die jeweils benützten Quellen wurden immer im Textzusammenhang genannt. So ist es besonders interessierten Leserinnen und Lesern möglich, ganz gezielt zu bestimmten inhaltlichen Punkten eigene Recherchen anzustellen. In der Regel beinhalten die zitierten oder nur inhaltlich als Quellen herangezogenen Werke umfangreiches weiterführendes Material zu den vom Verfasser vorgetragenen Thesen und Gedanken. Die Quellenwerke wurden wissenschaftlichen Anforderungen entsprechend zitiert oder inhaltlich wiedergegeben. Die Schlussfolgerungen des Autors sind subjektive Interpretationssache und im vorliegenden Buch auch als solche zu erkennen.

3. Teil
Paranormale Erscheinungen

Andreas, P., und Adams, G.: *„Was niemand glauben will“*, Berlin/Frankfurt a. M./Wien 1967
Buttlar, Johannes von: *„Unsichtbare Kräfte“*, Augsburg 1991
Byron, Julie: *„Psychic Experiences of the Famous“*, Lutterworth/England 1993
Däniken, Erich von: *„Meine Welt in Bildern“*, Düsseldorf 1973
DTV-Lexikon in 20 Bänden: München 1997
Farkas, Viktor: *„Unerklärliche Phänomene“*, Frankfurt/M. 1988
Gossler, Marcus: *„Lexikon Grenzwissenschaften“*, Landsberg 1988
Hall, Allan: *„Die geheimen Offenbarungen“*, Wien 1998
Hausdorf, Hartwig: *„Rückkehr aus dem Jenseits“*, München 1998
Hausdorf, Hartwig: *„Das Jahrhundert der Rätsel und Phänomene“*, München 1999
Hewitt, V. J., und Lorie, P.: *„Nostradamus – Die unglaublichen Weissagungen zur Jahrtausendwende“*, Gütersloh 1991
Holbe, Rainer: *„Neue Unglaubliche Geschichten“*, München 1987
Holbe, Rainer: *„Phantastische Phänomene“*, München 1993
Holbe, Rainer: *„Mitgeschöpfe“*, München 1998
Keller, Werner: *„Was gestern noch als Wunder galt“*, Zürich 1973
Langelaan, Georges: *„Les Faits Maudites“*, Paris 1967
Meckelburg, Ernst: *„Transwelt“*, München 1992
Meckelburg, Ernst: *„PSI-Agenten“*, München 1994
Nolan, Ray: *„Die siebte Offenbarung“*, München 1998
Ostrander, S., und Schroeder, L.: *„PSI“*, München 1971
Pauwels, L., und Bergier, J.: *„Aufbruch ins Dritte Jahrtausend“*, Bern und München 1962
Pauwels, L., und Bergier, J.: *„Der Planet der unmöglichen Möglichkeiten“*, Bern und München 1971
Puharich, Andrija: *„Beyond Telepathy“*, London 1962
Rhine, Louisa E.: *„Mind over Matter“*, New York 1970

Roland, Paul: „*Die größten Prophezeiungen*“, Wien 1997
Schmeidler, Gertrude: „*Extra Sensory Perception*“, New York 1969
Steiger, Brad: „*Mysteries of Time and Space*“, West Chester 1989
Versch. Autoren: „*Faszination des Unfassbaren*“, Stuttgart 1983
Versch. Autoren: „*Phänomene. Die Welt des Unerklärlichen*“, Erlangen 1993
Versch. Autoren: „*Weltalmanach des Übersinnlichen*“, München 1987

Allgemeines

„Junge Frau sieht Flugzeugunglücke voraus“, in: „Passauer Neue Presse“ vom 1. September 1976
„Wieder ein Fall von Zwillings-Telepathie“, in: „Kronen-Zeitung“, Wien, vom 6. Dezember 1970

Danksagung

Der Dank des Herausgebers und der Autoren gilt vielen Menschen, die seit Jahren mit wertvollen Informationen, Anregungen, Kritik und Bildmaterial Unterstützung geben. Einige Freunde, „Mitstreiter" und hilfsbereite Kollegen seien hier namentlich in alphabetischer Reihenfolge genannt – stellvertretend für viele. Ihre Namensnennung besagt jedoch nicht, dass sie mit allen von den Autoren in diesem Buch aufgestellten Ideen und Theorien übereinstimmen müssen:

Nicolas Benzin, Luc Bürgin, Erich von Däniken, Sabine Dell'mour, Chris Dimperl, Dipl.-Bibl. Ulrich Dopatka, Anke und Horst Dunkel, Walter Ernsting alias Clark Darlton (†2005), Viktor Farkas, Doris Feik, Dr. Johannes Fiebag (†1999), Claudia und StR. Dipl.-Hdl. Peter Fiebag, Iris und Andreas Findig, Lars A. Fischinger, Ing. Rudolf Gantenbrink, Dipl.-Ing. Walter und Inge Garn, Prof. Dietmar Grieser, Ingrid und StR. i. R. Willi Grömling, Waltraut Haas und Erwin Strahl, Renate und Walter Hain, Rainer Holbe, Lotte Ingrisch, Barbara Kern, Dr. Alexander Keul, Uschi und Karl Kovalcik, Peter Krassa (†2005), Christiane Ladurner, Ernst Meckelburg, Andreas von Rétyi, Sandra und Mario Ringmann, Prof. Dr. Ing. Harry O. Ruppe, Hans-Werner Sachmann, Oliver Stummer, Armin Schrick, Wolfgang Siebenhaar, Milo M. Sediq, Ekkehard Steinhäuser, Andrea Weiss und Familie.

Ein herzliches Dankeschön schulde die Autoren dem konstruktiven Hersteller Johann Pröll, dem geduldigen Layouter Walter Fritz sowie dem Verlagsteam im Hause Tosa. Nicht zuletzt aber gilt besonderer Dank den „Verlagsköpfen" Thomas von Sacken und Matthäus Salzer für ihr Vertrauen und die gute Zusammenarbeit.

Reinhard Habeck

Er ist ausgebildeter Vermessungstechniker, hat seinen erlernten Beruf aber 1986 aufgegeben und ist seither selbständig als Schriftsteller sowie Illustrator für zahlreiche Zeitungen, Verlage und Agenturen tätig. Sein Interesse gilt vor allem den Grenzbereichen unseres Wissens. Ägypten, Italien, England, Süd- und Mittelamerika waren bevorzugte Reiseziele seiner grenzwissenschaftlichen Studien. Habeck veröffentlichte bisher 14 Sachbücher, die in mehrere Sprachen, darunter ins Japanische, übersetzt wurden.

Mit dem internationalen Erfolgstitel *„Das Licht der Pharaonen"* sorgt Habeck seit 1992 gemeinsam mit Peter Krassa für provokanten Diskussionsstoff in der Frage: Besaßen die Priester im alten Ägypten bereits Kenntnisse von der Handhabung mit elektrischen Strom?

Die wichtigsten Buchpublikationen: *„Die Palmblattbibliothek und andere geheimnisvolle Schauplätze dieser Welt"* (mit Peter Krassa), *„UFO – Das Jahrhundertphänomen"*, *„Das Unerklärliche – Mysterien, Mythen, Menschheitsrätsel"*, *„Die letzten Geheimnisse – Rätselhafte Funde der Geschichte"*. Sein jüngstes Werk behandelt mysteriöse Begebenheiten in seiner Heimat-Titel: *„Geheimnisvolles Österreich – rätselhafte Funde, wundersame Erscheinungen, übersinnliche Phänomene"*.

Habeck ist außerdem Mitinitiator und Autor der großen Wanderausstellung *„Unsolved Mysteries – Die Welt des Unerklärlichen"*, die seit der Weltpremiere 2001 in Wien, hunderte mysteriöse archäologische Sammlerstücke aus aller Welt präsentiert. Dazu erschien 2004 das Begleitbuch *„Im Labyrinth des Unerklärlichen"* (mit Klaus Dona).

Walter-Jörg Langbein

Jahrgang 1954, lebt und arbeitet seit 1979 in Lügde-Niese (NRW). Langbein studierte evangelische Theologie. Seit Ende der 1970er Jahre ist er freiberuflich als Journalist und Schriftsteller tätig. Bislang verfasste er 25 Sachbücher zu populärwissenschaftlichen Themen. Seine Werke sind alle Erfolgstitel und wurden in zahlreiche Fremdsprachen übersetzt. Besondere Hits: die Bestseller *„Die großen Rätsel der letzten 2500 Jahre"*, *„Das Sphinx-Syndrom"*, *„Bevor die Sintflut kam"*, *„Das große Buch der Esoterik"* und *„Ungelöste Rätsel unserer Welt"*.

Langbein hat zu Buchrecherchen viele Reisen unternommen, die ihn um die Welt führten, u. a. nach: Ägypten, Frankreich, Indien, Italien, Malta, Türkei, USA, Zentralamerika, Südamerika, und in die Südsee, darunter Mikronesien, Osterinseln sowie Neue Hebriden.

Seit seinem Studium ist der Autor besonders von den Bibel-Texten fasziniert. Seit etwa 25 Jahren setzt er sich fundiert und sehr intensiv mit diesem Spezialgebiet auseinander. Gründlich recherchierend hinterfragt Langbein die Aussagen der Heiligen Schrift. Welche Forderungen sind für den Zeitgenossen heute nicht mehr akzeptabel? Wo wurde falsch übersetzt? Wo irrt die Bibel? Wo haben schon die Verfasser der alten Texte falsch interpretiert? Konfessionell ungebunden setzt sich der Forscher sachkundig mit dem „Buch der Bücher" auseinander.

Wichtige aktuelle Veröffentlichungen dazu: *„Lexikon der biblischen Irrtümer"*, *„Lexikon der Irrtümer des Neuen Testaments"*, *„Das Sakrileg und die Heiligen Frauen"*, *„Die Geheimnisse der sieben Weltreligionen"*.

In Anerkennung für seine Forschungen und zahlreichen Sachbücher wurde Walter-Jörg Langbein im Jahre 2000 an der Universität Bern der Preis für Exopsychologie der „Dr.-Andreas-Hedri-Stiftung" verliehen.

Hartwig Hausdorf

Jahrgang 1955, wohnt und arbeitet in Garching an der Alz in Bayern. Hausdorf beschäftigt sich seit seiner Jugend mit ungeklärten Fragen der Geschichte und Vorgeschichte, die an unserem Weltbild rütteln. Heute gehört er zu den populärsten deutschen Forschern und Autoren auf dem Gebiet rätselhafter Fakten und Phänomene.

Mittlerweile hat er 17 Bücher veröffentlicht, die in 14 Sprachen übersetzt wurden, u. a. ins Englische, Japanische und Chinesische. Weltweit bekannt wurde er durch seine Entdeckung prähistorischer Pyramiden in China, was ihm den Eintrag im US-Standardwerk „Who's who in the world" einbrachte. Sein Buch *„The Chinese Roswell"* wurde insbesondere in den Vereinigten Staaten ein großer Erfolg.

Zu seinen bekanntesten Buchtitel zählen neben dem Bestseller *„Die weiße Pyramide"* u. a.: *„X-Reisen"*, *„Wenn die Götter Gott spielen"*, *„Satelliten der Götter"* (mit Peter Krassa), *„UFO-Begegnungen der tödlichen Art"*, *„Begegnung mit dem Unfassbaren"* und *„Experiment Erde"*. Zuletzt erschienen die Bücher *„Die Rückkehr der Drachen"* und die Trilogie *„Geheime Geschichte"*.

Mehr zum Thema
bei Tosa erschienen:

ISBN 3-85492-775-4

ISBN 3-85492-775-4

ISBN 3-85492-775-4